教育学基础

李朝辉　姚玉香　主编

科学出版社

北　京

内 容 简 介

本书是为了适应教师资格考试制度实施后师范院校教育类基础课程的教学需要而编写的，着重介绍教育学的基础知识和基本理论，注重基础性、系统性、前沿性，强化理论与实践的结合，力求切合国家教师资格考试要求，为培养师范生的教师教育能力服务。

全书共分为十一章，分别是教育与教育学、教育与社会发展、教育与人的发展、教育目的、教育制度、教育主体、课程、教学、德育、班级管理、教育科学研究。书内配有二维码，增加拓展知识，便于读者深入学习。

本书适合作为高等师范院校本专科学生的教师教育类基础课程的教材，也可作为国家教师资格考试的辅导材料，还可供广大教育工作者作为学习和参考材料。

图书在版编目（CIP）数据

教育学基础 / 李朝辉，姚玉香主编. —北京：科学出版社，2018.1

ISBN 978-7-03-055426-0

Ⅰ. ①教… Ⅱ. ①李… ②姚… Ⅲ. ①教育学-高等学校-教材 Ⅳ. ①G40

中国版本图书馆 CIP 数据核字（2017）第 282188 号

责任编辑：胡云志 南一荻 / 责任校对：桂伟利
责任印制：霍 兵 / 封面设计：华路天然工作室

科学出版社 出版
北京东黄城根北街 16 号
邮政编码：100717
http://www.sciencep.com

石家庄继文印刷有限公司 印刷

科学出版社发行 各地新华书店经销

*

2018 年 1 月第 一 版 开本：787×1092 1/16
2019 年 1 月第二次印刷 印张：18
字数：430 000

定价：45.00 元

（如有印装质量问题，我社负责调换）

本书编委会

主　编　李朝辉　姚玉香

编　委　李　虹　李　卓　王志彦
　　　　龚冬梅　杨　荔　刘津池

前　言

在教师资格考试制度实行以前，各师范院校开设的教育学基础类课程五花八门，有的偏重教育学原理，有的侧重课程与教学论，有的班级管理与教育研究方法单独开设。可以说，教育学基础类的教材不少，但侧重点各不相同。自 2015 年之后，国家教师资格考试制度全面推行，提高了教师入职门槛，并打破了教师资格终身制，实行定期注册制度。这对师范院校教育教学改革形成了倒逼机制，意味着师范院校必须调整教师教育课程设置，加强对师范生教师教育能力的培养。要进行教师教育课程改革，必须辅之以教材改革。根据教育部公布的《中小学教师资格考试暂行办法》，考试由笔试和面试两部分组成，由教育部考试中心统一制定考试标准和考试大纲。这为师范院校开设教师教育类课程指明了方向，也在一定程度上为教材编写规范了内容。目前，市面上针对考试而出版的应试类、培训类教材很多，但既契合教师资格考试要求，又满足师范院校教师教育类基础课程教学需要的教材却并不多见，正是基于这一现实，笔者编写了本书。

本书具有以下几方面的特点：第一，时代性。本书编写本着与时俱进的精神，在编写过程中十分注重选择富有时代气息、具有时代特色的前沿知识和实践案例，以知识拓展和案例的形式，帮助读者更好地理解教育基础知识与基本理论。第二，智慧化。本书在编写模式上突破传统框架模式，在教材编写形式上每一章都由读前思考、典型案例、知识拓展、相关原理、实践交流等栏目组成；同时运用信息化技术手段，将案例、扩展学生知识面的学习资源等生成二维码，方便学生利用手机进行课上、课下的阅读，增强学习者学习的趣味性。第三，应用性。本书是师范院校教师教育系列教材之一，主要面向师范类本科生或意欲考取教师资格证的非师范类学生。为了给读者一个清晰明了的教育学理论体系，从而有利于教师的教和学生的学，本书行文上力求生动鲜活，深入浅出；内容上力求反映教育学的新发展，切合国家教师资格考试的要求，增强教材的实用性。

本书是集体智慧的结晶，吉林师范大学教育科学学院李朝辉、姚玉香对教材的编写体例、写作规范进行了整体设计，并分别承担了第四、第八章和第一章的撰写任务；吉林师范大学教育科学学院李虹、龚冬梅、王志彦、李卓分别撰写了第二、第三章，第十、第十一章，第五章，第六章；四平市第二十中学杨荔撰写了第九章；吉林省教育科学研究院刘津池撰写了第七章。

此外，本书在写作中吸收了前人丰富的教育思想和当代的众多教研成果，在此深表感谢。对借鉴之处虽然尽可能做了注释，但疏漏在所难免，在此也深表歉意。

编　者

2017 年 3 月 25 日

目　　录

第一章　教育与教育学

本章概述

作为一种特殊的社会实践活动，教育有狭义与广义之分，狭义的教育即学校教育，是教育者根据一定社会的要求和年轻一代身心发展的规律，有目的、有计划、有组织地向学习者传授知识技能，培养其思想品德，发展其智力和体力，并使其成为社会所需要的人的一种社会实践活动。一个完整的教育活动包括教育者、学习者、教育内容、教育手段四个基本要素。教育发展到当代，按照不同的标准可以划分为非制度化教育与制度化教育、实体教育与虚拟教育，以及学校教育、家庭教育与社会教育等不同的形态。教育从其产生至今经历了不同的阶段，每一阶段都有其自身的发展特点，而它在当代社会中呈现出一些具有世界性的共同趋势。随着人们对教育认识的不断发展，逐渐出现了专门研究教育问题的教育学。教育学由萌芽、初创、深化发展至今，对教育实践起着越来越重要的作用。

结构图

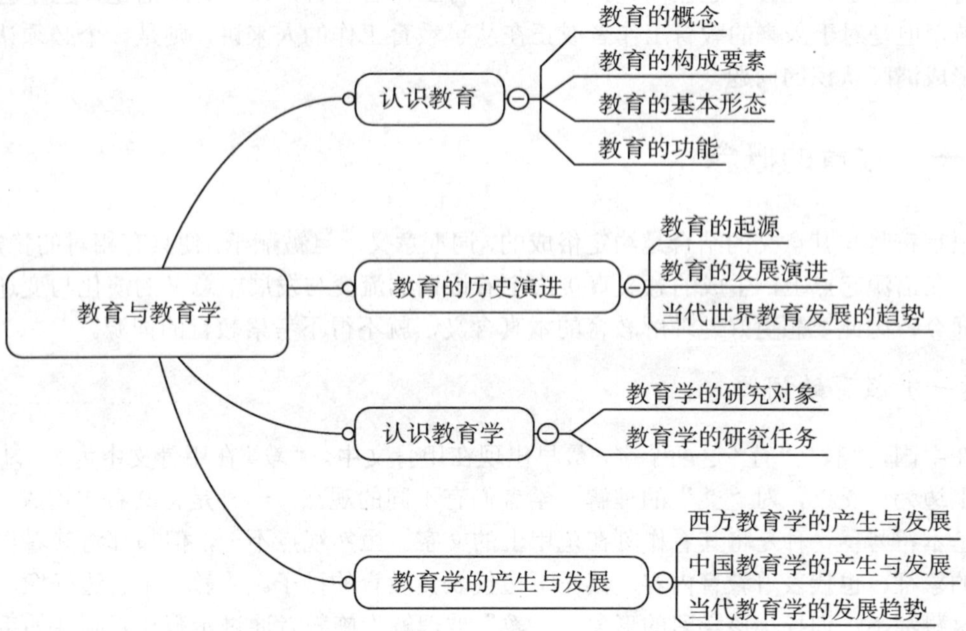

学习目标

1. 了解国内外著名教育家的代表著作及主要教育思想。
2. 掌握教育的含义及构成要素。

3. 了解教育的起源、基本形态及其历史发展脉络。

4. 掌握教育学发展各阶段的主要特点及其当代发展趋势。

读前思考

1. 每个人的成长都离不开教育，那么你认为什么是教育？人为什么要接受教育？教育是如何产生又是如何发展的？

2. 作为未来的教育工作者，你认为教育学是研究什么的？教育学是一门科学吗？

3. 教育学发展至今，离不开古今中外教育家的贡献，你都知道哪些诸如孔子、苏格拉底这样的中外教育家？他们为教育学的发展做出了哪些贡献？

第一节　认识教育

当今社会，每个人从其出生甚至在母体内就开始接受各种各样的教育。可以说，教育是现代社会成员生存和发展的重要基础和条件，提到教育，每个人都能说上几句。但是，要深究教育是什么？教育是如何产生的？教育从其产生至今是如何发展演变的？对于没有学过教育学的人而言，回答起来并不是那么容易。其实，对于这些问题，很多非教育专业的人可能从来没有认真思考过，即使是正在从事教育工作的人甚至是教育理论工作者也是仁者见仁、智者见智。这些问题，对于非教育工作者而言，即使弄不清楚，也不会有太大影响，但是对于未来的教育工作者或正在从事教育工作的人来讲，则是一个必须认真思考并形成清晰认识的问题。

一、教育的概念

语言符号与其意义的结合是约定俗成的，词汇意义一旦被赋予，便具有相对的稳定性。因此，在语源起点上，生成的意义直接决定着该词的流变与发展中意义的演化与变迁。训诂以通今，因此要想更好地理解教育的本真含义，就不得不考察教育的词源。

（一）教育的词源

在中国，“教”“育”这两个字，最早出现在甲骨文中。“教”在甲骨文中为“”，其左上边为“爻”，对“爻”的理解，学者们有不同的观点：一种是将其看作构成《易》卦的基本符号；一种是将其看作刻在龟甲上的文字。虽然观点不一，但却都将其看作文化经典的象征，也代表着教育内容。其左下边代表受教育的孩子。“教”字右边好像一个人在旁执鞭演卜，训导小孩学习的形象。“教”被理解为施教者通过示范和强制性的手段向受教育者传授系统的文化经典的知识。正如东汉许慎在《说文解字》中所解释的：“教，上所施，下所效也。”“育”在甲骨文中为“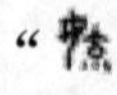”，左边意为怀孕待产的妇女，右边所表现的是从母腹中生出的倒立的孩子。《说文解字》将“育”解释为：“育，养子使作善也。”“作善”就是通过对受教育者进行人格熏陶、品质感化，使之怀善心、行好事、做仁人。

在先秦古籍中，大都只用一个“教”字来论述教育的事情。将“教”“育”二字用在一起始见于《孟子•尽心上》：“君子有三乐，而王天下不与存焉。父母俱存，兄弟无故，一乐也。仰不愧于天，俯不怍于人，二乐也。得天下英才而教育之，三乐也。”但这里的“教育”尚不是如今我们现代汉语中的“教育”。直至北宋，《靖康传信录》才再次将“教”和“育”二字合在一起使用：“其一，自叙素蒙道君教育，擢用于国家艰危之中，得效犬马之力，欲乞身归田庐之意。”这时的“教育”与如今我们所使用的现代汉语中的“教育”趋于一致。其后及至明清，“教”和“育”二字合在一起的用法大量出现于各种小说中，与如今我们所使用的现代汉语中的“教育”意义基本一致。①

在西方，“教育”一词的起源和使用并不复杂，英语为 education，由拉丁语 eduiere 演变而来。拉丁语 e 含有“出”之意，而 duiere 则有“引导”之意。因此，在西方拉丁语系中，教育是通过适当的方式、方法、途径、媒介，把受教育者内在的天资、禀赋、能力、知识、智慧、美德等引导出来的一种人类社会实践活动。

通过对上述词源的分析可以看出，中西方对教育的最初理解或人性假设有显著的分歧，导致其后中西方在教育理念、方式、方法等上存有根本性差异。

由教育的词源考证可以看出，教育是人类社会中最早出现的一种社会活动之一。此后，随着对教育认识的加深和教育理论的发展，中外许多思想家相继从不同的角度解释“教育”的含义。古希腊与古罗马的许多思想家和教育家如苏格拉底、柏拉图、亚里士多德、昆体良等对教育都有过解说，在他们看来，教育就是引导年轻一代获得知识、才能和美德，或者说引导年轻一代发展原有的天赋、智慧、美德和才能的过程。文艺复兴后期，法国思想家卢梭说：“教育的最大秘诀是身体锻炼和思想锻炼互相协调。”②瑞士教育家裴斯泰洛齐认为：教育就在于“依靠自然法则，发展儿童的道德、智慧和身体各方面的能力”③。德国哲学家康德指出：“人只有靠教育才能成为人。人完全是教育的结果。”④美国现代哲学家、教育家杜威立足于实用主义立场，认为“教育即生活”“教育即生长”“教育乃是社会生活延续的工具”⑤。

对于教育的意义，我国也有多种诠释。我国古代儒家经典《中庸》载：“天命之谓性，率性之谓道，修道之谓教。”表明古代把教育定义为“修道”。战国时期，荀子提出：“以善先人者谓之教。”《学记》则将教育理解为“教也者，长其善救其失者也”。

综上所述，人们由于思维方式、认识维度、把握层面、抽象程度等的不同，对教育作出的界定也是纷繁复杂。古今中外教育的定义多种多样，或多或少都从某一侧面揭示了教育的本真含义。因此，已有的教育的定义对我们认识和界定“教育”都能提供有益的启发。

（二）教育的定义

虽然对“教育”的认识仁者见仁、智者见智，要想给出一个公认的界定相当困难，但这却是学习教育学不可回避的一个重要问题。

---

① 北京大学中国语言学研究中心. 教育. 语料库搜索. 2009-07-25.
② 卢梭，爱弥儿，李平沤译. 北京：商务印书馆，1978：274.
③ 张焕庭. 西方资产阶级教育论著选. 北京：人民教育出版社，1979：206.
④ 康德. 康德论教育. 瞿菊农译. 北京：商务印书馆，1926：5.
⑤ 杜威. 民主主义与教育. 王承绪译. 北京：人民教育出版社，2001：58-62.

在教育学语境中，人们通常是从两个不同的角度给“教育”下定义的：一是从“教”的角度给“教育”下定义；二是从“学”的角度给“教育”下定义。从“教”的角度来定义“教育”，一般有三个不同的层次：一是广义的，泛指增进人们的知识和技能，影响人们思想品德的活动；二是狭义的，主要指学校教育，即教育者根据一定的社会或阶级的要求，有计划、有组织、有目的地对受教育者的身心施加影响，把他们培养成为社会或阶级所需要的人的活动；三是更狭义的，有时被特指为思想道德教育。这三种定义方式均强调教育者的影响与作用，在我国大多数教材中通常都是这样来阐释“教育”的。从“学”的角度来定义“教育”，往往把教育看成是一个个体发展的过程。例如，《美利坚百科全书》中写道：“从最广泛的意义说来，教育就是个人获得知识或见解的过程，就是个人的观点或技艺得到提高的过程。”这种定义方式强调的是个体的内在发展，而不是教师的教。

近年来，学者大多采用形式逻辑学界定概念的方式对教育进行定义，即采用科学定义的方式。科学定义的公式为：（被下定义的）概念=种差+邻近的属。以此为依据，教育的“属”是与社会生产、社会政治、科学研究等同一层次的“社会实践活动”。教育与其他社会现象如政治、经济、军事、科研等之间的根本差异在于，教育是通过培养人的活动而作用于社会的，教育的“种差”是“人的培养”。对此，国内外许多学者的看法几乎一致。

据此，苏联著名教育家巴班斯基认为：“教育是老一代向新一代传递社会历史经验的过程，其目的在于培养他们参加生活和从事为保证社会进一步发展所必需的劳动。”①《美国教育百科全书》的表述是：“作为一个活动或过程，教育可能是正式的或非正式的，私人的或公共的，个人的或社会的，但是它总是在用一定的方法培养各种倾向（能力、技能、知识、信仰、态度、价值及其品格特征）。”②联合国教育、科学及文化组织编撰的《学会生存：世界教育的今天与明天》认为，“教育即解放。这意味着，教育是探索，是启蒙，而不是宣传与灌输；教育是平等对话和自由交流，而不是指示和命令；教育是丰富认识，而不是统一思想；教育是尊重和信任，而不是消极防范”③。

近年来，很多教育理论工作者认为，为了说明问题有同一的立脚点，有必要把教育的概念作相对的区分，分成广义的教育与狭义的教育。广义的教育是自有人类产生以来就已产生的教育，这种教育存在于各种生产和生活的活动之中，其定义一般为：教育是人类社会特有的一种社会现象，是培养人的一种社会活动。广泛地说，凡是有目的地增进人的知识技能、影响人的思想品德的活动，不管是有组织的还是无组织的、系统的还是零碎的，都是教育。狭义的教育则是人类社会发展到一定历史阶段的产物，它专指教育活动逐渐从社会其他活动中分离出来，诞生了专门进行人才培养的机构——学校和伴随学校出现而同时产生的人才培养的专门过程。

我们把狭义的教育（即学校教育）定义为：教育是教育者根据一定社会的要求和年轻一代的身心发展规律，有目的、有计划、有组织地向学习者传授知识技能，培养其思想品德，发展其智力和体力，并使其成为社会所需要的人的一种社会实践活动。

---

① 巴班斯基. 教育学. 李子卓，等译. 北京：人民教育出版社. 1986：7.
② W. K. 法兰肯纳. 美国教育百科全书. 第七卷. 张家祥，等译. 外国教育资料. 1981，（2）：62.
③ 联合国教科文组织国际教育发展委员会. 学会生存：世界教育的今天与明天. 北京：教育科学出版社. 1996：168.

二、教育的构成要素

教育作为促进人类发展的社会实践活动，是一个相对独立的社会系统，而这一系统的构成要素主要包括教育者、学习者、教育内容和教育手段。

（一）教育者——教育活动中“教”的主体

教育者就是从事教育活动的人，由于教育有广义和狭义之分，人们对教育者所对应的主体有不同认识，如果从广义教育来看，即一切能够增进人们的知识和技能，影响人们思想品德的活动都是教育，那么任何人都是教育者，因为在日常生产和生活中，每个人都会通过各种途径接受他人的态度、知识、技能及思想品德的影响。在这个意义上，可以说父母是一个人最早的教育者，也可以说自己身边的人都是教育者。如果从狭义教育即学校教育的角度理解，教育者主要指那些拥有职业身份的教师。对于教育者这个概念，既应当从身份或职业方面把握，也应该从素质或资质方面来把握。教育者不只是对从事教育职业的人的总称，更是对其内在态度和外在行为的一种规定。教育者是一种资格，而不是一个具体的、固定的人，应该是那些能够根据个体身心发展和社会发展状况及趋势，在人的发展中起到引导、促进、规范作用的人。

教育是教育者有目的、有计划、有组织地向学习者传授生产经验和社会生活经验，使其得到培养的活动。其中，教育者是教育活动的主导者，是构成教育活动的支撑性要素。因此，离开了教育者，就不存在教育活动。

（二）学习者——教育活动中“学”的主体

学习者是指在各种教育活动中以学习为基本任务的人，既包括在各级各类学校中学习的儿童、少年和青年，也包括在各种形式的成人教育组织中学习的成年人。学习者是教育的载体，是教育过程中学习和发展的主体。教育是因人有学习和发展的需要而产生的，教育活动如果没有学习者因学习需要而引发的主体意识和积极参与，就不会获得实质的教育效果，所以学习者是构成教育活动的驱动性要素，离开了学习者，教育活动便难以发生和展开。

传统上，人们把学习者称为“受教育者”，这里使用“学习者”主要是考虑到当代教育的形态多样化，教育活动的中心日益突出对学习过程的关注和服务，尤其是终身教育的发展使得教育对象的范围扩展到成人乃至整个社会。在终身教育时代，教育者的形象已经远远超出具体某一个群体的范围，与之对应的“受教育者”日益多样化和不确定性。选用“学习者”代替“受教育者”改变了教育机构以往给人们留下的机械刻板、简单对应、封闭循环的印象，因为“学习者”不是被动接受“教育者”所施加的身心影响的人，而是有着不同个性特征、思想意识、兴趣爱好、认知风格和习惯偏好的个体，其在教育活动中是以一种高度个性化的状态生活着的。

（三）教育内容——教育活动中的客体

教育内容是学校基于一定社会生产力和科学技术的发展水平，向学生传授的知识和技能、灌输的思想和观点、培养的行为和习惯的总和。教育内容在学校中的具体表现形式是课程标准和教科书。教育内容的组成是丰富多彩的。从其涉及的范围来说，它包括人类社会各个领域的知识、经验和技能技巧；从其价值来说，它具有发展人的智慧、品德、体力、审美能力和劳动能力的重要作用；从其表现形态来说，它有物质的、符号的、精神的、行为的等不同类型。因此，我们不能把教育内容与学校的课程内容等同起来，也不能把教育内容仅看作教材。实际上，课程内容和教材包含在教育内容之中，教育内容的内涵和外延要比课程内容和教材丰富得多。一方面，教育内容是联系教育者和学习者的中介。它作为一种特殊的中介形式把教育者和学习者联系起来，通过教育内容难度的自然延伸，使学习者不断成长、发展。另一方面，最佳的教育内容是目的性与对象性的统一。教育内容作为联系教育者和学习者的中介，解决教育过程的基本矛盾，关键在于教育内容本身选编的科学性。因此，教育者要根据学习者的实际情况，安排教育的内容和进程，选择教育内容的难度，增减教育内容的分量，发掘教育内容的价值，最终达到目的性与对象性的统一。

（四）教育手段——教育活动的基本条件

教育手段是指教育者将教育内容传授给学习者的过程中所借助的各种形式和所需要的条件的总和，它主要包括物质手段和精神手段。

物质手段主要是指开展教育活动时所需要的一切物质条件，包括教育的活动场所和设施、教育媒体，以及教育辅助手段等。教育的活动场所和设施在学校中主要是指校舍、教室、操场、实验室、校办工厂、农场等及其内部的设备装置。教育媒体是指教育活动中教育者与学习者之间传递信息的工具，它是教育内容的载体，也是教育活动中其他信息的载体。同样的教育内容，可以使用不同的教育媒体。随着教育媒体的发展，教育活动的组织形式、方法、效果等都会发生变化。教育媒体包括多种形式，从最简单的实物、口头语言到图片、书面印刷物、录音磁带、录像带、电影、电视、多媒体教学设备等。可以说，教育媒体的形式随着人类科学技术的发展及教育活动的日趋普及化、个别化而越来越丰富多彩和综合化。

精神手段包括教育方法、教育途径。教育方法包括教育者的教法和学习者的学法。就教育者的教法而言，有语言的方法、直观的方法和实践的方法；就学习者的学法而言，有接受式学习和发现式学习两大类。

从以上我们对教育活动构成要素的分析中可以看出，教育者、学习者、教育内容和教育手段是开展教育活动所必不可少的基本要素。其中，教育者和学习者是影响教育活动成效大小的决定性因素。对于教育者而言，其在教育活动中必须认真分析和研究三个客体：学习者、教育内容和教育手段。因为教育者的任务是将既定的教育内容通过一定的教育手段传授给学习者。对于学习者而言，其认识的客体主要是教育内容，其任务是在教育者的指导下，学习和掌握既定的教育内容，也就是将外在的客体转化为内在的精神财富。在这四个基本构成要素中，教育者与学习者之间的关系是最基本的关系，在教育活动中主要表现为教与学的关系。教包含两层含义：传授知识、思想与引导学习者如何学习；学也包含两层含义：掌握人类积累起来的精神财富与学会如何学习。教与学之间的矛盾是教育活动的基本矛盾，教育者代表社会所提出的教育要求与学习者的身心发展水平之间的差距，是推动受教育者身心发展的基本动力。

三、教育的基本形态

世界上任何事物都有一定的存在形式和状态，教育也不例外，它也有一定的形态。教育形态即教育存在的形式和状态。教育发展到当代，其层次、种类繁多，按照不同的标准可以划分为不同的种类。

（一）非制度化的教育与制度化的教育

根据教育系统自身形式化的程度，可以将教育形态划分为非制度化的教育与制度化的教育两种类型。

非制度化的教育是指那些没有能够形成相对独立的教育形式的教育。这种教育是与生产或生活高度一体化的，没有从日常的生产或生活中分离出来成为一种相对独立的社会机构及其制度化行为。学校产生之前的教育就属于这种非制度化的教育。然而，在人类的学校已经形成一个高度复杂网络的今天，非制度化的教育也仍然存在，只是它在个体发展和整个教育系统中所占的地位和所起的作用已经非常有限了。

制度化的教育是从非制度化的教育中演化而来的，是指由专门的教育人员、机构及其运行制度所构成的教育形态，是人类教育的高级形态。它的出现是人类教育文明的一大进步，也极大地推动了人类总体文明的进步。今天所谈论的种种教育和教育改革，基本上指的都是这种制度化的教育。

然而，比起非制度化的教育来说，制度化的教育也有其不足之处，因而引起了教育家们的批判，有的批判还非常激烈。美国教育家、非学校化运动的倡导者伊里奇在《非学校化社会》一书中指出，近代以来，人类所建立起来的以组织化、制度化和仪式化为主要特征的学校体系，总体上具有压制性、同质性和破坏性，妨碍了真正的学习和教育，不利于增强人类自我成长的责任心，是导致许多人“精神自杀”的根源。真正的教育应该是创造性的，依赖于对出乎意料的问题的好奇、对事物的想象，以及对生活本身的热爱。所有这些，都是现代学校所不能提供或满足的。因此，应该彻底颠覆制度化的现代学校教育及建立于其上的学校化社会，代之以教育网络和建立于其上的非学校化社会。面对这些批评，应该用更加理智的眼光来看待制度化的教育和对制度化教育的改革。

（二）实体教育与虚拟教育

依据教育活动的存在形式，教育形态可分为实体教育与虚拟教育两种形式。

实体教育就是具备承担教育者角色资格的人在具体的现实环境中对那些有学习需要的人的身心施加适当影响的活动。在实体教育中，教师与学生在真实的空间里面对面地交流。教师在教学时所运用的语言、展现的形体动作、设计的板书等都对学生产生影响。在师生面对面的互动中，教师的治学态度、处事原则、价值观、世界观等均对学生产生着潜移默化的影响。教师以自身的人格魅力，在传输知识的同时，为学生树立了学习的榜样。这方面是虚拟教育无法代替的。虽然实体教育具有自己的优势和特色，但是在当今社会，它的缺陷也逐渐暴露出来。随着学习化社会的形成，人们已不再满足于仅仅接受青少年时期的学校教育，而是需要终身接受教育。在这种情况下，对于那些由于工作原因而不能到真实环境中接受教育的人来说，虚拟教育的作用和优势就大大超过了实体教育。

虚拟教育是一种与传统的教育形式相区别的新型教育形式。对于什么是虚拟教育，说法各不相同。有人认为虚拟教育是指任何一种发生在虚拟现实或虚拟教室中的学习过程；也有人认为虚拟教育是指因特网提供的教育服务，如网上课程、网上辅导、网上训练及职业发展和指导；还有人认为虚拟教育是 ICT 技术（信息和通信技术）在教育核心制度方面的应用。虚拟教育意味着教学活动可以在很大程度上脱离物理空间与时间的限制，是以当下的电子技术、信息技术和网络空间为媒介而展开的一种教育形态。它与实体教育刚好相对，其教育教学过程在这一系列虚拟化的教育环境，包括虚拟教室、虚拟实验室、虚拟校园、虚拟学社、虚拟图书馆等中进行。由此可见，虚拟教育的缺陷正是实体教育的优势所在，而虚拟教育的优势又是实体教育的局限所在，那么虚拟教育与实体教育应该有机地结合，实现优势互补，以给人类的教育带来新的活力和希望。实体教育中优良的学习环境、浓郁的学习氛围、融洽的师生关系、深厚的同学之情，是虚拟教学不能实现而只能进行模拟的。在信息社会，只有实体教育，或仅有虚拟教育，都是不可取的。所以，我们可以对未来的教育模式进行展望：虚拟教育不会完全取代实体教育，两种教育方式会相互渗透、融合发展。

（三）社会教育、家庭教育和学校教育

从教育活动的存在范围看，可以将教育形态划分为社会教育、家庭教育和学校教育三种类型。这种分法最早见于苏联的一些教育学著作中，我们一直沿用至今。

社会教育，从广义上讲是指影响个人身心发展的一切社会生活；狭义的则是指学校教育以外的一切文化教育机构或组织对青少年、儿童和成人进行的各种教育活动。社会教育作为一种教育形态，是伴随着人类社会的产生而产生的，原始社会人们定期举行的各种宗教仪式或者各种礼仪活动都具有社会教育的意义。从上述社会教育广义的含义看，社会教育实际上包括了家庭教育和学校教育，换言之，它将所有的教育形态包含在内。家庭是社会的一个细胞，当然属于社会生活，学校也不能脱离社会生活而独立存在，也是社会生活的一个组成部分。无论学校教育还是家庭教育，都是一种社会组织，是隶属于社会的，用“社会教育”一词似乎完全可以替代学校教育和家庭教育。此外，社会教育具有自愿性和自主性、伸缩性和灵活性、持久性和巩固性等特点。

家庭教育就是在家庭生活中，由家长对其子女实施的教育，即家长有意识地通过自己的言传身教和家庭生活实践，对子女施予一定教育影响的活动。当今社会，学校面临的问题越来越多，家庭教育就显得尤为重要。在某些国家和地区出现了“家庭学校”这种新型的教育方式。家庭教育的特点包括以下几个方面：第一，先导性。一个人最早接受的教育是家庭教育，第一个教育者是父母。家庭的生活环境和父母的言行举止，从小就对孩子产

生深远影响。第二，感染性。由于父母与子女之间存在着天然的血缘关系，情感的感染性就显得更为强烈。家长的好恶取舍常常决定着子女的行为举止。第三，权威性。血缘上的亲密关系和经济上的依赖性使子女对父母有着特殊的依恋和依赖感，再加上父母因其自身努力工作而被社会承认与尊重，有着丰富的阅历和经验等，都使得家长在子女心目中树立起高大、权威的形象。第四，针对性。孩子与父母接触的机会最多，相处的时间最长，因此父母能够全面而细致地了解自己的孩子，这样就使家庭教育比较容易做到因材施教。第五，终身性。家庭教育不仅使人在未成年时获益匪浅，而且在他长大成人、成家立业以后，由于父母与子女之间所具有的血缘关系，家庭教育依然在发生作用，父母永远是子女的老师。

学校教育即社会通过学校对受教育者的身心所施加的一种有目的、有计划、有组织的影响，以使受教育者发生预期变化的活动。学校教育作为一种独立的教育形态，具备以下几个特点：第一，较强的目的性、系统性和组织性。学校教育有特定的教育目的，有自己明确的教育方向，有自己的组织机构和相关的职能部门，具有严格的组织纪律性。第二，较强的可控性。学校教育是有目的、有计划、有组织地进行的，其教育途径、教育手段和教育媒介都受到一定部门和教育者的控制和掌握。第三，教育的专业性。学校教育是由专门的机构和专职人员承担的，学校的任务是培养人，这些人是取得入学资格的。第四，教育时空的集中性和效率性。课程设置、教材的编写都立足于浓缩人类文化知识的精华，专职教师运用科学合理的方法进行知识的传授，这些就使受教育者在相对短的时间里高效率地掌握文化知识及一定的道德观念，从而表现出较之于非正规教育的高效率。正是学校教育的这些特征，才使其成为一种主导性的现代教育形态。但是，自从学校产生以来，思想家们对于学校的批评也从没有中断过。他们的批评告诫我们：并不是所有的学校都有利于青少年一代的发展；为了一代又一代青少年的健康发展，必须不断对学校教育进行改革。

四、教育的功能

教育的功能是指教育在与其内外环境相互作用时所表现出来的稳定的反应能力。它由教育的内部结构和属性决定，在与环境的相互作用中表现出来。教育既是一个相对独立的系统，又是一个复杂开放的系统。在系统内部，教育功能表现为教育对受教育者发展的影响作用，它由教育者通过教育影响作用于受教育者，从而促进其发展。从宏观角度考虑，教育作为社会的一个子系统，与人口、经济、政治、文化等其他系统共同构成完整的社会结构，通过对人口、经济、政治、文化等的作用而表现出影响社会发展的功能。教育功能依据不同的标准可以分为不同的类型。

（一）依据教育作用的对象，教育功能可分为教育的个体功能与社会功能

教育的个体功能，又称为教育的本体功能或教育的固有功能，是指教育对个体发展的影响和作用，由教育要素的相互作用所决定。教育要素相互作用的性质影响着受教育者身心发展的方向和性质；教育要素相互作用的方式影响着受教育者身心发展可能达到的程度和水平。

教育的社会功能，又称为教育的工具功能，是教育的本体功能在社会结构中的衍生。教育对社会发展的功能，可以是教育对社会各个子系统直接的影响，也可以是教育通过培养人而对社会各个子系统产生间接的影响。教育的社会功能以个体功能为依据，没有教育的个体功能就谈不上教育的社会功能。

（二）依据教育作用的方向，教育功能可分为教育的正向功能和负向功能

教育的正向功能是指教育对个体和社会的积极促进作用。我们通常所说的教育功能主要是指教育的正向功能，而教育的负向功能是指教育对个体和社会所产生的阻碍作用或消极影响。它在现实生活中有很多表现，如因教育结构失调而造成的学生学非所用或大材小用，因一味追求考试成绩和升学率而造成的学生负担过重，等等。

世界上最早提出正向功能和负向功能这一对概念的是美国社会学家默顿。他认为正向功能有助于一个系统的适应或顺应，而负向功能则会削弱系统的适应或顺应。从正负两个方向来划分教育的功能是对教育功能认识的深化，有利于提醒或引导人们更科学、更全面地对待教育的改革和发展。

（三）依据教育作用的呈现形式，教育功能可分为显性功能和隐性功能

教育的显性功能是指教育在实际运行中所产生的与教育目的、任务和价值相符合的结果，如教育促进人的全面和谐发展、促进社会进步等。教育的隐性功能是指非预期的且具有较大隐藏性的功能，如不公正的教育复制了现有的社会关系，再现了社会的不平等。教育的显性功能与隐性功能是相对的，一旦隐性的潜在功能被有意识地开发，就会转变为显性功能。

日本学者柴野昌山运用默顿关于功能划分的理论，提出了学校教育功能的理论分析框架。他把学校的教育功能分为四大类，即显性正向功能、隐性正向功能、隐性负向功能、显性负向功能。柴野昌山还举例说明了这四类功能现象的存在。比如，考试及成绩报告单作为教师评价学生学习效果和强化学生学习欲望的工具，具有显性正向功能。但是，如果教师仅凭考试成绩来评价，学生便会产生书呆子型成就中心的偏向，此可谓隐性负向功能。又如，学校中的表扬制度及晨会之类的仪式性活动的本来目的只是帮助学生区分正误，但作为副产品，可能会出现增强学生对学校的归属意识、促进群体整合等预料外的结果，这种结果便是隐性正向功能。至于显性负向功能，学校一开始就竭力避免，学生群体的反学校、反教师的亚文化而导致的各种不良行为或越轨行为则属于显性负向功能。因此，我们在教育实践中必须考虑教育功能的各种可能性，努力争取正向的教育功能，并避免出现负向的教育功能。

第二节　教育的历史演进

教育是人类最古老的活动之一，它见证了人类的产生与发展，并在这一过程中不断演进。现在的根，深扎在过去，要认清教育的本质，就不能不探寻教育产生的源头。

一、教育的起源

关于教育的起源问题，一直是学者们共同关注的焦点问题。然而，由于教育起源于人类初创时期，历时弥久，缺乏直接的史料，至今依然没有形成定论。综合考察研究者们从不同角度提出的各种观点，可谓仁者见仁、智者见智。其中，比较典型的观点主要有四种：神话起源说、生物起源说、心理起源说和劳动起源说。

（一）神话起源说

神话起源说是关于教育起源的最古老的观点。这种观点认为，教育与其他事物一样，都是由人格化的神（上帝或天）创造的，教育的目的就是体现神或天的意志，使人皈依于神或顺从于天。这种观点是错误的，是非科学的。之所以如此，主要是由于当时人们在人类社会起源问题上认识水平的局限。

（二）生物起源说

生物起源说是教育学史上第一个正式提出的有关教育起源的学说，代表人物有法国的利托尔诺、英国的沛西·能、美国的桑代克。这种观点认为教育活动不仅存在于人类社会之中，而且存在于人类社会之外，甚至存在于动物界；人类社会的教育是对动物界教育的继承、改善和发展。生物起源说看到了人类教育与其他动物类似行为之间的相似性，比起神话起源说，这是一个很大的进步，标志着在教育起源问题上开始从神话解释转向科学解释，其根本错误在于没能区分人类教育行为与动物类似行为之间质的差别。

（三）心理起源说

美国心理学家孟禄是心理起源说的代表人物。他从心理学观点出发，认为教育起源于儿童对成人的无意识模仿。心理起源说认为教育起源于原始社会中儿童对成人行为的无意识的模仿，也就是说这种模仿是遗传性的，是先天的而不是后天的。它的错误在于把全部教育都归于无意识状态下产生的模仿行为，不懂得人之所以成为人是有意识的本质规定，不懂得人的一切活动都是在意识支配下产生的目的性行为。

（四）劳动起源说

劳动起源说又称社会起源说，它是在直接批判生物起源说和心理起源说的基础上，在马克思历史唯物主义的理论指导下形成的，苏联及我国的教育史学家和教育学家大都认可这一观点。劳动起源说的直接理论依据和方法论基础是恩格斯的著作《劳动在从猿到人的转变过程中的作用》，其主要观点有：人类教育起源于劳动或劳动过程中所产生的需要；劳动为教育的产生提供了现实条件等。

劳动起源说自 20 世纪 50 年代由苏联传到我国，至 20 世纪 80 年代一直不容置疑。但从 20 世纪 80 年代初开始，有些研究者开始对劳动起源说提出了质疑。从目前已出现的否定劳动起源说的观点来看，批驳这一学说的主要论据是：劳动起源说是在错误理解恩格斯

“劳动创造了人本身”这一论断的基础上产生的，是以恩格斯这句话为前提进行逻辑推理的结果，它撇开了恩格斯“以至我们在某种意义上不得不说”等字句，孤立地从“劳动创造了人本身”这句话推演出“人类教育起源于劳动”的结论，而恩格斯的原意是指劳动是整个人类生活的一个基本条件。因此，这种观点是不能成立的。

二、教育的发展演进

任何事物都有一个产生、发展的过程，教育也不例外，自其产生至今，历经了原始社会、古代社会、现代社会等多个不同历史阶段，且由于不同阶段存在着生产方式和社会文化的差异，教育呈现出不同的性质和特征。

（一）原始社会的教育

原始社会是人类历史中最初的社会形态，也是一个漫长的历史阶段。它大约经历了数百万年之久。原始社会的生产力水平低下，没有剩余产品，没有私有制，没有剥削，没有压迫。原始社会的这种社会状况和生活方式决定了这一时期的教育具有以下特点。

第一，原始社会的教育没有阶级性。原始社会没有剥削，没有压迫，人人参加生产劳动，平均分配劳动成果，这就决定了原始社会的教育没有阶级性。原始社会对年轻一代的照管和教育是氏族或部落的事情，所以儿童都受同样的教育，教育是平等的、普及的。只是根据年龄、性别不同进行不同的教育而已，如男孩子以学习狩猎、农耕、渔牧为主；女孩子以学习采集、家务、纺织为主。

第二，原始社会的教育主要是为生产劳动服务的。原始社会的生产力水平低下，为了满足基本的生存需求，人们不得不把精力集中于生产劳动。这就决定了教育活动紧紧围绕生产劳动，以传授制造和使用生产工具技能，以及从事渔猎、采集和原始手工业劳动的经验为主要内容。

第三，原始社会的教育是在整个社会生产和生活中进行的。原始社会的教育还没有从社会生产和生活中分化出来，成为一种专门活动，而是同生产实践及其他社会活动紧密融合在一起的，是在生产实践中及政事、宗教、艺术等活动中进行的。

第四，原始社会的教育手段是极端原始的。原始社会由于受生产力发展水平的限制，既没有专门学校，也没有专门教师，没有文字，没有书籍。因此，原始社会的教育手段极其原始和贫乏，主要以口耳相传的形式进行。

（二）古代社会的教育

古代社会包括奴隶社会和封建社会两种社会形态。同原始社会相比，这两个社会历史阶段的生产力有了巨大的进步，并出现了社会阶级的划分，教育也获得了极大的发展并完全由统治阶级所控制。两个社会历史阶段的生产力发展水平和政治经济状况虽各不相同，但相同的剥削阶级社会形态、类似的落后生产工具、手工操作的劳动方式、自给自足的自然经济形态，使两个社会的教育存在着一些共同的特征。

第一，出现了专门的教育机构和专职的教育人员。随着生产力的发展，古代社会出现了专门的教职人员和专门的教育机构——学校。学校的产生标志着教育步入了历史发展的新阶段。一般认为，在原始社会末期就有了学校的萌芽，但是，作为独立存在的社会实践部门，学校教育则是在奴隶社会才出现的。据史料记载，人类最早的学校出现在公元前2500年左右的埃及。在我国，根据古籍记载，在虞舜时代就有了“庠”这种机构，那时的“庠”主要是一种带有教育性质的养老机构，并不能算是学校。到了夏朝已有“庠”“序”“校”等专门的施教机构，商代和西周时期又出现了“学”“瞽宗”“辟雍”“泮宫”等教育机构。学校的出现标志着人类正规教育制度的建立，使教育从一般的生产和生活过程中分化出来成为一种独立存在的社会活动形式，极大地推动了教育的发展。

第二，教育对象有了鲜明的阶级性与严格的等级性。由于阶级的产生，学校一开始就被剥削阶级所垄断，成为阶级统治的工具。统治阶级把控着教育权，学校成为培养奴隶主阶级和封建统治阶级所需人才的专门场地，劳动人民被剥夺了受学校教育的权利，学校教育具有鲜明的阶级性。在我国，夏、商、周三代的文教政策为“学在官府”，只有奴隶主及其子弟才能享受学校教育，劳动人民子弟被排斥在学校大门之外，只能接受自然状态的非形式化教育。在西方，古希腊斯巴达和雅典的学校专为贵族阶级而设。古埃及的宫廷学校只收王子、王孙和贵族子弟入学。劳动人民只能在生产和生活中，通过长者和师傅的言传身教，接受自然形态的教育。到了封建社会，各国教育在阶级性的基础上又加上了鲜明的等级性，如统治阶级子弟也要按家庭出身、父兄官职高低进入不同等级的学校。学校的等级与出仕授官、权利分配紧紧联系在一起。

第三，教育内容逐渐丰富且与生产劳动相分离。随着文字的不断发明和典籍的不断积累，有关天文、几何、算数、医学，以及工程建筑等方面的专门知识逐渐丰富并形成独立的学科。此外，还产生了文法学、发音学、音韵学。在神庙学校，除了教授普通的知识，如文字书写、语言、计算、几何、天文等学科的初步知识外，还传授神学、巫术、占星术、法律、医学、建筑、数学、历法等比较高深专门的学科知识。学校将其作为教育的主要内容，从而使教育逐渐脱离了生产劳动与社会实践，如我国奴隶社会学校教育的主要内容是“六艺”，即礼、乐、射、御、书、数。“礼”是别上下、分尊卑，维持世袭的等级制的典章制度和道德规范；“乐”是祭拜天地、鬼神、祖先，颂扬帝王、贵族，鼓舞军心的音乐和舞蹈；“射”“御”是射箭、驾车等作战技术；“书”是语言文字的读写及文学历史方面的知识；“数”是计算及历法、天文等自然科学方面的知识。封建社会学校教育的主要内容是“四书”“五经”，与生产劳动相脱节。在欧洲，无论雅典、斯巴达教育还是中世纪的教育，也都只重视思想统治教育和军事体育，而蔑视生产知识的学习。不难看出，学校教育与直接的生产劳动相分离成为古代教育的一大特点。

第四，教育方法崇尚呆读死记与体罚。以学习书本知识为主的学校教育，把掌握知识视为教育的主要目的，因此，教学方法的特点是死记硬背书本知识。古代象形文字、楔形文字、图形文字，书写在用植物茎干制成的草纸上或者泥板上，书写很困难。宫廷学校和僧侣学校的学生，一方面要学习已有的各种文稿；另一方面要用大部分时间从事抄写，把各种各样教诲式的格言、铭文、信札等抄写在草纸或泥板上，以备保存。课业负担相当繁重，学校纪律严酷，盛行体罚。

第五，官学与私学并行的教育体制。古代学校教育分成官学和私学，如宫廷学校就是由国家主办的用以培养官吏的官学，私学则是民间由个人创办的学习机构。在中国，私学兴办于春秋时期，孔子即为私学创办人之一。官学和私学相互补充，相互影响，共同构成了古代社会的教育体系。

第六，教学组织形式主要是个别施教或集体个别施教。在古代社会，教育的形式是个别施教或集体个别施教，还未形成系统的集体施教的教学形式，也就是一个教师教几个或十几个学生，学生不分年级，教材各不相同。这种形式适应了当时低下的生产力水平和科技文化发展的要求。中国古代的官学和私学，大都采取这种教学组织形式，西方的宫廷学校、职官学校等亦是如此。

（三）现代社会的教育

现代社会是以机器大工业生产为标志的，人类经过16世纪中叶到18世纪末二百多年的手工工场的发展，逐渐开始用机器生产代替手工生产，并标志着由古代社会进入现代社会。资本主义和社会主义的教育都属于现代社会的教育，都是适应了世界产业革命以后机器大工业生产和现代科学技术日益发达的社会发展的需要而形成的教育体系。与古代社会的教育相比，现代社会的教育主要呈现出以下特点。

第一，培养全面发展的个人由理想走向实践。教育的最高目的就是造就全面发展的人。从古希腊亚里士多德最早系统论证人的和谐发展理论以来，培养全面发展的个人就成为教育的理想。但由于社会生产力发展水平和社会制度的制约，在相当长的时间里培养全面发展的人只能是教育的美好期盼。直到马克思主义诞生后，马克思和恩格斯对人的全面发展进行了科学的论证，才逐渐使全面发展由理想走向现实。特别是资本主义大工业兴起后，无论是社会生产领域还是社会工作部门，对人的素质都有全面的要求。进入社会主义社会，社会主义教育把马克思主义作为自己的指导思想，把培养全面发展的人作为社会主义教育的最终目标，在各级各类教育中都要求贯彻德、智、体诸方面全面发展的方针。社会的用人单位在考核录用人员时也把德智体的全面发展作为一个基本的标准，这也促进了个人向全面发展的方向努力。在社会主义条件下，社会制度、教育目标、生产第一线、工作部门等协同统一，使得造就全面发展的个人正由理想走向实践。

第二，教育与生产劳动结合日趋密切。早在一百年前，马克思就把教育与生产劳动相结合看作造就全面发展的人的唯一途径。近现代社会的发展历史业已证明，实现教育与生产劳动相结合是促进人的全面发展、推动社会发展进步的必然选择。与古代学校教育脱离生产劳动不同，现代以来教育在世界各国被置于先行发展的地位，主要是由于教育与生产劳动密切关联。现代化工业大生产要求劳动者必须具有一定程度的科学文化素质。随着接二连三的工业革命的发生发展，教育越来越成为国家政府的事务。经济学家的“人力资本”理论成为世界各国建立国民教育制度、保障普及教育和义务教育的重要的理论支撑。具有科学知识和技术的劳动者通过国民教育学校的培养后进入生产部门。教育的生产性特点随着资本主义社会的发展日益凸显。

第三，教育普及制度化，教育形式、手段多样化。随着生产力的发展、科学技术的进步，社会对劳动者的要求越来越高。为了提高劳动生产效率，不得不提高劳动者的文化科学素质。于是，一些发达的资本主义国家开始普及义务教育，把接受教育的权利下放给劳动人民。教育开始普及，教育对象的范围逐步扩大。19世纪中叶以后，各个先进的资本主义国家纷纷把普及教育纳入法治的轨道，教育普及逐渐制度化，如1870年英国的《初等教育法》、1872年德国的《普通教育法》、1886年日本的《小学校令》等。正是这些具有强制性质的法律的颁布和实施，使得教育普及得以保障。世界发达国家现已普及到高中教育，我国也已基本普及九年义务教育。

现代社会在致力于教育普及的同时，亦在不断发展新的教育形式，以弥补教育结构的不足，满足不同学习者的需要。首先是在组织形式上，班级授课制的创立并成为教学的基本组织形式，大大提高了教学效率；其次是在教育方法上，从以灌输式的知识教学为主转变为以启发式教学为主，如采用发现法、问题教学法等，创立了一整套较为完整和科学的教学方法体系；最后是在教学手段方面，随着科学技术的发展，幻灯片、广播、电影、电视、录音、录像等技术手段，以及卫星电视教学、计算机辅助教学等逐步被应用于教育教学，教学手段不断多元化。

第四，教育实施的法制化和民主化。资本主义社会在普及义务教育的初期所实行的强迫义务教育，是通过制定法律来推进的。早期的资本主义国家英国由于沿袭宗教掌管教育的传统，所以资产阶级在执政早期并没有设立教育主管部门，也没有把教育纳入政府的公共事务来管理。直到1870年才颁布第一个义务教育法，即《初等教育法》。该法规定：各学区有权对5～12岁的儿童实施强迫教育。发达的资本主义国家无一例外都是通过立法推进义务教育的。在早期推行义务教育时其并非免费的。发达国家的经验证明：实行免费制是普及教育的保障。因此，世界各国在现代化过程中共同的做法是：通过法律规定实行免费的义务教育。教育的法制化可谓是现代教育的重要标志。

现代教育最显著的发展特征表现为教育的民主化。普及教育虽然在启动的阶段是以强迫的方式推进的，但是随着义务教育年限的延长和民主精神的深入人心，教育的义务观转变为权利观。进入20世纪，提倡“教育机会均等”方针的初步成果为人人有入学的机会。20世纪经历整整一个世纪的改革，不但中小学教育得到了普及，高等教育也实现了大众化。各级各类教育之间的界限也被打破，人们已经不再满足于可以上学。教育民主化要求的是平等，要求高质量的教育和适合个体个性特征的教育。教育民主化的追求趋向于个人学习权益的保障、终身学习的实现。人们不仅追求入学机会的平等，还要求过程的自由和结果的高质量。

第五，人文教育与科学教育携手并进。世界各国的古代教育大多以人文教育为主，教育的目的在于满足心灵享受和陶冶情操，培养新一代的统治者。通过人文知识的传授，培养学生认识和处理社会关系、人己关系、物我关系的能力，使学生确立正确的人生观、道德观、价值观，形成一定的道德情感、审美能力、合作精神等，并指导自己的行为和他人的行为向合人道、合规律、合人类共同利益的方向发展。在现代社会，由于科学技术在生产中的广泛应用，科学教育开始上升到主导地位。教育以培养学生认识与改造物质世界的能力为目的，通过开发人的智力，使学生学习自然科学知识，促进社会物质财富增长和社会发展。科学教育要求学生系统掌握科学知识、综合技术和有关的专门技术，进行动手和实践能力训练，并培养追求真理、探索、创新、献身科学、为人类造福的科学精神。

20世纪50年代以来，人们逐渐认识到，科学技术的应用在促进社会发展的同时也带来了环境污染、生态失衡等许多负效应，这促使现代教育开始追求人文教育与科学教育的结合，人文教育与科学教育由互相排斥走向携手并进。

第六，教育日益显示出开放性和整体性。古代的学校教育是个封闭的教育系统，它与外界社会相隔离，而现代教育突破学校之墙，打破了学校是教育唯一场所的限制，还出现了许多教育补充形式或新形式，如夜校、函授教育、远距离教育或广播电视大学等。现代教育的开放性不仅表现在制度上和组织形式上逐步突破封闭性，而且表现在课程内容、教学方法、教育途径等方面也不再是封闭的了，不再局限于课堂内教师传授固定的已知真理的知识，而且同时提倡发现和创造的学习，把课堂教学和课外活动及广阔的生活天地联系起来。在开放和信息化的社会中，学生接受教育的渠道大大拓宽，大众传播媒介、丰富多彩的课外活动、同龄人团体、复杂的邻里和亲朋关系等以不同的方式、从不同的角度开拓着青少年的视野，影响着他们的价值观、人生观、兴趣和个性的发展，成为重要的教育途径。

现代教育作为一个系统，整体性越来越强，它的各个组成部分和各个方面相互依存，联系越来越密切。正因为它是开放的，内容和形式日益丰富多样，这就产生各因素之间有差别、有矛盾、不平衡、不协调的现象，因而产生了结构需不断调整的必要性。教育要作为社会的有机部分纳入社会结构，与社会其他领域协调，并要适应社会结构，就要寻求教育自身的合理结构并不断调整。因此，教育改革就是必然的了。

三、当代世界教育发展的趋势

（一）教育全民化

全民教育，是为了应对全球大量儿童失学、成年文盲比例高、教育质量低下和教育不平等的严峻挑战而发起的，它以 1990 年在泰国宗迪恩世界全民教育大会上通过的《世界全民教育宣言》为标志，很快成为当今世界教育领域具有广泛影响力的思潮之一，同时也是自 20 世纪 90 年代以来全球最具力度的普及教育运动。《世界全民教育宣言》要求保障“每个人——无论他是儿童、青年还是成人都应该获益于旨在满足其基本学习需要的受教育机会”，并提出通过提供广泛的学习机会以促进教育和整个社会的平等。2000 年，世界全民教育论坛在塞内加尔首都达喀尔举行，164 个国家的政府承诺实现全民教育的目标。会议制定了《达喀尔行动纲领》，提出了到 2015 年前全民教育要达成的六大目标，即扩大早期幼儿保育和教育、普及九年义务基础教育、满足青少年和成人的学习需要、扫盲率提高 50%、两性公平与平等、提高基础教育质量。之后，各国均为实现全民教育六项目标而努力，并取得显著的成就，但目标实现的进程比较缓慢。2015 年，世界教育论坛在韩国仁川举行，会议总结了自 2000 年以来“全民教育目标”和与教育相关的“千年发展目标”所取得的进展和依然存在的挑战，在此基础上制定了《2030 教育行动框架》，将“确保全纳、公平、有质量的教育，增进全民终身学习机会”作为全民教育发展的总目标，并将其细化为七项具体目标。国际社会做出的这些重要决定，体现了各国对未来十几年全球教育发展的共同愿景，也彰显着世界教育发展的全民化这一趋势。

（二）教育现代化

20 世纪 50 年代，以机器大工业生产技术为基础的资本主义工厂制度开启了社会现代化的历史进程。社会现代化是指人们利用近现代的科学技术，全面改造自己生存的物质条件和精神条件的社会变迁过程。社会现代化的发展在改变着社会物质生产生活的面貌，也在改变着人们的价值观念、思想意识及生活方式等。社会的现代化需要由具有现代意识、技术和现代素质的人去设计和施行，而教育是提高人的现代化的强有力的影响因素。为此，世界众多国家都把实现教育的现代化作为本国社会现代化发展进程中的重要组成部分。在中国，邓小平同志于 1983 年提出“教育要面向现代化”的口号，成为指导中国教育改革和发展的重要思想和方针。时至今日，我们向教育现代化的目标已经迈进了一大步，但随着中国经济社会发展进入新常态，社会对教育提出了新的更高的要求，人们对好的教育期盼更加殷切，以致教育事业改革发展的任务越发艰巨。2010 年，我国颁布的《国家中长期教育改革和发展规划纲要（2010—2020 年）》提出“到 2020 年，基本实现教育现代化，基本形成学习型社会，进入人力资源强国行列”的战略目标，要实现纲要所提出的战略目标，还要付出更加艰苦的努力。

（三）教育国际化

教育国际化也是当代世界教育发展的一大趋势。自 20 世纪中叶以来，随着科技的迅猛发展、国际政治格局的变化，国家或地区之间无论是在物质、信息方面还是在资金、知识、人员等方面的交流都日益频繁，特别是经济全球化、商品贸易的国际化方面突出了培养国际通用人才的重要性，要求教育应该从态度、知识、情感、技能等方面培养受教育者从小就为国际化的时代做准备。此外，教育还应帮助人们去认识和解决一些威胁人类生存的国际问题，如和平问题、环境问题、道德问题等。近年来，一些国家纷纷建立国际学校，设立国际课程，并采用先进的教学模式，旨在培养能在未来的国际事务中大显身手的人才。因此，追求教育的国际化是世界教育发展的一个显著趋势。但是，对于发展中国家来说，教育国际化是一把“双刃剑”，正如西方发达国家在政治和经济方面处于主体和支配地位一样，在教育交流与合作中也处于主体和支配地位，占有明显的科技、资金和信息优势，占据极其有利的地位。因此，在教育国际化这一进程中，发展中国家要学会掌握和运用好国际规则，努力做到趋利避害，同时建立健全自身的法律法规，保持应有的独立，使教育国际化的正面效应得到最大限度的发挥，把负面影响降到最低。

（四）教育终身化

终身教育思想认为学校教育的阶段性结束并不是学习的终止，每个社会成员都应在其工作中不断学习，以满足社会发展提出的新要求。终身教育把教育看成一个从出生到生命终止持续不断进行的过程。在时间上，终身教育贯穿人的一生，是不间断的学习过程；在空间上，终身教育融合了学校教育、家庭教育和社会教育，是多元的立体的整合。

20 世纪 60 年代，法国保罗·朗格朗首次明确界定终身教育的内涵。在其 1965 年出版的《终身教育导论》中，他提出，把人生分为两半，前半生用于受教育，后半生用于工作是毫无科学根据的，并且接受教育应当是每一个人从出生到死亡永不休止的事情，教育应当在每个人需要的时刻，以最好的方式提供必需的知识和技能。

终身教育的思想提出后，在世界各国引起了强烈的反响。1972 年，联合国教育、科学及文化组织国际教育委员会在《学会生存：世界教育的今天与明天》中对终身教育进行了进一步的论述和确认，使这一教育理念成为世界各国教育发展的指导原则和共同追求。

（五）教育信息化

以计算机和互联网为代表的信息技术推动人类社会进入了信息时代，引起了人类生活方式的巨大变革。毋庸置疑，它也会从根本上动摇人类的教育方式和学习方式。教育信息化就是在教育领域（教育管理、教育教学和教育科研）全面深入地运用现代信息技术来促进教育改革与发展的过程，其技术特点是数字化、网络化、智能化和多媒体化，基本特征是开放、共享、交互、协作。以教育信息化促进教育现代化，用信息技术改变传统模式。教育信息化的发展，带来了教育形式和学习方式的重大变革，促进了教育改革，对传统的教育思想、观念、模式、内容和方法产生了巨大冲击。近年来，越来越多的学校采取自带设备（BYOD）的方式进入一对一数字化学习领域。终端的普及、无线互联网的改善，通过技术连接课堂内外，连接过去与现在，联通全球的资源，并将学习分析、大数据分析渗入整个教学环节之中。从而根据不同的学科演化出不一样的教学方式和学习方式，出现了慕课（MOOC）、微课等新型教育模式，改变了整个教育生态。

第三节　认识教育学

任何一门学科都有自己的研究对象和特定的研究任务，正是因其对象的特殊性而与其他学科区别开来成为一门特定的学科。因此，要认识教育学，必须厘清教育学的研究对象和研究任务。

一、教育学的研究对象

教育是一种培养人的活动。自从有了人类，就有了教育。而自从有了教育活动，就有了人们对教育活动的认识。当人们对教育的认识超越了经验和习俗的水平，形成系统、科学的认识时，教育便成为教育之“学”。教育学就是通过对教育现象和教育问题的研究，揭示教育规律的一门学科。因此，教育学的研究对象是人类的教育现象，以及存在于其中的教育问题。

教育本身就是一种社会现象，所以教育研究必然要从教育现象入手。教育现象是人类各种教育活动的外在表现形式，它有三个内涵：第一，教育现象是一种可感知、可认识的古今中外已经存在或正存在于现实中的存在物；第二，教育现象是教育实践的表现物或正从事着的教育实践，它包括各种形式、各种类型、各种模式的教育事实、教育活动、教育问题、教育理论研究等；第三，教育现象是以教与学为主体形式的客观存在。社会中的观察、模仿等学习形式，人们虽可凭借它获得零星的知识技能，但不以教与学为主体形式，因此亦不属于学校教育现象的范畴。[①]

人类的教育活动发展至今，有各种各样的外在形式。概括地说，可从两个维度加以说明。从纵向上看，有落后原始的原始教育现象，有以四大文明古国为核心的古代教育现象，1640 年英国兴起第一次产业革命之后，人类生产由过去的手工操作飞跃为采用半机械化的形式进行生产，继而便产生了近代社会及近代教育、现代社会及现代教育，乃至今天的当代教育现象。从横向上看，有学校教育现象、家庭教育现象、社会教育现象等。

当某种教育现象成为人们关注的焦点，被人们广泛地议论、评说或要求予以解决时，这种教育现象便成了教育问题。教育问题从教育现象中生成，不断被提出的教育问题是推动教育学发展的内在动力，善于把握、提炼教育问题是教育学研究的基本功。有些教育现象可能永远停留在现象的性质上，有的则可能由教育现象发展成教育问题，如缴费上学。当一个个的教育问题被提出来后，教育科学研究便有了开端，当这些教育问题得到回答、解释后，人类便获得了更丰富的教育知识。在众多教育经验的基础上，通过抽象概括总结出来的反映了事物本质特点或教育发展必然趋势的东西，即揭示出教育的规律。由于教育规律是对教育实践的深层次和本质联系的反映，它具有普遍性、客观性和永恒性的特点，因此用教育规律指导教育实践，才能更好地推动教育事业的发展，这正是教育学这门学科的价值所在。

总之，教育学的研究对象应该是以教育事实为基础，并在教育价值观引导下形成教育问题，其目的在于探索和揭示教育活动的规律，以服务教育实践。

二、教育学的研究任务

教育是一种培养人的社会实践活动。在人类教育产生后，随着人类教育实践和认识的发展，人们认识到为了更好地进行教育工作，必须对教育活动进行研究，于是教育学便应运而生了。教育学的研究任务主要包括揭示教育规律、科学解释教育现象与问题、沟通教育理论与实践三个方面。

（一）揭示教育规律

古往今来，不同的历史阶段、不同的国家，教育现象和教育形式是多种多样的，教育作为一种活动，一直处于不断的变化、发展之中。无论是制度化的教育还是非制度化的教育，也无论是学前教育还是高等教育，虽然教育的类型和具体形态不同，但其中都蕴含着同一的、普遍的东西。这种同一的东西就是教育中规律性的东西。教育学研究就是透过教育现象找出其中本质的、内在的、必然的联系或关系，因此教育学研究的基本任务就是认识和揭示教育中的规律。

教育规律是在众多教育经验的基础上，通过抽象概括总结出来的、反映了事物本质特点或教育发展必然趋势的东西。它摆脱了教育实践的具体形式、地点、时间、类别的种种

① 柳海民. 教育学原理. 北京：高等教育出版社，2011：2.

限制，而使其具有普遍性、客观性和永恒性的特点。普遍性即教育规律存在于一切教育现象、教育活动之中，并对一切教育活动起作用；客观性即教育规律为教育现象所固有，是一种客观存在，不是人为创造的产物；永恒性即教育规律是反复起作用的，只要发生教育的行为，教育规律就制约着教育活动的进行。教育学研究的基本任务就是透过教育现象的发展和变化，去找寻其中蕴含的教育规律，帮助人们掌握这些规律及其发生作用的条件，避免教育实践中的盲目行为，从而推动教育事业的发展和教育质量的提高。[①]

（二）科学解释教育现象与问题

自教育产生以后，教育现象就普遍存在。学校产生以后，教育现象就从其他社会现象中独立出来，并与政治、经济、文化等社会现象发生关系，在不同的时代体现不同的特色。现象的解释并非就事论事，而必须在总结经验、发现规律的基础上，利用教育原理来进行解释。教育学就是要解释教育现象产生、变化、发展的原因，以及内在动力和演变的过程，从而引导人们去发现和解答教育问题，揭示与把握教育规律，激发人们创造新的教育理论来解释教育现象。例如，水烧开壶盖会被顶起是一种自然现象，千百年来人们习以为常，而瓦特想了解其中的原因，揭示了蒸汽的力量，并发明了蒸汽机。不同时代、不同国家、不同地区的教育各具特色，教育问题也不尽相同，需要我们去发现、去解决。

（三）沟通教育理论与实践

教育学既是一门理论科学，又是一门实践科学。任何教育实践都蕴含着一定的教育理论，从古今中外教育学者们及一切从事教育研究的思想家们的研究来看，他们的主要目的是更好地开展教育实践。从这个方面来说，对教育进行科学认识，既是教育实践所提出的客观要求，又需要最终回到教育实践。教育学在教育理论与教育实践之间起着中介或桥梁的作用。在教育学中，对教育基本问题如教育目的、教育内容、教育制度等的思考，可以增进人们对教育的正确态度和信念的理解，以及对教学或教育实践的了解，有利于培养教育工作者的教育自觉能力，引导他们随时随地地领悟教育的真谛。一言以蔽之，教育学的最终目的是指向教育实践的。

第四节　教育学的产生与发展

教育学的历史漫长而又短暂。说它漫长，是因为早在几千年前，我们的先哲就有对教育问题的专门论述和精辟见解；说它短暂，是因为作为一门规范学科，它只有不到两百年的历史。

① 柳海民. 教育学原理. 北京：高等教育出版社，2011：8.

一、西方教育学的产生与发展

（一）西方教育学的萌芽阶段

人们对教育活动的认识和探讨肇始于人类教育活动的开始，但是在近代之前，人们对教育的认识和探讨尚停留在经验和习俗的水平上，没有形成系统的理性认识，也就没有形成一门专门研究教育的学科。因此，我们将教育学发展的这一阶段称为教育学的萌芽期或前教育学阶段。

这一时期的教育学具有以下三个特点：第一，人们对教育的认知主要停留在经验描述的水平，即主要根据自己的教育活动经历提出自己的认识或思考；第二，教育学著作多是论文的形式，缺乏科学的理论分析，也没有形成完整的体系；第三，教育学思维和论述的方式比较简单，多以简单的类比、比喻、格言、寓言等为主。

这一时期的苏格拉底、柏拉图、亚里士多德、昆体良等在阐述各种社会现象的同时也阐述了教育现象，在提出其哲学、政治观点的同时，也提出了丰富而宝贵的教育观点，为教育学的产生奠定了基础。

苏格拉底是古希腊著名的哲学家、教育家。他认为，教育的目的是培养治国人才，教育的首要任务是教人怎样做人，提出教人道德就是教人智慧，“智慧就是最大的善”[①]；在教学方法上，他采用问答法，亦称“产婆术”，即通过与对方共同讨论、不断提问，使对方认识并承认自己的错误，自然而然地获得正确的结论，包括讽刺（不断提出问题使对方陷入矛盾之中，并迫使其承认自己的无知）、助产（启发、引导学生，使学生通过自己的思考，得出结论）、归纳和定义（使学生逐步掌握明确的定义和概念）四个步骤。这种教学方法遵循从具体到抽象、从个别到一般、从已知到未知的规律，对后世的教学法产生了深远的影响。

柏拉图是欧洲教育史上第一个有大量著作流传下来的哲学家。他的教育思想集中体现在他的代表作《理想国》中。柏拉图认为，人类要想从“现实世界”走向“理念世界”，重要的是通过教育获得真知，以洞察理想的世界。他的主要教育思想为：女子应该享受与男子同样的教育；早期教育应该得到重视；教育的最终目的在于促使“灵魂转向”等。另外，柏拉图是“寓学习于游戏”的最早提倡者。

亚里士多德是古希腊百科全书式的哲学家，他秉承了柏拉图的理性说，认为追求理性就是追求美德，就是教育的最高目的。亚里士多德的教育思想集中反映在他的著作《政治学》中，并在历史上首次提出了“教育遵循自然”的原则，注意到了儿童心理发展的自然特点，主张按照儿童心理发展的规律对儿童进行分段教育，提倡对儿童进行和谐教育。他所倡导的和谐教育主张成为后来全面发展教育的思想渊源。

昆体良是古罗马教学大师，他是西方教育史上第一个专门论述教育问题的教育家，其代表作《论演说家的教育》（又名《雄辩术原理》）是西方最早的教育学著作，也被誉为

① 色诺芬. 回忆苏格拉底. 吴永泉译. 北京：商务印书馆，2009：139.

“古代西方的第一部教学法论著”。他对班级授课制进行了一些阐述，这是班级授课思想的萌芽。

（二）西方教育学的独立阶段

教育学在科学分类中没有独立地位的历史状态一直延续到 17 世纪才宣告结束。17 世纪以后，随着生产力的发展和科学的进步、资本主义的产生和发展，西方产生了一些新型的实科学校。资产阶级为了培养他们所需要的人才，在教育上提出了他们的主张，采取了一些新的措施。随之，教育学也有了相应的发展。教育实践的丰富、教育经验的积累，使人们对教育现象、教育问题的认识逐步深入。许多教育家纷纷阐明他们的教育主张，出现了许多体系比较完整的教育学著作。教育学开始从哲学和社会学中分化出来，逐渐成为一门相对独立的学科。

英国哲学家培根为独立形态的教育学的产生做出了重要贡献。1623 年，培根发表了《论科学的价值和发展》一文，首次在科学分类中将教学的艺术作为一个独立的研究领域划分出来，它标志着教育学在科学体系中有了自己独立的学科地位。

1632 年，捷克教育家夸美纽斯写成了《大教学论》，该书于 1657 年出版，被认为是教育学具有独立理论形态的开始。在《大教学论》中，夸美纽斯提出了教育适应自然的思想。同时，他提出了泛智教育思想，并由此出发，提出了普及教育思想，要求“把一切事物交给一切人”。另外，在西方教育思想发展史上，夸美纽斯是第一个试图建立分科教学法的教育理论家，他还根据年龄分期确立了学校教育制度和教学内容，并较为详细地论述了班级授课制的思想，主张把全校学生按照年龄和程度分成班级。在教学上，他论证了“直观性原则、巩固性原则、系统性和循序渐进性原则”等影响较大的教学原则。虽然这些主张有的不尽科学，但他建立了比较完整的教育理论体系，对创立独立的、系统的教育学做出了重要的贡献，为近代西方教育理论体系奠定了基础。

1693 年，英国著名的哲学家、教育家洛克出版《教育漫话》一书。洛克的教育目的是培养绅士，提出绅士必须是身体健康、有德行、有用、能干的人，具有道德、智慧、礼仪和学问四种品质。在教育作用上，洛克主张教育万能，他从唯物主义的经验论出发，极为重视教育在人的成长中的作用。他说：“我们日常所见的人中，他们之所以或好或坏，或有用或无用，十分之九都是他们的教育所决定的。人类之所以千差万别，便是由于教育之故。” 他提出“白板说”，把儿童的天性比作没有痕迹的白板，可以由人随意地去涂写和塑造。在论述教育的内容时，他第一次把教育的三大部分德、智、体做了明确区分，并且特别重视体育。在德育方面，他强调环境与教育的巨大作用，强调德行重于学问，否认天赋观念。在德育方法上，洛克强调早期教育、行为习惯和选择榜样，不主张使用体罚。在智育方面，洛克主张学习实际有用的广泛知识。洛克的《教育漫话》作为一种世俗的现实主义教育思想，在近代西方教育理论的形成和发展中占有重要的地位，是教育学形成时期的重要著作之一。

1762 年，法国思想家、教育家让 · 雅克 · 卢梭出版《爱弥儿》一书。该书的基本观点是：教育要遵循儿童的自然本性，根据不同年龄阶段儿童的身心特征和个体差异进行教育；教育的目的在于培养“自然人”，即能适应资本主义生产关系需要的身心和谐发展的人；

教育原则和方法应“模仿自然”；在德育上实行“自然后果法”。以卢梭为代表的自然教育理论深刻地体现了时代精神，他的理论第一次系统地论证了儿童的生理、心理特点在教育中的重要地位，并把它作为教育的出发点和根据，要求教育尊重儿童的年龄特征和天性。

1806 年，德国哲学家、心理学家、教育家赫尔巴特的《普通教育学》问世。该书被认为是世界上第一本形成科学体系的教育学著作，赫尔巴特也被认为是“现代教育学之父”或“科学的教育学之父”。赫尔巴特将教育目的分为两种，即“可能的目的”和“必要的目的”。在教学方面，赫尔巴特根据受教育者的心理活动规律确立了教学过程的四个阶段，即明了、联想、系统、方法。这是人类最早的对教学过程和教学活动时间结构的科学划分，并影响至今。赫尔巴特还提出了教学的教育性思想。以赫尔巴特为代表的传统教育学派，其核心思想一般被概括为“教材中心”“课堂中心”“教师中心”，它在西方教育史上率先建立了以心理学和哲学为基础的教育理论体系，使教育学在向科学化发展的道路上大大前进了一步。

此外，其他一些著名的哲学家、思想家也出版了专门的教育学著作，为教育学的创立做出了贡献。例如，英国哲学家、教育家赫伯特·斯宾塞于 1861 年出版《教育论》，提出教育的目的是“为完满生活做准备”，判断知识价值的标准是它与生活、生产和个人发展的关联程度；瑞士教育家裴斯泰洛齐的著作《林哈德与葛笃德》提出了“使人类教育心理化”的主张，对推动教育活动的科学化起到了重要作用；德国哲学家康德于 1776 年在柯尼斯堡大学的哲学讲座中讲授了教育学，这是教育学作为一门学科在大学里讲授的开端。以上述人物为代表的教育学家们经过三四百年的努力，把教育学建成为一门独立学科，使其拥有了独立的学科地位，产生了一批专门且系统的教育学著作，为后世教育学的发展做出了重要贡献。

（三）教育学的多元发展阶段

自 20 世纪以来，随着科技的发展和人类社会的变革，传统教育学以哲学和心理学为理论基础一统天下的局面被打破，一些新兴学科如社会学、人类学，以及自然科学如数学、生物学对教育学日益渗透，使得教育学的理论基础更为多样。在不同理论和学派基础上发展起来的教育学在相互批判中共存与发展，呈现出多元化的发展态势，出现了许多新的教育学派别和教育学著作。

1. 实验教育学

实验教育学是 19 世纪末 20 世纪初在欧美一些国家兴起的以教育实验为标志的教育思想流派。代表人物是德国教育学家梅伊曼和拉伊，其代表著作为梅伊曼的《实验教育学纲要》和拉伊的《实验教育学》。德国心理学家冯特于 1897 年在莱比锡大学创设了世界上第一个心理学实验室，实验心理学的诞生和发展为实验教育思想提供了可以直接借鉴和吸取的成果。

2. 文化教育学

文化教育学亦称精神科学教育学，是 19 世纪末产生于德国的一种教育思潮，代表人物有狄尔泰、斯普朗格、李特、福利特纳等。文化教育学派强调“教育是文化过程”。文化教育学深刻影响了德国乃至世界 20 世纪的教育学发展，它力图从文化或精神科学的角度来探索人及人的教育问题，在教育的本质、教育的目的等问题上给人以启发。

3. 实用主义教育学

实用主义教育学是19世纪末20世纪初在美国兴起的一种教育思潮，代表人物是美国的杜威、克伯屈等，代表作有杜威的《民主主义与教育》和克伯屈的《设计教学法》等。杜威的教育理论对20世纪的美国教育理论和实践产生了深远的影响。针对传统教育学派的教师中心、课堂中心、教材中心，杜威提出了儿童中心、学校即社会、做中学的教育主张。

4. 马克思主义教育学

马克思主义教育理论产生于苏联。自20世纪以来，苏联和我国的教育家根据并运用马克思主义基本原理对现代教育的若干问题进行了研究。克鲁普斯卡娅的《国民教育与民主主义》，被认为是运用马克思主义观点阐述教育学和教育史的第一本著作。此外，还有加里宁的《论共产主义教育和教学》、凯洛夫主编的《教育学》、我国教育理论家杨贤江的《新教育大纲》等有影响的著作。马克思主义为教育学的发展奠定了科学的世界观和方法论基础，使教育学走向科学化发展的新阶段。

5. 批判教育学

批判教育学产生于20世纪70年代，其代表人物有美国的鲍尔斯、金蒂斯、阿普尔和法国的布迪厄等。批判教育学针对当代资本主义学校教育中的种种不平等、不公正现象进行批判，提出“教育应该是政治的”，是不可能保持价值中立的，认为教育是维护现实社会不公平和不公正，造成社会差别、歧视和对立的根源。批判教育学流派思想复杂，基于不同的思想基础与社会背景，其内部的不同流派有不同的特点。但是，追求对传统教育的批判与解放，强调运用批判理论通过批判的研究方法进行教育研究与分析，是各流派批判教育学的共同特征。

（四）教育学的理论深化阶段

20世纪中叶以后，由于科学技术的迅猛发展，人力资源开发和智力开发成为备受世界瞩目的重大教育课题，教育学借鉴各种新思路、新方法来寻求新的发展，各国开展了广泛而深刻的教育改革，并形成了一大批现代教育理论。

苏联教育家赞科夫通过近二十年的小学教学改革实验，出版了《教学与发展》一书，他把学生的一般发展作为教学的出发点，提出了发展性教学理论的“五条教学原则”，即高难度、高速度、理论知识起主导作用、理解教育过程、使所有学生包括“差生”都得到一般发展。美国教育家布鲁纳在《教育过程》一书中提出了结构主义课程理论和发现法，倡导培养学生的科学探索精神、科学兴趣和创新能力。德国教育家瓦·根舍因创立了范例教学理论，倡导改革教学内容，加强教材的基础性、基本性，并通过对范例的接触，培养学生独立思考、独立判断与独立工作的能力。瑞士教育家皮亚杰是儿童心理学、发生认识论的开创者，他认为儿童认知的生长不仅仅是经验的结果，而且强调个体在认识生长过程中的积极作用。皮亚杰提出的个体认知发展阶段论等教育思想对世界教育产生了深远的影响。

教育学在整个20世纪出现了分化的特征，这是自然科学和社会科学发展的个体特点。教育学科群中若干新学科的出现，可以使人们对教育的认识更加丰富、清晰、准确，使教育科学的格局和层次更加清楚，这些学科研究所产生的大量成果，为今后的教育学研究提供了新的视角。

二、中国教育学的产生与发展

教育学在我国成为一门独立的学科，是从清末“废科举，兴学堂”的西方资产阶级教育学输入以后才开始的。其沿革过程大体可概括为：先学日本，后袭美欧，中华人民共和国成立后又学苏联，直到粉碎“四人帮”后，才逐渐走上教育学中国化的道路。

（一）中国教育学的萌芽

虽然教育学在中国的起步较晚，但我国古代孔子、孟子等思想家的言论，以及《论语》《学记》等著作都蕴含着博大精深的教育学思想，这些都是中国教育学产生和发展的源泉。

孔子是儒家学派的创始人，是中国古代最伟大的教育家和教育思想家。他的教育思想集中体现在由其弟子编撰的《论语》一书中，其主要观点包括：第一，论教育的作用。孔子认为人的先天本性相差不大，个性的差异主要是后天形成的（“性相近也，习相远也”），因此他很重视后天的教育。第二，论教育对象。他提倡“有教无类”，创办私学，广招学生，打破了奴隶主贵族对学校教育的垄断，把受教育者的范围扩大到平民，顺应了当时社会发展的趋势。第三，论教育内容。孔子在教学过程中，对西周的文化典籍进行了整理，经多次修订，最后编成《诗》《书》《礼》《乐》《易》《春秋》六种教材，奠定了儒家教育内容的基础。其中，道德教育居于首要位置，他的教育内容偏重社会人事与文事，轻视科技与生产劳动。第四，论教学原则与方法。例如，启发诱导（“不愤不启，不悱不发”），孔子是我国古代最早提出启发式教学原则的人；因材施教（“柴也愚，参也鲁，师也辟，由也喭”）；学习与思考相结合（“学而不思则罔，思而不学则殆”）；温故知新（“温故而知新，可以为师矣”）等。

墨子是墨家学派的代表，主张通过教育建设一个民众平等、互助的“兼爱”社会。他注重文史知识的掌握和逻辑思维能力的培养，重视传授生产技能和自然科学知识，并提出了理解知识的三种途径，即“亲知”“闻知”“说知”，为后世教学思想的形成提供了宝贵的借鉴。

老子是道家学派的代表，从自然无为的原则出发，提出了“物各有宜”“顺应本性”的教育思想。他认为，由于人的资质和禀赋不同，人的学习态度和认识事物的能力各不相同。虽然受教育者之间存在差异性，但教育不应当区分受教育者的优劣，而应以平等的大爱真心对待每一个受教育者。这种教育思想既包含一视同仁的平等观，又包含深入人性的教化思想。

《学记》是中国古代也是世界上最早的一篇专门论述教育和教学问题的文章，它是《礼记》中的一篇，写作于战国晚期。据郭沫若考证，作者为孟子的学生乐正克。它从正反两方面总结了儒家的教育理论和经验，系统地阐发了教育的作用和任务、教育制度、学校管理、教育目的、教学原则、教师的地位和作用、师生关系等，其中以教学原则的总结最为突出，如“教学相长”“不陵节而施”“长善救失”“豫时孙摩”“道而弗牵”“藏息相辅”等。

除此之外，中国古代一些哲学家、思想家也在他们的政治、哲学等思想中对教育问题进行了论述，如《孟子》《荀子》《师说》，以及后来程朱理学代表人物的著作中，都有对教育丰富的认识和精辟的见解。

（二）中国教育学的发展

在中国，具有现代意义的教育学首先始于对日本教育学的学习。在这个阶段，学者们致力于翻译日本的教育学著作，包括翻译日本教育学教师的讲义。例如，立花铣三郎讲述、王国维译的《教育学》，牧濑五一郎著、王国维译的《教育学教科书》，就分别在 1901 年和 1902 年的《教育世界》连载。此外，加纳友市、上田仲之助的《实用新教育学》，吉田熊次的《新教育学释义》《兰因氏之教育学》，熊谷五郎的《大学教育学》的译文，也分别在 1902 年、1904 年、1906 年、1907 年发表于《教育世界》上。据记载，从 1896～1911 年，中国共译日本教育类图书 76 种。事实上，尽管这个阶段中国教育学主要效仿的是日本的教育学，但就其实质来看，这个时期引进的教育学主要是赫尔巴特及其学派的教育学。原因在于，日本自明治维新以来，教育学界大多崇尚赫尔巴特及其教育学派，诸多学者把赫尔巴特学派的教育学融入自己的教育学著作中。从当时日本的一些教育学者的教育学著作来看，其框架体系与赫尔巴特的《普通教育学》基本相同。至于具体内容，特别是赫尔巴特学派的“教学的形式步骤”，被称为“五段教学法”，更是被吸收无遗。

1919～1949 年是中国教育学发展史上蔚为壮观的一个时期。这一阶段的中国教育学已经一改以前译介日本著作的做法，而把学习的对象从日本转向了美国。以杜威为代表的美国教育理论大量涌入我国。杜威实用主义教育理论对中国当时的教育理论和教育实践都产生了深刻的影响。这一时期，中国学者也学习和介绍西方其他国家的教育理论，如夸美纽斯的《大教学论》、洛克的《教育漫话》、卢梭的《爱弥儿》《康德教育论》、裴斯泰洛齐的《林哈德与葛笃德》、斯宾塞的《教育论》等也在这一时期传入我国。但实践证明，西方成功的教育在中国社会并没有取得理想的效果，于是一批学者开始试图以一种现实主义的态度寻求突破西方，探索并创立适合中国国情的教育学。他们躬身于教育实践，身体力行，在实践中探索适合中国国情的教育学，如陶行知、陈鹤琴在借鉴实用主义教育理论的基础上，根据中国社会和教育的实际情况，创立了生活教育理论、活教育理论等。“五四运动”后，马克思列宁主义传入中国并作为革命行动的指导，1929 年由杨贤江（笔名李浩吾）首先写出了第一部以“新教育大纲”为书名的马克思主义教育学著作，它的出现在中国教育思想史上具有划时代的意义。1934 年，中华书局出版了钱亦石编写的《现代教育原理》，这也是力图用唯物论来阐述教育原理的教育学著作。

中华人民共和国成立之初，我国把学习苏联教育经验作为建设新教育的方向，通过学习苏联，我国初步完成了教育学理论模式的格式塔转化，填补了当年社会主义教育学的空白。20 世纪 50 年代末，由于政治形势的变化，我国对以凯洛夫主编的《教育学》为代表的苏联教育学的态度发生了根本转变，从一味推崇转为批判。这一时期，我国学者在“向科学进军”和“双百”方针的指引下，在反思学习、移植苏联教育学的经验教训的基础上，明确地意识到创生具有中国特色教育学的重要性。当时已有学者发表文章专门论述教育学中国化问题，有的学者专门撰文论述了如何建立中国自己的教育学，[①]开始了建设具有中国特色的教育学的探索。从 1966 年起，我国进入了“文化大革命”时期，教育遭到了严重破坏。十一届三中全会后，我国教育学进入恢复重建期，对“文化大革命”十年及我国进入社会主义社会以来的教育历史进行了深刻的反思。进入 20 世纪 90 年代后，随着教育学研究领域反思思潮的出现，教育学中国化、本土化问题的研究进入了具有相当深度的反思阶段。经过三十多年的努力，我国教育理论界取得了很大的进展，产生了一些很有影响的具有中国特色的教育理论，如李吉林的情境教育理论、邱学华的尝试教学理论、于漪的文道统一理论、钱梦龙的三主理论、宁鸿彬的减负增效理论、顾泠沅的数学教育改革理论，以及主体教育理论、愉快教育理论、成功教育理论、素质教育理论新基础教育理论等。进入 21 世纪，教育学中国化、本土化仍是教育学界持续关注的话题，创建具有中国特色的教育学成为广大教育工作者的共同愿望和普遍追求。

三、当代教育学的发展趋势

自 20 世纪以来，教育学得到了迅猛的发展，当前教育学的发展呈现出新的趋势，主要有以下几方面。

（一）教育学问题领域的扩大

教育学研究的问题领域开始扩大，表现为：一是从宏观上研究教育的顶层问题，从而建立新的教育观，包括教育发展观和教育研究观；二是一般的教育基本理论，这些问题可以包括什么是教育（教育本质）、为什么教育（教育目的）、谁来教育（教育者）、教育谁（受教育者）、教育内容、用什么方法教育（教育方法）、用什么形式来教育（教育组织形式）等；三是教育应用领域的问题，如教育教学基本技能、技巧，教育方法、教育原则、教育手段等操作层面的问题。

（二）教育学研究基础的扩展

以赫尔巴特为代表的传统教育学是以哲学和心理学为学科基础的。随着时代的发展，教育学的研究基础得到了扩展，教育学开始由“单数的教育学”发展成为“复数的教育学”，即“大教育学”。其他学科的研究手段开始被引入教育学，使得教育学的边缘学科、交叉学科开始出现、裂变，教育学的体系也不断扩展。教育学的研究基础不再局限在哲学、心理学的原始经典阶段，而是扩展至生理学、伦理学、社会学、统计学、经济学、政治学、文化学、人类学、美学等一系列学科。这些学科不仅为教育学研究提供了新视角，也扩展了教育学研究的空间和领域。

（三）教育学研究范式的多样化

纵观教育研究范式发展的历史进程，教育学的研究范式经历了“经验—描述”阶段、“哲学—思辨”阶段、“科学—实证”阶段，已经进入了“规范—综合”阶段。20 世纪以

---

① 鲍兆宁. 把教育学教学大纲改得更完善. 光明日报，1956-12-24.

前，在教育研究中占据主导地位的是一元的教育研究范式。自实验教育学问世以后，教育研究范式开始走向多元化，即教育研究的“规范—综合”阶段。

（四）教育学的进一步分化与综合

学科分化是现代科学充分发展的前提，也是科学发展的一个趋势。教育学的分化要借助两种途径：一是“衍生性”分化，即从教育学内部纵向分化出许多分支学科；二是“交叉性”分化，即教育学与其他学科“联姻”的横向分化，又分化出许多分支学科。教育学内部各子学科的相继出现，诸如教学论、德育论、学科教育论、课堂教学技能、班主任工作技能等都属于第一途径的产物。而教育哲学、教育心理学、教育社会学、教育行政学、教育统计学、教育经济学、教育技术学等则属于第二途径的产物，是各学科相互渗透的结果。

自 20 世纪中叶以来，教育学在高度分化的同时又出现了高度综合的现象。既注意借鉴相邻学科的最新研究成果，又能使各种研究成果成为教育学理论中的有机组成部分；既能对各分支学科的新成果兼收并蓄，又不失对各分支学科提供理论基础和理论指导的作用；既能为理论发展提供明确的方向，又能为实际运用留下广阔的空间。总之，将各种先进理论综合为一体，将理论指导和实践运用综合为一体，是当今教育学发展的重要趋势。

（五）教育学与教育改革的关系日益密切

教育改革是人们有计划、有目的地变革现存的教育，使其符合改革者理想目标的活动。它是一种特殊的教育实践，也是教育领域里的创新，进行教育改革不仅需要勇气和魄力，更需要理性。教育学不仅可以为教育改革提供理论依据，亦可为教育实践提供行为指引。教育学研究内在地包含着基础研究、应用研究和开发研究。这些研究都是指向教育问题的，研究结果可以为教育政策的制定提供参照，可以为教育改革提供理论支撑，也可以为教育改革实践提供操作指南。

（六）教育学的学术交流与合作日益加强

教育学研究问题领域的扩大、研究学科基础的扩展和教育的开放和国际化，为当代教育学研究同行之间的对话与合作提供了前提。学术交流加强的趋势表现在：国家政府、学术组织及个人之间的交流形式越来越密切且多样化；网络平台、期刊库资料为教育学者之间的交流提供了更为简捷便利的条件等。教育学领域学术交流和合作的加强顺应了全球一体化潮流，为教育研究提供了更广泛的空间和多元化的视角，推动了教育研究的发展。

本章小结

本章从教育的概念、构成要素、基本形态、起源及其演进历程对教育的基本情况做了介绍。在此基础上，从研究对象、性质与任务等几个方面对教育学进行了分析，并阐述了教育学的发展历程及其当代发展趋势。

学以致用

一、单项选择题

1. 著名的实用主义教育家及代表作是（　　）。

A. 布鲁纳《教育过程》　B. 杜威《民主主义与教育》

C. 赞克夫《教学与发展》　D. 凯洛夫《教育学》

2. 标志着规范教育学建立的是（　　）。

A. 夸美纽斯《大教学论》　B. 卢梭《爱弥儿》

C. 赫尔巴特《普通教育学》　D. 凯洛夫《教育学》

3. 教育史上“现代教育”的代言人是（　　）。

A. 赫尔巴特　B. 杜威

C. 夸美纽斯　D. 洛克

4. 我国的第一部马克思主义教育学著作是（　　）。

A. 商务印书馆编的《教育学》　B. 凯洛夫的《教育学》

C. 杨贤江的《新教育大纲》　D. 钱亦石的《现代教育原理》

5. 世界上最早的教育学专著是（　　）。

A. 《大教学论》　B. 《学记》

C. 《理想国》　D. 《雄辩术原理》

二、辨析题

1. 教育学是随着人类社会的产生而产生，并随其发展而发展的。

2. 马戏团中的狗在驯兽员的精心培养教育下，智力得到发展，学会了十以内的加减法。因此，动物界也存在教育。

三、简答题

1. 简述教育生物起源论的观点。

2. 简述教育的要素。

3. 简述当前世界教育发展的趋势。

补充读物

联合国教科文组织教育局. 2011. 2015年之前的全民教育：进程与挑战. 华东师范大学译. 上海：华东师范大学出版社.

涂尔干. 2003. 教育思想的演进. 李康译. 上海：上海人民出版社.

雅斯贝尔斯. 1991. 什么是教育. 邹进译. 北京：生活·读书·新知三联书店.

第二章　教育与社会发展

本章概述

教育与社会发展之间的关系是教育的两大基本规律之一。教育作为社会系统的子系统，与社会其他子系统如经济、政治、文化等有着千丝万缕的联系。一方面，社会生产力、社会政治经济和社会文化作用于教育；另一方面，教育也反作用于社会生产力、社会政治经济和社会文化。了解教育与社会发展之间的关系，有利于我们跳出教育系统本身，以宏观的视角，系统地、联系地看待教育，从而使我们更全面、更理性、更深入地理解教育的发展和教育的价值。

结构图

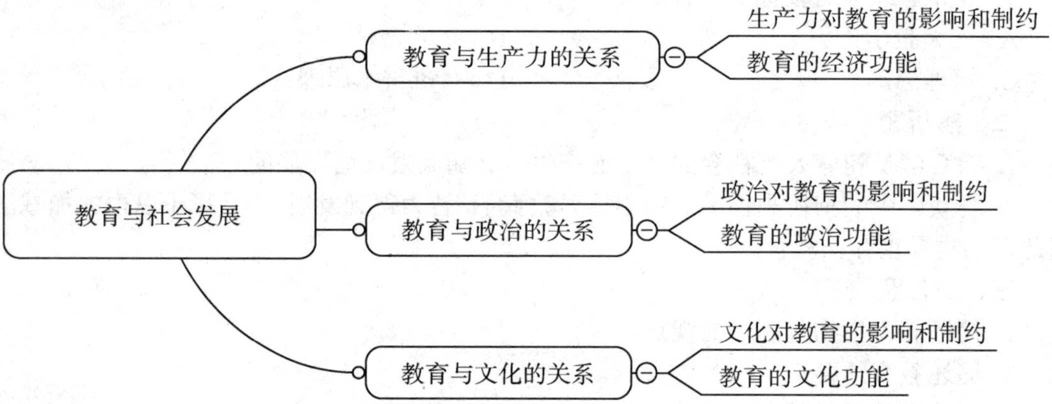

学习目标

1. 理解教育发展不仅要靠自身的完善和提升，而且受到社会发展的制约和影响。
2. 理解教育对社会发展的作用。
3. 能够系统地、联系地看待教育发展，为从事教育实践和研究延展思路、开阔视野。

读前思考

1. 教育与经济的关系是多方面的，你对产学研一体化有何看法？
2. 你能用文化与教育学的关系的基本原理来解释当今网络文化的教育影响吗？
3. 你是如何认识教育独立论的？

社会是一个系统，由经济、政治、文化、教育等子系统构成，教育是社会系统中不可或缺的组成部分。社会发展与教育之间存在着千丝万缕的联系，一方面，社会发展水平制约着教育的发展；另一方面，教育发展促进社会的发展。教育与社会发展之间的关系主要表现在教育与生产力、教育与政治以及教育与文化之间的关系上。

第一节　教育与生产力的关系

生产力是人类认识世界和改造世界的能力。生产力发展水平越高，人类创造财富满足自身需求的能力越强。教育是保障人类生存和发展的重要需求，因此，教育的发展同样离不开生产力的发展。教育与生产力的关系是辩证统一的，生产力的发展制约着教育的发展；反过来，教育的发展也将促进生产力的发展。

一、生产力对教育的影响和制约

生产力的发展既能为教育的发展提供所需要的资源，同时也势必对教育提出适应其发展水平并促进其进一步发展的要求，即生产力的发展制约着教育的发展。具体表现在以下方面。

（一）生产力的发展制约着教育的格局

在现代汉语词典中，“格局”一词的“格”是指以时间为格，“局”是指在时间格子内所做的事情及事情的结果，合起来称为“格局”。用在教育的语境中，教育格局就是指教育在一定历史和社会条件下所能解决的问题，以及问题解决的程度。从教育格局概念的分析可知，教育格局的核心是亟待解决的教育问题及该问题所能解决的程度。然而，在不同的历史和社会条件下，人们亟待解决的教育问题，以及能够解决该问题的能力是不同的。在众多的社会条件中，生产力是制约教育问题重要程度，以及解决能力的重要因素。比如，教育机会均等问题。教育机会均等是社会公平的重要方面，教育机会均等问题解决的程度直接关乎公民的切身利益。教育机会均等在教育社会学中一般包括起点均等、过程均等和结果均等。起点均等是指所有公民，无论种族、民族、性别、家庭状况等都应该享有均等的入学接受教育的权利。过程均等，从宏观上看，是指国家在对不同区域、同一区域的不同学校，以及同一学校的不同班级进行资源配置时，应确保公平合理，保障不同区域、同一区域的不同学校，以及同一学校的不同班级不存在教育资源享有的“贫富差距”。而从微观上，过程均等是强调教师在对待学生上，也应该公平公正，尽可能为学生提供均等的发展机会和促进其个性化发展的资源条件。结果均等是指通过教育保证受教育者都得到同等程度的发展和成长。通过概念可知，教育机会均等中的起点均等、过程均等和结果均等是存在逐层递进的层级关系的。起点均等是过程均等的基础，过程均等是结果均等的保障。因此，解决这三个问题的难度及对社会资源投入的数量和质量的要求也将是逐级提升的。要解决起点均等的问题，教育需要社会为其提供基本的办学条件、必备的教育设施、合格的师资队伍等；要实现过程均等，教育则需要优质的办学条件、现代化的教育设施、专业化的师资队伍等；而要做到结果均等，教育对社会将提出更高的要求。可见，社会生产力能否为教育提供所需要的资源，是制约教育发展格局的重要因素。

（二）生产力的发展水平制约着教育结构

教育结构是指教育纵向系统的级与级之间的比例关系和相互衔接，以及教育横向系统的类与类之间的比例关系和相互联系。[①]教育结构主要表现在：纵向的教育级别，包括初等教育、中等教育和高等教育等；横向的教育类别，包括普通高中教育、职业技术教育、高等教育、成人教育等。教育结构与社会对人才培养的质量规格提出的要求密切相关。从纵向教育级别上看，马克思主义指出，生产工具是生产力的标志，生产力的发展有赖于生产工具的变革。随着生产工具的变革和生产力的发展，社会必将对人才质量不断提出更高的要求，也就是教育在人才培养上必须适应生产工具和生产力的变革。因此，社会对人才受教育的年限和级别也必会提出更高的要求。在古代手工业生产时期，即使是文盲在短期训练后也可以成为很好的农夫、牧人或工匠；到了工业社会，大机器生产代替了人类的手工劳动，不具备基本的读写算能力，也就是没有接受过一定年限的初等教育和中等教育的人，就不能很好地操作和使用机器；而现代社会，原子技术、生物技术、航天科技、互联网技术几已深入人们生活的方方面面，对各个领域从业人员的专业水平要求也越来越高，各行各业都在走向专业化，因此，对各种职业职前培养的时间在逐渐延长，对从业人员入职的学历要求也在逐年提高。从横向教育类别上讲，随着生产力的发展、生产领域的扩充和延展，以及人类物质生活和精神生活诉求的增多，人类的生产和生活实践愈发丰富多彩，为了满足人类的生产生活的需求，社会逐渐出现了各种功能领域，如航天科技、试管婴儿、电影电视等都应运而生。这些功能领域功能的实现显然需要专职甚至专业的人才通过实践而达成，而这些专业人才的培养必将通过各类教育方能实现。

（三）生产力的发展制约着教育的内容、方法、手段及组织形式

教育内容是教育的媒介，是人才培养的依托。培养什么样的人，就应该选取与之相适合的教育内容。比如，要培养学生读、写、算的能力，就要在学校开设语文、数学的课程，并精选语文、数学中最能有效培养和提升读、写、算能力的课程内容。不同的生产力发展水平对人才的质量要求是不同的。换言之，生产工具决定着能够驾驭生产工具的人才所须掌握的知识和具备的能力，从而影响教育传授怎样的知识和培养怎样的能力。在石器时代，教育的内容就是如何磨制和使用石器；在青铜时代，教育的内容就是如何冶炼铜和锡的合金，再如何将其制成武器、祭祀的器皿，以及生活用具等。在现代社会，生产工具不但种类繁多，而且越来越精良，这就要求教育不但要培养学生使用现代化生产工具的能力，而且还须培养其改良和创新生产工具的能力，进一步促进生产力的发展。这必将对教育内容的选取和整合提出更高的要求。

生产力的发展对教学方法、教学手段和教学组织形式的制约表现更明显。古代社会，受限于生产力发展水平，教学大多只能采用讲授法、谈话法，教学手段也比较单一，大多

① 李志厚，张铁明. 教育系统结构的特点与转型. 教育评论，1992，2：16-20.

采用黑板、粉笔、教学挂图等，教学组织形式也因教育规模较小而采用个别教学的形式。当今社会，生产力发展水平迅猛提升，教学方法日益丰富和生动，自主、合作、探究的学习方式的运用，大大提升了学生课堂参与的积极性，更有利于学生实践能力和创造性的提升；教学手段更是空前多样，多媒体设备、电子白板、微课等教学手段大大提升了教学的直观性和生动性；与此同时，普及教育的要求促使教育组织形式也不得不几经变革，由原来的个别教学转变为班级授课制，继而又进一步发展为多种教学组织形式并存的局面。

二、教育的经济功能

知识窗：翻转课堂的起源

社会生产力的发展离不开人才，人才培养的数量和质量有赖于教育。教育的发展同样能够促进生产力的发展，这就是教育的经济功能。

（一）教育是劳动力再生产和再提高的重要手段

劳动力就是劳动能力，是人的体力和脑力的总和。人不是生来就具有劳动力的，而只有与生产知识和劳动技能相结合才能转化为劳动力。换言之，人在刚出生时，只能叫潜在的劳动力，而只有经过教育和训练才能转化成现实的劳动力。马克思曾经说过："要改变一般人的本性，使他获得一定劳动部门的技能和技巧，成为发达的和专门的劳动力，就要有一定的教育和训练。"①教育对劳动力的功能不仅体现在人类生产劳动能力的世代传承和生生不息上，更重要的是，教育可以简化和缩短劳动力复制的时间，进而提高劳动力复制的效率。这就可以使人类的劳动能力得以不断累积和持续改进，进而促进劳动力的提升。比如，爱迪生为了找到制作灯丝的最佳材料，做了几百次的实验方才成功，而"制作灯丝的最佳材料是钨丝"转化成了人类制作灯丝的能力被传承和延续却仅需花费几秒钟的时间。如此，人类可以通过学习前人的知识经验，高效地获取或复制前人的劳动能力，并在此基础上，利用剩下的生命时长去发展和创造出新的劳动能力。人类得以延续和发展的奥妙就在于此。正如牛顿所说：我之所以看得更远，那是因为我站在巨人的肩膀上。那么，是谁将牛顿扶上了巨人的肩膀呢？那必定是教育。

（二）教育能实现知识②的传承和创新

罗伯特·格兰特指出，尽管"什么是知识"这个问题激发了世界上众多伟大思想家的兴趣，但至今也没有一个统一而明确的界定。③一个经典的定义来自柏拉图：一条陈述能称得上是知识必须满足三个条件，即它一定是被验证过的，正确的，而且是被人们相信的，这也是科学与非科学的区分标准。其实，知识是人类在生产和生活实践中，通过分析、综

① 中共中央马克思恩格斯列宁斯大林著作编译局. 马克思恩格斯全集（第23卷）. 北京：人民出版社，1972：195.

② 科学技术是科学和技术的统称，既包含科学知识也包含科学技术。二者既有联系，又存在区别。科学知识解决的是理论问题，发现客观世界（包括人类自身）的本质和规律，并通过理论将其加以表征或表达。科学技术要解决的是实践问题，即将科学的成果应用到实践中去，解决现实的实际问题。为了方便阐述教育对科学知识和科学技术的影响和功能，本书中的知识就是指科学知识，不包含技术；文中的技术就是指科学技术，同样不包含知识。

③ 张兵. 关系、网络与知识流动. 北京：中国社会科学出版社，2014：163.

合、抽象、概括等高级思维活动，实现对客观世界（包括人类自身）规律性的认识。人类对客观世界和人类自身运动变化规律的认识，促使人类不但能够更好地适应世界，而且具备了不断改变世界满足自身需求的能力。其实，教育的一个重要职能就是授业，就是将前人在生产和生活中总结出来的理论成果或实践经验转化成理论化、系统化、结构化的间接经验，再通过有目的、有组织、有计划的方式，在教育者的引导下，高质高效地传授给受教育者，使得知识得以积累和积淀，人类智慧得以留存和传承。同时，教育还具有创新知识的功能。高等教育不仅具有知识传播和传承的功能，而且具有知识发展和创新的职能。高等学校开展科学研究有着许多有利条件，科学研究力量比较集中，科学研究设备比较完备，学科比较齐全，有利于开展综合性课题和跨学科的研究。学校教学与科研紧密结合是近代教育的显著特点。目前，世界高等教育领域已为知识创新做出了巨大的贡献。英国的剑桥大学、美国的哥伦比亚大学及哈佛大学等从建校以来，培养了大量的知识创新人才，并成为培养诺贝尔奖得主数量居于世界前三位的高等学府。

知识窗：盘点世界上诺贝尔奖得主最多的大学

（三）教育促进科学技术的推广和普及

科学技术是第一生产力。纵观人类历史的发展，科学技术的发明和创造都给人类生产力的发展带来的质的飞越。第一次工业革命：蒸汽机的改良，使人类进入“蒸汽时代”，促进大机器生产代替人类的手工劳动，大大提高了产品的生产效率；第二次工业革命：电机、内燃机的发明，使人类进入“电气时代”，人类社会的经济发展再一次得到了迅猛提升，社会面貌因此而产生巨大变革，人类的生活质量得到了普遍的提升；第三次科技革命：电子计算机的发明，使人类进入了“信息时代”，超强的计算能力、超越时间和空间的互联网技术，可以说给人类的生产和生活再一次带来了翻天覆地的变化。纵观历史上的三次科技革命（表 2-1），其缘起都是生产工具的改良或发明，然而，新的生产工具只有投入实践领域，并在最广泛的范围内得到有效应用，才能发挥其促进生产力发展的巨大魅力。这不是瓦特、爱迪生、冯·诺依曼等少数科学家、发明者所能实现的，它需要将科技革命的理念、科技创新的成果及其使用技术传递到普通劳动者那里去。唯有如此，才能实现科学技术的推广和普及，才能在最大、最广泛的领域内发挥科技革命的价值和成效，才能从真正意义上实现科学技术向生产力的转化。这项工作的完成必须依靠教育。

表 2-1　三次科技革命比较表

比较内容	第一次（工业革命）	第二次（电力革命）	第三次（新的科技革命）
起止时间	18 世纪 60 年代	19 世纪 70 年代	20 世纪四五十年代
	19 世纪上半期	19 世纪末 20 世纪初	正在进行
主要标志	蒸汽机的发明、改进及广泛使用	电机和内燃机的广泛应用	原子能、电子计算机、航天技术、生物工程等领域取得重大突破
理论基础	牛顿的力学	法拉第的电磁学	爱因斯坦的相对论
领先国家	英国	美国、德国	美国
对生产方式的影响	实现了生产方式的机械化	实现了生产方式的电气化	实现了生产方式的自动化，并向信息化、智能化方向发展
进入的时代	蒸汽时代	电气时代	信息时代

续表

比较内容	第一次（工业革命）	第二次（电力革命）	第三次（新的科技革命）
交通工具	汽船（轮船）、火车	电车、汽车、飞艇、飞机	宇宙飞船
新兴的部门	棉纺织业	石油化工、汽车制造、电力工业	信息技术产业、核工业、航空航天工业、电子工业
主要发明（成果）	（最重要发明：蒸汽机） 瓦特改良蒸汽机 富尔顿发明汽船 斯蒂芬孙发明火车	（最重要发明：电机、内燃机） 爱迪生发明电灯 卡尔·本茨发明内燃机、汽车 莱特兄弟发明飞机（飞行者Ⅰ号）	（最重要发明：电子计算机） 1945年，美国制成电子计算机 1957年10月，苏联成功地将第一颗人造地球卫星送上太空 1997年2月，苏格兰科学家用克隆技术繁殖了母羊“多利”
动力能源	改良的蒸汽机（蒸汽、煤炭）	发电机和电动机（电力）、内燃机（石油）	核能
特点	1.许多技术发明都来源于工匠的实践经验，科学和技术尚未真正结合； 2.第一次工业革命首先发生在英国，重要的新机器和新生产方法主要是在英国发明的，其他国家工业革命发展相对缓慢	1. 自然科学和生产技术结合，使科学技术成为生产力发展的直接动力； 2. 第二次工业革命几乎在几个先进国家同时发生，处于领先地位的是美国和德国； 3. 在一些后起的国家两次工业革命同时进行，能充分利用其成果，加快经济的发展	1. 科学技术转化为直接生产力的速度加快，缩短了知识转化为物质财富的过程； 2. 科学和技术紧密结合，相互促进； 3. 科学技术各个领域之间相互渗透； 4. 新技术成为社会生产力中最活跃的因素，在促进经济增长的各种因素中，科技进步所占比重不断上升
兴起的共同背景	1. 资产阶级统治地位的确立；2. 资本的积累；3. 科学理论的突破；4. 市场的需求；5. 劳动力的增长		
影响	1. 使人类进入了“蒸汽时代”； 2. 创造了巨大生产力，使社会面貌发生了翻天覆地的变化； 3. 第一次工业革命以后，资本主义最终战胜了封建主义，率先完成工业革命的西方资本主义国家逐步确立起对世界的统治，世界形成了西方先进、东方落后的局面	1. 进入了“电气时代”； 2. 科学技术作为第一生产力，对经济发展和社会进步起巨大促进作用； 3. 第二次工业革命为人类社会经济的迅猛发展、社会面貌的巨大改观、人类生活质量的普遍提高注入了前所未有的强劲动力	1. 推动社会生产力空前发展； 2. 促进了社会经济结构和社会生活结构的革命性变化，并引发一场新的产业革命； 3. 引起了国际经济格局的变化，从而推动了世界经济格局的多极化
共同影响	1. 大大提高了生产力水平；2. 促进了经济的迅猛发展；3. 引起了社会关系的变化；4. 推动了经济全球化		
思考、启示	1. 科学技术已成为第一生产力，也是经济发展的决定性因素； 2. 劳动者素质的提高、生产工具的改进、劳动对象的扩展都要依靠科学技术，同时又促进了生产力的发展； 3. 一种新的制度的确立和巩固，最终取决于生产力的发展； 4. 我们要大力实施科教兴国战略和人才强国战略，不断发展生产力，从根本上巩固和发展社会主义制度，加快现代化建设步伐； 5. 我国社会主义制度还不完善，必须实行改革，以适应和促进生产力发展的客观要求		
三次科技革命对中国的影响	政治上，英国工业革命后，为了掠夺原材料和市场，把侵略矛头指向了中国，发动鸦片战争，打开中国的大门，破坏中国的主权，使中国开始沦为半殖民地半封建社会。经济上，一方面使中国的自然经济开始解体，另一方面使中国逐渐陷入资本主义市场。思想上，萌发了向西方学习的新思潮，如林则徐、魏源、洋务派	第二次工业革命后，资本主义进入垄断阶段，加紧侵略和瓜分世界，落后的中国再次成为被掠夺的重要目标。列强通过一系列侵略活动，如八国联军侵华战争，使中国完全沦为半殖民地半封建社会，民族危机空前加重。民族资产阶级发起了维新变法运动；由向西方学习军事技术转为学习制度，如严复、资产阶级维新派	带来了经济全球化，为我国参与国际竞争提供了良好的机遇；同时，全球经济发展迅猛，而我国工业基础相对薄弱，科技、教育水平低，这就增加了我国在国际竞争中的难度。这是一个严峻的挑战

续表

比较内容	第一次（工业革命）	第二次（电力革命）	第三次（新的科技革命）
我国的对策	抢抓机遇，迎接挑战，趋利避害；大力发展教育、科技事业，努力实施科教兴国战略和人才强国战略；扩大对外开放，积极吸收人类一切优秀的科技成果，大力发展高新技术产业；青少年要树立远大理想，勤奋学习，立志成为高素质的综合型人才		

总之，教育与生产力之间是辩证统一的关系。一方面，教育受制于生产力的发展；另一方面，教育又影响生产力的发展。因为社会资源具有稀缺性和排他性，生产力只能将社会财富的一部分用于教育事业，只有这样才能保障社会各组成部分的和谐发展。同时，教育对生产力的促进作用具有间接性和长效性，导致教育对生产力的促进价值并不显而易见和立竿见影，故容易产生教育无用论，而降低或忽视对教育的投入。因此，在处理教育投入的问题上，既要实事求是地顾及社会生产力的发展水平，做到教育投入的合理和适当，又要考虑到教育对社会生产力的促进作用，保障教育与社会系统的其他组成部分相比占据优先发展的位置。

第二节　教育与政治的关系

在西方语系中，“政治”一词源自希腊语πολις，是指城邦中的城邦公民参与统治、管理、斗争等各种公共生活行为的总和。中国先秦诸子也使用过“政治”一词，“政”主要指国家的权力、制度、秩序和法令；“治”则主要指管理人民和教化人民，也指实现安定的状态等。至于现代“政治”一词，实为清朝末期，我国引进日本人之于 Politics 翻译的结果。马克思主义理论认为，政治主要是上层建筑领域中各种权力主体维护自身利益的特定行为，以及由此结成的特定关系。政治中的权力主体实为统治阶级，政治中的特定关系主要是统治与被统治的关系。基于马克思主义理论之于政治的理解，不难推出，教育与政治之间的关系也是辩证统一的。

一、政治对教育的影响和制约

（一）政治决定教育的性质

政治制度是整个社会制度的基础，规定着社会权力的归属，影响着社会的财富结构。有什么样的政治制度，就有什么样的教育，整个人类的文明史已经证明了这一点。从法律角度看，教育的性质可以分为义务教育和非义务教育。义务教育具有强制性、免费性、普及性、基础性、平等性、公益性等特点。义务教育能否真正体现这些特点，不仅与生产力发展水平，或者说社会的财富状况和文明程度有关，跟政治制度也是密不可分的。比如，我国古代社会，教育不可能具有免费性、普及性、平等性、公益性等性质。在古代社会，教育是一种特权，获得受教育机会意味着迈向了“治人者”的阶梯，正所谓“劳心者治人，劳力者治于人”，统治阶级不可能甘愿放弃权力和特权，而将“治人者”的地位拱手让给被统治阶级，因此，教育也不可能具有免费性、普及性、平等性、公益性等性质。

（二）政治决定教育的目的

教育目的是指根据社会发展和阶级利益的需要提出的培养人的质量规格的总的设想或规定。换言之，教育目的规定的是培养什么样的人的问题。依据马克思主义理论，教育属于上层建筑的内容，掌握在统治阶级手中。教育要培养具有怎样的政治方向、为哪个阶级服务的人，必定受到统治阶级的把控，也必定由政治制度所决定。比如，在我国封建社会时期，教育目的是培养忠君爱国的君子，正所谓“君要臣死，臣不得不死”。后来演变为“三纲五常”，成为我国封建社会衡量人才道德品格的基本要求和重要标准。我国当前正处在建设有中国特色社会主义社会的重要时期，社会主义的教育目的是培养社会主义事业的建设者和接班人。社会主义建设者和接班人就要学习社会主义理论，掌握马克思列宁主义、毛泽东思想、邓小平理论和“三个代表”重要思想，坚持科学发展观，形成坚定的政治立场不动摇，唯有如此，方可凝聚力量，汇聚人心，保证社会主义建设事业的成功，实现中华民族的伟大复兴。

（三）政治决定教育的领导权与受教育权

马克思主义理论认为，政治主要是上层建筑领域中各种权力主体维护自身利益的特定行为，以及由此结成的特定关系。政治制度规定着权力的掌控者和利益的倾向性。教育领导权是指教育领导者向被领导者施加影响的特权或力量。政治制度决定着教育权力的掌控者，进而决定教育特权的享有者。比如，教育特权体现在统治阶级对教育路线、方针和政策的制定权；统治阶级能够控制教育内容的选择和删改；统治阶级能够决定教育资源的分配和使用等。这都体现了统治阶级对教育的掌握和控制。受教育权是一种权利，在阶级社会当中，特别是在古代社会中，受教育权是一种只有特定人群才能享有的权利。在现代社会，受教育权是现代国家、文明社会赋予其公民的一项合法权利，但在古代社会并非如此。在古代社会中，只有统治阶级的子弟才能获得受教育的权利，被统治阶级特别是穷人家的孩子要想获此权利是非常困难，甚至是不可能的。

二、教育的政治功能

（一）教育为政治培养所需要的人才

教育为政治培养所需要的人才，一方面体现在，政治为教育的人才培养指引方向；另一方面，政治自身的发展也急需人才的介入。政治为教育的人才培养锁定明确的方向。人的才华的施展和才能的发挥是具有方向性的，该方向如果与主流价值趋同，则促进主流价值的实现；反之，则将使作用效果与主流价值南辕北辙，阻碍主流价值的实现。政治作为上层建筑的主要内容，主导着教育培养人才的价值取向。根据马克思主义理论，政治所主导的教育培养人才的价值取向一定是与统治阶级的利益取向相一致的。换言之，在阶级社会中，教育必定是为统治阶级培养所需要的人才的。统治阶级通过规定教育的方针和政策、制定教育的法令法规、选取教育内容和途径等策略，对被统治阶级的发展方向、价值取向进行引导和控制，从而达到使教育培养出其所需要的人才的目的。另外，政治本身的发展也是需要人才的。随着时代的发展、公民素质的提升，社会对于政治法制化、民主化的呼声越来越高，政治发展也是急需人才的介入的。比如，现在各国都要求一些专家和学者进入国家的领导集团，或组成智囊团，参与国家大政方针的制定，为国家发展规划和设计提供智力支持。总之，随着社会文明进程的演进，教育服务于政治的功能将会越来越得到凸显。

（二）教育是宣传统治阶级思想的工具

统治阶级为实现其统治，巩固其地位，促进自身发展，必须要引导并统一价值观。价值观是人类思想领域的重要内容，它指引着人们的努力方向，左右着人们的价值选择。统治阶级如果想要维护自己的统治地位，维护现有的利益格局，就必须确保其掌握着对社会思想价值阵地的绝对控制权。教育作为传播思想文化、宣扬价值观念、促进年轻一代社会化的主要途径和手段，一定是统治阶级抢占之地。自古以来，教育从来都是宣扬统治阶级思想的工具。比如，我国封建社会教育对“三纲五常”思想的推崇，西方中世纪对宗教教育的重视，无不体现出教育是宣传统治阶级思想的重要阵地。在学校教育中，统治阶级既可以把自己主张的观点渗透到教科书中，也可以通过教师直接向学生传教布道。比如，我们所熟知并一直批判的关于日本历史教科书的问题，在日本历史教科书中，就将日本“侵入”我国东北的历史史实歪曲为日本“进入”我国东北，帮助东北发展。这种严重违背历史真相、歪曲史实的行为，更是极端反映出了教育宣传统治阶级思想的事实。

知识窗：日本再改教科书
这些年日本都歪曲篡改了哪些历史

（三）教育推动政治的民主化进程

何为民主？从字面上理解，就是人民当家做主。而人民能不能当好家，是否能做正确的主，即人民对国家事务治理的参与能否真正促进国家的发展，保障国民整体及长远利益的实现，是需要具备一定的素养和能力的。换言之，人民的受教育水平决定着人民能否真正具备当家做主的素质，进而从真正意义上科学合理地当家做主。一方面，民主必须建立在民众理性程度普遍达到较高水平的基础上。唯有理性水平提升了，我们才能不仅看到眼前的利弊得失，还能够放眼未来的可持续发展。另一方面，民主还必须建立在民众道德素养、法治精神普遍提升的基础上。民主的进程几乎是伴随着社会法制化和公民素质道德化的发展而发展的。只有大多数公民不再仅看到个人的局部的利益，而是能总揽全局、放眼未来，才可能做出或选择有利于国家和社会的决策。总之，无论是理性程度的提升，还是道德素养、法制观念的发展，都离不开教育的教化。我国目前正处在建设中国特色社会主义民主的重要时期。对中国特色社会主义民主内涵的解读，对中国特色社会主义民主理念的宣传和倡导，对如何实现中国特色社会主义民主的探索，教育都将发挥重要的作用。

在人类社会的发展进程中，总的来说，教育对政治的功能是积极正向的，是为进步的政治力量服务的，是推动政治文明不断发展的。但不排除在特定的历史时期，在社会发展的局部领域，教育发挥着蒙蔽和欺骗广大人民群众的作用，以维护统治集团利益。那么，彼时教育所起的作用就是消极的、破坏性的。在我国当前阶段，国家应充分重视教育在政治发展中的重要作用，充分发挥其统一思想、凝聚价值的功能，使其在促进我国新时期社会主义发展、全面建成小康社会、进一步推动中国特色社会主义民主建设、逐步实现中华民族伟大复兴的过程中，最大化地发挥其汇聚人心、整合资源的功能。

第三节　教育与文化的关系

文化有广义和狭义之分，广义的文化即人化，是指人类创造的一切物质财富和精神财富的总称，包括物质文化、制度文化和精神文化。狭义的文化主要指精神文化，包括社会的思想道德、科学技术、教育、宗教、艺术等。我们这里探讨的是一般意义上狭义的文化，即精神文化。精神文化的本质是价值取向，它引导并控制着人们资源投入和行为活动的方向。它对教育目标、教育内容、教育观念和教育方法都产生着重要的影响。反过来，教育也有促进文化的传承、普及、创新的功能。文化和教育是相互依存、相互影响、辩证统一的关系。

知识窗：什么是文化

一、文化对教育的影响和制约

（一）文化影响教育目标

教育目标是人们在教育活动进行之前，对教育活动结果的预测和估计。教育目标决定着教育资源，包括人力、物力、财力、时间等的投入方向，以及教育成败的评价标准。在宏观社会角度上，社会必定通过教育目标的确定，将社会文化倡导的主流价值观渗入教育目标中，以培养与社会主流文化相适应的新一代社会组织成员。例如，我国古代社会的主流文化是儒家文化，儒家文化的核心思想是“仁爱”，反映在人才培养上就是培养具有仁爱品质的君子。被我国古代社会奉为经典教材的《大学》中倡导的教育目的就是“明人伦”，进一步阐释为“在明明德，在亲民，在止于至善”，其核心主旨就是儒家的“仁爱”文化。从微观层面看，家庭及个人的教育目标也受到其文化属性和文化观念的影响。它具体表现在，父母的职业、文化层次、价值观念等会影响其对子女培养方向和培养层次的期待。学生个人价值观取向同样会影响其人生理想、发展诉求，以及职业走向等。总之，教育目标中蕴含着社会对教育赋予其新成员的文化属性的期待，体现出家庭对子女未来发展状态的愿望，以及个人对自身发展的期许，这些主观愿望和诉求必将受到主体价值取向的渗入，造成文化对教育目标的影响。

（二）文化影响教育内容

文化是教育内容的源泉。教育内容是教育的要素，是连接教育者与受教育者的桥梁和纽带，是教育者影响受教育者的主要媒体和中介。没有教育内容，教育者将无法对受教育者产生有效的影响。教育内容的质量如何，直接影响着教育的效果与成败。文化作为一个时代、一个国家、一个民族的人们的精神面貌、思维方式和行为方式等的总体状态和个性表现，必定成为教育内容选择的重要“材料库”，是教材编写者在编写教科书、教学辅导书等教学材料时不可忽视的重要内容。比如，我国当前在基础教育教科书中就渗透了大量弘扬优秀中华传统文化的内容，这些内容对于我国青少年一代的世界观、人生观、价值观的形成，以及为人处世方式、学习生活习惯等都会产生重要的影响，给新一代的华夏儿女打上深刻的中国传统文化的烙印。在看待文化对教育内容的影响上，值得注意的是，在教材编写过程中，要注重对文化内容的筛选和甄别。文化是具有时代性和发展性的，随着社会政治、经济的发展，文化也必将随之发生变化。在选取教育内容时，应选取与当时社会政治、经济发展相适应的或能够促进社会发展的、先进的、积极正向的文化；剔除腐朽的、落后的、负向的、低俗的、阻碍社会发展的消极文化，以免对青少年一代的成长造成不良的影响。

（三）文化影响教育方法

教育方法是为实现教育目标、完成教育任务，而选取的教育行为方式的总称。教育方法的选取离不开教育价值观的引导。教育价值观是对“教育是否有价值”“什么样的教育才是有价值的”等问题的观点和看法。教育价值观中关于这些问题的回答或答案的价值取向对教育方法的选取起到重要的指导作用。比如，在重视教育的社会文化背景下，社会倾向于加大对教育教学研究和实践的投入；教育研究者和广大教师就会重视教育方法的创新性研究及恰切合理的选择，从而创造出更适应儿童学习需求和特点的教育教学方法，以供广大一线教育工作者在实践中有效运用。再如，如果尊重科学、以人为本的文化居于社会文化的主流地位，教育领域将倾向于重视科学，遵循客观规律，以学生为中心，充分研究学生的学习特点和学习需求。在教育教学方法的选取上，也将倾向于选取符合直观性原则、启发性原则、循序渐进原则等及学生身心发展规律，能够促进学生全面、健康、个性化发展的教育教学方法。总之，文化决定社会的价值取向、价值观念，观念决定行为。教育方法是具体的教育行为方式，因此，必定受到教育文化乃至社会文化的影响。

（四）文化影响教育环境

环境包括物质环境和精神环境。从精神环境的角度讲，文化本身就是教育的精神环境。微观上，学校文化、班级文化是教育的小环境；宏观上，社会文化是教育的大环境。教育的定义是教育者根据受教育者身心发展的规律，有目的、有计划、有组织地对学生施加教育影响，从而促进受教育者身心发展的活动。教育影响可以是能意识到的，也可以是润物细无声的。在实践中，那些学生意识不到的教育文化环境的熏陶和感染，更容易在潜移默化中对学生产生影响，而不会或较少遭到学生的抵制和逆反。这就是隐性课程的魅力和社会文化环境营造的价值。在教育中，重视隐性课程即指学生在学校情景中无意识地受到经验、价值观、理想等意识形态内容和文化的影响，关注社会文化动向，主动参与社会主流文化的宣传和建设，弘扬社会主义核心价值观，对我们当前的教育将会产生积极的促进作用。我们当前中小学校、学校中的班集体都非常重视校园文化和班级文化的建设。比如，全国优秀班主任魏书生老师就非常重视班级文化建设，他所创设的重视科学、讲究民主的教育管理理念，以及以此文化为主导的文化氛围，对其所教的及所教过的学生的认知、情感、行为等都产生了重要的影响。

文化作为社会的主流价值和精神导向对教育的目标、内容、方法及环境等都产生重要的影响，反过来，教育对文化的传承、普及和创新的功能同样至关重要。

二、教育的文化功能

（一）教育对文化的传承和保护功能

文化能够得以延续和发展，教育在其中起着重要的传承和保护作用。文化传承和保护是文化的纵向传递，它保障着文化的积累和创新。这种文化的传承和保护是人类得以延续和发展的重要原因。正是有了文化的积累，前人的知识经验和价值理性才能传递给后代，才能使新一代少走弯路，避免重蹈覆辙，缩短和节约后人探索未知、适应环境的时间和各种资源，进而提升后人认识世界和改造世界的能力。同时，正如牛顿所说，“我之所以看得更远，那是因为我站在巨人的肩膀上”。人类社会的发展如果没有前人的文化积淀，人类探索世界和改善生存环境的努力将陷入死循环，丧失上升的可能性。因此，文化的传承和保护是保障人类生存和发展的重要环节。文化传承和保护的途径包括口耳相传、典籍记载、文物、习俗等，教育特别是学校教育是其中效率和质量最高的途径。教育的根本职能就是培养人。进一步说，教育是促进年轻一代社会化的活动。教育通过有目的、有计划、有组织地对年轻一代施以社会文化的影响，从而使其由一个自然人转化为社会人。教育的专门性、目的性、计划性、组织性、普及性等特征，不但能够保证文化传递的效率，即短时期内将社会文化广泛传播，而且能够做到对文化的筛选和剔除，保证文化传播的质量。

知识窗：课堂上浸润中华文化

（二）教育对文化的普及和交流功能

文化能够提升人的认知，能改变人的命运。在古代社会，文化只是社会少数人群的特权。随着社会的发展，文明水平的提升，人们越发意识到文化是人类进步的阶梯。当今，文化的普及和交流已经不仅仅是一种福利，而已然变成一种常态和共识。文化的普及是凝聚人心、汇聚力量、保障社会稳定和谐的重要手段；文化的交流是各国、各地区，甚至各个个体之间合作和双赢的前提。总之，文化的普及和交流已成为当今世界国家生存和发展不可忽视的重要领域。教育在文化的普及和交流中扮演着重要的角色。在当前，教育仍然是传递文化、统一价值观念的重要手段。我们都知道，世界观、人生观、价值观的形成要从娃娃抓起。对文化的态度，对文化的理解，对文化的反思，都应该从基础教育阶段就渗入教育教学之中。唯有如此，才能使新生一代在潜移默化中将先进的文化理念深埋于认知之中，并将对传统文化的继承、对多元文化的包容、对先进文化的敏感性、对落后文化的批判能力等形成一种思维习惯和行为能力，以适应现今和未来对人才人文素养的要求。

（三）教育对文化的批判与创新功能

如果说文化的传承和普及是为了避免前人智慧的流失，那么，文化的批判和创新则是为了使文化得到进一步的发展，创生出新的文化成果，对后世负责。从人类社会发展的进程上看，每一代人都有其对人类整体进化和人类社会文明发展的使命和责任。前人穷尽他们的智慧，为后人创造和保留了他们的精神财富，为后世的发展提供了宝贵的经验和教训。作为新一代的“前人”，我们也应该为后世留下些什么。对文化的批判和创新就要取其精华，去其糟粕，在批判地吸收前人文化的基础上，创造出新的文化成果，把新一代的智慧保留下来。这是一种认知的升级、智慧的增长，是对前人的超越。这种新一代的“前人”离不开教育的培育和提升。因此，教育不仅仅应该传授给学生前人的智慧，还要培养学生超越前人、不断创新的精神和能力。当前，培养学生的创新精神和实践智慧已经成为我国素质教育的核心理念之一，越来越成为教育领域甚至整个社会的共识。人们已经意识到，文化创新已经成为国际竞争的核心要素，创新能力的提升已经成为国家发展和进步的重中之重。教育必须迎接并应对此种挑战，在教育中充分重视学生创新精神和实践能力的培养，从而完成其不可推卸的历史和时代使命。

总之，教育与文化是辩证统一的关系。文化影响教育的内容、方法和环境，教育影响文化的传承、普及和创新功能的实现。认清二者的关系，有利于我们更全面地促进和改进教育的发展，提升教育的实际效果，实现教育的内涵式发展。

本章小结

本章集中阐述了教育与社会之间的关系，从两个方面展开：一方面是社会各子系统，即生产力、政治、文化等对教育的影响和制约作用；另一方面是教育对社会发展的作用，即教育的政治、经济、文化功能。

学以致用

1. 教育的社会功能有哪些？

2. 论述教育与社会生产力之间的关系。

3. 萨尔曼·可汗能成为“网络老师”真的完全出于偶然吗？请从教育与社会发展的关系的角度，谈谈萨尔曼·可汗为什么能够成为“网络教师”。

萨尔曼·可汗成为“网络老师”，完全出于偶然。他出生在美国新奥尔良市，父亲是孟加拉裔，母亲来自印度。可汗很小的时候，父母就离了婚。他 13 岁那年，父亲因病去世，母亲从此成了他唯一的亲人。可汗从小就聪明好学，中学毕业时曾作为学生代表上台致辞。后来，他进入麻省理工学院，一口气拿下了数学学士学位、电子工程与计算机科学学士学位及硕士学位。此后，他又在哈佛商学院拿了一个工商管理学硕士学位。毕业后，全能型的可汗进入美国的一家基金公司，做着与教育毫不相干的工作。

2004 年，可汗上七年级的表妹纳迪亚遇到了数学难题，向这位数学天才表哥求助。通过雅虎聊天软件、互动写字板和电话，可汗帮她解答了所有问题。为了让小妹妹听明白，他尽量说得浅显易懂。很快，其他亲戚朋友也上门讨教。一时间，可汗忙不过来了。他索性把自己的数学辅导材料制作成视频，放到 YouTube 网站上，方便更多的人分享。他有意识地把每段视频的长度控制在 10 分钟之内，以便网友有耐心理解、“消化”。没想到，视频很快就受到了网友们的热捧。“他们的留言充满了感谢与鼓励，让我欲罢不能。”可汗说。那时，他每天下班后，就一头扎进卧室的衣橱间里，用放在其中的简单设备拍摄、制作视频，平均每晚要工作 3 个小时。不久，他又开始尝试制作科学、电脑等相关科目的辅导视频。

2007 年，可汗成立了非营利性的“可汗学院”网站，用视频讲解不同科目的内容，并解答网友提出的问题。除了视频授课，“可汗学院”还提供在线练习、自我评估及进度跟踪等学习工具。很快，这个网站每月的平均点击量，达到 200 多万次。2009 年，可汗干脆将基金公司的工作辞掉，全身心投入“可汗学院”的建设中来。

如果你第一次看到可汗的教学视频，也许会感到有些失望。你看不到制作精良的画面，也看不到眉飞色舞、口若悬河的主讲人。实际上，那些视频中根本没有人，只有一块写字板，上面有一堆文字、数字、公式等，偶尔配上一些颜色鲜艳的线条。但是，你可以听到可汗清晰的旁白。他是故意选择不出镜的。“传统的教学视频中，老师站在黑板前滔滔不绝，会给人一种居高临下的感觉，让网友产生压力。我选择这种形式，是希望能更好地带领观众跟着我一点一点地思考。”

浏览“可汗学院”网站的，有功课遇到困难的学生，有想从这里得到启发的老师，还有特意就某个问题前来求教的人。大家的留言总是让人振奋：“我刚想放弃物理课，是你救了我”“你简直就是数学上帝”……对于“可汗学院”的巨大魅力，伊塔卡学院的新媒体专业教授金·格莱格森指出：“大家都是在想学知识的时候来观看这些视频，因而效果比较好。而传统的教育体制，多少都带有强迫性。此外，这些视频可以反复观看，直到你弄懂为止。”可汗给“可汗学院”的定位也非常明确：“我希望我所成立的是一个独立的虚拟学校，所有人只要想学习，就可以来到这个平台，从最基本的东西开始，不断前进。他们可以在这里得到反馈、评价和训练。学生可以按照自己的步调学习，而老师更像是教练。”

可汗每天制作 3 段视频。精通数学的他，可以仅凭记忆就制作出大部分数学辅导视频。但是，随着“可汗学院”所涉及领域的不断扩展，他意识到了充电的重要性。如果他对哪门想教的课不熟悉，就会自己先恶补一番。一次，可汗在制作一段视频前，花了两个星期来准备。“我打电话给所有认识的教授和熟人，对他们说，‘咱们出来喝杯酒，聊聊吧’。

搜集了两周的材料后，我对这个问题终于有了清晰的理解，这才开始动手制作视频。”在他看来，网络教学的另一个好处是能得到即时的反馈，让他可以根据网友的反馈，不断完善视频。“如果观众没能理解，或者发现了其中的错误，我会重新制作一遍。”

补充读物

黄济，王策三. 1996. 现代教育论. 北京：人民教育出版社.

联合国教科文组织，国际教育发展委员会. 1996. 学会生存——教育世界的今天和明天. 北京：教育科学出版社.

柳海民. 2000. 教育原理. 长春：东北师范大学出版社.

全国十二所重点师范大学. 2002. 教育学基础. 北京：教育科学出版社.

第三章　教育与人的发展

本章概述

人的身心发展是十分复杂的，受到遗传、环境、教育和人的主观能动性等诸因素的影响。遗传是个体身心发展的物质前提；环境对个体的身心发展具有重要影响；人的主观能动性是个体身心发展的内在动力；而教育则在人的身心发展中起主导作用。人的身心发展是有规律的，包括个体身心发展的顺序性、阶段性、不均衡性、个体差异性和互补性，教育唯有遵循个体身心发展的规律，做到循序渐进、顺应个体的年龄特征、抓住关键期、因材施教、扬长补短，才能有效发挥其促进个体身心发展的作用。

结构图

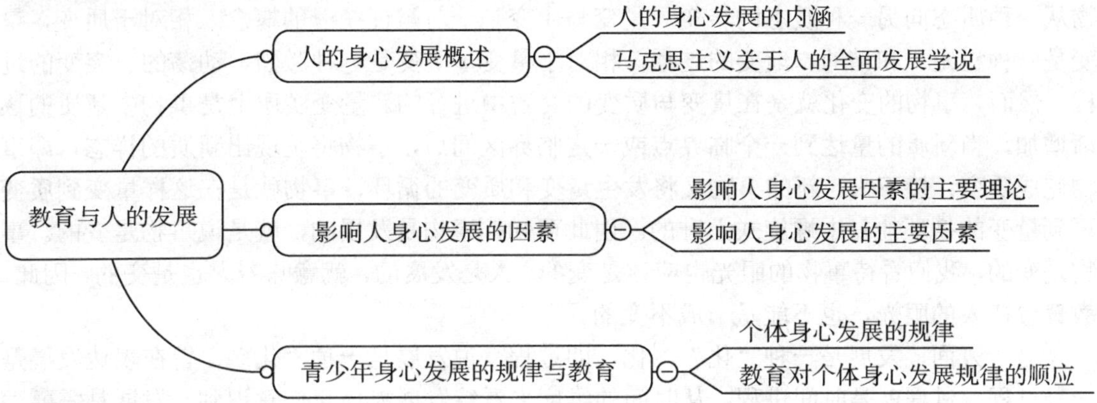

学习目标

1. 理解人的身心发展、人的全面发展的含义。
2. 了解和领会影响人身心发展的因素及其作用。
3. 掌握个体身心发展的规律及教育对人身心发展规律的顺应。

读前思考

我们每一个人都追求着自己的追求，经历着自己的经历，成长着自己的成长。大家有没有想过以下问题：

1. 哪些因素造就了现在的“我”，什么样的“我”才是理想的“我”？
2. “我”如何才能成为或接近理想的“我”？

第一节　人的身心发展概述

一、人的身心发展的内涵

（一）发展的内涵

发展本是生物学概念，指生物个体从小到大、由不成熟到成熟的成长过程，后被广泛应用于政治、经济、文化、科学、教育等各个领域。如果从哲学层面上对发展的内涵进行分析，发展应包含三个本质属性。

1. 发展是一种变化

“变化”二字可分开理解，“变”包含事物的量变和质变，“化”则是过程的意思。

一方面，发展是一种“变”，说明发展必然存在着量变或质变。量变是指事物在数量上的增加或减少，以及场所的变更，是一种连续的、逐渐的、不显著的变化。质变是指事物从一种质态向另一种质态的转变。量变与质变是一对辩证统一的概念。相对于质变，量变是一种稳定、和谐的、渐变的过程；相对于量变，质变是一种激烈、动荡的、突变的过程。然而，事物的变化就是在量变与质变的交替中进行的。量变实质上是事物中新质的逐渐增加，当新质的量达到一个临界点或一定临界区间后，事物将呈现出新质的样态，即事物完成质变；接下来，新的事物又将发生量变和质变的循环，事物就是在这样量变到质变再到量变的循环往复中螺旋式上升的。由此可知，事物是发展的，就是说事物是变的。事物是变的，我们看待事物的眼光也应该是变的。人是发展的，就意味着人也是变的，因此，教育看待人的眼光，也不能是一成不变的。

另一方面，发展是一种“化”。化，即过程。说发展是一种“化”，旨在表达发展是一种过程。过程就是时间进程。从时间的维度去看待发展能使我们意识到，发展是需要占用时间的，是可以分成不同阶段的。发展是需要占用时间的，这告诉我们，发展是急不得的，不管我们的主观需求和愿望多么迫切，客观上，都须遵循客观规律，按部就班、循序渐进地推动事物的发展，不可主观冒进、揠苗助长。发展是可以分成不同阶段的，告诉我们，应该探究事物的发展，探索事物发展过程中量变和质变的规律，以期更好地顺应发展的要求。教育的发展、教学的发展、人的发展都是有其阶段性和规律性的，发现其中的规律，才能使我们的实践更好地促进教育、教学，以及人的发展。

2. 发展是一种积极向上的变化

变化是一个中性词，它既包含积极的变化又包含消极的变化。发展特指积极的、向上的方向的变化。比如，社会发展是指构成社会的各种要素前进的、上升的变迁过程。建立积极向上的发展观，在观念上，有利于我们从系统、整体的视角看待事物的发展。无论是社会的发展，还是个人的发展，都是一种曲折的、往复的变化过程，在局部或阶段上，虽然存在暂时性的落后或倒退，但从全局和长远的角度看，其必定是向上的、进步的。落实到人的发展上，教育工作者对青少年的发展持有一种积极乐观的态度，有利于对学生和自身的发展产生良好的期待，从而将这种期待转化为促进学生和自身发展的强大动力。另外，在实践上，对于教育工作者来说，建立积极的发展观有利于我们在教育教学工作中秉承促进学生身心健康发展的信念和宗旨。在具体而复杂的教育实践中，将能否促进学生身心健康发展作为我们行为选择和价值判断的行动前提和根本依据。

3. 发展是一种由简单到复杂的变化

发展是一种趋于复杂、成熟、完善的变化。纵观社会发展的历史，从原始社会、奴隶社会、封建社会，到当前的资本主义社会和社会主义社会，社会的政治、经济、文化，社会的结构、制度、道德，各个领域无不走向成熟和完善。然而，随着事物的演进和发展，事物内部及事物之间的矛盾也将日趋复杂。这就要求我们不能肤浅地、割裂地看待发展，而应该深入地、系统地审视发展。我们不仅要看到影响事物发展的内因，还要看到事物发展的外因；不仅要分析事物发展的各个影响因素及其独特作用，还应考虑各个影响因素的相互作用及其整合功能。人的发展也是一个复杂的过程，不仅包括身体的发展，还包括心理的发展。影响人身心发展的因素也是十分复杂的，不仅包括影响人身心发展的内因，如遗传和主观能动性，还包括影响人身心发展的外因，如环境和教育。这些影响因素对于人的发展来说，都是不可或缺且至关重要的，而且他们之间又有着复杂的交互作用，如遗传素质和主观能动性影响个体在身心发展过程中对外部环境刺激的选择，环境和教育影响着遗传素质潜能的外显和实现等。总之，事物发展是一个复杂的过程，需要以科学严谨的态度进行研究和审视，逐渐探索事物发展的规律，并在此基础上顺应规律，促进事物的发展。

（二）人的身心发展的内涵

人的身心发展是指人的身体和心理在多种因素的相互影响、共同作用下，随着年龄的增长而不断发展完善的变化过程。

身体的发展包括肌体的发育和机能的趋于完善。肌体的发育主要指人的骨骼、肌肉、身体器官由简单到复杂的发展变化。机能的完善是指各种肌体的潜能在刺激作用下逐渐得以外显，并趋于功能或价值的最大化实现。一般来说，人的肌体的发育与机能的完善是同步的或相伴随的，即随着肌体的正常发育，其潜在的功能也应该逐渐显现，身体各部分机能也趋于完善或增强，但这种同步的关系并不是绝对的。也就是说，肌体的发育并不意味着肌体的功能一定得到同比例的增强。因为肌体或器官功能的显现，需要刺激的作用。这就如同一颗树种具有成长为参天大树的潜能，但如果在其生长过程中，没有充足的阳光、水分、养料等刺激或条件的作用，这颗树种长成参天大树的潜能就无法得到外显，它的潜在价值也无法得到充分实现。同样道理，人的各种机能的实现，不仅有赖于肌体的健全，而且需要各种促进肌体潜能实现的刺激的作用。例如，我国目前青少年学生的身体素质不容乐观，其具体并不表现在肌体的完整上，而大多表现在免疫力下降、身体素质不佳上。究其根本原因，主要是因为我们当前的教育只注重学生的学业成绩，忽视学生的体育锻炼，使肌体在发育过程中，得不到丰富充分的刺激，所以身体机能无法实现潜能的最大化显现。只有肌体和机能和谐发展，相互促进，才能更好地增强和促进人的身体健康。

心理的发展包括认知和意向两个方面。认知的发展主要指个体智力因素的发展，包括感觉、知觉、注意、记忆、思维、想象等的发展。意向的发展主要指个体非智力因素的发展，如需要、动机、态度、情感、意志等的发展。认知的发展与意向的发展是相互影响、相互促进的。认知的发展会促进意向的发展，如个体认知水平的提升、思维方式的转变，能够改变个体的心理健康状况。一个能够全面、长远、发展地看问题的人，其认知上的优势必将为其带来正确或明智的决策和行动，从而影响其因行动后果而产生的情绪情感。一个擅长并习惯于积极乐观思维方式的人，在面临困境和难题时，往往倾向于看到事物积极乐观的一面，进而能够冷静而理性地分析和面对问题，审慎而明智地采取恰切的应对方式，从而减轻或避免困境或问题带来的伤害和负向情绪等，使个体维持一个相对健康的心理状态。反过来，意向的发展同样会影响到认知的发展。目前，对于非智力因素对智力因素的影响，社会各界几已达成共识。良好的心态、积极的情感能够为认知的发展提供适合的心理背景；持久稳定的学习动机能够为“以苦作舟的学海”提供源源不断的动力；坚忍不拔的意志努力可以帮助学子在攀爬“书山之路”时克服种种坎坷和困难。

总之，身体的发展和心理的发展，肌体的发育和机能的完善，认知的发展和意向的发展，都是人身心发展不可分割的组成部分，它们之间是相互影响、相互促进、缺一不可的。因此，人的发展应该是全面、充分、和谐的发展。

（三）人的全面发展的内涵

人的全面发展是指人的劳动能力，即人的体力和智力的全面、充分、和谐的发展，还包括人的道德的发展。全面发展是指人的各个方面都可以而且应该得到发展。强调全面发展的观念是为了规避片面发展观的影响。在教育实践中，有些教育工作者和家长将关注点只落在学生的学业成绩上，而忽视了他们其他方面的发展，此种做法不但不利于学生的全面发展，而且也无法实现学生真正意义上的认知发展。充分发展强调的是人的潜能的最大化显现。每个人各方面的潜能存在一定的差异性，有的人音乐方面天赋过人，而在体育方面却资质平平；有的人在文学方面比较有潜质，而在数学方面成就却不甚理想。充分发展就是针对个体的天赋秉性，因人而异，扬长补短，促使每个人的潜能都能得到最大化的挖掘，而实现潜在价值的充分显现。和谐发展强调的是个体各个方面发展得协调一致、互相促进的关系。每一个人都可以看作是一个系统，系统由各个部分组成，每一个组成部分实现着系统生存和发展所必需的功能，各组成部分的功能之间唯有相互协调、互相配合，方可实现系统功能的最大化。人体也由各个器官组成，每一种器官都实现着人生存和发展所必需的机能。在人的发展过程中，各个器官及其机能只有共同发展、和谐互补、相互促进，才能促使人更好地生存和发展。比如，人的身体和心理发展的相互协调，人的认知和意向的相互促进，人的认知和道德的相互影响等都是人和谐发展的表现。

总之，人的全面发展是个体发展的理想状态和最高追求，也是教育的宗旨和目标。人的全面发展是需要资源的，同时，因为每个人的潜能是有差异的，所以每个人的全面发展所需的资源又是个性化的。只有为每个个体提供其全面发展所需的个性化的、充分的资源和条件，个体的全面、充分、和谐的发展才能得以真正地实现。

二、马克思主义关于人的全面发展学说

（一）人的发展与所处的社会生活条件是相联系的

马克思和恩格斯运用唯物主义的观点来考察人的发展的问题，指出："这不决定于意识，而决定于存在；不决定于思维，而决定于生活；这决定于个人生活的经验和表现，这两者又决定于社会关系。"[①]人的全面发展不是由人的主观意愿决定的，而是受到物质生活条件的限制。人的全面发展是需要资源或条件的，如一个有音乐天分的孩子，如郎朗，如果从小因为家庭贫困，家里买不起钢琴，也上不起钢琴班，那么试想，这个孩子还能成为世界知名的钢琴家吗？人所处的物质生活条件又与生产关系密切相关。生产关系是指人们在物质资料的生产过程中形成的社会关系，包括生产资料所有制的形式、人们在生产中的地位和相互关系、产品分配的形式等。其中，生产资料所有制的形式是最基本的、起决定作用的。换言之，生产关系决定着生产资料归谁所有、产品分配的利益倾向于谁等问题。在一个少数人占有生产资料的社会里，特别容易出现"马太效应"，即穷人会越来越穷，富人则会越来越富。大多数人将无法获取充足的资源促进其全面发展。

（二）人的片面发展是由旧式分工造成的

马克思和恩格斯认为，是社会分工造成了个人的片面发展。他们指出，就个人自身来考察个人，个人就是受到分工支配的，分工使个体变成片面的人。这里的社会分工其实是资本主义初期的社会分工，在学界通常被称为旧式分工。旧式分工为了训练某种单一的活动，使个体其他一切肉体和精神的能力都成了牺牲品。在旧式分工当中，没有为人的创造性的发挥提供机会和空间，为了暂时的生产效率，把人的劳动变成了机械化的劳动，使人也成了机器的一部分，这完全忽略了人的主观能动性和创造性的发展。

其实，分工本身是社会的一种进步现象，是使每一个人从事相互联系而又不同的活动。虽说这种分工也在一定程度上把人的体力和精力限制在了一定的专业或领域之中，但这种分工却给人的创造性的发挥留有了一定的余地，使人能够获得一定程度的发展。最重要的是，它也有利于提高社会的生产效率，并且是通过人的创造性活动去提高社会生产效率，生产更多的社会物质财富，从而为人的发展提供更多的时间和空间的。从这个意义上讲，分工本身是社会进步的必经之路，它对人的全面发展起到了一定的促进作用。

（三）人的全面发展是大工业生产的必然要求

大工业使人的全面发展成为一种必然的现象，原因有以下几个方面。

1. 大工业的技术基础是革命的

马克思指出："现代工业从来不把某一生产过程的现存形式看成和当作最后形式。"[②]由于使用机器及科学在生产上的广泛应用，生产过程不断发生着变革。手工业工厂分工的保

① 马克思恩格斯全集（第3卷）. 北京：人民出版社，1972：295.
② 中共中央马克思恩格斯列宁斯大林著作编译局. 马克思恩格斯全集（第23卷）. 北京：人民出版社，1971：533.

守性和凝固性被打破了。生产的变革不断地把大量资本和大批工人从一个生产部门投到另一个生产部门。马克思指出："大工业本性决定了劳动的变换、职能的更动和工人的全面流动性""承认劳动的变换，从而承认工人尽可能多方面的发展是社会生产的普遍规律"。

2. 大工业打破了工场手工业的专门化，要求工人的体力与智力的结合

将自然科学和工艺学运用到生产上，也就使得过去长期养成的专门技术成为多余的了。同时，大工业五光十色的生产过程，不管所使用的工具多么复杂，都不过是为数不多的基本科学原理的应用，只要让工人学习和掌握有关的工艺学和基本生产原理，就可以很快地适应生产经常变化着的要求。大工业生产越来越需要工人掌握一定的文化与科学知识，客观上也就打破了过去长期存在的体脑分离的社会状况。

3. 大工业生产为人的全面发展提供了可能性

使用机器大大地提高了劳动生产率，也极大地丰富了社会财富。大工业生产所创造的物质财富可以满足全体社会成员的消费需求，为全面发展他们的智力和体力奠定了物质基础。同时它也缩短了必要的劳动时间，增加了剩余劳动时间，使每个人有充分的时间去从事文化活动，享受人类文化中一切真正有价值的东西。使用机器还改变了劳动形式，工人全部体力的消耗都转移到机器上去了，整个劳动变得更加容易，也就大大减轻了劳动强度，使工人在体力劳动之后，有充沛的精力去从事一定脑力劳动，从而全面发展自己的智力才能。

（四）资本主义制度与人的全面发展的矛盾

大工业决定了人的全面发展，并给人的全面发展提供了可能性。但在资本主义条件下，人的全面发展并不能实现。因为人的发展不仅取决于生产力的发展，还取决于生产关系的性质。在人的发展上，也体现出生产力与生产关系的尖锐的矛盾。

大工业一方面从技术上消灭了工场手工业的专门化和使人终生固定从事某种局部操作的分工，另一方面却又在资本主义形式下更可怕地再生产了这种分工；大工业的本性要求人的全面发展，而它的资本主义应用形式却使人畸形化，成为机器的附属品；大工业为人的全面发展创造了精神的、物质的和时间的充分条件，而在资本主义条件下，这一切都变成了进一步统治和剥削生产者的手段。这些矛盾不是由机器本身产生的，其直接原因在于机器的资本主义应用形式。正如马克思所指出的："因为机器就其本身来说缩短劳动时间，而它的资本主义应用延长工作日；因为机器本身减轻劳动，而它的资本主义应用使人受自然力奴役；因为机器本身增加生产者的财富，而它的资本主义应用使生产者变成需要救济的贫民。"[①]所以，马克思经常告诫人们："要学会把机器和机器的资本主义应用区别开来。"[②]

从根本上说，正是大工业的资本主义应用形式妨碍了人的全面发展，它反映了资本主义生产的社会化同生产资料的私人占有这一根本矛盾。这一矛盾是资本主义制度自身无法解决的，它必然会产生一种盲目的破坏作用，阻碍人的全面发展，从而阻碍社会生产的发展。只有改变这种社会制度，建立社会主义制度，使大工业与社会主义应用形式结合，人

① 中共中央马克思恩格斯列宁斯大林著作编译局. 马克思恩格斯全集（第23卷）. 北京：人民出版社，1972：483.
② 中共中央马克思恩格斯列宁斯大林著作编译局. 马克思恩格斯全集（第23卷）. 北京：人民出版社，1972：469.

的全面发展才有可能实现。

(五)社会主义生产关系促进人的全面发展，共产主义制度使人的全面发展得以实现

实现人的全面发展要具备两方面的社会条件，一是高度发展的生产力，它为人的全面发展提供了一切必要的物质条件；二是先进的社会制度，它是人获得全面发展的根本保证。

在现代社会中，生产和科学技术日益一体化，发展极为迅速，机器更新的周期大为缩短，劳动变换、职能更动和工人的全面流动更为频繁。这时，如果还保持旧式的分工，使人终生束缚在一种职业上，就会加剧现代化生产的矛盾。而且，只要私有制和脑体对立的社会基础还存在，就不可能从根本上解决这一问题。由此可见，在生产力高度发达的时期，也只有现今的社会制度才能为人们的全面发展提供广阔的前景。

社会主义社会是建立在生产资料公有制基础上的社会，社会主义制度体现了人的全面发展同社会的发展在根本利益上的一致。社会主义生产不仅需要人的全面发展，也为人的全面发展创造了一切可能的条件。当然，也应该看到，社会主义社会是刚刚从旧社会脱胎出来的社会，是向共产主义过渡的社会形态，生产力还不是很发达，社会分工还存在，三大差别还存在，人的全面发展还受到一定的限制。只有到了共产主义社会，个人的全面发展及全体社会成员的全面发展才能得到彻底实现。在共产主义社会里，“生产劳动给每一个人提供全面发展和表现自己全部体力和脑力的机会。这样，生产劳动就从一种负担变成一种快乐”[①]。马克思还勾勒了未来社会全面发展的人的基本情况，他说：“在共产主义社会里，任何人都没有特定的范围，每个人都可以在任何部门内发展，社会调节着整个生产，因而使我有可能随我自己的心愿今天干这事，明天干那事，上午打猎，下午捕鱼，傍晚从事畜牧，晚饭后从事批判，但并不因此就使我成为一个猎人、渔夫、牧人或批判者。”[②]

(六)教育与生产劳动相结合是培养全面发展的人的唯一途径

马克思和恩格斯非常重视教育在人的发展中的重大作用，他们把教育看作是实现人的全面发展的必要条件。马克思指出：“要改变一般人的本性，使他获得一定劳动部门的技能和技巧，成为发达的和专门的劳动力，就要有一定的教育或训练。”[③]恩格斯也指出：“教育可使年轻人很快熟悉整个生产系统，它可使他们根据社会的需要或他们自己的爱好，轮流从一个生产部门转到另一个生产部门。因此，教育就会使他们摆脱现在这种分工为每个人造成的片面性。”[④]

马克思认为，培养全面发展的新人必须给以全面发展的教育。马克思针对工厂主大量雇佣童工的现象，提出了必须保护儿童的健康成长，使他们身心免受过分摧残，要求把儿童和少年的劳动同教育结合起来，对他们进行智育、体育和技术教育，并且指出：“把有报酬的生产劳动、智育、体育和综合技术教育结合起来，就会把工人阶级提高到比贵族和

① 中共中央马克思恩格斯列宁斯大林著作编译局. 马克思恩格斯全集（第20卷）. 北京：人民出版社，1971：318.
② 中共中央马克思恩格斯列宁斯大林著作编译局. 马克思恩格斯全集（第1卷）. 北京：人民出版社，1972：37.
③ 中共中央马克思恩格斯列宁斯大林著作编译局. 马克思恩格斯全集（第23卷）. 北京：人民出版社，1972：195.
④ 中共中央马克思恩格斯列宁斯大林著作编译局. 马克思恩格斯选集（第1卷）. 北京：人民出版社，1972：223.

资产阶级高得多的水平。”[1]在这方面，马克思对欧文的教育实验给予了高度评价，他指出：“正如我们在罗伯特·欧文那里可以详细看到的那样，从工厂制度中萌芽出了未来教育的萌芽，未来教育对所有已满一定年龄的儿童来说，就是生产劳动同智育和体育结合，它不仅是提高社会生产的一种方法，而且是造就全面发展的人的唯一方法。”[2]

马克思主义关于人的全面发展学说最独到之处在于，马克思将人的全面发展与社会发展联系在了一起，使我们认识到社会发展与社会生产力和生产关系是密不可分的。当然，马克思也十分重视教育在人的全面发展中的重要作用，但他强调，社会生产力的发展水平、社会生产关系的性质和状况等社会因素在人的全面发展中同样不容忽视。同时，马克思认为，唯有将教育与生产劳动相结合，才能更好地促进人的全面发展。

第二节　影响人身心发展的因素

一、影响人身心发展因素的主要理论

影响人身心发展的因素具有多元性和复杂性，历史上，心理学家和教育学家都对该问题进行了审慎的研究，并相继形成了单因素论、多因素论等理论观点。

（一）单因素论

单因素论，顾名思义，该理论认为决定人身心发展的因素是单一的，历史上比较有影响力且彼此争论不休的两种观点分别为遗传决定论和环境决定论。

1. 遗传决定论

遗传决定论的创始人是英国的优生学家高尔顿，他在1869年发表的《遗传的天才》中指出“一个人的能力，乃由遗传得来的，其受遗传决定的程度，如同一切有机体的形态及躯体组织之受遗传的决定一样”。可见，该理论的主要观点认为认知发展由先天的遗传基因所决定，人的发展过程只不过是这些内在的遗传因素自我展开的过程，环境的作用仅在于引发、促进或延缓这种过程的实现。

遗传决定论的代表人物还包括美国心理学家霍尔、格赛尔，英国心理学家艾森克，德奥心理学家彪勒等。他们将遗传决定论中对人身心发展起决定作用的遗传因素扩展为生物因素，如霍尔的“复演说”、格赛尔的“成熟势力说”等都是对遗传决定论的发展。霍尔的“复演说”的提出受到了达尔文进化论的极大影响，当时在生物学中已经发现人类的胚胎发展史是动物进化过程的复演。因此，霍尔认为，个体心理的发展是对人类进化过程的复演，他将个体发展史与种系发展史完全等同起来，认为种系的遗传特征对人的发展起决定作用，甚至偏激地提出“一两的遗传胜过一吨的教育”。格赛尔的“成熟势力说”强调儿童发展的生物基础。在格赛尔的理论中，成熟是一个核心概念。格赛尔认为，如果儿童

---

① 中共中央马克思恩格斯列宁斯大林著作编译局. 马克思恩格斯全集（第16卷）. 北京：人民出版社，1964：218.
② 中共中央马克思恩格斯列宁斯大林著作编译局. 马克思恩格斯全集（第23卷）. 北京：人民出版社，1972：530.

生活在一个设计完好的环境中，这个环境能够促进儿童的发展；但是，遗传因素却决定着发展的进程，是引导和影响发展的主要力量。可见，格赛尔虽然承认环境对人的发展的作用，但本质上，他还是一个遗传决定论者。另外，还有许多心理学家对遗传因素在人的心理发展中的作用进行了研究，如詹森（D. W. Jensen）于 1969 年总结了自己在 8 个国家 100 多项研究中的经验，提出一个人的智商 80%来自遗传的结论。英国心理学家艾森克认为 60%～70%的天才是由遗传决定的，30%由环境决定。

遗传决定论的可取之处在于，强调了先天素质和生理成熟对人身心发展的影响，使后人认清，生理因素及其成熟程度是人生存和发展的物质基础和前提。但其过分夸大遗传素质在人身心发展中作用，忽视后天环境因素在人的身心发展中的重要影响，这是需要摒弃和批判的。

2. 环境决定论

案例：狼孩卡玛拉和阿玛拉

环境决定论是与遗传决定论完全相悖的一种观点，认为环境在人的身心发展中起决定作用。环境决定论最著名的代表人物是美国行为主义心理学家华生。他在其 1921 年出版的代表作《行为主义》一书中写道："给我一打健全的婴儿，一个由我支配的特殊的环境，让我在这个环境里养育他们，不论他们父母的才干、爱好、倾向、能力和种族如何，我保证能把其中任何一个训练成为任何一种人物——医生、律师、美术家、大商人，以至于乞丐或强盗。"华生用行为主义的视角分析个体行为的形成和发展，认为儿童是被动的个体，其成长完全是由其所处的环境决定的。华生为了证明他的观点，做了一系列的实验研究，其中最有名的就是恐惧形成实验。华生认为对婴儿来说只有两种无条件刺激可以引起恐惧，一个是突然的声响，一个是失去支持物（如从高空落下），但年龄大点儿的儿童对很多事物，如陌生人、猫、狗、黑暗等都感到恐惧。对这些事物的恐惧一定是习得的，如一个小孩对蛇的恐惧是因为当他看到蛇时听到了尖叫声，蛇因而成为一种条件刺激。华生等以一个 11 个月大的小男孩为实验对象，看能否通过条件作用让他对小白鼠产生恐惧。实验之初，小孩对小白鼠并不害怕，但经过条件作用后，小孩发生了很大变化。实验过程如下：在小白鼠出现在小孩面前的同时，在小孩的背后用力击打一个物体发出巨响，引起孩子的惊吓反应。反复几次后，当只有小白鼠出现时，小孩也表现出害怕、逃避的反应。几日后，小孩对所有带毛的物体如狗、皮毛大衣等都感到害怕，可见，他的恐惧已经泛化。华生以此经典实验证明，人的后天行为都是通过条件反射的作用而形成的。因此，他认为，后天环境是影响人发展的决定因素。

另外，环境决定论的代表人物还有英国著名教育家洛克，他提出的"白板说"认为，人出生时心灵像白纸或白板一样，只是通过经验的途径，心灵中才有了观念。洛克指出，"我们的全部知识是建立在经验上面的；知识归根到底都是导源于经验的。我们对于外界可感事物的观察，或者对于我们自己知觉到、反省到的我们的心灵的内部活动的观察，就是供给我们的理智以全部思维材料的东西。这两者乃是知识的源泉，从其中涌出我们所具有的或者能够自然地具有的全部观念"①。

① 北京大学哲学系外国哲学史教研室. 西方哲学原著选读上卷. 北京：商务印书馆，1982：447-450.

环境决定论让我们看到了，环境和经验在人的身心发展中的重要作用，告诉我们通过改善人生长的环境和条件，充分发挥教育的作用，可以极大地促进人的身心健康发展。但是，环境决定论完全否定遗传在人的身心发展中的作用，无视人的遗传素质和生理前提，不利于因材施教，也不利于促使人的潜能的发挥和独特价值的实现。

（二）多因素论

多因素论认为，人的发展具有复杂性，影响人身心发展的因素不是单一的，而是多元的；不同因素在人的身心发展中的作用和地位也是不同的；同时，各种影响因素对人的身心发展的影响也不是割裂的，而是交互作用的。

影响人身心发展的多因素论包括“二因素论”“三因素论”“二层次三因素论”“综合因素论”等。苏联教育家巴拉诺夫等编写的《教育学》中提出，影响人发展的因素包括生物因素和社会因素。生物因素既包括遗传因素，还包括遗传以外的生理特点、健康状况等生物因素；社会因素包括社会、家庭、学校、自然、文化、人际关系等社会因素。“三因素论”认为，影响人发展的因素除了遗传和环境以外，教育在人身心发展中的作用也是不容忽视的，而且教育在人身心发展中起关键性的主导作用。叶澜教授在对“三因素论”提出质疑的基础上，提出了“二层次三因素论”，她把教育作为环境的一部分，更好地把教育影响人发展的特点体现了出来。同时，她把教育作为活动的一部分，还把遗传作为个体自身条件的一部分提出。“二层次三因素论”的提出，突破了静态的、形而上学的思维模式，用动态的、系统的、综合的、辩证的思维方式重新认识影响人发展的因素。“多因素论”认为，影响人发展的因素是多层次、多系统的，而且不同层次和不同系统的影响因素之间存在交互作用，共同决定着人的发展。过分强调任何一种影响因素在人的身心发展中的作用都是不恰当的，应用整体的、系统的视角去看待人的发展，更强调整合和协调各影响因素的作用，进而高效、科学地促进人的身心健康发展。

二、影响人身心发展的主要因素

通过以上分析可知，影响人身心发展的因素是复杂的、多元的，而且各影响因素对人身心发展的影响是交互作用的。目前，学术界经过对影响人身心发展因素问题的研究和争论，已经基本形成了一种主流的观点或看法，认为影响人身心发展的主要因素包括遗传、环境、教育和个体的主观能动性。这四个要素在人的身心发展中都起到不可忽视的作用，而且它们之间又是相互联系、相互影响的。

（一）遗传因素为个体的身心发展提供生理前提

遗传因素是指通过人的遗传载体所继承下来的前辈的生理解剖方面的特征，如机体的结构、形态、器官，以及神经系统的特点等。遗传素质是人的身心发展的生理前提，为人的身心发展提供可能性。正所谓“巧妇难为无米之炊”，机体的功能是以机体的存在和健全为基础的。机体的存在虽然不能保障机能的完善，但机体的丧失必定导致该机体的功能无法实现。这正如人没有眼睛就不可能具有视觉是一样的道理。遗传是通过遗传物质的载体——细胞内的染色体来实现的。人体细胞的染色体共 23 对，在卵子受精时，23 对染色体一半来自卵子，一半来自精子。遗传学上把染色体上的遗传因子叫基因，基因是控制生物性状的遗传物质的结构和功能单位，它由染色体携带着从亲代传递给下一代。由于每个人的基因是不同的，甚至包括同卵双生的双胞胎，他们从亲代继承的基因都不是完全相同的，因此，不同人的生理结构也必不是完全相同的；进而不同机体所具有的潜能也必定是不同的。俗话说：“世界上没有完全相同的两片树叶，也不存在遗传素质完全相同的两个人。”教育只有适应个体的潜能特点，对具有不同遗传素质和天赋特征的人施以不同的教育，即所谓因材施教，才能促进个体潜能最大化的外显。

案例：幸福感的遗传性

另外，除了个体的遗传素质，生理成熟的程度也同样影响和限制着人的身心发展。美国心理学家格赛尔的“成熟势力说”提示我们，只有当生理成熟到一定程度的前提下，进行适当的教育，才能事半功倍地促进个体的发展；反之，在个体生理尚未成熟或成熟度不足的情况下，强行施以某方面的教育，只能是揠苗助长、事倍功半。我们要提高教育的效能，注重教育的内涵式发展，必须研究儿童的身心发展规律，了解不同年龄阶段儿童的生理成熟状况，并使教育与儿童的生理成熟度相适应，如此方可高效地促进儿童的发展。而我国当前在学前教育领域存在的幼儿教育“小学化”问题，就是违背儿童身心发展规律，与儿童生理发展水平不适应的一种错误的教育做法，应该得到及时的纠正和彻底地解决。

（二）环境对人的身心发展的影响

环境是指围绕在人的周围并对人的身心发展产生影响的一切外部因素的总和，它对人的身心发展产生重要的影响。一个人从形成受精卵开始，到出生，直至死亡，整个生命全程都生长在一定的环境之中，并无时无刻不受到周围环境刺激的作用和影响。

知识窗：格塞尔的双生子爬梯实验

1. 母体环境对人身心发展的影响

生命起始于卵子与精子在输卵管里奇迹般的结合，形成受精卵。受精卵靠输卵管的收缩作用进入母体子宫，并在子宫中发育生长。母体环境是影响个体身心发展的第一个后天环境。目前，人们已经公认身体健康状况、怀孕年龄、是否具有不良嗜好等都会影响母体环境，进而对胎儿的生长发育产生重大影响。例如，母亲怀孕时若患有糖尿病，其所生的孩子容易体重过重，而且，胎儿患有先天性心脏病或无脑儿的概率高达 2.9%；母亲怀孕年龄越大，胎儿患有唐氏综合征的概率就越高；另外，母亲在怀孕期间，如具有吸烟、酗酒等不良嗜好，都会对胎儿的发育产生不良影响。反之，如果母亲身体健康，在怀孕期间保持良好的心态，注重胎教，对胎儿的健康生长就会产生积极影响。

2. 家庭环境对人身心发展的影响

家庭环境包括软环境、硬环境、内环境和外环境。软环境是指家庭的心理道德环境，包括家庭结构和教养方式。硬环境主要指家庭中可以用量化指标来评判和衡量的环境因素，包括家庭经济收入、父母学历层次、父母职业状况等。家庭内环境是指家庭内部不易被外人所知的人或事。家庭外环境是指家庭以外的邻里环境、活动场所、人际关系等。家庭环境作为人出生后成长的第一个环境，对人的身心发展意义重大。家庭结构是否完整，父母关系是否和睦融洽，家庭氛围是民主的、专制的，还是放任的，这些软环境都会影响到儿童心理的发展；家庭的经济收入决定着家庭能够为儿童的发展或潜能的挖掘提供怎样的资源条件，如果资源条件充分且恰切，就会促进孩子潜能的挖掘；另外，父母的文化层次、平时交往的人群、父母为人处世的方式等对儿童的认知和人格发展都会产生影响。总之，近年来，我国家长已经充分意识到家庭环境对孩子身心发展的重要作用，已经越来越重视家庭环境的创设，无论在物质上还是在精神上都在尽力为孩子的成长提供所需要的资源。

3. 学校环境对人身心发展的影响

学校是国家设立的专门从事培养人的活动的教育机构，它承担着为国家和社会培养所需要的人才的重大使命。学校环境对学生的身心发展产生重要的影响，它包括学校的物质环境、精神环境和制度环境。完备的教学设施、先进的教学手段，能够为学生的发展提供物质资源的支撑。例如，宽敞明亮、温暖舒适的教室有利于提高学生学习的效率；先进的实验器材、生动形象的影音资料有助于学生对抽象知识的理解，提升学生学习的效率；包容、理解、轻松、愉快的学习氛围能够舒缓学生的学习压力，激发学生的学习兴趣，促进学生的合作和探究，培养学生的创新精神和实践能力；井然有序、有条不紊的制度环境，能够培养学生良好的学习和生活习惯。总之，校园环境作为学校隐性课程的重要组成部分，会潜移默化地对学生产生润物细无声的影响，建设良好的校园环境，是促进学生健康发展的重要途径和手段。

4. 社会环境对人身心发展的影响

所谓社会环境，就是对我们所处的社会政治环境、经济环境、法制环境、科技环境、文化环境等宏观因素的总和，其中政治因素、经济因素、文化因素和资讯因素之于人的发展尤为重要。首先，社会环境是人生存和发展的大环境，其构成要素多样而复杂，也对人的身心发展产生着重要的影响。政治环境包括政治制度和政治状况。稳定的政局、公平合理的法制环境，社会中的公民具有民主地参政议政和言论自由的权利，对于公民的生存状况和政治素质的提升具有重要的促进作用。其次，经济条件为人的生存发展提供物质基础。正所谓“衣食足而知礼仪”，人们只有吃饱穿暖，满足了基本生活需要，才有时间和精力促进自身的全面发展。一个社会的物质丰富程度、人民生活水平、经济发展速度等决定着社会能够为人的发展提供的资源的数量和质量，进而决定着人全面发展的可能性。再次，文化因素作为人身心发展的精神环境，影响着社会公民的世界观、人生观和价值观，它为人的身心发展提供源源不断的动力和精神上的导航。最后，随着网络技术的发展，信息传播呈现多样化和便捷化。人们获取信息的渠道也越来越多元，以网络媒体为传播媒介的信息传递已经成为年轻一代甚至社会全体成员获取知识和讯息的重要渠道。而当前网络环境比较复杂，其中信息良莠不齐，特别是青少年学生正处在发展中，对于消极不良的网络信息缺乏辨识度和免疫力，如果不注意对网络环境的优化和管理，对青少年学生的发展是十分不利的。

综上所述，从生命的开始到生命的终结，人都是生长在一定的环境之中的，因此，人不可能不受到环境的影响。只有重视优质的环境的建设和治理，才能促进人的发展。特别是对于正处在发展中的青少年学生而言，良好的环境对于其发展是至关重要的。

（三）教育在人的身心发展中起主导作用

教育指有目的地培养人的活动，包括学校教育、家庭教育、社会教育和自我教育。这里的教育主要指学校教育，在人的身心发展中起主导作用。主导作用强调教育作为影响人的身心发展的因素之一，与其他因素相比，它对人身心发展的影响是最为重要的和具有导向性的。

为什么教育对人的身心发展具有主导作用呢？那是因为，教育是教育者根据受教育者身心发展的特点和规律，有目的、有计划、有组织地促进人身心发展的活动。首先，从事学校教育的工作人员是受过专业训练的教师。教师群体具有专门的伦理道德约束其教育教学的行为，教师必须具备精深的专业知识和过硬的专业技能，并专门和长期从事教育教学实践。这一切都能充分保证教师比其他人员更能有效地完成培养人的工作。其次，学校教育是有目的地培养人的活动。根据学校的目的，学校能够不断向受教育者提出新的要求，给受教育者以正面的、积极的影响，控制和排除各种消极因素的影响，促使受教育者向着预定的方向发展。尽管环境具有无处不在、无时不在的特点，但环境对人的影响是自发的和随意的，而学校教育对人的影响却是有目的、有选择的。学校教育的目的性能够保障学校教育的一切资源都指向教育目的，无论是课堂教学，还是课外活动，甚至教师布置的每一次家庭作业，抑或教师在课堂上的每一个提问、每一个动作和表情，都是紧密围绕培养人的目的而进行的。这样可以极大地保证教育资源投入的高效性，减少资源的浪费，更好地完成促进人身心健康发展的任务。再次，学校教育工作是有计划地进行的。学校教育的计划性体现在学校教育教学活动的目标，各种教育资源包括人力资源、财力资源、空间资源、时间资源等的配置，各项工作包括教学工作、行政工作、学生管理等的步骤和流程都是在学校工作开始之前就已经在科学的理论指导下和学校前期工作经验的基础上，经过严格的论证和周密的思考而规划好了的。科学、审慎地计划以确保学校工作的科学性、合理性和高效性，从而最大化地促进学生的身心健康发展。最后，学校教育工作是有组织地进行的。学校本身就是一个组织，包括党务机构、教学机构、行政机构等各个组织机构和职能部门，各职能部门各司其职、互相配合，保障学校工作的正常运转。同时，学校的教学内容也是有组织的。学校中传授的教学内容都是经过学科专家和教育专家的筛选和组织的，既保证学科知识的系统性和逻辑性，又保证教学内容符合学生的身心发展特点和规律，使教学内容更易于学生理解和接受。

总之，正是学校教育的专业性、目的性、计划性和组织性，保障了教育对人身心发展影响方向的正确性、过程的科学性、资源投入的高效性，进而更快、更好地促进人的身心健康发展。

（四）主观能动性是人身心发展的内在动力

主观能动性亦称自觉能动性，它指人的主观意识和实践活动对于客观世界的反作用或能动作用。主观能动性有两方面的含义：一是人们能动地认识客观世界；二是在认识的指导下能动地改造客观世界。在实践的基础上使二者统一起来，即表现出人区别于物的主观能动性。主观能动性是个体身心发展的内在动力，动机是人的主观能动性的具体表现。人的大多数行动都是在动机的驱使下引发的。动机是引起个体活动，维持已引发的活动，并导致该活动朝向某一目标发展的内在历程。在人的身心发展中，学习动机的激发和维持是尤为重要的。

主观能动性是人类的本能，无论从整个人类的发展史，还是从孩子成长的过程来看，这都是一个不争的事实。关键是我们的教育能不能充分地激发并保护人在学习和发展过程中的主观能动性。一方面，教育应善于激发学生的求知欲和好奇心。《论语·述而》中有“不愤不启，不悱不发，举一隅不以三隅反，则不复也”。教育应该采取各种手段和方式，如创设问题情境，激发学生对求知的兴趣，帮助他们形成能够促进学习的良好的心理准备状态，使学生主动探究和发现知识。兴趣是最好的老师。激发学生的求知欲是一门艺术，非常值得教育工作者为此付出时间和精力。另一方面，学生的求知欲和好奇心是需要保护的。必须肯定，人生来就是具有主观能动性的，小孩子的好奇心是最明显的。特别是幼儿期和童年期，孩子几乎总是把“为什么”挂在嘴边，不停地对家长提出各种稀奇古怪的问题。这一个个看似可笑的“为什么”其实就是孩子对外部世界主动地进行探索和发现的表现。问题是家长的不耐烦、教师的忽视，使得这种求知欲和好奇心由于不断受到消极的反馈，而逐渐消退，甚至消失了。美国行为主义心理学家斯金纳提出的操作性条件反射理论认为，如果在某一行为之后给予一个积极的刺激，即强化，该行为出现的概率就倾向于增加；反之，在某一行为之后给予一个消极的刺激，即惩罚，那么该行为出现的概率则倾向于减少。学生出于主观能动性而采取的行动，如主动学习、主动探究、主动创造等行为，如果反复遭受失败，产生消极的情绪体验，等同于受到惩罚，那么，这种行为出现的概率自然会减少。学习本身就是一件很不容易的事情，正所谓“书山有路勤为径，学海无涯苦作舟”，学习是需要顽强的精神和艰苦的努力的。在我国当前的评价体系之下，学生之间的竞争是十分激烈而残酷的。在经历了刻苦的学习后，必定会有大多数学生在横向比较之下遭受失败，这无疑是对学生主动学习、刻苦努力行为的一种“惩罚”。而学生本身又处在发展之中，意志力比较薄弱，心灵也不够强大，极易对主动学习、主动探究丧失兴趣，甚至产生恐惧。教育者如果想要保持学生的主观能动性，必须反其道而行之，应对学生主动探究、主动学习、主动创造的行为予以赏识和奖励，并在教学过程中，为学生的发展提供个性化的目标和个性化的服务，使其在发展过程中不断实现其最近发展区内的目标，并由此不断产生成就感，成就感显然是一种积极的情绪体验，是对学生进步的一种强化。这样学生的主观能动性才能得以保护和维持。总之，正如那句古老的西方谚语所说的那样，You can lead a horse to water，but you can’t make him drink。学生的学习是自己完成的，是任何他人所无法替代的。主观能动性是个体发展的内在动力，如果没有这个内在动机的驱动，个体的发展是无法实现的。

影响人身心发展的因素是一个统一体，它们之间是相互影响、相互制约的，它们统一作用于人的身心发展。其中，任何一个因素功能的充分发挥都离不开其他因素的配合和辅助。因此，如果孤立地认为人的身心发展是由某一个因素的作用所引起的，显然是片面的、不科学的。只有充分认识到各因素对人身心发展的影响，并在此基础上适当、确切地选择恰当的方式，使各个因素相互适应、相互协调，充分发挥他们的积极作用，规避消极的影响，才能更好地促进人的身心健康发展。

第三节　青少年身心发展的规律与教育

任何事物的发展都是有其内在的规律性的，无论是何种实践，只有遵循规律，才能促进事物的发展，反之，就会阻碍事物的发展，使其遭受失败。教育在人的身心发展中起主导作用，为了保证它能真正实现其有效促进人身心发展的价值，教育必须遵循青少年身心发展的规律。

一、个体身心发展的规律

（一）个体身心发展具有顺序性

个体身心发展的顺序性是指个体的身心发展是一个由低级到高级、由简单到复杂、由量变到质变的连续的过程。一方面，个体的生理发展过程是一个由简单到复杂的过程。比如，人脑的发育就是一个神经元的突触联系逐渐增多、大脑皮层逐渐加厚、脑的重量逐渐增加的过程。出生时，新生儿的脑重量大约是350～400克，是成人脑重的25%。此后第一年内脑重量增长速度最快，六个月时为出生时脑重的2倍，占成人脑重的50%。一岁婴儿的脑重达到成人脑重的60%。到了婴儿出生后的第二年年末，婴儿的脑重已经生长为刚出生时脑重的3倍，约占成人脑重的75%。三岁婴儿的脑重就已经接近成人，以后发育速度变慢。另一方面，个体的心理发展也是一个由低级到高级的过程。比如，个体思维的发展就必然经历动作思维、形象思维、抽象思维和辩证思维的过程。不同的思维方式意味着个体与外部世界的互动方式，以及获取外部世界信息的方式的差异。动作思维是指个体通过各种动作与外部世界互动，从而获取外部世界的信息。形象思维是指个体通过图形、图像等形象完成对外部信息的内化。抽象思维是指个体通过字母、文字等符号就能实现对外界信息意义的理解和建构，从而获取外部世界的信息。抽象思维是指个体不仅能够通过抽象符号获取外部事物片面、静态的信息，而且能够系统地、发展地认识和评价外部事物，从而对外部世界获得一个更全面而深刻的建构。在个体思维发展的过程中，各种思维的出现顺序必然是由动作思维为主到形象思维为主，再到抽象思维为主，最后产生并发展抽象思维。

（二）个体身心发展具有阶段性

研究者通过大量对人的身心发展过程的研究发现，人的身心发展是具有阶段性的，即在不同的年龄阶段，个体的身心发展具有不同的特点；而在同一年龄阶段，个体的身心发展又具有相对的稳定性。于是，很多学者基于自己的研究提出了人身心发展的阶段理论，如弗洛伊德的人格发展阶段理论、皮亚杰的认知发展阶段理论、埃里克森的终身发展理论等。这里试图以弗洛伊德的人格发展阶段理论为例说明个体人格发展的阶段性规律。弗洛伊德根据不同年龄阶段力比多表现的性感区不同，将个体的人格发展划分为五个阶段，依次为：口唇期（0～18个月）、肛门期（18个月～3岁）、性器期（3～6岁）、潜伏期

（6～12 岁）、生殖器期（青春期～成人）。处于口唇期的婴儿，性感区是口和唇，吮吸和吞咽等容易满足其性欲，进而使其产生快感。肛门期的性感区是肛门和大肠，处在肛门期的婴幼儿主要通过体验粪便的保持和排泄而得到一种快乐。性器期的性感区是生殖器，此时出现了性别的分化，这一阶段个体的欲望主要通过性生殖来得到满足。男孩容易出现恋母情结，女孩容易出现恋父情结。6～12 岁是潜伏期，这一阶段儿童在性欲上几乎没有明显的外部表现，其最突出的特征是儿童失去了对与性想联系的活动的兴趣，在玩伴的选择上，也多选择同性。他们将时间和精力多用在了其他的事情上，如学校里的功课、良好习惯的养成等。潜伏期过后，儿童进入了生殖器期，这一阶段也叫两性期或青春期。弗洛伊德认为，此时的性本能通过性高潮而得以满足，而且力比多开始投射于所爱的事业上，人们开始产生性爱。这时，性本能因对更有价值的目标的追求而减弱了自己的紧张，但此方式受潜意识的本能所控制。弗洛伊德的人格发展理论告诉我们，在不同的发展阶段，力比多的兴奋部位是不同的，只有使每一个阶段相应性感区的欲望得到适当的满足，才能保证个体未来人格的健康发展；反之，如果在每一个阶段个体性感区欲望满足得不足或过度，都会对未来的人格发展带来隐患。

（三）个体身心发展具有不均衡性

知识窗：玛丽·爱因斯沃斯的陌生情境测验

个体身心发展的速度是不均衡的，无论是认知的发展，还是人格的发展都是存在关键期的。“关键期”这一概念最初是由奥地利生态学家康罗德·洛伦兹提出来的。他在对鸟类自然习性的观察中，发现刚孵出的幼鸟，如小鸡、小鹅等，会在出生后很短的一段时间内学会追逐自己的同类或非同类，过了这段时间便再也不能学会此类行为或印刻自己的母亲，而这段时间是很短的，故称为人类的关键期，又称最佳期、敏感期、临界期、转折期。后来，心理学家将这类研究借用到儿童早期发展的研究中，提出了儿童心理发展的关键期问题。经研究表明，人的发展也是存在关键期的。例如，幼儿期是口语发展的关键期，在正常的生活和教育条件下，口语发展可分为三个阶段。第一阶段是乳儿期，主要是语音的发展；第二阶段是婴儿期，主要是掌握词汇的阶段；第三阶段是幼儿期，3～4 岁，是语音、语法和口语表达能力发展的关键期。虽然国内外对于口语发展的关键期的具体年龄段存在争议，但学界普遍认可且在经验上我们也可以证明，0～5 岁是口语发展的关键期。另外，人格发展也是存在关键期的，如依恋的发展。依恋是寻求与某人的亲密，并且当其在场时感觉安全的心理倾向。在婴儿期，孩子与其父母或监护人建立的依恋关系，对其未来人格的发展会产生重要的影响。而心理学家的研究表明，依恋在婴儿 24 个月以前就已经基本形成了。值得我们注意的是，在个体某种机能发展的关键期内，如果给予个体适当的刺激，就会事半功倍地促进该种机能的发展；反之，如果错过了某种机能的关键期，即使再给予充分的刺激，或无论怎么努力，该种机能的发展也只能是事倍功半。这就是很多成年人学习外语困难的原因所在，因为他们错过了语言学习的关键期。

（四）个体身心发展具有个性

个别差异是指一个人在先天素质的基础上，通过后天活动所形成的人与人之间的差别性。它一般泛指人与人之间体质、生理、心理、社会性等方面的差异。心理学界和教育学界关于个体差异的兴趣主要集中在个体的认知和人格上。目前，关于个体差异性的研究成果已经有了丰富的积累。在认知方面，研究发现，个体在智力上，包括知觉、记忆、言语和思维等方面都存在个性差异。比如，有的学生对事物的概括能力很强，而分析能力却比较差；有的人擅长视觉记忆，有的人擅长听觉记忆，有的人擅长运动记忆，也有的人混合记忆的能力很强。再比如，有的学生左脑比较发达，善于逻辑思维；有的学生右脑比较发达，善于艺术思维；而有的学生左右脑发展比较均衡。在认知风格上，个体之间也存在很大的差异。认知风格是指人们在认知活动中所偏爱的信息加工方式。认知风格根据受周围环境影响的程度可以分为场独立型（场独立型的学生不易受外界环境的影响，倾向于独立判断，不合群）和场依存型（场依存型的学生容易受外界环境的影响，容易人云亦云，爱好社交）；依据反应速度可以分为冲动型（冲动型的学生在解决问题时，反应速度很快，但往往流于对问题的低层次和片面的理解，问题解决的准确度不高）和沉思型（沉思型学生在解决问题时，倾向于深思熟虑，问题解决的准确度较高，但反应速度很慢）；依据认知的偏好可以分为具体型（具体型学生善于解决具体的问题）和抽象型（抽象型学生善于解决抽象的问题）。在人格方面，个体在气质、性格等方面也是存在差异的。比如，在现代心理学界基本公认的气质类型学说就将人的气质类型分为四类，分别为多血质、黏液质、胆汁质和抑郁质。总之，个体之间无论是在身体上还是在心理上，无论是认知上还是人格上，都是存在个体差异性的，因此我们的教育只有在发现和认清个体差异性的基础上，才能更好地促进人个性化的发展。

（五）个体身心发展具有互补性

互补，在系统学中，是指不同系统之间互相补充，以提高系统的功效。个体身心发展的互补性是指机体各部分或心理机能与生理机能之间存在着互补的关系，某一方面受损或缺失之后，可以通过其他方面的超常发展而得到弥补。个体身心发展的互补性体现在两个方面。一方面，当机体某一方面的机能受损或消失后，可以通过其他方面机能的超长发展得到部分补偿。比如，一个人的视力受损或完全丧失，他的听觉就会变得非常灵敏；身患重病或有残缺的人，如果他有顽强的意志力和战胜疾病的信心，身心依然能够得以发展，甚至创造奇迹。另一方面，个体的身心发展是一个整体，其各种心理机能和生理机能的发展是相互补充、彼此促进的。俗话说，肝胆相照。从中医理论的角度来看，肝与胆互为表里，生理关系非常密切。胆汁能正常发挥作用，要依靠肝的疏泄功能；反之，胆汁排泄不畅也会影响到肝。个体在身心发展中，各种机能的发展也是相互影响的。人体系统的各个组成部分及其功能既是独特的，也是互补的。例如，个体的身心发展、认知和情意的发展、认知能力和审美能力的发展都是相互促进的。有强健的身体，才能使人精力充沛，心情愉悦；有远大的理想，才能在克服困难的过程中给人以强大而持久的动力；对美的理解决定着审美的能力。总之，只有个体身心各个方面相互协调、相互促进、和谐发展，才能保障人健康地生存和发展。

二、教育对个体身心发展规律的顺应

（一）个体身心发展的顺序性，决定了教育必须循序渐进地进行

循序渐进是指按照一定的顺序、步骤逐步进行。在教育中，循序渐进是指教育教学工作应按照一定顺序、程序、步骤逐渐开展或进行。具体而言，在教育教学中，无论是教学内容的选择、教学进度的安排，还是教学方法的选择、教学手段的运用等都要考虑到学生身心发展的特点。比如，在教学内容的组织上，除了要符合学科本身的逻辑顺序以外，学生身心发展的顺序也已成为基础教育阶段教学内容组织不可忽视的重要依据。再比如，在学生发展目标的确定上，也必须依据学生的最近发展区。最近发展区是由俄国心理学家维果斯基提出的，他认为学生的发展具有两种水平：一种是现有水平，指学生能力、品格等已经达到的水平；另一种是发展水平，指学生在教师的帮助下，通过个人的努力所能达到的水平。现有水平和发展水平之间的区域就叫做最近发展区。维果斯基认为，目标只有定在学生的最近发展区内，才能最大化地激发学生的学习动机，从而促进学生的发展。将学生的发展目标定在学生的最近发展区内，一方面强调教育必须促进人的发展和提升，另一方面要求教育必须尊重学生发展的顺序性。既不可揠苗助长、急功近利，又不能过于保守停滞、止步不前。

（二）个体身心发展的阶段性，决定了教育必须顺应个体的年龄特征

年龄特征是指某一年龄段的孩子身上普遍具有的、一般的、典型的特征。一方面，了解和掌握学生的年龄特征，有利于提高集体教学特别是班级授课制的效率和质量。在教育资源比较匮乏，社会发展对人才培养的数量和质量要求却相对较高的情况下，班级授课制即将年龄或知识水平相同或相近的学生，分成小规模的教学班，按照课程表进行授课的教学组织形式，仍然是高效实施教育教学的最佳选择。班级授课制之所以优于一般的集体教学，原因之一就在于其认识到了同一年龄阶段学生身上的共性特征。掌握了年龄特征，我们就可以根据年龄特征统一进行教育内容的组织、教育进度的安排、教育方法的设计、教育手段的选择等，从而使集体施教尽可能实现最大的效能。另一方面，了解和掌握学生的年龄特征，有利于对不同年龄段的学生实施不同的教育。以思维发展的阶段性为例，针对处于不同思维发展阶段的学生，教育选择的呈现知识的方式也应该是不同的。当学生处于动作思维阶段时，教师应让学生与实物进行充分的互动，让学生在亲身操作的过程中获取关于外部世界的信息；当学生处于形象思维阶段时，教师应通过实物或图片，为学生呈现形象化、直观化的信息，使学生通过对图像的加工，获取关于外部世界的信息；当学生处于抽象思维阶段时，教师就可以通过呈现表征外部信息的符号，使学生获得关于外部世界的信息；当学生处于辩证思维阶段时，教师就应该引导学生从不同的角度，全面地、系统地、发展地认识和评价外部信息。如果教育无视学生身心发展的年龄特征，如给小学生讲微积分，教学效果可想而知。

（三）个体身心发展的不均衡性，决定了教育必须抓住关键期适时而教

《学记》中讲的“当其可之谓时，时过然后学则勤苦而难成”。就是说，如果错过了学习的关键期，即使勤奋刻苦，加倍努力，其效果也是不会理想的。教育必须抓住各种机能发展的关键期适时而教，才能事半功倍。比如，0～4 个月是孩子听力发展的关键期，这一时期给孩子播放各种悦耳动听的音乐、多跟孩子讲话、给孩子讲故事，训练孩子的听力，有利于提高孩子的听觉的敏感度和辨别力。0～5 岁是孩子语言发展的关键期，在这一时期多对孩子进行言语方面的训练，如多给孩子读故事、多与孩子聊天，在读故事和聊天过程中，让孩子接触丰富的词汇、多样的表达方式，将大大促进孩子语言表达能力的提升。2 岁左右是依恋形成的关键期，在这一时期，孩子的父母或监护人应特别注重对孩子的关心和照料。多对孩子进行爱抚、及时满足孩子的生理需求，给予孩子安全、温暖、舒适的感觉，将有利于孩子未来人格的健康发展。2～3 岁是生活习惯养成的关键期，这一时期，让孩子养成良好的生活习惯，将会使孩子受益终生。反之，如果错过了个体某种机能发展的关键期，所造成的功能缺失或发展轨道的偏离，将是非常难于弥补和纠正的。因此，教育者必须充分重视和准确把握孩子身心发展的关键期，不要使我们留下难以挽回的遗憾。

（四）个体身心发展的差异性，决定了教育必须因材施教

所谓因材施教是指根据不同学生的特点施以相适切的教育。因材施教是分层次的，从群体层面上，可以根据学生的个性特点对学生进行分组或分层。比如，依据学生学业成绩和品行状况，可以将学生分为先进生、中等生和后进生；根据学生的性格特征，可以将学生分为外向型和内向型；根据学生的特长，可以将学生分为擅长体育的学生、擅长音乐的学生、擅长美术的学生等。因为学生是全面发展的人，因此对学生进行分组或分层的依据可以是多维度的。维度不同，分组或分层的结果就不同。然后，分别研究不同组别或不同层次学生的共性特征，如不同组别或层次学生的优势是什么，亟待解决的关键问题是什么。最后，再根据不同组别或层次的学生的特征选取适切的教育方式方法。比如，一般先进生在学业成绩和品行方面的表现都比较优异，但他们也是发展中的人，因此，他们的发展也是存在成长的烦恼的。先进生普遍存在两大问题，一是容易骄傲，二是心理压力大。教师应对于表现出骄傲特点的先进生提出在其最近发展区内的更高的要求，促进他们更上一层楼；对于心理压力过大的先进生，应教会他们进行减压，并通过认知和情绪调节的方式，舒缓压力，促进其心理健康发展。从个体层面上，教师必须认识到每一个学生都是有个性的。对学生的尊重，不仅仅体现在尊重学生的人格，而且更重要的是尊重学生的个性化发展需求，并竭尽所能为每一个个性化的个体提供适合他们发展的资源，进而促进每一个个体个性化的自我实现。

（五）个体身心发展的互补性，决定了教育必须扬长补短

案例：动物学校的启示

扬长补短强调的是，既要保证学生身心的各方面都达到适应社会生活的水平，又要彰显学生的独特性，促进其优长的充分发挥。个体身心发展的互补性表明，个体身心发展是系统的发展，各种机能是相

对独立又相互联系的。基于个体身心发展的互补性，教育既要保证学生的全面发展，又要促进学生特长的发挥。一方面，教育要保证学生的全面发展。这就要求教育工作者建立素质教育的理念，在具体的教育教学实践中将素质教育理念落到实处。比如，全国优秀班主任魏书生老师就将素质教育理念落实到了他几十年的班主任工作之中，他要求学生每天坚持做到五个一分钟：做一分钟的家务劳动，写一分钟的日记，唱一分钟的军歌，做一分钟的踏步走，做一分钟的注意力和记忆力训练。这五个一分钟包含着对学生德、智、体、美、劳等全面发展的教育，而且这五个一分钟看似是相互独立的，实则是彼此联系的。家务劳动既能训练学生的劳动技术，又能培养学生热爱劳动的品质；日记既能训练学生书面语言表达能力，又有助于学生观察生活、热爱生活的态度；军旅歌曲旋律激荡、斗志昂扬，能够给予学生生活的激情和进步的力量；挺胸抬头、大摆臂、高抬腿的踏步走，能让学生体验堂堂正正、光明磊落、脚踏实地、踏踏实实做人的感觉，给学生指明了正确的人生方向；注意力和记忆力训练，能够让学生体验时间的宝贵与人生的价值。另一方面，教育还必须促进学生个性的发展。每个学生的身上都是有闪光点的，可是这些闪光点最初可能只有萤火虫般的微光，如果教育不能给它提供风，提供柴，这点点微光就会慢慢被埋没。教育要促进学生的个性发展，就要求教师要了解和研究学生，发现学生的潜能，为其潜能的挖掘提供适切的资源。比如，为具有各种天赋的孩子提供展现其才华的平台，给他们提供个性化的服务。

本章小结

本章主要阐述了教育与人的发展的关系，首先介绍了人的发展、人的全面发展的含义；其次分析了影响人的身心发展的因素，即遗传素质、环境、教育及人的主观能动性对人身心发展的作用；最后，分析了人的身心发展的规律及其对教育的要求。

学习致用

1. 简述人的全面发展的含义。
2. 简述马克思主义关于人的全面发展学说的主要观点。
3. 简述影响人的身心发展的因素及其作用。
4. 试述教育应如何顺应个体身心发展的规律。

补充读物

劳凯声. 2001. 教育学. 天津：南开大学出版社.

叶澜. 1991. 新编教育学教程. 上海：华东师范大学出版社.

袁振国. 1999. 普通高等教育“十五”国家级规划教材——当代教育学（修订版）. 北京：教育科学出版社.

第四章　教 育 目 的

本章概述

本章主要论述教育目的的概念、类型、功能，依据、价值取向，马克思主义关于人的全面发展学说，我国的教育目的的历史演变和精神实质，全面发展的教育的组成部分及其关系、素质教育及其与全面发展教育的关系等。

结构图

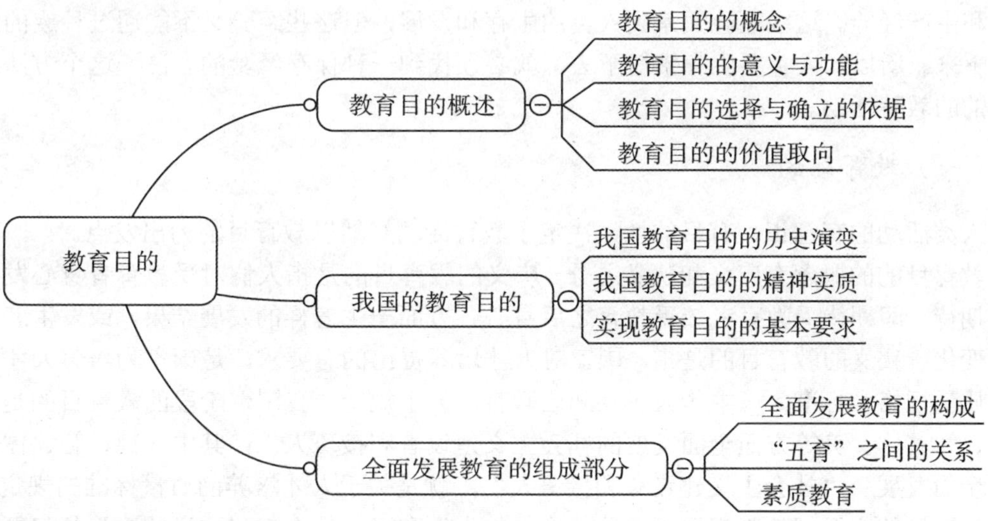

学习目标

1. 理解教育目的的核心概念、基本类型、确立依据。
2. 对我国教育目的确立的理论基础及全面发展的教育有更深刻的认识。
3. 为未来当教师形成科学的教育目的观做认识上的准备。

读前思考

1. 您认为教育的终极目的是什么？
2. 教育目的是否有不同的层次？
3. 教育目的具有哪些功能？
4. 教育目的制定的依据是什么？

教育目的是教育学原理中的一个基本问题，教育目的探讨的是把受教育者培养成什么样的人的问题。这是教育学的根本问题，是教育工作的核心，也是教育活动的出发点、依据和归宿。本章的学习将有助于未来的教师形成科学的教育目的观，从而去指导和规划自己的工作。

第一节　教育目的概述

一、教育目的的概念

教育作为人类的基本实践活动，其具有目的性。从教育的产生看，教育发端于劳动。在共同的生活和劳动过程中，人类必然会形成一定的共同伦理规范，必然会积累许多社会经验和生产经验。这些经验关系到人类的生存和发展，但这些经验又不能通过种族的遗传保存下来。所以，人类要生存繁衍下去，就必须找到一种保存经验的方法，这个方法就是有目的的教育活动。

（一）教育目的

人类活动的有意识、有目的性，决定了教育活动必然以教育目的为出发点。

教育目的的概念有广义和狭义之分。广义的教育目的是指人们对受教育者身心发展结果的期待，即期待受教育者接受教育之后身心各方面产生怎样的发展结果，或发生怎样的积极变化。狭义的教育目的是指，国家对人才培养提出的总要求，是国家为培养人才而确定的质量规格和标准。《中华人民共和国教育法》中规定，我国现阶段的教育目的是“培养德、智、体、美等方面全面发展的社会主义建设者和接班人”，其中“德、智、体美等方面全面发展”“社会主义建设者和接班人”，就是关于人才培养的质量标准的规定。

教育目的主要回答教育要“培养什么样的人”和“为什么培养这样的人”的问题。培养什么样的人及所培养的人为谁服务，这是教育思想观念的核心问题之一。

（二）教育方针

教育方针是一个国家教育发展和人才培养的最高行动指针，是国家在一定历史阶段提出的有关教育工作的总的方向和总指针，是教育基本政策的总概括。它是确定教育事业发展方向，指导整个教育事业发展的战略原则和行动纲领。它一般包括三个组成部分：一是指明教育的性质和服务方向；二是规定教育目的，即教育总的培养目标；三是指出实现教育目标的根本途径。在阶级社会里，教育方针是根据不同时期占统治地位的阶级对教育方向的规定和对培养人才的总的要求而制定的，是统治阶级在教育方面意志的体现，是统治阶级教育意图的整合成文的产物。不同的历史时期有不同的教育方针；相同的历史时期因需要强调某个方面，教育方针的表述也会有所不同。教育方针的制定者一般都是国家或政党，它与教育目的有着密不可分的联系。

（三）教育目的与教育方针的结构

为了明确教育目的的概念，有必要进一步探讨教育目的的结构问题。所谓教育目的的结构，即教育目的的组成部分及其相互关系。

1. 教育目的的结构

教育目的的结构一般由两部分构成：一是就教育所要培养出的人的身心素质做出规定，即指明受教育者在知识、智力、品德、审美、体质等方面的发展，以期受教育者形成某种个性结构；二是就教育所要培养出的人的社会价值做出规定，即指明所培养的人符合那个社会或国家的人才利益需要。例如，毛泽东说："我们的教育方针，应该使受教育者在德育、智育、体育几方面都得到发展，成为有社会主义觉悟的有文化的劳动者。"其中，德智体的发展、有社会主义觉悟、有文化，指的是受教育者所要形成的身心素质；劳动者或社会主义建设者，指的是受教育者所要承担和发挥的社会功能，即人才的社会价值或服务方向。

教育目的结构中关于身心素质的规定是教育目的结构的核心部分；教育目的结构中关于人才的社会价值的规定，对受教育者的发展起着定向的作用。因为教育的专门职能是培养人，教育目的必须从社会发展的客观需要出发，对受教育者身心发展的方向、内容和所要达到的水平做出切实规定，才能有效地指导教育活动，形成受教育者合理的素质结构，提高受教育者自身的价值。只有在这个基础上，受教育者才能在社会实践中能动地创造社会价值，为某种社会目的或社会理想的实现做出贡献。从这里可以看出，教育目的结构中两个组成部分体现出社会发展与人的深层发展之间的关系。

2. 教育方针的结构

教育方针的结构一般由三个部分组成：一是关于教育的性质和方向的规定；二是关于受教育者所要形成的身心素质的规定；三是关于实现教育目的的途径的规定。例如，2015年12月修订后的《中华人民共和国教育法》对教育方针做了如下表述："教育必须为社会主义现代化建设服务、为人民服务，必须与生产劳动和社会实践相结合，培养德、智、体、美等方面全面发展的社会主义建设者和接班人。"其中，"教育必须为社会主义现代化建设服务，为人民服务""社会主义建设者和接班人"的规定是关于教育的性质与方向的规定；"德、智、体、美等方面全面发展"是关于受教育者所要形成的身心素质的规定；教育"必须与生产劳动和社会实践相结合"是关于实现教育目的的途径的规定。同教育目的结构相比，教育方针的组成部分多了一个关于实现教育目的的途径的规定。对比两者的关系可以看出，教育目的包含在教育方针之中。

（四）教育目的体系

教育目的是一个体系，它与上位层次的教育方针和下位层次的培养目标是自上而下的相互制约与自下而上的逐级达成关系。这个体系可直观表述为图4-1。

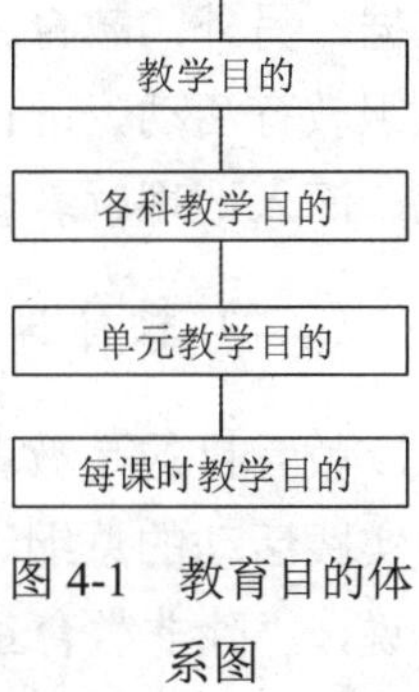

图4-1　教育目的体系图

1. 教育目的与教育方针的关系

教育目的和教育方针的联系表现在：教育目的是教育方针的重要组成部分，教育目的的确立及其内容必须符合教育方针的规定。有时候教育方针一身二任，既是方针，又是目的。一般来说，教育方针由三部分组成：第一，一个国家的教育性质和方向；第二，教育目的；第三，实现教育目的的途径和方法。例如，我国今天的教育方针中“教育必须为社会主义现代化建设服务，为人民服务”就是关于教育性质和教育方向的规定；“培养德、智、体、美等方面全面发展的社会主义建设者和接班人”是关于教育目的的规定；教育“必须与生产劳动和社会实践相结合”指的是“培养德、智、体、美等方面全面发展的社会主义建设者和接班人”的途径。

2. 教育目的与培养目标的关系

教育目的与培养目标是两个既有联系又有区别的概念。教育目的是国家对教育所培养的人的质量和规格的总要求；而培养目标指某一级或某一类学校根据教育目的的要求对培养什么人所提出的具体规定。教育目的落实到各级各类学校具体表现为各级各类学校的培养目标。培养目标是教育目的在各级各类学校的具体化。

教育目的与培养目标是一般与个别的关系。教育目的必须依靠培养目标来实现，培养目标必须根据教育目的来制定。教育目的的落实离不开具体的培养目标的实现，培养目标要体现教育目的的要求。例如，幼儿园、中小学和高等教育的农林医师院校都有自己的具体培养目标，但在总体上又必须符合教育目的的总要求。各级各类学校要根据教育方针的规定，制定各级各类学校的人才培养规格、落实人才培养的质量标准。

二、教育目的的意义与功能

（一）教育目的的意义

教育目的贯穿于教育活动的始终。教育发展史表明，任何民族、任何国家在致力于人才培养时，都把教育目的的确定放在教育问题的首要位置。

教育目的是教育活动的出发点和依据，也是教育活动的归宿。它确定着教育活动的方向，是制定各级各类学校教育目标、确定教育内容、选择教育方法、评价教育效果的重要依据。另外，教育目的对明确教育方向、建立教育制度、确定教育内容、选择教育方法、组织教育活动、进行教育管理、评估教育质量等起着决定性的指导作用。教育工作者正确地、深入地理解教育目的的实质，对于贯彻教育目的、做好教育工作具有重要意义。

（二）教育目的的功能

教育目的是教育工作的根本问题，它不仅是教育工作指导思想的核心，而且是一切教育实践活动的总纲。英国教育学家约翰·怀特（John White）在谈到形形色色的教育目的后说，“除非教育工作者对这些教育目的一清二楚，否则他们培养出来的人才质量肯定会受损失”[①]。所以，教育目的对于教育实践活动意义重大。具体说来，教育目的的功能主要表现为以下三点。

1. 导向聚合功能

教育目的反映了教育活动所应培养的人才质量和规格，实际上就是规定了教育活动的终极方向。目的的指向性决定了教育目的的导向功能，目的的指向越明确，教育目的的导向功能发挥得就越好。如果我国的教育目的只提“培养全面发展的人才”而对全面发展的内涵和方面不做规定的话，就会使人们在教育实践中对全面发展的素质内涵做出种种揣测，从而使教育目的导向功能发挥不好。因此，在实践中，教育法规制度的建立、教育规划的确立、教育活动的形式和教育内容方法的选择都必须以教育目的为最高准则。

教育活动是一种系统工程，一方面，它表现为教育法规制度的建立、教育规划的确立，以及教育活动内容、所采取的原则和方法的选择；另一方面，它又必须是学生各不同年龄阶段教育的合成，是学校、家庭和社会教育的结合。目的的综合性决定了教育目的的聚合功能，而聚合作用力的大小，又取决于教育目的对教育各阶段各方面利益关系综合的明晰度和准确度，目的越清晰，方向越明确，目的越能正确反映各方面的利益关系，其聚合力也就越大。亦即一个良好的教育目的能够聚合学前教育、基础教育和高等教育，以及学校教育、家庭教育和社会教育多方面力量来促进教育目的的实现。

2. 调控功能

教育目的对整个教育活动过程具有调控功能。从宏观上来说，教育目的对国家、地区的教育规划和教育结构的确立与调整具有指导与协调的作用；从微观上来说，教育目的对教育内容的选择和组织、教育活动的形式、教育原则与方法的选择、教育技术的使用等具有支配、调节的作用。

3. 评价功能

教育目的既是一个国家人才培养的质量规格和标准，同时也是检查评价、衡量教育质量和效益的重要依据。教育目的的评价功能可集中体现在现代教育评估或教育督导行为中。例如，依据教育目的，评价学校的总体办学方向、办学思想、办学路线是否正确、是否清晰、是否符合社会的发展方向和需要；依据教育目的，评价教育质量是否达到教育目的规定的质量规格和标准；依据教育目的，评价学校的管理是否科学有效、是否符合教育目的要求、是否遵循了教育规律和人的身心发展规律，通过反馈和改善管理，促进学生的健康发展和成长。

教育目的的功能是相互联系、综合体现的。每一种功能都不是单一表现出来的。导向功能是伴随评价功能和调控功能而发挥的，没有评价和调控功能，导向功能难以发挥更大的作用；而调控功能的发挥需要以导向功能和评价功能为依据；评价功能的发挥也要凭借导向功能。在现实教育中，应重视和发挥教育目的的这些功能，在对教育目的深刻性和全面性的理解基础上去合理把握教育目的。

---

① 约翰·怀特. 再论教育目的. 李永宏，等译. 北京：教育科学出版社，1992：3.

三、教育目的选择与确立的依据

教育目的的提出和确立，不仅是个人主观意志的表现，更是来自对教育客观规律的认识。教育目的也不是一个超社会、超历史的永恒范畴，它具有一定的时代性。恩格斯在《费尔巴哈和德国古典哲学的终结》中也曾指出："在社会历史领域内进行活动的，全是具有意识的、经过思虑或凭激情行动的、追求某种目的的人；任何事情的发生都不是没有自觉的意图，没有预期的目的的。"但人们的头脑中之所以有这些意图和目的，是有其客观的历史原因的。归根结底，它是由生产力和交换关系的发展决定的。教育目的总是反映着一定时代的社会生产力发展水平、社会关系，以及受教育者身心发展的特点与规律的要求。

（一）社会生产力发展水平

劳动者的劳动能力是由体力、智力、劳动经验和技术熟练程度等因素共同构成的，一定社会的生产力总是要根据自己的发展水平，对劳动者的培养提出相应的要求。在原始社会，教育只是将渔猎、采集等人类生存所需要的劳动经验和部落的道德规范传递给下一代。在古代社会（奴隶社会和封建社会），社会生产力水平很低，学校教育为统治阶级所把持，学校同生产劳动仍是分离的，因而当时学校培养"劳心者""统治者"，不培养直接从事物质资料生产的劳动者。而当社会生产力发展到运用机器进行大工业生产的时代，社会对培养人才的质量规格乃至数量的要求发生了质的变化，教育目的开始扩大了，即学校不仅培养统治者，也要培养能为资本家创造更多财富的生产工人。今天，人类已经进入了知识经济时代，现代生产已经完全是科技的应用，现代教育的重要目的之一就是培养人的劳动素养和观念，教育与生产劳动相结合是大家所公认并遵循的教育规律。世界各国都在努力普及高中教育，发展高等教育，培养大量掌握现代化科学知识的管理人员和技术人员。可见，生产力发展水平对人的素质要求是教育目的确立的重要因素。

（二）社会关系

教育目的涉及的是对人的质量规格和标准的要求，因此考察教育目的的确立标准还要考虑到人的本质。马克思在《关于费尔巴哈的提纲》中指出："人的本质并不是单个人所固有的抽象物。在其现实性上，它是一切社会关系的总和。"社会关系是建立在物质资料生产基础上的各种关系的总和，是社会生产关系、政治关系、经济关系、法律关系、道德关系、利益关系等各种关系的总称。任何社会的社会关系对教育目的都有着直接的决定性影响。一个社会需要什么样的人，具有什么样的政治倾向和思想意识，具有什么样的劳动技能等，都集中反映在所制定的教育目的上。任何一个社会对教育的要求总是在一定的社会关系中产生并受这种关系制约。在阶级社会里，学校为统治阶级所垄断，教育目的也主要是统治阶级的经济、政治利益的反映。社会不同，时代不同，教育目的也就不同。奴隶社会的教育目的是由奴隶主阶级制定的，是要把少数奴隶主阶级的子弟培养成政治上的统治者和善于征战的武士。封建社会的教育目的是由地主阶级制定的，是要把封建贵族子弟培养成封建制度的卫道士，对广大农民群众实行愚民政策，使之成为俯首听命的顺民。资本主义社会双轨制的教育必然会提出双重教育目的，一方面把资产阶级的子弟培养成为善于经营管理的资本家；另一方面把工人阶级子弟培养成为具有一定科学技术、能创造高额利润又不会惊扰资产阶级安宁的生产者。而在社会主义社会，劳动人民成了国家的主人，掌握了教育的领导权，劳动人民有了受教育的权利，其教育目的是把受教育者培养成德、智、体、美、劳等方面全面发展的劳动者（建设者和接班人），体现了无产阶级和广大劳动人民的根本利益。

（三）受教育者身心发展的特点与规律

从教育的基本规律来说，一个国家的教育目的一要符合社会发展的需要和可能，二要符合人的身心发展的需要和可能，应是上述两种需要与两种可能的有机统一。教育目的之所以必须符合人的身心发展的需要与可能，是因为教育总是指向处于一定发展阶段的受教育者个体，为了使受教育者身心发展达到预期的目标，教育目的的制定者也要考虑到个体身心发展的特点和规律。

教育目的的确立要符合教育对象身心发展的规律，其主要原因分为以下四个方面。第一，教育目的所直接指向的对象是受教育者，人们提出教育目的是希望通过教育引起受教育者的身心发生预期的变化，使受教育者成长为具有一定个性的社会个体。显然，这是以承认受教育者有接受教育、获得发展的潜能为前提的。第二，人们既然希望将所提出的教育目的转化为受教育者的个性，这就不能不考虑受教育者生理发展和心理发展的规律、过程。教育目的所勾勒的受教育者所要形成的素质结构，不仅表明其社会规定性，而且也包含着个体的生理、心理特征，是这两个方面的统一。第三，教育目的主要是通过各级各类学校的教育活动实现的。在把教育目的具体化为各级各类学校的培养目标时，也不能不注意受教育者的身心发展水平和经验储备。因此，在教育目的总体要求下，幼儿园、小学、中学、大学的培养目标是有区别的。第四，受教育者在教育活动中不仅是教育的对象，而且也是教育活动的主体。受教育者作为教育对象在教育活动中的主体地位，是教育活动对象区别于其他活动对象的显著特点。教育目的的提出不能不考虑到这个特点，为受教育者主体性的发挥留有余地。

四、教育目的的价值取向

教育目的是人们对教育实践活动所要培养的人才的素质结构和质量规格的期待，人们由于所处的时代背景和代表的阶级和阶层立场不同，会从各自的利益和需要出发，对人才的素质结构提出不同的价值取向，那么在教育史上就形成了不同的教育目的。人类关于教育目的的理论中，主要的代表性的理论有个人本位论与社会本位论、内在目的论与外在目的论、教育准备生活说和教育适应生活说。

（一）个人本位论和社会本位论

1. 个人本位论

个人本位论的主要观点有：①人的价值高于社会价值，人是万物的尺度，把人作为教育目的的根本所在；②教育目的的根本在于使人的本性、本能得到自然发展，使其需要得到满足，主张根据人的本性和自身完善这种“天然的需要”，以此来选择和确立教育目的；③个人价值高于社会价值，社会只有在有助于个人的发展时才有价值，教育的价值应当以其对个人发展所起的作用来衡量。这种个人本位的教育目的说在不同时期不尽相同。在最初的对人的发展的追求中，古希腊哲学家提出，教育目的是使人的本质规定和人的和谐发展得以实现。欧洲文艺复兴时期，进步的人文主义教育家以资产阶级人性论为中心，反对宗教对个性的束缚，又提出人的多方面才能发展的问题，他们赞美人的精神力量，肯定人和人性的地位和价值，要求发展人的多方面的天赋与才能。在资本主义社会，被压迫阶级为了摆脱束缚，为了自身发展的需要，提出了人性解放和让人获得自由发展的教育要求，如英国的空想社会主义者托马斯·莫尔就在其所著的《乌托邦》一书中，论述了人的个性发展的必要性，以及教育对个性发展的作用，提出了劳动教育，并论证了消灭体力劳动和脑力劳动的对立问题。这些理论的提出对肯定人的价值具有一定的进步意义，但毫无疑问，只发展人的自然本性，忽略人的社会属性，是片面的。主张教育完全从个人出发，只考虑个人的需要，为个人的发展服务而否定教育的社会价值，显然也是片面的。

2. 社会本位论

社会本位论把满足社会需要视为教育的根本价值。社会本位论的主要观点有：①教育目的不应从人的本位出发，而应从社会需要出发，根据社会需要来确定；②个人只是教育加工的原料，他的发展必须服从社会需要；③教育的目的在于把受教育者培养成符合社会准则的公民，使受教育者社会化，保证社会生活的稳定与延续；④社会是个人赖以生存和发展的基础，社会价值高于个人价值，教育培养的效果只能以其社会功能的好坏来加以衡量。这种观点古已有之，古代代表人物有中国的荀子和希腊的柏拉图。但其理论的鼎盛时期是在19世纪下半叶到20世纪初，主要代表人物是法国的孔德、涂尔干，以及德国的凯兴斯泰纳（G. Kerschensteiner）和纳托普。法国实证主义哲学家孔德认为：“真正的个人是不存在的，只有人类才存在，因为不管从哪方面看，我们个人的一切发展，都有赖于社会。”[①]白尔格门（M. Bergema）也认为：“教育除了造就个人，使其乐于为社会而生活，并乐于贡献其最优力量于人类生活的保存和改善以外，不能有别的目的。”[②]而凯兴斯泰纳则把这种社会本位的教育目的观推向极端，成为“国家至上”的国家主义教育目的观的典型，他明确指出“我以为国家公立学校的目的——也就是一切教育目的——是教育有用的公民”[③]。社会本位论的观点弥补了个人本位论的不足，重视教育的社会属性和社会价值，具有一定的合理性。但是过于强调人对社会的依赖而忽视了人的主体性和独立性，忽视人的需要的满足和“个体我”的发展，也是片面的。

（二）内在目的论与外在目的论

1. 内在目的论

内在目的论强调要重视儿童本身的能力和主体性在教育过程中的地位，并以之作为制

① 扈中平. 教育目的论. 武汉：湖北教育出版社，1997：65.
② 吴俊生. 教育哲学大纲. 北京：商务印书馆，1943：149.
③ 凯兴斯泰纳.工作学校要义. 刘钧译. 北京：商务印书馆，1935：12.

定教育目的的依据。反对传统教育置儿童于被动和附属地位，压制儿童个性，不考虑儿童的年龄特征和需要；否认社会对教育目的的制约作用，认为教育的作用就在于使人的本性得到充分而和谐的发展。代表人物有卢梭、福禄贝尔、裴斯泰洛齐、杜威等。福禄贝尔认为，每个儿童的身上都潜伏着自发的活动的本能，教育的目的就在于为儿童这种自发的活动本能提供使其得以流露的、自由的、自动的和自觉的条件。美国教育家杜威认为，最好的教育就是“从生活中学习”“从经验中学习”，真正的教育是与儿童的成长紧密联系在一起的，教育不是强迫儿童，而是要使人类“与生俱来”的能力得以成长。“生活就是发展，而不断发展，不断成长，就是生活。”用教育术语来说，就是“教育的过程，在它的自身以外没有目的；它就是它自己的目的”“教育过程是一个不断改组、不断改造和不断转化的过程”①。在教育中，除了更多的成长，没有别的东西是与成长相关的。作为衡量学校教育的标准，就看它是否给儿童创造一个有利于成长的环境，让其充分、自由成长。

杜威把教育目的区分为两类：一类是教育过程以内的目的，一类是教育过程以外的目的。前者是教育本身的目的或者说“活动里面的目的”，后者是从外面强加给教育活动的目的。“教育本身并无目的。只是人，即家长和教师等，才有目的。”杜威要求教育家反对“一般的和终极的教育目的”，认为它是和一切的特殊联系割裂开来的，以至于教与学的过程仅成为达到预定目的的手段。学校应该寻求“具体的目的”，以代替狭隘的、说教的、消极的“一般目的”。可见，杜威有意识地区分了教育目的的类型，即教育的内在目的和外在目的。他反对的是“教育过程以外的目的”“一般的目的”，赞成的是“教育过程内部的目的”“具体的目的”。

2. 外在目的论

外在目的论与内在目的论相对，认为教育目的不是来自教育本身，而是来自教育活动之外的某种需要。涂尔干提出：“教育在于使年轻一代系统地社会化塑造社会我，这就是教育的目的。”②黑格尔认为教育不应追求个性，而应追求“一个更高更普遍的目的”，即绝对理解的精神。赫尔巴特主张教育目的应在与环境的接触中，通过多方面的兴趣，把道德的目的提高到支配的地位上来，形成理想的人。正如赫尔巴特所言：“教学计划要根据各种情况设想到各种差别，从而应当突出一般目的，即把多方面的、尽可能平衡的和结合得很好的兴趣（智力的真正发展）为一切详细的教学过程的目的放在首位。”③同时，他认为教育的最高目的是培养人的道德。“教育的唯一的工作与全部的工作可以归结在这一概念之中——道德，道德普遍地被认为是人类的最高目的，因此也是教育的最高目的。”④

（三）教育准备生活说和教育适应生活说

1. 教育准备生活说

教育准备生活说强调教育要为未来完美的成人生活做好准备，未来生活需要什么，就教给学生什么。19世纪英国教育家赫伯特·斯宾塞是这种教育目的论的代表人物。斯宾塞

① 赵祥麟．王承绪．杜威教育论著选．上海：华东师范大学出版社，1981：154.
② 李明德，金锵．教育名著评介（外国卷）．福州：福建教育出版社，1992：357.
③ 赫尔巴特．赫尔巴特文集（教育学卷）．李其龙，郭官义译．杭州：浙江教育出版社，2002：257-258.
④ 张焕庭．西方资产阶级教育论著选．北京：人民教育出版社，1979：259-260.

指出："怎样运用我们的一切能力使对己对人最为有益，怎样去完满地生活，这个既是我们需要去学的大事，当然也就是教育中应当教的大事。"[①]"为我们的完满生活做准备是教育应尽的职责，而评判一门教学科目的唯一合理办法就是看它对这个职责尽到什么程度。"[②]斯宾塞确定，人类完满生活涉及的活动包括五个方面，按其重要性排列先后次序如下："①直接保存自己的活动；②从获得生活必需品而间接保全自己的活动；③目的在抚养教育子女的活动；④与维持正常社会政治关系有关的活动；⑤在生活中的闲暇时间满足爱好和感情的各种活动。"[③]斯宾塞认为教育的目的和任务在于教导每一个人怎样去过完美的生活。在教学方法上，他反对当时学校中流行的形式主义、经院主义，主张把教学建立在学生的自动性上面，强调兴趣在教学过程中的作用。

2. 教育适应生活说

教育适应生活说主张教育应该要切合儿童当前的兴趣和需要，适应儿童当前的生活而不是为未来的生活做准备。代表人物有 18 世纪法国教育家卢梭和 20 世纪美国教育家杜威。

卢梭认为为渺茫的将来做准备是不可靠的，他提出"把孩子看作孩子"，主张珍视儿童的童年生活。他说："当我们看到野蛮的教育为了不可靠的将来而牺牲学生的现在，使孩子受各种各样的束缚，它为了替他在遥远的地方准备，我认为他永远也享受不到所谓的幸福，就先把他弄得那么可怜时，我们心里是怎样想的呢?"[④]

杜威继承了卢梭的教育生活，明确强调教育应该是适应生活的。如果教育是为儿童未来的成人生活做准备，必然要教以成人的经验，而忽视了儿童当下的兴趣与需要，把儿童置于被动的地位。因此，他主张"教育即生活"。 杜威在《我的教育信条》中指出"教育是生活的过程，而不是未来生活的准备"。学校教育应该努力与现实的社会生活相契合，适应现代社会变化的趋势，培养学生适应社会生活的能力。

第二节　我国的教育目的

一、我国教育目的的历史演变

历史上的教育目的也是不同时代政治经济制度的反映，历史条件不一样，不同时代的教育目的也不一样。原始社会的教育目的主要表现为氏族为求其群体的巩固和延续，使儿童学会成人生产和生活所必需的经验和社会习俗。在奴隶社会中，教育通过"明人伦"而服务于奴隶主阶级的统治。中国漫长的封建社会的教育目的主要表现为"在明明德，在亲民，在止于至善"和"格物、致知、诚意、正心、修身、齐家、治国、平天下"的教育目的。儒家的这一套教育目的是为维护和巩固封建制度服务的。中国开始实行近代学制以后，清政府学部于 1906 年正式规定"忠君、尊孔、尚公、尚武、尚实"为教育宗旨。这一教

① 郭建模，王智钧. 精神文明大典. 北京：华夏出版社，1995：561.
② 斯宾塞.教育论. 胡毅译. 北京：人民教育出版社，1962：7.
③ 李明德，金锵. 教育名著评介（外国卷）. 福州：福建教育出版社，1992：250.
④ 卢梭. 爱弥儿（上卷）. 李平沤译. 北京：商务印书馆，2001：71.

育目的反映了当时“中学为体，西学为用”的半封建半殖民地的文教方针。辛亥革命后，在蔡元培的影响下，1912年，中华民国临时政府教育部公布了“注重道德教育，以实利教育、军国民教育辅之，更以美感教育完成其道德”的教育宗旨。1929年，国民党政府颁布了“三民主义”的教育宗旨。

中华人民共和国成立以来，我国对教育目的的表述经过了多次变动。

1957年，生产资料所有制的社会主义改造已基本完成，历史发展到一个新的转折时期，急需确立我国社会主义的教育总目的。正是适应这一新时期的需要，毛泽东在最高国务会议上做了“关于正确处理人民内部矛盾的问题”的讲话，在讲话中明确提出了我国教育的目的性方针。他说：“我们的教育方针应该使受教育者在德育、智育、体育等几方面都得到发展，成为有社会主义觉悟的有文化的劳动者。”这是我国社会主义时期第一个规范化的教育总目的。这一教育目的既明确指出了社会主义人才的具体培养规格和总要求，又明确指出了教育的社会主义性质和方向。这一方针目的为我国后来教育方针目的的制定确定了总的方向和标准。

“文化大革命”期间，教育事业偏离了方向。“文化大革命”结束后，我国教育重新步入正常轨道。1981年，党的十一届六中全会通过了《关于建国以来党的若干历史问题的决议》。该文件对我国教育目的做了这样的表述：“坚持德智体全面发展、又红又专，知识分子与工人农民相结合、脑力劳动与体力劳动相结合的教育方针。”这是粉碎“四人帮”之后对教育目的的重新表述。

1982年，第五届全国人民代表大会第五次会议通过的《中华人民共和国宪法》第四十六条规定中指出：“国家培养青年、少年、儿童在品德、智力、体质等方面全面发展。”这是中国当代历史上第一个以法的面貌出现的教育目的。

1985年，《中共中央关于教育体制改革的决定》又指出：教育要为我国的经济和社会发展培养各级各类合格人才，“所有这些人才，都应该有理想、有道德、有文化、有纪律，热爱社会主义祖国和社会主义事业，具有为国家富强和人民富裕而艰苦奋斗的献身精神，都应该不断追求新知，具有实事求是、独立思考、勇于创造的科学精神”。人们把这一段话简化为“四有”“两热爱”“两精神”，并把它当作教育目的。

1986年4月2日，第六届全国人民代表大会第四次会议通过的《中华人民共和国义务教育法》中规定：“义务教育必须贯彻国家的教育方针，努力提高教育质量，使儿童、少年在品德、智力、体质等方面全面发展，为提高全民族的素质，培养有理想、有道德、有文化、有纪律的社会主义建设人才奠定基础。”

1993年，中共中央国务院颁发的《中国教育改革和发展纲要》中指出：“教育改革和发展的根本目的是提高民族素质，多出人才，出好人才。各级各类学校要认真贯彻‘教育必须为社会主义现代化建设服务，必须与生产劳动相结合，培养德、智、体全面发展的建设者和接班人’的方针，努力使教育质量在90年代上一个新台阶。”

1995年3月18日，第八届全国人民代表大会第三次会议通过的《中华人民共和国教育法》中也指出：“教育必须为社会主义现代化建设服务，必须与生产劳动相结合，培养德、智、体等方面全面发展的社会主义事业的建设者和接班人。”

2000年2月1日，江泽民同志在《关于教育问题的谈话》中，就当前教育中所存在的问题，再次提出“教育必须为社会主义事业服务，必须同社会实践相结合”的指导方针。

2001 年 6 月，《国务院关于基础教育改革与发展的决定》明确提出：“要高举邓小平理论伟大旗帜，以邓小平同志‘教育要面向现代化，面向世界，面向未来’和江泽民同志‘三个代表’的重要思想为指导，坚持教育必须为社会主义现代化建设服务，为人民服务，必须与生产劳动和社会实践相结合，培养德智体美等全面发展的社会主义事业建设者和接班人。”

2002 年，中共中央十六大报告明确了全面建设小康社会的教育方针，即“坚持教育为社会主义现代化建设服务，为人民服务，与生产劳动和社会实践相结合，培养德智体美全面发展的社会主义建设者和接班人”。这一新的表述赋予教育方针新的时代内涵，成为指导全面建设小康社会教育工作的根本指导思想和行动纲领。这一方针与《中华人民共和国教育法》所规定的国家教育方针在本质上是一致的，同时又体现了我们党对现代教育本质及其职能认识的新发展，具有更为鲜明的时代特征。

2015 年 12 月 27 日，第十二届全国人民代表大会常务委员会第十八次会议通过的《中华人民共和国教育法（第二次修正）》中指出：“教育必须为社会主义现代化建设服务、为人民服务，必须与生产劳动和社会实践相结合，培养德、智、体、美等方面全面发展的社会主义建设者和接班人。”

二、我国教育目的的精神实质

纵观我国教育目的的发展过程，不难看出，它的表述虽几经变化，但精神实质是一致的，总的来说，包括以下基本观点。

（一）培养劳动者

培养有社会主义觉悟的有文化的劳动者，这是从 1957 年正式提出教育方针以来就一直坚持的一个基本点。我国教育目的的这个规定，明确了我国教育的社会主义方向，也指出了我国培养出来的人的社会地位和社会价值，他们不是不劳而食的剥削者、寄生虫，也不是供剥削阶级驱使的工人、农民、知识分子，而是国家的主人、社会主义的劳动者。我们教育所培养的劳动者应当是社会主义需要的各级各类人才。我们要进行社会主义现代化建设，不仅需要科学技术人才，而且需要经济、文化、教育、政治等各类人才；不仅需要高级人才，而且也需要中、初级人才；不仅需要以脑力劳动为主的人才，也需要以体力劳动为主的人才。社会主义各级各类人才都是普通劳动者，这些劳动者尽管有分工的不同，有体力劳动和脑力劳动的差异，但没有阶级和地位的差别，都是社会主义事业的建设者和接班人，而且都应该有理想、有道德、有文化、有纪律、热爱社会主义祖国和社会主义事业，坚持党的四项基本原则，并具有为国家的繁荣昌盛和人民幸福安康而不懈努力的精神，都应该不断追求新知，敢于实践，勇于创新。这些就是教育目的中对劳动者的统一要求。

（二）德、智、体、美等方面全面发展

我国教育目的反映出来的这一基本精神，明确了我国人才培养的素质要求，明确了人

才应有的基本素质，即德、智、体、美等方面，将其作为人才应有的基本素质。其中，德是指思想品德，它是构成人精神面貌的主要成分，在个体发展中起导向和动力的作用；智是指知识和智力，是人认识客观世界的能力与水平，是个体发展的重要内容；体是指身体器官的构造及机能，是个体发展的物质基础；美是指美的需要与感受美、鉴赏美、创造美的能力，是调节个体生活和劳动的杠杆，也是创造力的重要源泉。这几方面相互联系、相互作用，是人的生存和发展，以及在现代化建设中不可缺少的基本素质。这里需要指出的是，在注重基本素质（德、智、体、美）形成发展的同时，也要注重促进其他素质（如劳）的形成和发展，而不应仅仅局限在德、智、体、美四方面。

（三）培养独立个性

我国的教育目的还应该培养学生独立个性，也就是使受教育者的个性自由发展，增强受教育者的独立自主意识，培养受教育者的开拓精神、创新才能。培养受教育者的独立个性，发挥他们的主体性和能动性，让受教育者成为独特的存在，具有区别于他人的特质，是受教育者高层次的需要，也是他们使命感、事业心、创造性的源泉。

（四）教育与生产劳动相结合是教育目的实现的根本途径

个人全面发展最根本的就是个人智力、体力的广泛、充分、自由和统一的发展，其实质是在智力、体力充分发展的基础上，实现脑力劳动和体力劳动的结合，而这一目标的实现只能靠教育与生产劳动相结合。社会主义教育与生产劳动相结合要坚持教育与生产劳动相结合的目的的完整性，实行普遍生产劳动与普遍教育相结合，切实贯彻理论与实践、知识技能与思想教育相统一，积极实施综合技术教育。[①]具体表现为：教育结构与经济结构相适应，书本知识学习与参加社会实践相结合，知识分子与工农群众相结合，理论与实践相结合，教育内容和社会生产、社会实际相结合。只有通过教育与生产劳动相结合，我们才能培养全面发展的具有独特个性的人。

三、实施教育目的的基本要求

（一）正确理解和处理全面发展与因材施教的关系

培养全面发展的人，是我国教育目的的出发点，是我国对所有学生的普遍的、共同的要求，是学校必须坚持的方向，全面发展是衡量一个学生质量的基本标准。但是，由于人的先天遗传素质有差别、个体受到环境影响和教育的不同及个体主观能动性发挥程度有差别，个体的发展水平也就会有所不同，由此形成不同的个性才能和特长。因此，为了最大限度地发展人的潜能，必须进行有针对性的教育。全面发展并不是人的素质平均和均衡发展，而是人的各方面素质的和谐发展，全面发展和人的个性发展是辩证统一的。当前，在我国教育的实践中必须树立全面发展与因材施教相结合的教育思想。这就要求在实施全面

① 杨兆山. 教育学原理. 长春：东北师范大学出版社，2010：155.

发展教育时，要根据学生的特点，因材施教，将全面发展和个性发展有机地结合起来，使得个人能够完美和谐主动发展，能够拥有区别于他人的“自我”。

（二）正确理解和处理课内与课外的关系

教学是实现教育目的和完成教育任务的基本途径，它是学校的中心工作，要求中、小学要严格执行教学计划，做好学科教学，努力提高课堂教学质量。同时，要抓好课外预习、复习、自学和课外辅导等环节，另外还要广泛组织学生参加各种课外、校外活动，以深化学生对课内所学知识的认识，提高学生运用知识的能力和解决实际问题的能力。课内是课外的基础，课外是课内的补充。

（三）对全体学生负责，促进学生全面发展

社会主义教育的根本任务是提高整个中华民族的素质，所以，学校教育必须端正办学指导思想，面向全体学生，大面积提高教学质量，使每个学生在德、智、体、美等方面都得到充分的、和谐的发展。学校和教师要对全体学生负责，要树立全面的教育观，坚持全面教育，促进学生的全面发展。

第三节　全面发展教育的组成部分

社会主义全面发展的教育目的要通过全面发展教育去实现。全面发展教育是指教育者根据社会主义社会的政治经济要求和人的身心发展的规律，有目的、有计划、有组织地对受教育者实施的旨在促进人的素质结构全面、和谐、充分发展的系统教育。社会主义的全面发展教育是由德育、智育、体育、美育和劳动技术教育等部分构成的。

一、全面发展教育的构成

（一）德育

德育即培养人思想品德的教育，是教育者按照一定社会政治经济要求和受教育者的身心发展规律，有计划、有目的、有组织、有系统地对受教育者的思想品德施加影响的过程，是道德教育、法纪教育、政治教育、思想教育、心理健康教育等方面教育的总称。德育的基本任务是培养学生良好的道德品质，使学生成为具有良好社会公德、文明习惯的遵纪守法的好公民，培养学生正确的政治方向，使学生树立正确的政治信念；培养学生树立正确的人生观、世界观和价值观；能够正确认识人生、社会和自我，具有健全的个性、完善的人格、正确的道德评价能力和良好的道德实践能力。

（二）智育

智育是教师向学生传授系统的文化科学知识，形成学生的基本技能、技巧，发展学生

智力的教育。智育的基本任务是使学生掌握系统的文化科学基础知识，形成学生的基本技能、技巧，发展学生的智力。同时注意培养学生良好的学习兴趣、态度、情感、意志品质和积极的个性品质等非智力因素。

（三）体育

体育是教师向学生传授体育和卫生知识，形成技能，发展运动能力，培养良好的体育卫生习惯，促进身体正常发育和增强体质的活动。体育的基本任务是全面发展学生身心素质，增强学生体质；使学生逐步掌握体育和卫生的基本知识和基本技能，学会科学锻炼和保护身体的方法，养成自觉锻炼身体的习惯；提高学生运动技术水平，为国家培养体育方面的后备人才；培养学生良好的体育精神与习惯。

（四）美育

美育是让学生形成正确的审美观点，培养学生具有感受美、欣赏美和创造美的能力的教育活动。美育又称审美教育或美感教育。美育的基本任务是培养学生正确的审美观点，使他们具有感受美、理解美及鉴赏美的知识和能力；培养学生艺术活动的技能，发展艺术创作能力；培养学生美好的情操和文明行为习惯。

（五）劳动技术教育

劳动技术教育是培养学生的劳动观念，形成劳动习惯，并使学生初步掌握一定劳动技术知识和技能的教育。劳动技术教育的任务是培养学生正确的劳动观点，养成良好的劳动习惯；使学生学到一定的基本生产技术知识、技能和运用最简单的各种生产工具的本领；促进学生的身心健康发展。

二、“五育”之间的关系

（一）“五育”的相对独立性

全面发展教育的五个组成部分各有自己的任务和功能，在人的全面发展中都有各自不可替代的作用。德育关注的是个体的价值观念和行为方式问题，即怎么为人处世的问题；智育关心的是提高人认识和改造世界的基本的能力，即提升人的认知和思维能力；体育以增强身体素质为基本目的；美育则努力提升人的精神境界和生活情趣，即对美的欣赏和创造的能力；劳动技术教育可以提高学生的实践能力，同时也为学生今后的职业生活做精神和技术上的准备。这五个方面的教育，谁也不能取代谁的功能。因此，在教育实践中，应坚持“五育”并举，防止教育的片面失衡。

（二）“五育”的内在联系

全面发展教育的五个组成部分虽然各有其独特的任务和功能，是相对独立的，但是对于人的全面发展而言，它们又是密切联系、相辅相成、不可分割的统一整体，正是这五个部分的紧密联系与相互作用为人的全面发展提供了最佳的运行机制。其中，德育对其他各育起着保证方向和保持动力的作用，体现了社会主义教育的政治方向，同时，其他各育则为德育的实施提供了条件。智育是中心，为其他各育的实施提供了认识基础，成为实施各育不可缺少的手段。体育则为其他各育提供了生理条件。没有健康的身体保证，任何一种教育的任务都不可能顺利完成。美育可以促进各育的效果，使学生身心得到和谐发展。而劳动技术教育是马克思主义教育与生产劳动相结合原理的重要内容。劳动技术教育的实施可以增强德智体美各育的效果，使学生在德智体美多方面得到发展。因此，德育、智育、体育、美育和劳动技术教育是互为条件、互相促进的统一整体，从各方面保证教育目的的实现。

三、素质教育

（一）素质教育的内涵

自 1993 年 2 月《中国教育改革和发展纲要》提出“中小学要由‘应试教育’转向全面提高国民素质的轨道，面向全体学生，全面提高学生的思想道德、文化科学、劳动技能和身体、心理素质，促进学生生动活泼地发展，办出各自的特色”的号召以来，从“应试教育”转向“素质教育”，已多次被写进教育的政策文件。特别是 1999 年 6 月 13 日，中共中央、国务院颁布了《关于深化教育改革，全面推进素质教育的决定》，“素质教育”进一步被确定为我国教育改革和发展的长远方针。而 2010 年颁布的《国家中长期教育改革和发展规划纲要（2010—2020 年）》提出了教育改革发展的战略主题是“坚持以人为本、全面实施素质教育”。

1. 素质教育是面向全体学生的教育

《关于深化教育改革，全面推进素质教育的决定》提出“全面推进素质教育，要坚持面向全体学生”。《国家中长期教育改革和发展规划纲要（2010—2020 年）》指出素质教育“重点是面向全体学生、促进学生全面发展”。素质教育坚持面向全体学生，依法保障义务教育阶段儿童和青少年学习发展的基本权利，促进每个学生基于自身个性和生命潜能基础上的发展。在素质教育中，“不是选拔适合教育的儿童，而是创造适合儿童的教育”。义务教育应该强化普及意识，淡化选拔意识。政府和教育部门应该依法为所有义务教育阶段的适龄儿童、少年提供公平的受教育条件和受教育机会。教育工作者要努力使班上的学生都能够得到基于其自身条件和个性基础上的公平的发展。

2. 素质教育是全面发展的教育

素质教育要求德、智、体、美等各方面兼顾并重，要求全面发展学生的思想道德素质、科学文化素质、劳动技能素质、身心素质和审美素质等。实施素质教育必须把德育、智育、体育、美育、劳动技术教育等有机地统一在教育活动的各个环节中。学校教育不仅要抓好智育，更要重视德育，还要加强体育、美育、劳动技术教育和社会实践，使各育能够有机联系、相互渗透，共同促进学生的全面发展和健康成长。

3. 素质教育是促进学生个性发展的教育

素质教育强调的“全面发展”，但是对于每个学生而言，全面发展并非各方面素质的平均发展，而是在各方面素质达到或超过基本标准后，再求得某些方面的专门性、特长性发展。全面发展并不排斥个性发展，它是针对学生发展的个别差异而提出来的。由于受教育者受不同的遗传素质和后天环境的影响，以及所受教育与自身主观能动性发挥的程度的不同，每个个体都具有不同的个性，即使处在同一发展阶段的不同个体之间，他们虽有共性的相似点，但也存在着个性的差异。个体身心发展具有差异性的规律决定了教育要因材施教，要根据不同学生的不同身心特点促进学生的个性发展。真正实施素质教育，必然要坚持全面发展与个性发展的统一。全面发展是共性，个性发展是个性。共性存在于个性之中，个性中蕴含着共性。实施素质教育就是在坚持促进学生全面发展的同时，努力促进每个学生最大程度地基于其自身特质的个性发展。

4. 素质教育是以培养创新精神为重点的教育

当今世界，科学技术迅猛发展，知识经济已见端倪，综合国力的竞争日益激烈。“创新是一个民族进步的灵魂，是国家兴旺发达的不竭动力。”我国近代著名的教育家陶行知先生也曾说过：“处处是创造之地，时时是创造之时，人人是创造之人。”实现中华民族的伟大复兴，推动中国的发展与进步，关键在于教育。素质教育要完成培育民族创新精神和培养创造性人才的特殊使命。因此，在基础教育阶段，教育首先要面向全体学生，培养个体的创造能力。每个教师都要呵护学生的好奇心，激发学生的求知欲，帮助学生自主学习、探究学习，激发他们的探索兴趣，培养学生的创造性思维和创造能力。

（二）素质教育的特点

1. 素质教育的全体性

长期以来，我国的基础教育由于受片面追求升学率的影响，中小学教育紧紧围绕升学有望的少数学生来进行，大多数学生处于被冷落的“陪读”地位。这种教育实质上是一种“选拔”和“淘汰”教育。美国当代著名教育家布鲁姆曾经指出，教育者的基本态度应是选择适合儿童的教育，而不是选择适合教育的儿童。他批评只为少数可能达到最高层次教育的学生而准备阶梯的教育是最大的浪费。

素质教育的全体性是指素质教育是面向全体学生的教育，不仅表现在素质教育要求全体学生都有受教育的权利，而且还表现在教育过程中每个人都有发展的权利，教育使得每个个体在他（她）原有的基础上能有所发展，有所进步。素质教育是面向全体学生的普通教育，同时又是有差别的教育。

2. 素质教育的全面性

在一切为了升学、一切围绕升学的思想指导下，“考什么，教什么；教什么，学什么”成为中小学的一种普遍现象，重考试科目的考试内容，轻其他科目内容，忽视能力训练，造成学生知识上的片面和能力上的欠缺，导致学生片面发展；片面地追求升学率形成分数价值等于人的价值的错误观念。这种片面的教育观念必然导致学生的片面发展。

素质教育的全面性主要体现在三个层次上，一是培养目标的全面性，既保证德智体美劳全面发展，又允许个性潜能的开发；二是教育阶段的全覆盖性，学前教育、初等教育、中等教育、高等教育都要实施素质教育；三是教育改革的全方位性，要建立起和素质教育相适应的教育教学和人才培养体系，包括教育观、学生观、教师观、课程观，优化教学过程，提高教学质量，真正做到促进学生的全面发展。

3. 素质教育的基础性

素质教育是为人生奠基，即为人生打基础的教育。素质教育的基础性主要体现在两个方面。一是学生的素质是成人成才的基础。美国教育家赫钦斯认为“在他们通过自由教育奠定了做一个自由的和负责的人的基础以后，他们能学会谋生，他们能发展他们的特殊兴趣和能力倾向”[①]。素质教育要为学生以后的成人奠定良好的基础。二是每个个体公民的素质是国家民族素质的基础，这是从社会生产力发展对人的素质的基本要求方面规定了素质教育的性质。

4. 素质教育的发展性

应试教育的一大弊端就是把学生单纯视为接受知识的“容器”，忽视了学生的主动性和创造性，忽视了学生非智力因素的发展。素质教育不仅重视学生知识的增长和技能的掌握，更重视学生智慧的提升、潜能的开发和个性的发展。而这些素质单靠一般的灌输是难以奏效的。正如德国教育家第斯多惠所说：“人们可以提供一个物体或其他什么东西，但是人却不能提供智力。人必须主动掌握、占有和加工智力。”[②]脑科学研究的大量成果表明，人有巨大的潜能，现已开发的只占它的很小的一部分。潜能就是每个人潜藏着的智慧才干和精神力量，被称为“沉睡在心灵中的智力巨人”“每个人身上有待开发的金矿脉”。

素质教育的发展性意味着素质教育对学生潜能开发和个性特长发展的高度重视。一是教师要相信每个学生的发展潜能。每个人都有潜能的，目前各人能力的高低很大程度上是因为各人潜能开发的程度不一样，而且绝大多数人的潜能没有得到充分的开发。二是教师要创造各种条件，挖掘学生的这种无限的创造力和潜能，使每个学生都有机会在他天赋所及的一切领域最充分地展示并发展自己的才能。

5. 素质教育的主体性

应试教育的弊端之一就在于对学生的独立人格缺乏真正的尊重，使学生成为考试的机器，把考试成绩和学校的升学率作为衡量教育质量的全部指标，从而严重影响了学生的身心健康。

素质教育的主体性是指实施素质教育必须以学生为主体，教育者必须尊重学生的独立人格和尊严，确保学生的主体地位。从根本上说，就是教师要尊重学生的自觉性、主动性和创造性。一是教师要尊重学生的独立人格，这是教育的前提，也是对待学生最基本的态度。每位教师要认识到学生是一个独立的人，是一个有发展潜能的人、一个值得尊重的人。二是要把学习的主动权交给学生。在教育教学过程中，教师要善于激发和调动学生学习的积极性和主动性，要让学生学会学习，让学生有自主学习的时间和空间，具备自主学习的能力。

6. 素质教育的开放性

传统的“三中心”，即以教师、教材、课堂为中心的教育思想是比较适合应试教育需

---

① 周洪宇，申国昌. 教育经典导读（外国卷）. 武汉：华中科技大学出版社，2013：315.

② 第斯多惠. 德国教师培养指南. 袁一安译. 北京：人民教育出版社，1990：78.

要的，这也正是传统教育教学思想在我国仍然支配教师教学行为的重要原因之一。应试教育中，学生接受教育的途径主要是课堂教学，知识和信息的来源主要是教师和教材，形成了封闭的教育空间和单一的信息来源途径，从而导致了应试教育的封闭性。

素质教育的目标是促进学生的全面发展，教育内容也更加全面丰富，教育空间宽广，教育渠道多元化，教育手段丰富化。因此，素质教育主张积极开拓知识获取的来源和学生发展的空间，重视利用社会的、自然的资源，主张家庭教育、学校教育、社会教育的结合，具有开放性。

（三）素质教育与全面发展教育的关系

1. 全面发展教育是实施素质教育的基本理论依据

马克思主义关于人的全面发展学说是我国教育目的制定的理论基础，而人的全面发展学说又是实施素质教育的基本理论依据。只有做好全面发展教育，才能提高人的素质。贯彻人的全面发展学说，对学生实施全面发展教育，就必须实施素质教育。也只有搞好全面发展教育，才能提高学生的综合素质和民族素质。

2. 全面发展教育是素质教育的途径

我国全面发展教育的内容，长期以来是德育、智育与体育三项内容，后来逐步增加了美育和劳动技术教育，形成“五育”并举的局面。很明显，这“五育”与素质教育的内容是基本对应的。通过全面发展“五育”就基本上可以促成素质教育的实施。同时，更为重要的是，随着经济的发展、社会的进步，社会对人的素质要求会越来越高，这样，作为促进实施素质教育的全面发展教育的内容也会随之发生变化，会不断充实新的内容。

3. 素质教育是全面发展教育的目标

全面发展教育就是要使学生获得全面发展，主要是德、智、体、美、劳的全面发展，但分开列举出来不利于教育实际工作者从整体上去把握。素质教育提出之后，这个问题便得到了解决。素质教育的根本目的是全面提高学生素质，体现了素质教育与全面发展教育的统一：全面发展教育有了“素质”的补充，就使其目标趋于具体；素质教育有了“全面”的规范，就使其要求更加明确。“全面”与“素质”的彼此补充，反映出素质教育与全面发展教育是相辅相成的。

本章小结

教育目的是教育原理中的基本问题，它对教育活动具有导向聚合、调控和评价的功能。关于教育目的的主要理论有个人本位论与社会本位论、内在目的论与外在目的论、教育准备生活说和教育适应生活说。教育目的的确立既要考虑到社会的发展水平和需要，也要考虑到人的发展水平和需要。马克思主义关于人的全面发展学说是我国教育目的确立的理论基础，要实现人的全面发展就需要实行全面发展的教育。全面发展的教育各组成部分互相联系，但不能相互替代。素质教育和全面发展教育之间有着内在的、不可分割的联系。

学以致用

1. 结合教育目的的相关知识，分析下面的材料，并思考素质教育的实质是什么。

赶鸭子填鸭子烤鸭子板鸭子

有一位教育界人士这样描述我国现行的教育模式：家长送孩子上学就像“赶鸭子”，老师们为了完成教学任务，给学生们上课就像“填鸭子”，而学校为了检查老师的教学情况和学生的学习情况，以便给每个学生和教师排队，于是就要“烤鸭子”，最后学生都成了“板鸭子”。

素质教育在我国已经推行多年了，然而在教育实践中，人们对它仍然有不同的观点：有的人认为实施素质教育就是减少文化课，增加培养学生吹、拉、弹、唱等能力的技能课；也有的人认为，应试教育要升学率，素质教育也要升学率，两者没有什么区别。

资料来源：姜梅. 中小学素质教育管窥. 教育艺术，2004，（05）：12-13.

2. 结合教育目的的相关理论，分析下面的材料，并思考教育目的应该秉持的价值取向是什么。

一封纳粹集中营幸存者的信

一位第二次世界大战纳粹集中营的幸存者，后来当了美国一所学校的校长，在每一位新教师来到学校时，他都会交给那位教师一封信。信的内容完全一样，里面写的是：“亲爱的老师，我是集中营的生还者，我亲眼看到人类所不应该见到的情景：毒气室由学有专长的工程师建造，儿童被学识渊博的工程师毒死，妇女和幼儿被受过大学教育的人们枪杀。看到这一切，我怀疑：教育究竟为了什么？我的请求是：请你们帮助学生成为有人性的人。你们的努力绝不应当被用于制造学识渊博的怪物、多才多艺的变态狂、受过高等教育的屠夫。只有在使我们的孩子具有人性的情况下，读写算的能力才有其价值。”

资料来源：丁锦宏. 教育学基础. 北京：高等教育出版社，2009：102.

补充读物

扈中平. 2004. 教育目的论. 武汉：湖北教育出版社.

怀特海. 2002.教育的目的. 徐汝舟译. 北京：生活·读书·新知三联书店.

于忠海. 2010. 教育目的转型：从终极者到普通人基于人性视角的研究. 北京：中央编译出版社.

约翰·怀特. 1997. 再论教育目的. 李永宏，等译. 北京：教育科学出版社.

第五章　教育制度

本章概述

教育制度是指一个国家各级各类教育机构与组织的体系及其管理规则。教育制度如同整个教育一样，要受到人的身心发展规律与整个社会的制约。教育制度随着社会的发展变化而发展变化，在不同的历史发展阶段表现出不同的发展状况。学校教育制度是现代教育制度的核心。学校教育制度简称学制，指的是一个国家各级各类学校的系统及其管理规则，它规定着各级各类学校的性质、任务、入学条件、修业年限，以及它们之间的关系。现代学制主要有三种类型：双轨学制、单轨学制、分支型学制。经过一个多世纪的发展，我国已建立了比较完整的学制，这个学制在 1995 年颁布的《中华人民共和国教育法》中得到了确认。义务教育制度是教育制度的重要构成，它是依照法律规定，适龄的儿童、少年必须接受的，国家、社会、学校、家庭必须予以保证的国民教育。义务教育表现出四个特点：强制性（又称义务性）、普及性（又称统一性）、免费性（又称公益性）、均衡性。

结构图

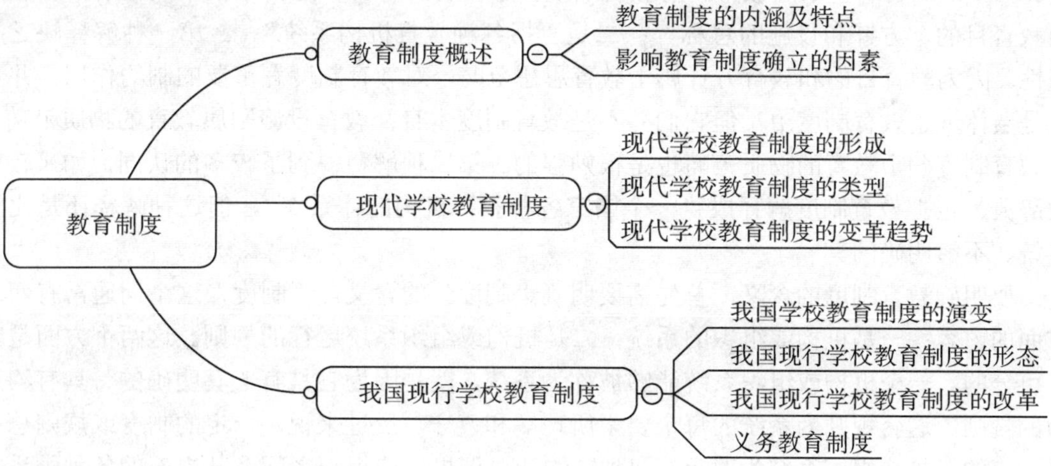

学习目标

1. 识记教育制度的内涵及特点，掌握制约教育制度的因素，了解教育制度的历史发展。

2. 了解现代教育制度的形成，理解并掌握现代学校教育制度的类型及变革趋势。

3. 了解我国学校教育制度的演变、我国现行学校教育制度的形态，掌握我国现行学校教育制度的改革内容，理解并识记义务教育的内涵、特点及我国义务教育制度。

读前思考

1. 什么是教育制度？制约教育制度发展的因素有哪些呢？
2. 现代学校制度形成的历史脉络是怎样的？它的发展趋势体现在哪些方面？
3. 我国现行学校制度是怎样的？现在正经历哪些变革？
4. 我国义务教育均衡发展的经验和做法有哪些？

现当代社会中，一个国家要有效地发展教育事业，培养所需要的各级各类人才，就必须设立相应的教育机构，建立能够充分发挥所有教育机构整体功能的教育制度。一个国家只有通过构建并不断完善教育制度、调整教育结构来实现教育目的，才能使教育培养的人才在类型、层次、数量和质量上满足社会多方面需求，促进社会稳定和发展。

第一节 教育制度概述

一、教育制度的内涵及特点

究竟该如何理解教育制度？由于视角、依据的差异，人们对这个问题的回答存在着分歧。《中国大百科全书·教育》对教育制度做了两种解释：一是“指根据国家的性质制定的教育目的、方针和设施的总称”；二是“指各种教育机构系统”[①]。第一种解释缺乏严谨性。因为教育目的和教育方针属于教育思想范畴，对教育制度有重要的制约作用，并且总是要体现于教育制度中，但它们并不是教育制度本身；教育设施则属教育的物质范畴，把教育制度归于教育的物质范畴也是很勉强的。第二种解释得到了较多的认同，如《教育大辞典》也把教育制度解释成“一个国家各种教育机构的体系”[②]，但这种解释还是比较笼统、不够明确的。

要明确教育制度的含义，首先需要明确“制度”的含义。“制度”这个词通常有两个方面的内容：一是机构或组织的系统；二是机构或组织系统运行的规则。这两个方面是密不可分的。一个机构或组织系统能够被称为系统，就是因为它具有一套明确的、具有约束力的规则。这套规则为系统的每个要素所理解和遵守。反过来说，一定的制度或规则总是以一定的机构或组织系统为对象，起到制约和协调机构或组织之间及其内部的各种关系的作用。不存在没有规则的机构或组织，就像不存在没有实施对象的规则一样。

教育制度是指一个国家各级各类教育机构与组织的体系及其管理规则。它包括相互联系的两个基本方面：一是各级各类教育机构与组织体系；二是教育机构与组织体系赖以存在和运行的一整套规则，如各种各样的教育法律、规则、条例等。从教育制度的定义可见，

① 中国大百科全书总编辑委员会《教育》编辑委员会. 中国大百科全书·教育. 北京：中国大百科全书出版社，1985：187.

② 顾明远. 教育大辞典（第1卷）. 上海：上海教育出版社，1990：68.

学校教育制度是教育制度的重要表现形式，是一个国家教育制度的代表。教育制度与其他类型的社会制度相比较，既具有共性，又具有自身独特的特点。

1. 客观性

教育制度作为一种制度化的东西，不是从来就有的，而是一定时代的人们根据自己的需要制定的。教育制度虽然反映着人们的一些主观愿望和特殊的价值需求，但是人们并不是也不可能随心所欲地制定或废止教育制度，因为某种教育制度的制定或废止有它的客观基础和发展的规律性。这个客观基础和规律性主要是由社会生产力发展水平和人的发展水平所决定的。例如，近代以来普及义务教育的提出，虽然与个别机构或个别人的提倡有关，在不同国家提出的时间和普及的年限也有所不同，但是归根结底反映了现代大机器生产对劳动者文化素质的要求，反映了大工业时代初期体力劳动和脑力劳动由分离走向结合的趋势。这些都是客观的，不以个别人的意志为转移的。

2. 规范性

任何教育制度都是其制定者根据自己的需要制定的，是有其一定的规范性的。这种规范性，主要表现在入学条件即受教育权的限定和各级各类学校培养目标的确定上。在阶级社会中，教育制度的规范性主要表现为阶级性，即教育制度总是体现着某一阶级的价值取向上，总是为某一阶级的利益服务。社会主义的教育制度应该为广大人民的利益服务，应该最大限度地保障和满足广大人民日益增长的文化教育需要，办人民满意的教育，做到学有所教，从而体现社会主义教育的性质。

3. 历史性

教育制度既是对客观现实的反映，又是一种价值性的选择和体现，而它的具体内容又是随着社会的变化而变化的，因此在不同的社会历史时期和不同的文化背景下，社会就会有不同的教育制度，就需要建立不同的教育制度。可以说，教育制度是随着时代和文化背景的变化而不断创新的。教育制度的创新是教育改革的一项重要内容，也是教育实践得以深化的一个重要条件。

4. 强制性

教育制度作为教育机构系统的制度，是先于个体而存在的。它独立于个体之外，对个体的行为具有一定的强制作用。只要是制度，在没有被废除之前，都要求个体无条件地去适应和遵守，违反制度就要受到不同形式的惩罚。例如，学校的考试制度是，任何学生和教师在考试过程中不能有舞弊行为，否则，一经查实，就要给予严厉的处分，更严厉的甚至要入刑，依法处治。

二、影响教育制度确立的因素

教育制度如同整个教育一样，要受到人的身心发展规律和整个社会的制约。人的身心发展规律制约着教育制度的纵向学段的划分及其培养目标的确定；政治、经济、文化等社会因素制约着教育制度的性质与发展状况。

（一）经济发展水平对教育制度的制约

经济的发展为教育制度，尤其是学校制度发展提供了一定的物质基础和相应的客观需要。

一方面，经济发展水平制约着教育制度的纵向学段及横向类型的划分。例如，在古代社会，由于经济发展水平较低，整个社会生产和社会生活对人才的需求在层次上并没有明显的区分，反映在教育制度上，当时还没有严格的初等教育、中等教育和高等教育之分；同时，此时期一切科学知识尚未达到独立形态，学校教育的内容绝大多数都是伦理的、宗教的内容，而不是生产知识和技能，因此，教育制度横向类型还比较单一，技术学校等各种专门学校还没有产生。进入近代社会后，生产力水平及经济发展水平大幅度提高，生产知识和技能才逐步为教育体系所接纳，开始出现一些专门性质的工业、农业、商业等各种类型的学校。教育制度类型变得多样化了。

另一方面，经济发展水平的提高推动了义务教育的发展。在经济发展水平日益提高的情况下，社会生产及生活领域对人的素质要求越来越高，普及义务教育的年限也越来越长，不少国家已经达到了 12 年，普及高中教育已经在一些发达国家变为现实，高等教育大众化的时代也已经到来。

（二）社会政治经济制度对教育制度的制约

教育是人类的一种社会活动，在阶级社会里具有鲜明的阶级性。掌握着政权的统治阶级必然要掌握教育权，决定着谁能享受教育、谁不能享受教育，决定着不同社会背景的学生享受教育的类型、程序和方式。统治阶级的这些要求既体现在他们的教育观念上，又体现在他们的教育制度上，而且还规定着各级各类学校的任务。因此，社会政治经济制度对教育制度的影响是直接的。例如，在古代社会里，由于社会政治的阶级性和等级性，古代教育制度也具有阶级性和等级性，能够享受学校教育的只能是一部分有特权（出身、军功或宗教信仰）的人，其余的人都被排斥在学校体系之外，接受一些粗浅的生活教育或师徒式的教育。在现代社会里，由于义务教育的普及，再把一部分社会处境不利的人排斥在学校系统之外的做法行不通了。但是，家庭的财产和文化背景对受教育权仍然起着重要作用，社会远没有实现教育公平。教育公平仍然是政治关注的重要问题之一。

（三）文化对教育制度的制约

教育活动既是在一定的文化背景下进行的，又承担着一定的文化功能，如文化选择、文化传承、文化整合与文化创造等。不同的文化类型必然会影响到教育的类型，影响到教育制度。例如，同为资本主义国家，法国在教育行政上实施集权制，而美国在教育行政上实施分权制；同样是实施分权制，美国的分权制又与英国的分权制不同，各自有各自的传统和特色。这些都是由文化的不同而引起的。在文化因素中，科学技术对教育制度的影响非常明显，而且影响力还在逐渐增强。当代科学技术知识的激增已经极大地冲击了传统的以掌握和再现知识为主的学校教育制度，人们纷纷研究适应这种知识状况的新的教学制度、考试制度、奖励制度、教师培训制度等。

（四）人的身心发展规律对教育制度的制约

受教育者身心发展的规律是教育应该遵守的两大基本规律之一。人在一生中经历着不同的年龄发展阶段，从儿童到少年，从青年到壮年，在身心发展上各有其特点和规律。教育制度的重要表现形式是学校教育制度。而制定学校教育制度，规定入学年龄与修业年限，确定各级各类学校的分段与衔接，升级升学制度中某些弹性限度的规定，特殊学校、特殊班级的设立，调整教育结构，职业技术教育从哪个年龄阶段起始，某些职业技能适合于哪一年龄阶段的学生等，都必须考虑学生的身心发展所具有的规律，即顺序性、阶段性、差异性、不均衡性和互补性等。从心理学与脑科学的研究来看，六岁至十六七岁是可能接受系统科学知识、身心迅速成长的关键期。因此，很多国家的学制虽历经改革、体系繁杂、类型多样，但都把儿童的入学年龄规定为六岁，把其后的十至十二年作为基础教育阶段。儿童在学年龄都普遍固定在六七岁至十七八岁，同时又都根据人的身心发展的阶段性，把学校教育划分为小学、中学、大学等阶段，中学又大多数分为初、高中阶段，并且规定了各自的性质和任务。这些都说明学生身心发展规律是调整教育结构和建立学校教育制度的依据之一。

第二节　现代学校教育制度

一、现代学校教育制度的形成

学校教育制度是现代教育制度的核心。学校教育制度简称学制，指的是一个国家各级各类学校的系统及其管理规则，它规定着各级各类学校的性质、任务、入学条件、修业年限，以及它们之间的关系。

现代学校教育制度的形成是与现代学校的产生和发展联系在一起的。在古代，无论是东方还是西方，学校都没有严格的大、中、小学之分，更没有幼儿园。即使被称为大学和小学的，如中国古代的大学和小学，和今天的大学和小学相比，也存在着极大的差别。近代以来，随着商品经济和资本主义的发展，逐步产生了现代大学和现代中学，特别是随着为劳动人民子女设立的国民学校的产生和发展，逐步形成了公共教育制度，形成了大、中、小学严格区分的现代学校教育系统。

现代学校最早发源于欧洲中世纪末期的文艺复兴前后。现代学校的产生，实际上是分为两条路线进行的。一条是自上而下地发展，以最早的中世纪大学及后来的大学为顶端，向下延伸，产生了大学预科性质的中学，经过长期演变，逐步形成了现代教育的大学和中学的系统。另一条是自下而上地发展，是由小学（或职业学校）到中学（及职业学校），并向上发展至今天的短期大学。具体情况如下。

（一）大学

在欧洲，随着商业、手工业和城市的发展，中世纪大学于 12 世纪产生了。中世纪大学最早产生于意大利、法国和英国。到 14 世纪时，欧洲已有几十所大学。这些大学一般设文学科、神学科、医学科和法学科。

在中世纪大学的四科中，文学科教授七艺，属普通教育性质，起着后来的普通中学的作用，是大学的预科。当时大学的四科对入学年龄和修业年限都没有严格的规定。文学科一般为 6～7 年，其他三科为 5～6 年。在文学科学习三四年，学完文法、修辞学和辩证法三艺之后，就可当助教，这就是学士。学完文学科七艺后，获得在文学科任教许可证的，就是硕士。文学科修业期满，就有权进入大学的其他三科中的某一科学习，毕业合格，并获得任教许可证的，就是博士。

现代大学和现代高等学校是经过两条途径发展起来的：一条是通过增强人文学科和自然学科把这些中世纪大学逐步改造成为现代的大学，如牛津大学、剑桥大学和巴黎大学；一条是创办新的大学和新的高等学校，如伦敦大学、洪堡大学、巴黎高等师范学校。现代大学和现代高等学校是在 18～20 世纪随着市场经济、现代生产和现代科技的发展而发展和完善起来的。

（二）中学

在欧洲文艺复兴前后，曾出现了以学习七艺和拉丁文或希腊文为主要内容的学校。在英国叫文法学校或公学，在德国和法国叫文科中学。这批学校修业年限不等，有六年的，也有八到十年的。但它们的教学内容、修业年限、毕业生的权利和中世纪大学的文学科基本相同，都是为大学培养预备生和为教会、国会培养僧侣、官吏。因此，我们把它们统称为古典文科中学。古典文科中学与中世纪大学的文学科的联系十分明显，有的就是由中世纪大学的文学科演变来的，如 18 世纪德国把大学文学科的第一阶段并入了文科中学。过去的古典文科中学是大学的附庸。

18 世纪初，商业和手工业的发展提出了对管理人才和技术人才的需求，于是在欧洲出现了以学习自然科学和现代外语为主要课程的实科中学。实科中学的出现是中等教育发展史上的一个里程碑，这意味着中等学校向现代学校迈出了决定性的一步。与古典文科中学相比，实科中学更适应生产和国民经济的需要，更接近生活，它具有更鲜明的现代中等学校性质。

实科中学与具有浓厚的古代学校传统的古典文科中学曾经历了 200 年的长期斗争，其结果是实科中学的地位越来越突出。在斗争中，两者都得到了改进和发展，但总的方向是两者都逐步变成了愈益完善的现代中等学校。现代普通中学是随着市场经济和资本主义的产生、发展而产生、发展起来的。

（三）小学

文艺复兴以前，西欧就有行会学校和基尔特学校，学习本族语言的读、写、计算和宗教，这些学校就是欧洲城市最早的初等学校。在文艺复兴时期，教会又办起了许多小学。

在18世纪末到19世纪这一百多年里，欧洲兴起了以蒸汽机的发明和广泛使用为标志的第一次工业革命。这场革命要求劳动者必须具有初步读写算的能力和一定的自然与社会常识，这就推动了以劳动人民子女为教育对象的小学教育的广泛发展。到19世纪后半叶，英国、德国、法国、美国、日本都通过了普及初等教育的义务教育法，并先后普及了初等教育。

（四）初级中学

从19世纪末到20世纪中叶这近一百年的时间里，又兴起了以电气在工业上的广泛应用为标志的第二次工业革命。这一革命要求从事电气化生产的劳动者必须具有更高的文化科学基础知识，也就是说，劳动者只具有小学文化程度已经不够了，必须具有中学文化程度。于是，发达的资本主义国家先后把义务教育年限延长到了八年或九年。所延长的这部分义务教育，尽管名称不同，事实上都是初等教育。英国叫现代中学，法国叫市立中等学校，德国叫初级中学。这些中学是为把劳动人民子女培养成有文化的体力劳动者而兴办的，并不是想把他们培养成脑力劳动者。

（五）职业学校

适应现代生产的劳动者不但应具有初中的文化水平，而且还应有一定的职业技术技能。传统的学徒制已不能满足这个要求，于是许多发达国家先后通过了各种职业教育法令，在发展初中水平教育的同时，大力发展这个阶段的职业教育。第一次世界大战对发展职业教育起了很大的推动作用。1919年，德国决定对14～18岁的青少年继续实施义务的职业教育；同年，法国通过了《阿斯蒂埃法案》，规定每个市镇设立一所职业学校，对18岁以下的青少年实施免费的和义务的职业教育；1924年，英国也采取了类似措施；美国于1917年通过了《史密斯—休士法》，在全国范围内建立中等职业学校，影响更为深远的是把普通中学办成了综合中学，设立职业科，开设各种职业选修课程；十月革命后，苏联也建立起了完善的初中程度和高中程度的职业学校，形成了初等教育或初中教育后的职业教育系统。

（六）高级中学

从20世纪中叶起，开始了以电子计算机为标志的第三次科技革命的时代。这个时代各种新技术在生产上的广泛应用，引起了生产和劳动性质及整个社会生活的革命性变化，同时也对劳动者掌握科学技术知识提出了新的要求。由于脑力劳动者的人数不断增长及其在劳动者中的比例越来越大，以及体力劳动者在劳动中的脑力劳动因素日益增加，每个生产者必须具有高中或高中以上的文化程度，才能满足当前和今后日益发展的生产和社会生活的要求。因此，从20世纪中叶起，各发达国家的教育都开始迈入一个进一步延长义务教育年限、提高教育水平、普及完全中等教育的时期。

（七）短期大学与高等教育

自 20 世纪中期以来，随着现代生产、现代科技的发展及高中教育的逐步普及，高等教育也走向了大众化和普及化。美、日、德、法、俄、英等国适龄青年升入高校的人数已超过同龄人的一半甚至三分之二。美国的高等教育率先趋向普及，学生升入短期大学的比例很高，与四年制大学的学生数大致相等。

（八）研究生教育

现代生产和现代科技的发展促进了高级科学技术人才和教育人才的需求。这就要求部分大学本科生毕业后进一步攻读高级学位。于是，19 世纪初德国现代学位（哲学博士）产生之后，现代研究生教育机构也产生了。在之后的一百多年里，研究生教育在各发达国家得到了广泛发展。20 世纪初，研究生教育开始成为发达国家学校教育系统的组成部分。20 世纪 50 年代后，研究生教育有了长足的发展，有的国家的研究生数量的增长速度以高于本科生的 2～4 倍增长着。

（九）成人教育机构

成人教育，古已有之，即活到老，学到老。现代成人教育已超出了上述含义，它是现代社会的产物，是以在生产上运用科学技术为特征的大生产的产物。

一方面，现代科学技术的创造周期和陈旧周期越来越短，因此每个人从学校毕业后，在劳动生活中如果不多次更新知识，就不能适应人员流动和改行转业的需要。于是，成人教育就蓬勃地发展起来，并成为现代学校教育制度的一个重要构成部分。另一方面，由于科技和社会进步，劳动者闲暇时间的增多，以及个性多方面发展的需要，接受多方面的教育已经成为人们的一种精神追求，即使退休的老人也在追求这种个人的精神享受，于是老年人学校、老年人大学应运而生。正是这两个方面的原因使我们有充分根据认为，现代社会已显示了学习化社会的若干特征，未来社会肯定是学习化社会。因此，现代学校教育制度正在向终身教育制度发展，并将成为完善的终身教育制度。

（十）幼儿教育

作为公共教育的现代幼儿教育机构，最早出现于第一次工业革命后的 18 世纪下半叶。19 世纪，各个先进的资本主义国家都出现了幼儿教育机构。20 世纪上半叶，各发达国家的幼儿教育机构得到了加快的发展，第二次世界大战后，走向普及。与此同时，幼儿教育的性质也在发生变化，即从以保育为主走向以教育为主。20 世纪末，有的国家已将幼儿教育机构列入学校教育系统，使其成为国民教育体系的组成部分。

二、现代学校教育制度的类型

现代学制主要有三种类型：一是双轨学制，二是单轨学制，三是分支型学制。早期的西欧学制属双轨学制，美国学制属单轨学制，苏联学制属分支型学制（图 5-1）。

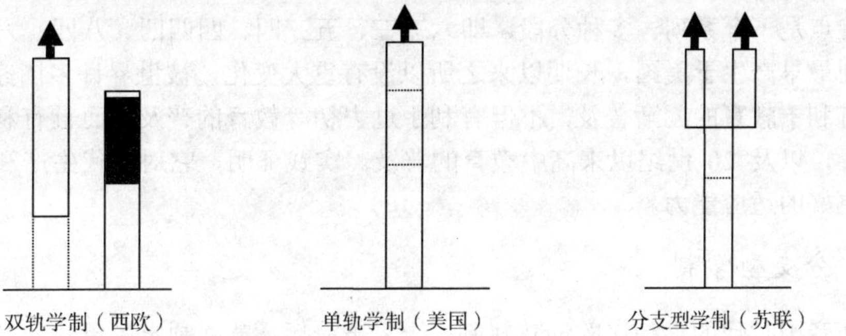

图 5-1　三种类型学制示意图[①]

（一）双轨学制

18～19 世纪的西欧，在社会政治、经济发展及特定的历史文化条件影响下，由古代学校演变来的带有等级特权痕迹的学术现代学校和新产生的供劳动人民子女入学的群众性现代学校，都得到了比较充分的发展，于是就形成了欧洲现代教育的双轨学制，简称双轨制。其中，一轨自上而下，其结构是大学（后来也包括其他高等学校）、中学（包括中学预备班）；另一轨自下而上，其结构是小学（后来是小学和初中）及其后的职业学校（先是与小学相连的初等职业教育，后发展为和初中相连的中等职业教育）。双轨制有两个平行的系列，这两轨既不相通，也不相接，最初甚至也不对应，因为一轨从中学开始，一轨只有小学。这样就剥夺了在群众性小学上学的劳动人民子女升入中学和大学的权利。后来，群众性小学发展到了中学时，才有了初中这个相对应的部分。初中阶段的双轨制，一轨是文法中学（英国）、国立中学（法国）和文科中学（德国）的第一阶段，另一轨相应的是现代中学（英国）、市立中等学校（法国）和初级中学（德国）。欧洲国家的学制都曾是这种双轨学制。

19 世纪末 20 世纪初，在欧洲形成的这种双轨制由于和第二次工业革命，特别是和第三次科技革命时代大生产的性质的矛盾越来越尖锐，又由于它与科技革命所推动的普及初中教育甚至普及高中教育的发展趋势相矛盾，因此发生了变革。

（二）单轨学制

北美多数地区最初都曾沿用欧洲的双轨学制。哈佛、耶鲁等大学只不过是牛津、剑桥大学的缩影，拉丁语学校则是文法学校的翻版。后来，拉丁语学校又演变为兼重文、实的文实学校。18 世纪末，美国北部各州都有了在城镇建设初等学校的法令。1830 年以后，小学得到了蓬勃发展。由于第二次工业革命和电气化的推动，美国由农业社会向工业社会急剧地发展，于是继小学的大发展之后，从 1870 年起，中学也得到了大发展。在急剧发展的经济条件和在美国这种没有特权传统的文化历史背景下，美国原来的双轨制中的学术性一轨没有得到充分的发育，就被在短期内迅速发展起来的群众性小学和群众性中学所湮没，从而形成了美国的单轨学制，简称单轨制。美国单轨制自下而上的结构是小学、中学、

① 黄济，王策三. 现代教育论. 北京：人民教育出版社，1996：269.

大学，其特点是一个系列、多种分段，即六三三、五三四、四四四、八四、六六等多种分段。单轨制最早产生于美国，长期以来之所以没有重大变化，被世界许多国家先后采纳，是因为它有利于教育的逐渐普及，不但有利于过去初等教育的普及，而且有利于后来初中教育的普及，以及 20 世纪以来高中教育的普及。实践证明，它对现代生产和现代科技的发展具有更好的适应能力。

（三）分支型学制

俄罗斯帝国时代的学制属欧洲双轨制。十月革命后，苏联制定了单轨的社会主义统一劳动学校系统。后来，在发展过程中又恢复了俄罗斯帝国文科中学的某些传统和职业学校单设的做法。于是，就形成了既有单轨制特点又有双轨制某些因素的苏联型学制。苏联型学制不属于欧洲双轨制，因为它一开始并不分轨，而且职业学校的毕业生也有权进入对口的高等学校学习，但它和美国的单轨制也有区别。因为它进入中学阶段时又开始分叉，就是说，苏联型学制前段（小学、初中阶段）是单轨，后段分叉，是介于双轨制和单轨制之间的分支型学制。苏联型学制的中学，上通（高等学校）下达（初等学校），左（中等专业学校）右（中等职业技术学校）畅通，这是苏联型学制的优点和特点。

三、现代学校教育制度的变革趋势

（一）从学校系统分析，双轨学制在向分支型学制和单轨学制方向发展

直到 20 世纪初，西欧双轨制的一轨只有小学，一轨则只有中学和大学。在这以前，初等教育是专为劳动人民子女设立的，社会中上层人士的子女则是在家庭中或在中学预备班里接受初等教育的。经过两次世界大战，通过劳动人民及其政党的努力和争取，德、法、英等国终于先后实行了统一的初等义务教育，初等教育并轨了，随着义务教育时间的延长，双轨制的群众性小学便与中等教育衔接了。

第二次世界大战后，西欧各国普及教育逐步延长到十年左右，已到了中学的第一阶段。过去，欧洲的中学本来是不分段的。现在，同样是接受义务教育，有的在高学术水平的完全中学的第一阶段进行，有的则在新发展起来的低学术水平的初级中学里进行，二者机会很不均等。于是，英、法、德等国采用了综合中学的形式把初中的两轨并在一起。英国发展最快，20 世纪 80 年代初，综合中学的学生数已超过学生总数的 90%。这样，西欧双轨学制事实上已变成分支型学制了，即小学、初中单轨，其后多轨。

由此得出如下两点结论：第一，义务教育延长到哪里，双轨学制并轨就要并到哪里，单轨学制是机会均等地普及教育的好形式；第二，综合中学是双轨学制并轨的一种理想形式，因而综合中学化就成为现代中等教育发展的一种趋势。

（二）逐渐扩展义务教育的范围，不断延长年限

随着社会的全面发展，为了提高人才素质，大多数国家义务教育的范围有进一步扩大的趋势。这主要表现在义务教育的一端在逐渐向学前教育方向扩展，而另一端则向初中后

教育阶段延伸。

自 20 世纪 60 年代以来，早期教育问题受到了各国的普遍关注，大多数国家都强调培养儿童的创造力、想象力，发展儿童的个性，为儿童接受小学教育及其以后的全面发展做好准备。为此，许多国家采取了措施，如在幼儿园开办小学预备班等，以提前实施义务教育，把学前教育的后期和义务教育的前期有机地衔接起来，改变过去那种学前教育与义务教育相脱节的情况。有的国家甚至把学前教育列入义务教育范围。例如，在法国，学前教育是初等教育的组成部分，学前教育虽然不是强迫的，但免费实施，所有 2～5 岁儿童均可就近上幼儿学校；荷兰的幼儿园属于义务教育，招收 4～6 岁的儿童；以色列的幼儿园招收 3～6 岁的儿童，5 岁起即属于义务教育阶段；墨西哥规定儿童入小学前接受一年的学前义务教育；澳大利亚规定普及一年学前教育。

此外，许多国家特别是发达国家的义务教育正继续向后延伸，不仅要普及高中，还要普及职业技术教育，甚至高等教育。法国的义务教育年限为十年，包括小学五年、初中四年和高中的第一年。联邦德国早在 1964 年就规定青少年在接受完九年义务教育之后，如不继续升学，则必须接受三年的职业义务教育。英国从 1986 年开始，对年龄为 16 岁的中学毕业生提供两年的职业培训。荷兰也规定所有 16 岁的就业青年每周都必须有两天的时间接受义务职业教育。

（三）普通教育和职业教育向着综合统一的方向发展

促进普通教育和职业技术教育的结合，是当期各国学制改革的一个重要方面。由于职业技术教育对发展社会生产力具有巨大作用，许多国家都强调普及职业技术教育。所采取的措施之一就是在普通学校中加强职业技术教育。1971 年，美国联邦教育总署署长马兰提出了“生计教育”理论：他主张生计教育应当成为所有学生的，而不仅仅是职业学校学生的课程的一个组成部分；生计教育应贯穿小学一年级到高级中学甚至大专院校的所有年级；应使中学毕业生，甚至中途退学者，都能掌握某种技能，能够维持生计。他把普通学校中实施的生计教育分为三个阶段：第一阶段是职业了解阶段，为 1～6 年级；第二阶段是职业探索阶段，为 7～10 年级；第三阶段是职业选择阶段，为 11～12 年级。法国从小学就开始设置科学技术课，直到初中毕业，每周 2～3 小时。小学生主要学习初步的基础知识，初中设电子技术、工业技术和经济管理技术方面的课程。普通高中则加强综合技术方向的课程。中国在九年义务教育阶段完成后，实行高中分流，部分学生进入普通高中，部分学生进入职业中学、技校或中专。同时，普通高中承担升学和就业的双重任务。

各国还认识到，普通文化知识水平的提高有利于学生更好地理解专业理论，发展学生的智力。因此，在职业技术学校中加强普通教育也是各国所采取的一个改革措施。法国在职业中学设了一种新的文凭——职业业士文凭，招收初中毕业生，学制四年，目的在于提高熟练技工的普通教育水平。长期以来，德国职业教育实行由企业和职业学校合作进行的双元制培训体系，这种体系比较注重实践，而普通教育的时间较少。随着科学技术的进步，社会对职业素养的要求在不断提高，为此，德国不得不重新调整学校教育与企业培训之间的比例关系，在职业学校中增设普通教育课程内容，以使职业学校毕业生能更好地适应市场的需要。

（四）高等教育大众化、普及化

在当前各国的学制改革中，高等教育大众化、普及化的趋势非常明显。按照通行说法，一国高校入学率，即在校大学生人数占同龄人的比例在15%以下为精英教育，在15%～50%为大众化教育，在50%以上可认为达到普及化教育。目前，日本、美国等发达国家的高等教育已达到大众化阶段，正在向普及化发展。中国在2002年就已经跨入高等教育大众化阶段。

高等教育的大众化、普及化表现在高等教育机构日益多样化。针对传统高等学校脱离社会、周期长、不能适应非正规学习学生的要求等弱点，越来越多的国家采取灵活多样的办学形式、授课制度和学籍管理制度，大力发展成人高等教育。例如，大学设置夜间部、函授部，举办公开讲座；建立注册视听生制度、校外生学位授予制度、跨校学习制度、非选拔升学制度；开办开放大学、无墙大学、通信大学等。近年来，随着计算机通信网络的普及和远距离视像教育技术的日臻完善，没有校园、学生通过计算机互联网进行学习的所谓“虚拟大学”逐渐形成。1997年，美国马里兰大学管理和技术研究生院有70多名学生通过互联网攻读硕士学位；杜克大学商学院攻读虚拟硕士学位课程的首批学生已经毕业。在中国，高等教育机构多样化的突出表现是高等职业技术学院、民办高等院校和现代远程教育机构三类新型高等教育机构强劲发展。

高等教育的大众化和普及化还表现在高等教育机构中学生的成分发生了变化，成人大学生所占的比重越来越大，与普通大学生的界限变得更加模糊。据1985年统计，美国高等教育机构中25岁以上的学生占42%，英国为32%，法国为31%，联邦德国为47%。近年来，美国社区学院采取开放招生政策，学生年龄平均为38岁。中国也放宽了大学报考者的条件，不再有年龄限制。这种大学生成分的变化也导致了学生求学动机的多元化。谋职仍然是青年学生追求高等教育的主要动机，而对成人大学生来说，适应现有职业的新需求或转换职业、提高本人文化素质、充实自己的闲暇生活等，才是他们走进大学课堂的主要目的。

（五）进一步完善终身教育体系

终身教育是当今各国教育改革的共同指导思想，而建立终身教育体系则是各国学制改革的共同目标。终身教育建立在民主化、普及化的教育理念上，具有整体性、综合性、开放性、多样性和生活化的特征。它的目标是组织一个提供终身学习的完善体系，提高人的素质和生活质量，促进社会的发展。

许多国家都以立法的形式明确了终身教育在教育改革中的重要指导地位。日本文部科学省于1971年就在一份报告中指出：“有必要从终身教育的观点出发，全面调整教育体制。”1981年，日本中央教育审议会在咨询报告《关于终身教育》中，提出促进终身教育体系形成的教育发展原则。1990年6月，日本制定了《终身学习振兴法》，将建立终身教育体系置于法律保障范围内。美国于1976年通过了《终身学习法》，并于联邦政府内设立了专职机构，负责终身教育的规划、协调和监督、评估工作。1994年，美国时任总统克林顿签署了教育改革法令，将终身学习作为美国教育发展的八大目标之一。

中国自20世纪80年代引入现代终身教育理论后，终身教育、终身学习的概念便被迅速接受并应用到教育实践中，积极推进了中国教育体制的改革和发展。1993年，《中国教育改革和发展纲要》确立了终身教育的发展目标。1995年3月通过的《中华人民共和国教育法》规定，国家要推进教育改革，促进各级各类教育协调发展，逐步建立和完善终身教育体系，为公民接受终身教育创造条件，从而第一次用法律的形式确立了终身教育在中国教育事业中的地位和作用。1999年1月颁布的《面向21世纪教育振兴行动计划》指出，终身教育、终身学习是教育发展和社会进步的共同要求，要逐步建立和完善终身教育体系。2010年颁布的《国家中长期教育改革和发展规划纲要（2010—2020年）》强调构建灵活开放的终身教育体系。

第三节　我国现行学校教育制度

一、我国学校教育制度的演变

我国学制的建立是从清末开始的。1840年鸦片战争后，帝国主义列强的疯狂侵略和国内资本主义势力的兴起迫使清朝政府不得不对延续了几千年的封建教育制度进行改革，制定了学制。

1902年，清政府颁布了《钦定学堂章程》，亦称"壬寅学制"，这是我国正式颁布的第一个学制，但没有实施。1904年初，清政府又颁布了《奏定学堂章程》，亦称"癸卯学制"（1903年制定），这是我国正式颁布并实施的第一个学制。这个学制的指导思想是"中学为体，西学为用"，其宗旨是"无论何等学堂，均以忠孝为本，以中国经史之学为基。俾学生心术壹归于纯正，而后以西学瀹其智识，练其艺能，务期他日成材，各适实用，以仰副国家造就通才，慎防流弊之意"①。它以当时的日本学制为蓝本，并保留了尊孔读经等封建教育的遗迹，其突出特点是教育年限长，总共26年。如果6岁入学，中学毕业为20岁，读完通儒院则是32岁。

第一次世界大战以后，当时留美派主持的全国教育会联合会以美国的学制为蓝本，又提出了改革学制的方案，于1922年颁布了"壬戌学制"，即通称的"六三三制"。这个学制受美国实用主义教育的影响，强调适应社会进化的需要，发扬平民教育精神，谋求个性的发展，注重生活教育，在学校系统上，将学校教育分为3段5级：初等教育段为6年，分初小（4年）、高小（2年）2级；中等教育段6年，分初中（3年）、高中（3年）2级；高等教育段为4～6年，不分级。在国民党统治时期，这个学制虽几经修改，但基本没有变动，影响深远。

1949年，中华人民共和国成立，中央人民政府政务院于1951年10月1日颁布了《关于改革学制的决定》，明确规定了中华人民共和国的新学制。新学制分两个系统：一是正规学校系统，一是成人业余学校系统。正规学校系统分为：幼儿教育（幼儿园招收3～7

① 瞿葆奎，黄荣昌，喻立森，等. 教育学文集·教育制度. 北京：人民教育出版社，1990：7.

岁儿童），初等教育（修业年限5年，实行一贯制，招收7岁儿童），中等教育（包括中学修业6年分初、高两级，以及工农速成中学、中等专业学校），高等教育（包括大学、专门学院和研究部）；成人业余学校系统分：青年和成人初等学校，业余中学；另有各种政治学校和政治训练班。

1958年，中共中央国务院发布了《关于教育工作的指示》，明确指出："现行的学制是需要积极地妥当地加以改革的。各省、市、自治区党委和政府有权对新学制积极地进行典型试验，并报告中央教育部。经过典型试验取得充分经验之后，应当规定全国通行的新学制。"随后，许多地区开展了学制改革的试验，如提早入学年龄，进行了六岁入学的试验；为了缩短年限，进行了中小学十年一贯制的试验；为了贯彻"两条腿走路"的方针和"三个结合、六个并举"的具体办学原则，采取多种形式办学，创办了农业中学、半工半读学校，进一步发展了业余学校。但是由于"左"的影响，急躁冒进、盲目发展，不仅学制改革的试验不可能在正常的教学秩序下进行，而且一大批新创办的各级各类学校，也因师资、设备跟不上，难以维持。中央及时觉察到这一情况，于1961年开始贯彻"调整、巩固、充实、提高"的方针，特别是制定了大、中、小学工作条例，在肯定一些积极成果的同时，对当时"左"的错误做了纠正。

"文化大革命"中曾根据"学制要缩短，教育要改革"的精神，把中小学学制缩短为八年，即小学四年、中学四年。后延长到九年，即小学五年、中学四年。这对我国的学制和教育事业造成了严重破坏。首先，和当代中学学制延长的发展趋势相反，毫无根据地把初高中都缩短到两年；其次，和当代中等教育结构多样化的发展趋势相反，基本取消了中专和技校，盲目发展普通高中，使普通教育和职业教育的比例失调，而普通中学又片面强调实用，热衷于专业化；再次，和当代高等教育多层次和多类型的发展趋势相反，高等教育均缩短为三年，把很多院校、科系、专业取消，使人才培养比例完全失调；最后，和当代成人教育、业余教育、终身教育大发展的趋势相反，把这类教育形式完全取消，扼杀了职工提高文化科学水平和知识更新的机会，从而把中华人民共和国成立以来建设起来的社会主义新学制破坏得千疮百孔。

1976年结束了这场浩劫，特别是经过十一届三中全会以来的努力，我国迅速结束了"文化大革命"所造成的教育上的混乱局面，着手重建了被破坏的学制系统：延长中学的学习年限；恢复和重建了中专和技校，创办了职业高中；恢复了高等学校专科和本科两个层次，扩大了高等专科学校；恢复和重建了很多院校和科系；建立了学位制度和完善了研究生教育制度；恢复和重建了各级各类成人教育机构；等等。这使得我国学制逐步向合理和完善的方向发展，使各级各类学校形成了一个完整的系统。

二、我国现行学校教育制度的形态

经过一个世纪的发展，我国已建立了比较完整的学制，这个学制在1995年颁布的《中华人民共和国教育法》中得到了确认。它包括以下几个层次的教育。

学前教育（幼儿园）：招收3～6、7岁的儿童。

初等教育：主要指全日制小学教育，招收6、7岁儿童入学，学制5～6年。在成人教育方面，是成人初等业余教育。

中等教育：指全日制普通中学、各类中等职业学校和业余中学。全日制中学修业年限为6年，初中3年，高中3年，职业高中2～3年，中等专业学校3～4年，技工学校2～3年。属成人教育的各类业余中学，修业年限适当延长。

高等教育：指全日制大学、专门学院、专科学校、研究生院和各种形式的业余大学。高等学校招收高中毕业生和同等学力者。专科学校修业为2～3年，大学和专门学院为4～5年，毕业考试合格者，授予学士学位。业余大学修业年限适当延长，学完规定课程经考核达到全日制高等学校同类专业水平者，承认学历，享受同等待遇。条件较好的大学、专门学院和科学研究机关设立研究生教育机构。硕士研究生修业年限为2～3年，招收获学士学位者和同等学力者，完成学业授予硕士学位。博士研究生修业年限为3～7年，招收获硕士学位者和同等学力者，完成学业授予博士学位。在职研究生修业年限适当延长，完成学业者也可获相应学位。

从形态上看，我国现行学制是从单轨学制发展而来的分支型学制。

我国20世纪初从西方引入的现代学制，总体上是单轨学制。那是因为我国学校的主要任务是培养政治、管理人才和少数专业人才，而不是培养大批为生产和经济服务的各级各类人才。因此，它是现代生产尚未充分发展条件下的单轨学制。

随着生产和社会的发展，对有文化的劳动者的需求越来越大，也越来越迫切，我国的单轨学制必然要走向分支型学制。为此，1951年参考苏联分支型学制制定的我国新学制，在总体上是正确的和进步的。近年来，我国学制改革和发展的基本方向就是重建和完善分支型学制，即通过发展基础教育后职业教育走向分支型学制，再通过高中综合化走向单轨学制。这是现代学制发展的趋势。

知识窗：第二章　教育基本制度

三、我国现行学校教育制度的改革

20世纪80年代初期，随着我国社会主义现代化建设事业的飞速发展，我国教育事业也逐步走上快速发展的道路。但从总体上看，教育事业还不能适应社会主义现代化建设的需要，尤其是面对国内经济体制改革全面展开和世界范围新技术革命迅猛兴起的形势，我国教育体制的弊端就显得更加突出了。主要问题是：基础教育薄弱，学校数量不足，质量不高；经济建设急需的职业教育和技术教育未得到应有的发展；对高等教育管得过严，使学校缺乏活力，高等教育内部的科系之间、层次之间的比例失调。因此，1985年《中共中央关于教育体制改革的决定》明确指出："要从根本上改变这种状况，必须从教育体制入手，有系统地进行改革。"

1985年，教育体制改革的核心是把发展基础教育的责任交给地方，有步骤地实行九年义务教育。改革的主要内容体现在如下方面：①加强基础教育，有步骤地实施九年义务教育；②调整中等教育结构，大力发展职业技术教育；③改革高等教育招生与分配制度，扩大高等学校办学的自主权；④对学校教育实行分级管理。

为了指导20世纪末21世纪初我国教育改革和发展，使教育更好地为社会主义现代化建设服务，中共中央国务院于1993年2月13日颁布了《中国教育改革和发展纲要》，其中关于教育制度的内容如下。

（1）确定了20世纪末教育发展的总目标：基本普及九年义务教育，基本扫除青壮年文盲；要全面贯彻党的教育方针，全面提高教育质量；要建设好一批重点学校和一批重点学科。简称为“两基”“两全”“两重”。

（2）调整教育结构。基础教育是提高民族素质的奠基工程，必须大力加强；职业技术教育是现代化教育的重要组成部分，是工业化和生产社会化、现代化的重要支柱，要积极发展；高等教育担负着培养高级专门人才、发展科学技术文化和促进现代化建设的重大任务；成人教育是传统学校教育向终身教育发展的一种新型教育制度。另外，还要重视和扶持少数民族教育事业，重视和支持残疾人教育事业，积极发展广播电视教育。

（3）改革办学体制。改变政府包揽办学的传统格局，逐步建立以政府办学为主体、社会各界共同办学的体制。基础教育应以地方政府办学为主；高等教育要逐步形成以中央、省（自治区、直辖市）两级政府办学为主，社会各界参与办学的新格局；职业教育和民办教育主要依靠行业、企业、事业单位和社会各方面联合办学。

（4）改革高校招生和毕业生就业制度。

（5）改革和完善投资体制。教育经费投入要实现“三个增长”，即“中央和地方政府教育拨款的增长要高于财政经常性收入的增长，并使按在校学生人数平均的教育费用逐步增长，切实保证教师工资和生均公用经费逐年有所增长”。

1999年1月13日国务院批准的《面向21世纪教育振兴行动计划》提出了跨世纪教育改革和发展的蓝图。行动计划的主要目标是：到2000年，全国基本普及九年义务教育，基本扫除青壮年文盲，大力推进素质教育；完善职业教育培训和继续教育制度，积极稳步发展高等教育，入学率达到11%左右；深化改革，建立起教育新体制的基本框架，主动适应经济社会发展。到2010年，城市和经济发达地区有步骤地普及高中阶段的教育，全国人口受教育年限达到发展中国家先进水平，高等教育规模有较大扩展，基本建立终身学习体系。

2010年6月21日，中共中央政治局会议审议并通过了《国家中长期教育改革和发展规划纲要（2010—2020年）》。它是21世纪以来我国第一个教育规划纲要，是指导教育改革和发展的纲领性文件。

根据《国家中长期教育改革和发展规划纲要（2010—2020年）》，今后我国教育事业改革发展的工作方针，即优先发展、育人为本、改革创新、促进公平、提高质量。《国家中长期教育改革和发展规划纲要（2010—2020年）》指出：坚持把教育摆在优先发展的战略地位，把育人作为教育工作的根本要求，把改革创新作为教育发展的强大动力，把促进公平作为国家基本教育政策，把提高质量作为教育改革发展的核心任务。另外，《国家中长期教育改革和发展规划纲要（2010—2020年）》设定了我国教育事业改革发展的战略目标："到2020年，基本实现教育现代化，基本形成学习型社会，进入人力资源强国行列。"简称"两基本、一进入"。

在学制改革方面，《国家中长期教育改革和发展规划纲要（2010—2020年）》确定了未来几年发展的主要任务。

1. 基本普及学前教育

现代学前教育的发展十分迅速。发达国家学前教育有结束期提前、由高班到低班逐步普及、使学前教育与小学低年级教育加强联系和衔接的趋势。近年来，我国学前教育发展较快，也显现出上述趋势。因此，根据我国实际情况，应该积极发展学前教育。《国家中长期教育改革和发展规划纲要（2010—2020年）》提出："到2020年，普及学前一年教育，基本普及学前两年教育，有条件的地区普及学前三年教育。"在推动我国学前教育发展过程中，需要重点发展农村学前教育。努力提高农村学前教育普及程度，着力保证留守儿童入园。采取多种形式扩大农村学前教育资源，改扩建、新建幼儿园，充分利用中小学布局调整富余的校舍和教师开办幼儿园（班）。

2. 巩固提高九年义务教育水平

义务教育是国家依法统一实施、所有适龄儿童少年必须接受的教育，具有强制性、免费性和普及性，是教育工作的重中之重。《国家中长期教育改革和发展规划纲要（2010—2020年）》指出："到2020年，全面提高普及水平，全面提高教育质量，基本实现区域内均衡发展，确保适龄儿童少年接受良好义务教育。"

巩固义务教育普及成果过程中"坚持以输入地政府管理为主、以全日制公办中小学为主，确保进城务工人员随迁子女平等接受义务教育，研究制定进城务工人员随迁子女接受义务教育后在当地参加升学考试的办法"。积极采取措施"推进义务教育均衡发展"。

3. 继续调整中等教育结构

为了适应青年的方向选择和满足社会的需要，义务教育后的学制应该多样化，即应有普通高中、职业高中等不同类型的学校，供学生进行选择。

（1）加快普及高中阶段教育。到2020年，普及高中阶段教育，满足初中毕业生接受高中阶段教育需求。

（2）大力发展职业教育，把职业教育摆在更加突出的位置。到2020年，形成适应经济发展方式转变和产业结构调整要求、体现终身教育理念、中等和高等职业教育协调发展的现代职业教育体系。同时，加快发展面向农村的职业教育，把加强职业教育作为服务社会主义新农村建设的重要内容。为了增强职业教育吸引力，我国将逐步实行中等职业教育免费制度，改革招生和教学模式，积极推进学历证书和职业资格证书"双证书"制度，推进职业学校专业课程内容和职业标准相衔接。

（3）合理规划普通高中和中等职业学校招生比例。

4. 优化高等教育结构，办出学校特色

适应国家和区域经济社会发展需要，建立动态调整机制，不断优化高等教育结构。优化学科专业、类型、层次结构，促进多学科交叉和融合；重点扩大应用型、复合型、技能型人才培养规模；加快发展专业学位研究生教育；优化区域布局结构；促进高校办出特色。

建立高校分类体系，实行分类管理。发挥政策指导和资源配置的作用，引导高校合理定位，克服同质化倾向，形成各自的办学理念和风格，在不同层次、不同领域办出特色，争创一流。

5. 加快发展继续教育，构建灵活开放的终身教育体系

继续教育是面向学校教育之后所有社会成员的教育活动，特别是成人教育活动，是终身教育体系的重要组成部分。因此，要大力发展非学历继续教育，稳步发展学历继续教育。同时，重视老年教育，努力构建灵活开放的终身教育体系。国家将鼓励学校、科研院所、企业等相关组织开展继续教育。采取措施加强城乡社区教育机构和网络建设，开发社区教育资源。大力发展现代远程教育，建设以卫星、电视和互联网等为载体的远程开放继续教育及公共服务平台，为学习者提供方便、灵活、个性化的学习条件。

6. 完善特殊教育体系

《国家中长期教育改革和发展规划纲要（2010—2020年）》提出："到2020年，基本实现市（地）和30万人口以上、残疾儿童少年较多的县（市）都有一所特殊教育学校。"各级各类学校要积极创造条件接收残疾人入学，不断扩大随班就读和普通学校特教班规模，全面提高残疾儿童少年义务教育普及水平，加快发展残疾人高中阶段教育，大力推进残疾人职业教育，重视发展残疾人高等教育。因地制宜地发展残疾儿童学前教育。

四、义务教育制度

（一）义务教育的含义

义务教育是依照法律规定，适龄的儿童、少年必须接受的，国家、社会、学校、家庭必须予以保证的国民教育。它既是公民必须依法履行的义务，也是受到法律保障的公民的基本权利。义务教育的实质就是国家依照法律的规定对适龄儿童和青少年实施的一定年限的强迫教育的制度。

义务教育思想产生于16世纪的欧洲，对义务教育的初步实践在17世纪就出现了，但现代义务教育制度是随着现代化大生产和现代社会的发展而建立起来的。19世纪后半期，西方国家开始真正实施义务教育。目前，在200多个国家和地区中，已经有170多个国家和地区建立了义务教育制度。

中国最早提到"义务教育""强迫教育"是在20世纪初。1912年，中华民国南京临时政府教育部在《壬子癸丑学制》中规定："小学校四年毕业，为义务教育。"这是中国政府法令中首次明确规定义务教育。我国专门的《义务教育法》是在1986年颁布的，从立法的角度看，中国建立义务教育制度比发达国家晚了一百多年。

为了实施普及义务教育，立法是必要的措施。从现代义务教育制度的发展历史看，为了保证所有儿童青少年的受教育权利，实现教育机会均等，义务教育的实施需要以法律作保证。各国都是以立法形式推行义务教育，在教育法律条文中，都对违反义务教育法规、不送子女入学接受义务教育的行为，规定了相应的法律责任。

（二）义务教育的特点

1. 强制性（又称义务性）

义务教育是以法律手段对一定年龄的少年儿童普及国民基础教育。所以，义务教育具有强制性。义务教育法令通常都规定了家长如不履行送子女入学的义务，要受到处罚的具体条款。

2. 普及性（又称统一性）

通过强制性法律实施义务教育，是世界各国普遍采用的行之有效的普及国民教育的手段。义务教育的普及性体现了其覆盖面的广泛，包括所有适龄儿童、少年，也包括具有接受能力的盲、聋、哑、弱智、肢残的儿童、少年。

3. 免费性（又称公益性）

义务教育是国家、社会、学校和家庭必须予以保证的教育。国家对接受义务教育的学生免收学费、杂费，动员社会力量捐资助学，学校积极改善办学条件，为接受义务教育的学生提供良好的学习条件，父母和监护人负有保证子女接受义务教育的责任。

4. 均衡性

义务教育的基本功能并不是淘汰。筛选，也不是造就优秀，而是保证所有适龄儿童享受基本的教育。所以，均衡就意味着教育资源、师资配备、教育水平应当基本差不多。

（三）世界义务教育的改革趋势

1. 提高义务教育的质量

为了提高义务教育的质量和效率，各国在制定各级质量标准、构建质量保障体系等方面采取了措施。

2. 注意义务教育的均衡发展

义务教育是面向所有适龄儿童的，为保证义务教育的公正公平，各国非常强调义务教育的均衡发展，义务教育的发展显示出一种平均主义的趋向。各国为推动义务教育均衡发展，采取的措施主要表现为两方面：一是教育投入均衡分配，二是重点扶持贫困儿童。

3. 义务教育管理体制由封闭走向开放

管理体制由封闭走向开放表现为：①扩大学校的办学自主权；②学校向家长开放，一方面家长由无法选择学校为有权选择，另一方面家长由无权参与学校的管理为有权参与；③学校向社会开放。

（四）我国的义务教育制度

1980 年 12 月，中共中央国务院发布的《关于普及小学教育若干问题的决定》提出：“在八十年代，全国应基本实现普及小学教育的历史任务，有条件的地方还可以进而普及初中教育。”1982 年 12 月修订的《中华人民共和国宪法》规定：“国家举办各种学校，普及初等义务教育。”

1986 年 4 月，全国六届人大四次会议通过的《中华人民共和国义务教育法》规定，国家实行九年制义务教育，该法于同年 7 月 1 日起施行。这是中华人民共和国成立以来一项重要的教育法，标志着中国已确立了义务教育制度。国家教育委员会根据《义务教育法》又制定了《中华人民共和国义务教育法实施细则》，并于 1992 年 4 月 2 日经国务院批准颁布施行。

进入 21 世纪后，根据新形势、新要求，中华人民共和国第十届全国人民代表大会常务委员会第二十二次会议于 2006 年 6 月 20 日通过了修订后的《中华人民共和国义务教育法》，对我国义务教育制度进行了重新思考和定位。修订后的《中华人民共和国义务教育法》规定了“国家实行九年义务教育制度”“实施义务教育，不收学费、杂费”“义务教育实行国务院领导，省、自治区、直辖市人民政府统筹规划实施，县级人民政府为主管理的体制”等一系列制度。

2006 年《中华人民共和国义务教育法》的颁布实施，彰显了受教育权的人权本质，在立法宗旨、义务教育性质、国家责任等方面有了重大突破。具体表现为：①立法宗旨由工具本位转变为权利本位，由国家利益本位转变为公民权利本位；②均衡发展成为修订后的《中华人民共和国义务教育法》的价值追求，突出强调了政府在促进义务教育均衡发展方面的责任；③明确实施问责制，为受教育权利的实现提供制度保障；④弱势儿童受教育权利的保障成为修订后的《中华人民共和国义务教育法》的发展走向。

2015 年，中国教育发展总体水平有了大幅度提升，因此人们均关心“未来 5 年，我国义务教育是否会进一步延长？”教育部部长袁贵仁指出：中国的教育已经站在新的发展历史起点上，但是经过中央决策，“十三五”期间，中国义务教育仍坚持为九年。我国暂不延长九年义务教育，而是把重点放在义务教育上，把义务教育办得更好。

（五）我国义务教育均衡发展的做法与经验①

1. 深化综合改革，提升治理水平

一是实施办学体制创新，扩大优质资源覆盖面。各地不断探索，深化大学区制、委托管理、联盟办学、集团化办学、一校多址、城乡互助共同体等多种办学体制，盘活存量，以强带弱，资源共享，实现优质教育资源广泛覆盖。北京市推行名校办分校、城乡一体化、“一校多址”、九年一贯对口直升、优质学校捆绑普通学校等多种方式，整合区域教育资源。吉林省制定实施了《关于在城市推行义务教育大学区管理的指导意见》，多形式、多类型的“大学区”管理方式在全省全面推行。黑龙江省哈尔滨市南岗区组建了 15 个教育集团，各学校在管理文化、资源调配、教研培训、教育教学改革等方面展开了全方位、多层次的合作、共享与交流。

二是推进招生制度改革，巩固就近入学制度。各地落实国家有关政策，积极推进义务教育划片招生、就近入学，将优质高中招生名额分配到区域内初中。江苏省、四川省高中名额分配比例达到 70%、50%。北京市取消“共建”入学方式，进一步规范特长生入学工作；启用全市统一的小学和初中入学服务系统，加强学籍管理，严格控制跨学区片流动和二次流动。2014 年，小学、初中就近入学比例提升明显。浙江省 90 个县（市、区）中已有 88 个对社会公开宣布全面实现了“零择校”。

---

① 国务院教育督导委员会办公室. 2015 年全国义务教育均衡发展督导评估工作报告. http://www.moe.gov/jyb_xwfb/xw_fbh/moe_2069/xwfbh_2016n/xwfb_160223/160223_sfcl/201602/t20160223_230102.html[2016-02-23].

三是落实教育规划，提高学校布局科学性。海南省实施教育扶贫移民工程，在县城附近建设标准化学校，接收核心生态保护区、边远贫困地区中小学生入学，使其享受优质教育资源，实现布局调整、教育扶贫、生态保护三重目标。甘肃省100人以下的学校有8000所，但仍结合实际，坚持按需布点、低段分散、高段集中的原则，办好需保留的小规模学校和教学点，并提出对无人学校校址保留三年的要求。

四是完善考核监督制度，为均衡发展保驾护航。多数省份出台或者修订了教育督导条例和办法，成立政府教育督导委员会，加强督导对促进均衡发展的作用，层层建立健全目标考核机制，把县域义务教育均衡发展作为考核地方各级政府、表彰奖励、责任追究的重要内容。天津市制定了实施两个“100条”，全面推进义务教育学校标准化建设，并完善了首席督学、督学职级、资格认定等相关制度，强化机构队伍建设。辽宁省大石桥市创新督导评估考核与责任追究机制，初步构建了“教育行政、教育督导、监测评价、教育教研、信息中心”五位一体的教育监测工作格局。

2. 经费投入先行，倾斜保障公平

各级政府进一步完善义务教育经费保障体制，统筹城乡加大投入力度，调整支出结构，坚持“雪中送炭”，将更多资金向农村学校和薄弱学校倾斜。

一是完善义务教育经费保障体制。2014年，全国义务教育总投入达到1.42万亿元，其中国家财政性教育经费达到1.36万亿元，比上年增长大约1000亿元，为全国义务教育发展提供了有力保证。二是统筹经费向农村学校、薄弱学校倾斜。

3. 队伍整体提升，城乡共同进步

各级政府将教师队伍作为推进义务教育均衡发展的核心任务，努力完善教师队伍的补充、交流、培训、待遇保障相关政策，结合实施《乡村教师支持计划》，重点加强农村教师队伍建设，改善师资配置均衡状况。

一是教师学历进一步提升，城乡差距继续缩小。2014年，全国小学高于规定学历教师比例达到89.8%，比上年提高2.5个百分点。这一比例城市为96.5%，农村为87.3%，城乡差距比上年降低1.8个百分点。全国初中本科及以上学历教师比例达到77.9%，比上年提高3.0个百分点。这一比例城市、农村分别为87.8%和73.3%，城乡差距比上年降低1.7个百分点。

二是实施特色补充机制，保障农村教师配置。各地落实国家政策，结合本地实际，探索创新多种切实可行的特色补充机制。湖南省、广西壮族自治区为解决偏远农村教师补充难的问题，由省财政安排专项经费，实施农村教师定向培养计划，形成与国家免费师范生计划相衔接、类型学段学科全覆盖、以农村小学为补充重点的完整体系。重庆市从2012年起实施“中小学特色学科教师配备计划”“农村小学全科教师培养计划”，累计为农村学校补充教师11 000多名。福建省2013～2015年每年招聘4000名紧缺学科教师，补充农村教师缺口。甘肃省对到农村中小学任教的本科毕业生实行退费补助，每人每年发放津贴4000元，连续补助4年，对由农村“特岗教师”转为当地公办中小学教师的，每人每年发放津贴4000元，连续补助3年。宁夏回族自治区探索建立了教师退出机制，对各类不适合教学工作的教师由相关部门做好分流工作，一定工作年限的教师可申请提前退休，腾出编制用于招录年轻教师。

三是整体提升教师专业化水平。2014 年，全国小学教师接受各级各类培训总人次持续增长，达到 2496.6 万人次，全国小学专任教师人均年培训 4.4 次，其中城市为 6.9 次，农村为 3.5 次。全国初中教师人均年培训 4.2 次，其中城市为 5.4 次，农村为 3.6 次。

四是完善教师轮岗交流机制。各地将推进教师校长轮岗交流作为均衡配置教师资源的关键。2014 年，全省义务教育教师轮岗交流人数达到 33 400 多人，基本实现每所农村学校都有 1 名骨干教师的目标。

五是待遇和荣誉并举留住教师。各地认真落实国家要求，实施城乡教师差别化待遇政策，鼓励吸引优秀教师服务农村。吉林省制定了《中小学教师水平评价基本标准条件》，建立农村“特设岗位正高级教师”评审制度。安徽省实施乡村教师生活补贴制度，最远教学点可达到 1400 元/月，明确规定把农村教师住房纳入全省保障性住房建设范围。云南省水富县于 2012 年即根据工作环境和交通条件分成 5 个类别，对偏远艰苦地区中小学在职在编教师发放专项补助，最高达到每月 1700 多元。

4. 办学条件升级，彰显时代特征

各地以“全面改薄”项目为支撑，全面实施义务教育学校的标准化建设，促进了学校办学条件更新换代，缩小了办学条件的校际差距。

一是办学基础设施继续改善。2014 年，全国小学和初中生均校舍面积分别为 6.85 平方米、11.99 平方米，分别比上年增加 0.22 平方米、0.71 平方米。

二是教学设施设备指标大幅改观。全国小学生均教学仪器设备值为 913 元，比上年增加 147 元，增长 19.2%。全国初中生均教学仪器设备值为 1512 元，比上年增加 211 元，增长 16.2%。小学生均教学仪器设备值城乡差距有所缩小。全国小学生均图书册数 19.71 册、初中 30.19 册，分别比上年增加 0.79 册和 1.96 册，农村初中生均图书册数高于城市初中。

三是信息化建设步伐加快。2014 年，全国小学每百人拥有计算机台数由上年的 6.3 台增加到 7.5 台，初中由上年的 9.9 台增加到 11.2 台。2014 年，全国小学建有校园网的比例为 39.1%，比上年增加 13.6 个百分点，城乡差距缩小 3 个百分点；初中建有校园网的比例 67.8%，比上年增加 12 个百分点，城乡差距缩小 7 个百分点。

5. 开发多元课程，推动内涵发展

一是深化课程教学改革。北京市中小学 10%的课时在社会大课堂进行开放教学，学生初中三年参与开放性科学实践活动的成绩纳入中考考试评价体系；市级财政每年投入超过 2 亿元加强社会实践，建设了 130 多个乡镇校外活动站，面向农村中小学生免费开放。浙江省在全省广泛推行初中、小学段拓展性课程选课走班，要求小学、初中每学年拓展性课程课时占比达到 15%、20%左右，建立了 200 多个中小学校外实践基地。

二是民族传统文化入课堂。新疆维吾尔自治区和静县以蒙古族东归历史为题材，编纂校本教材，并将萨吾尔登舞蹈等非物质文化遗产纳入学校第二课堂。贵州省荔波县将布依族、水族、苗族、瑶族四大世居民族优秀文化融入教育。云南省景洪市利用西双版纳当地多元的民族民间文化艺术资源，建立了基诺族“大鼓舞”文化传承基地，傣陶慢轮制作工艺、民间织布工艺文化传承基地等。

三是推进农村和薄弱学校小班化教育。浙江省高度关注新出现的农村 30 人以下的自然小班，顺势推进农村小班化教育，以促进每一位学生全面而有个性的发展为目标，构建小班化管理体系、课程体系、课堂教学体系、评价体系、教师专业发展体系。目前，全省已有 50%的农村自然小班学校全面开展小班化教育实践。吉林省长春市绿园区对部分城区生源不足、生源质量差的小规模学校给予高度关注，成立了小班化学校联盟，联合开展小班化管理和教学研究，全面提升学校管理水平和质量。

6. 落实普惠政策，实现机会均等

各级政府保障残疾儿童、留守儿童、随迁子女、贫困儿童的教育机会是教育公平推动工作的要务。各地政府通过建立全纳体系、关爱体系、同城待遇、扩大免费范围等措施保障各类特殊群体的受教育权。

一是建设残疾儿童少年全纳体系。2014 年，全国特殊教育规模继续扩大，尤其是农村特殊教育规模增长迅速。农村特殊教育招生 4.5 万人，比上年增长 12.9%；农村特殊教育在校生为 23.8 万人，比上年增长 12.2%。农村这两项增幅，均高于同期城市增幅（1.4%、0.8%）。

二是关爱留守儿童。2014 年，全国义务教育阶段在校生中农村留守儿童数量略有减少，但仍有 2075 万人。各地不断加大留守儿童关爱工作力度，保障其接受良好教育、健康成长。例如，广东韶关市武江区积极推进“乡村学校少年宫”建设，创设校园“留守儿童之家”“留守儿童心灵加油站”“乡村学校少年宫”；江西省高安市实施“关爱留守儿童温暖工程校”，建成留守儿童之家 59 个，“四点半”爱心辅导站 36 个，发展“代理家长”2000 名。

三是保障进城务工人员随迁子女受教育权。2014 年，全国进城务工人员随迁子女在校生人数比上年略有增加，达到 1295 万人，其中 58%在东部地区。各地认真落实国家“两为主”等相关政策，努力保障随迁子女同等入学机会，全国随迁子女在校生中，有近八成在公办学校就读。

四是扩展义务教育免费补助范围。2014 年，国家进一步加大学生资助力度。中央及地方各级财政共计投入国家免费教科书资金约 179.31 亿元，惠及 1.23 亿学生；投入家庭经济困难寄宿生生活费补助资金 173.64 亿元，惠及 1486 万学生；地方各级财政投入地方免费教科书资金 19.57 亿元，惠及 5210.88 万学生。

本章小结

本章阐述了教育制度的内涵及特点、制约教育制度的因素；介绍了教育制度的历史发展、现代学校教育制度的形成；探讨了现代学校教育制度的类型、现代学校教育制度的变革趋势；分析了我国学校教育制度的演变、我国现行学校教育制度的形态；说明了我国现行学校教育制度的改革；阐述了义务教育制度的内涵、特点及我国义务教育均衡发展的做法与经验。

学以致用

一、单项选择题

1.《中华人民共和国义务教育法》是（　　）年颁布，并于当年7月1日施行。

A. 1984　B. 1986　C. 1988　D. 1992

2. 现代学校最早发源于欧洲中世纪末期（　　）的前后。

A. 文艺复兴　B. 资产阶级民主革命

C. 第一次工业革命　D. 第二次工业革命

3. 现代学校的产生，实际上是分为两条路线进行的。一条是自上而下地发展，另一条是（　　）。

A. 平行发展　B. 交叉发展

C. 自下而上地发展　D. 连续发展

4. 1904年初，清政府又颁布了（　　），这是我国正式颁布并实施的第一个学制。

A.《奏定学堂章程》　B.《钦定学堂章程》

C. 壬子学制　D. 癸卯学制

5. 2010年6月21日，中共中央政治局会议审议并通过了（　　）。它是21世纪以来我国第一个教育规划纲要，是指导教育改革和发展的纲领性文件。

A.《中共中央关于教育体制改革的决定》

B.《中国教育改革发展纲要》

C.《面向21世纪教育振兴行动计划》

D.《国家中长期教育改革和发展规划纲要（2010—2020年）》

二、简答题

1. 简述教育制度的特点。

2. 简述制约教育制度的因素。

3. 简述现代学校教育制度的变革趋势。

4. 简述我国现行学校教育制度的改革。

5. 简述义务教育的含义、特点。

6. 简述我国义务教育均衡发展的做法与经验。

三、材料分析题

法国《刑法典》第227-17条规定，适龄儿童的父母或享有形式父母权利的任何个人，无有效理由并无视督学命令，不使适龄儿童在教育机构注册的，处以6个月的监禁和7500欧元的罚金。

韩国《教育法》第164条规定，所有国民应履行使其所监护的年满6～12周岁的子女就学的义务，对经督促仍不履行者处以10万元以下罚金。第165条还规定，对雇佣学龄儿童而妨碍其接受义务教育者，处以10万元以下的罚金。

请你根据上述两则材料，分析法律在推进义务教育发展中的作用。

补充读物

华东师范大学比较教育研究所. 1996. 学会生存——教育世界的今天和明天. 北京：教育科学出版社.

联合国教科文组织总部中文科. 1996. 教育——财富蕴藏其中. 北京:教育科学出版社.

王道俊，郭文安. 2009. 教育学（第6版）. 北京：人民教育出版社.

张蓉. 2009. 比较教育学. 南京：南京师范大学出版社.

第六章 教育主体

本章概述

教师和学生是教育过程中的两大主体，正确认识教育过程中这两大主体，构建良好的师生关系，直接影响着教育目的的实现和教育质量的提高。本章主要介绍了教师劳动的特点、应具备的专业素养及专业发展的实现策略；学生的本质属性、时代特点及对其个体差异的认识；师生关系的表现形式、良好师生关系的特征及构建。

结构图

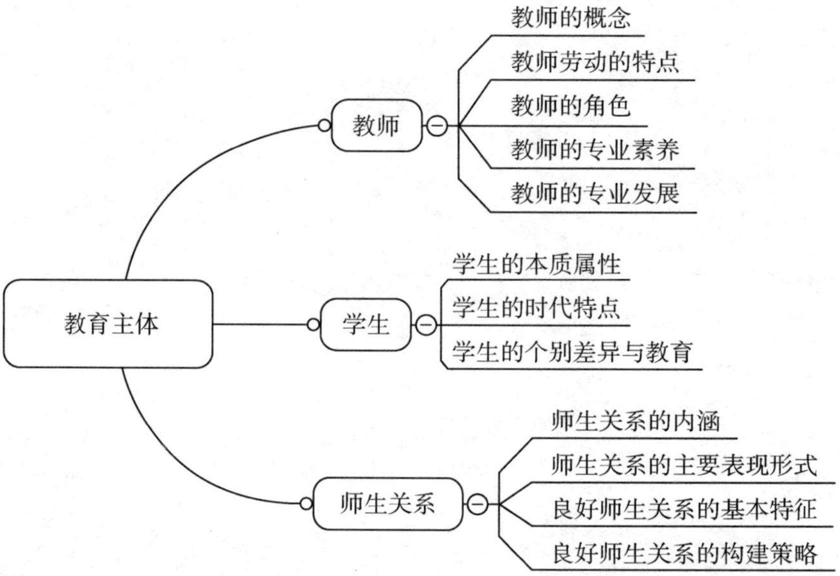

学习目标

1. 了解教师的概念，把握教师劳动的特点。
2. 理解教师的角色和应具备的专业素养，掌握促进教师专业发展的路径与策略。
3. 理解学生的本质属性，领会学生的时代特征，树立正确的学生观。
4. 了解学生的年龄特征，理解学生在性别、智力、非智力等方面均存在的个别差异，掌握恰当的教育方法。
5. 了解师生关系的表现，掌握构建良好师生关系的策略。

读前思考

在求学生涯中，教师一直陪伴我们成长，如今即将成为教师的你，是否想过以下问题：

1. 对这一职业与角色如何认识？

2. 怎样才能做一名称职的教师？

3. 做了多年的学生，从教后又将面对自己的学生，你对学生的本质和新时代的学生足够了解吗？

4. 怎样才能走近学生，与他们构建起和谐的师生关系？

第一节 教 师

作为教育者，教师劳动的本质是教书育人，即通过教育教学活动，在传授知识的过程中指导学生主动地、有效地学习，营造良好的氛围来促进学生健康、快速地成长。作为一种专门性的职业，教师承担着培养合格的社会成员、传递和传播人类文明、延续和推动人类社会发展等重要职责。要想成为一名合格称职的教师，就必须正确认识自己应该扮演的角色，不断提高自身的专业素养。

一、教师的概念

教师这一概念，古今中外思想家和教育家有过许多不同的解释。在我国古代就有“师者，教人以道者之称也”（《周礼》）、“师也者，教之以事，而喻诸德者也”（《荀子》）、“智如泉源，行可以为仪表者，人之师也”（《韩诗外传》）。唐代的韩愈认为，“师者，所以传道、授业、解惑也”。可见，我国古代对教师概念的解释，多是从教师的人格、功能和作用上界定的。

到了近现代，一些思想家、教育家如培根、乌申斯基、加里宁，则比较全面、深刻地揭示了教师的本质涵义。例如，培根就曾把教师称为知识科学的传播者，是文明之树的培育者，是人类灵魂的设计者；而伟大的俄罗斯教育家乌申斯基更以富有深刻意义的话概括说：“一个教师如果不落后于现代教育过程，他就会感到自己是克服人类无知和恶习大机构中的一个活跃而积极的成员，是过去历史上所有高尚而伟大的人物跟新一代之间的中介人，是那些争取真理和幸福的人的神圣遗训的保存者。他感到自己是过去和未来之间的一个活的环节……他的事业从表面来看虽然很平凡，却是历史上最伟大的事业之一……”[①]但要揭示教师的本质含义，还必须从教师这一特定的职业活动同人类社会发展的关系，以及与教师的劳动对象的关系中去理解。

因此，我们认为教师是受社会委托，在学校中对学生的身心施加特定影响，把其培养成为一定社会所需要的人，并以此为主要职责的专业人员。

① 凯洛夫. 教育学. 陈侠，邵鹤亭，于卓，等译. 北京：人民教育出版社，1957：69.

二、教师劳动的特点

教师从事的是教书育人工作，正确认识教师劳动的特点，有助于深刻理解教师的角色和素质要求。

（一）复杂性

教师劳动的对象是具有主观能动性、可塑性强、模仿性强的儿童和青少年，他们正处在身心迅速成长的阶段。在教育过程中，他们又是认识和发展的主体。每个学生都有各自独特的兴趣、爱好、性格、特长、思想和行为，他们在接受教师影响的同时，还要受到来自家庭，以及社会政治、经济、文化、大众传媒和及同龄人所提供的直接的、复杂的影响。同时，学生对于教师的教诲，会不同程度地采取认同或排斥的态度。这就决定了教育教学活动不是教师的主观愿望和机械的办法所能控制的，教师要把千差万别的学生培养成为国家需要的各种各样的人才，就必须熟知青少年身心发展的规律，了解每一个学生，准确掌握他们思想、学习、生活等各方面的情况，才能“一把钥匙开一把锁”，从不同学生的特点出发，因材施教。同时，还要能及时发现工作中出现的问题，总结经验教训，不断调整和改进教学工作。教师劳动对象的主体性和差异性决定了教师劳动具有特殊的复杂性和艰苦性。

（二）示范性

自古以来，人们就认识到了教师劳动的示范性，“师者，人之模范”“身正为范，学高为师”“为人师表”等强调的正是教师的榜样示范作用，强调教师要以自己的思想、学识、言行和人格，通过示范的方式去直接影响学生。教师劳动具有强烈的示范性，是由“教育是培养人的活动”这一本质规定决定的。教师劳动与其他劳动最大的区别就在于，教师劳动的作用对象是学生，是未成熟而又相对独立的人。模仿性是青少年学生学习的基本特征之一。青少年学生尤其是小学生，会对教师产生一种特殊的信任和依赖之情，教师在他们的心目中有崇高的威信。教师的言行举止、道德风貌、思维习惯、个性特征等都会通过言传身教潜移默化地影响学生。因此，教师必须严于律己、以身作则，用自己的积极行为、良好个性、正确态度去影响学生，以便取得最佳的教育效果。

（三）创造性

教师劳动的创造性，主要在于这一角色活动无确定的规范或方法可以任意套用。教师要在有限的时间里，将浩如烟海的人类文化、科学知识转化成为学生的基础知识和基本技能，就必须对知识进行系统地加工和整理，这本身就是一个创造性的劳动过程。教师要根据不同的对象、不同的问题，选用不同的教学方法，以帮助学生掌握知识和发展能力，这需要有很高的教育艺术，而绝非机械性、重复性劳动所能办得到的。例如，一堂初一的数学课，讲解的是一道古老的题目：鸡兔同笼，有头45个、足116只，问鸡兔各有多少?学生们议论纷纷，有的笔算，有的心算……算不出来。问题在哪里呢?鸡的两只脚和兔子的四只脚在捣乱，如果让鸡和兔的足数一样，那题目就容易了。于是，教师下令："全体兔子立正!提起前足。"全班学生哄堂大笑，个个睁大了惊奇的眼睛。"现在，兔子和鸡的足数是一样了，上面有 45 个头，下面该有多少脚呢?""90 只！"学生们齐声回答。"和先前相比，少了多少只脚呢?"反应快的马上叫了起来："少了 26 只。""这 26 只脚哪里去了呢?""被兔子们提起来了。""那么，现在你们该知道笼子里有几只兔子了吧。""有 13 只兔子"学生们欢叫着。[①]烦人的数学题目在这位教师幽默、形象的讲解中变得那么有趣、清楚。在教师创造性的劳动下，课堂教学是高效率的。

（四）专业性

社会学者根据职业的性质、内容、形式等标准，把职业划分为专门职业与普通职业。判断一个职业是否为专门职业，有三个基本条件或标准：一是需要专门技术和特殊智力，从业者在职前必须接受专门的教育；二是提供专门的社会服务，具有较高职业道德和社会责任感；三是拥有专业自主权或控制权，表现为专业工作者应获得本专业资格证书，专业内部有不同的职称来标志专业水平差异等。根据上述标准衡量，教师职业是专门性职业，因为它需要经过专门的教育训练、掌握专门知识和技能、通过培养人才为社会服务。1966 年，联合国教育、科学及文化组织在《关于教师地位的建议》中就明确提出，应该把教师工作视为专门职业，认为它是一种要求教师具备经过严格训练而持续不断的学习研究，才能获得并保持专业知识及专门技能的公共业务。1966 年，由国际劳工组织制定的《国际标准职业分类》在日内瓦第 11 届国际劳工统计专家会议中获得通过，其中各级各类教师被列入了"专家、技术人员和有关工作者"这一大类。由此可见，教师劳动是一种专业性劳动。这种专业性突出表现在教师自觉承担教书育人职责的职业精神上，对教育教学专业知识和技能的掌握上，以及从事教育活动的独立性和自主权上。

三、教师的角色

角色是个人在一定的规范性活动中履行一定职责的行为模式。教师作为专职人员，其教育主体地位最终是通过其扮演的角色来表征和实现的。通常情况下，人们对教师角色的认识都是建立在期望的基础上，即教师应该是什么角色，与此同时，对教师角色的定位还应考虑角色扮演的可能性和可行性。因此，可根据教师劳动的特点、现代教育教学的性质，以及教育的价值追求及其发展趋势来认识教师的角色。当今社会的人们越来越倾向于这一种看法，教育教学活动不仅是师生的文化授受活动，而且是师生的相互交往活动、情感交流活动、共同生活的创造活动等。为此，教师作为教育主体，一般来说，同时扮演着如下几种角色。

① 李进华. 浅谈小学数学教学中的愉快教育. 新课程·小学，2013，(10)：43-44.

（一）传道、授业、解惑者

我国唐代的韩愈在《师说》里说："师者，所以传道授业解惑也。"教师具有传递社会传统道德、正统价值观念的使命，"道之所存，师之所存也"。教师的道德观、价值观理应代表着社会的主导方向，并以此引导年轻一代。除了社会一般道德外，教师对学生的"做人之道""为业之道""治学之道"等也有引导和示范的责任。教师作为专职教育者，在掌握了前人积累的知识经验、技能的基础上，对其精心加工整理，然后以利于年轻一代理解的方式来传授，帮助他们在有限的时间内，掌握人类几百年、几千年积累的知识。在学生遇到困惑时，启发智慧，解除困惑，以使他们形成自己的知识结构和技能技巧。

（二）学生心灵的培育者

教育的目的是使学生变得更聪明、更高尚、更成熟。好的教师不但教学生学习知识，而且教学生学会学习；善于激发学生的学习热情，培养学生自主学习的能力和习惯，调整学生的不良情绪和心态；经常提醒学生仔细认真、勤奋刻苦，培养良好的学习心理品质；善于发现学生的学习差距，特别关注学习成绩不佳的学生，并善于使学生相互帮助，形成良好的学习风气。

（三）教学活动的设计者和实施者

现代教学活动是一种集体活动，要全面实现教学的整体功能，就必须精心设计、周密组织。一方面，教师是教学活动的设计者。好的教学设计可以使教学有序进行，给教学提供良好的环境，使学生养成循序渐进的学习习惯，全面完成教学任务。要精心地进行教学设计，就要求教师全面把握教学的任务、教材的特点、学生的特点等要素。另一方面，教师是教学活动的实施者，即教师在教学资源分配（包括时间分配、内容安排、学生分组）和教学活动开展等方面是具体的实施者。教师科学地分配活动时间，采取合理的活动方式，可以启发学生的思维、协调学生的关系、激发集体学习的动力。

（四）教育教学活动的管理者

教师对教育教学活动的管理，具体体现在两个方面：一是对学生集体的管理，包括确定目标、建立班集体、制定和贯彻规章制度、维持班级纪律、组织班级活动、协调人际关系等；二是对教育教学过程的管理，如对教学环节的调控，对学习态度、学习活动、学习习惯、学习质量的调节，对教学偶发事件的处理等。传统教育观将管理这一概念理解为管制约束，常通过纪律的维持来实现，教师扮演的是"警察""保姆"的角色。好的教师在教育教学管理活动中的角色行为应该是：建立各种教学常规，特别是课堂教学常规；倡导学生参与管理，树立集体观念，充分发挥集体的凝聚力；通过建立自己的威信，充分发挥情感在管理中的作用，教师扮演的是"向导""建议者"等角色。

（五）学生的"父母"与"朋友"

教师往往被学生视为自己父母的化身，尤其是低年级学生，而高年级学生更愿意把教师当作朋友，希望在学习、生活、人生等多方面得到教师的指导，同时希望教师成为分担他们的痛苦与忧伤、分享他们的幸福与欢乐的朋友。事实上，教师把学生当作朋友，可以使学生更亲近教师，教师也可以更全面了解学生。作为朋友，教师就应成为学生的交心对象，关心学生的生活和全面成长，以平等的身份与学生交往，帮助学生解决困难。苏霍姆林斯基曾强调，最好的教师是在与学生的精神交往中，忘记自己是教师，把学生视为志同道合的朋友的那种教师。

（六）学习者和研究者

教师被认为是智者的化身。作为教师，首先必须是一个学习者，并努力成为一个学者。教师要不断地学习，更新自己的知识结构，以便使所教知识建立在更宽广的知识背景之上，适应学生的整体发展需要。同时，还要学习教材，了解与教材相关的信息，研究教材、处理教材，把外在的知识转化为自身的认知结构。再者，教师要成为研究者，教师工作的对象是充满生命力的、千差万别的个体，传授的内容是不断更新的科学知识和人文知识，这就决定了教师不能以一成不变的态度对待自己的工作，而是要以一种变化发展的眼光研究自己的工作对象、工作内容和进行各种教育活动，不断学习新知识、新理论，不断反思自己的实践和经验，不断发现新的特点和问题，以便使自己的工作适应不断变化着的形势，并且有所创新。

教师的角色是多方面的，既有显性的，也有隐性的；既有认知方面的，还有情感方面的。这些角色统一于教育教学活动中，构成了教师职业特有的角色特点，决定了教师职业的重要意义和重大责任，决定了对教师的高素质要求。

四、教师的专业素养

教师的素质要求与教师的角色和期望密不可分，同时也直接影响着教育教学的效果、学生身心发展的程度，以及教育改革的成功。教师专业素质在结构上至少应包含以下内容：教师的职业道德修养、教师的知识结构及教师的能力结构。

（一）教师的职业道德修养

师德即教师职业道德，是指教师从事教育教学工作所须遵守的道德规范，它是调节教师活动及教师与学生之间、教师与教师之间、教师与家长之间等各方面关系的行为准则。古今中外关于教师的研究都非常重视师德修养，不仅把师德当作教师任职的基本条件，也把它当作一种教育的影响手段。

1. 爱岗敬业，热爱学生

身为教师，热爱人民教育事业，献身于人民教育事业，是最基本的道德准则，也应成为一个人民教师最基本的品质。教师对事业的态度，集中反映在他所服务的对象——学生身上。热爱学生，既是教师高尚师德的集中表现，也是教师做好教育工作的前提。只有热爱学生，才能从内心深处爆发出一种强大的力量，踏实肯干，拼命工作，置个人得失于不顾；只有热爱学生，才能勇于对学生负责，热忱地鼓励和保护他们的每一点进步，千方百计地帮助他们克服存在的缺点和不足；只有热爱学生，才能放下“架子”，与学生建立民主、平等的亲密关系，尊重学生的人格，使学生自尊、自强、自立，真正获得进步；只有热爱学生，才能以炽烈的情感去打开学生心灵的闸门，启迪他们的聪明才智，激励他们的进取心，使他们茁壮成长。因此，教师必须努力培养热爱学生的优秀品质。

2. 以身作则，为人师表

孔子曰：“其身正，不令而行；其身不正，虽令不从。”人民教师是以其完整的人格出现在学生面前的，只有言行一致、表里如一、身教重于言教、严于律己的教师，才是学生所信赖的、有威望的、可尊敬的教师。以身作则、为人师表是人民教师应有的品质和劳动态度。为此，教师起码应注意以下几点：首先，品行端正，严于律己；其次，衣着整洁，举止端庄；最后，奉公守法，遵守纪律。教师是学生的人格楷模，力争成为各方面的典范。

3. 学而不厌，诲人不倦

学而不厌，诲人不倦，这是由教书育人的特殊规律所决定的。学而不厌是诲人不倦的前提。教师的职责是给人以知识，教人以做人的道理。只有自身孜孜不倦地学习、进取、提高，才能履行好自己的职责。在今天科学技术迅猛发展、“知识爆炸”的现代社会，学生视野开阔、思想活跃，他们接触、思考、提出的问题，往往超越他们的年龄，教师只有学而不厌，才能自如地引导学生在知识的海洋里遨游。诲人不倦是教师职责的固有要求，学生的成长是一个长期复杂的过程，无论是知识的掌握还是人生道理的获得，都不是一朝一夕能完成的，这就要求教师满怀热忱，以巨大的耐心、坚韧的毅力，对全体学生孜孜不倦、循循善诱，努力完成教书育人的光荣任务。因此，教师必须勤学好问、广采博积、永不自满。

4. 互相支持，团结协作

正确地处理好教师之间、教师和家长之间，以及学校和社会之间的关系是教师职业道德的又一个重要方面。一个好教师固然会对学生的一生产生深刻久远的影响，但无论是知识的积累、智力的发展，还是思想品德的形成，都不是哪一门课、哪一位教师能单独完成的，既需要各学科教师的互相配合，也需要家庭和社会的密切配合。正因为如此，首先要求教师在行动上互相支持、团结协作，主动为其他教师创造顺利工作的条件，正确地评价同行的劳动。有不同意见，求大同存小异。其次，教师要主动与家长取得联系，争取得到家长的支持和配合，共同教育学生。最后，应主动与校外教育机构联系，以及利用报纸、广播、电视、电影中的积极因素教育学生，使学生在良好的教育氛围中茁壮成长。

（二）教师的知识结构

1. 学科专业知识

教师的学科专业知识是指教师所具有的特定的学科知识。从一般意义上说，应包括以下四个方面：①教师应对学科的基础知识有广泛而准确的理解，掌握相关的技能、技巧；②教师要了解与所教学科相关的基本知识点、相关性质及逻辑关系；③教师需要了解该学科的发展历史和趋势，了解推动其发展的动因，了解该学科对于社会、人类发展的价值，以及在人类生活实践中的多种表现形态；④教师需要掌握一门学科所提供的独特的认识世界的视角、域界和层次，即思维的工具和方法。

2. 教育学科知识

教育学科知识是教师在教育教学过程中能够保证工作获得成功的教育科学和心理科学知识。教育科学知识既包括教与学的知识，也包括学生成绩评价的知识。此外，还要懂得一些关于学生身心发展的心理科学知识。这些教育学科知识对于教师来说，是自身知识结构的重要组成部分，是创造性地从事教育教学工作的重要依据，是开展教学活动的基础和前提。具备这些知识有利于教师认识各种复杂的教育教学现象，不断增强工作的自觉性；有利于帮助教师对教育学科知识进行思考和重组，以使学科知识顺利地转化为学生易于接受的知识，从而更加自如地进行创造性的教育教学活动。

3. 普通文化知识

教师的文化知识包括：基本哲学理论知识，包括辩证唯物主义和历史唯物主义的知识；现代科学和技术的一般常识，包括现代科学的一般原理和现代技术的本质内涵；社会科学的理论和观点，如法律的知识、民主的思想、经济学的观点和社会学的方法。教师的文化知识不仅能拓展学生的文化视界，而且能激发学生的求知欲。当然，教师的文化知识修养具有很大的差异性，教师不可能掌握所有的文化知识，为此，我们主张每一位教师都要发挥自己的一技之长，以获得最佳的教学效果。

4. 实践性知识

实践性知识是教师积累的教学经验，是指教师在实现教育目的的行动中所具有的课堂情境知识，以及与之相关的知识。在教育工作中，很多情况需要教师机智地对待，这种教育机智不是一成不变的，在处理特殊教学情境时教师所采用的知识来自个人的教学实践，具有明显的经验性。实践性知识受个体经历的影响，这种知识的表达包含丰富的细节，并以个体化的语言而存在。已有的研究成果表明：教龄是实践性知识的显著影响因素，丰富的教学经验对处理问题、组织好教学十分有利。同时，专家型教师从实践中获得的经验加以结构化、系统化总结所形成的理论是可以为新教师习得的。这说明新教师可以通过向有经验的教师学习而快速提高其实践性知识水平。

（三）教师的能力结构

教师的能力在教育教学实践中扮演着重要的角色。要实现教师这一角色的职责和义务，个体除了需要具备先进的观念和全面的知识外，还需要有相称的能力。

1. 人际交往能力

交往是指人在社会生活中交流信息、沟通情感和相互作用的过程。要实现育人的目的，教师必须具备与他人交往的能力。教师要与学生沟通，建立与学生之间教学相长的平等关系；教师要克服个体工作意识，与其他任课教师沟通，建立起相互合作、相互支持的工作关系；教师还要与家长沟通，建立起相互支持的合作关系、与社会有关人员沟通，建立协作关系，只有这样才能形成教育合力，有效地开展工作。

2. 课堂管理能力

课堂管理是教师在课堂教学过程中，根据教学的目标或任务要求，运用管理学知识和技术，遵循一定的原则，采取一定的方法和措施，建立良好的课堂教学环境和调动学生学习积极性的一种活动。从不同角度，可以对教师的课堂管理能力进行不同种类的划分。这里我们根据课堂管理能力的功能将其划分为目标导向能力、激励与强化的能力、课堂秩序的管理能力、营造课堂气氛的能力。

3. 教学监控能力

教师的教学监控能力是指教师为了保证教学的成功或达到预期的教学目标，在教学过程中将教学活动本身作为监控的对象，不断地对其进行积极主动的计划、检查、评价、反馈、控制和调节的能力。根据教学过程不同阶段的表现形式不同，我们认为，教师教学监控能力可以包括计划与准备、课堂的组织与管理、教材的呈现、言语和非言语沟通、评估学生的进步、反省与评价六个方面。

4. 教育研究能力

教育研究能力是指各级各类学校教师进行教育教学工作的同时，从事与教育教学相关的各类课题的实验、研究及发明创造的能力。它具体包括选题能力、查阅文献能力、调查实验能力、整理分析资料能力和撰写报告的能力等。一定的教育科研能力是一名合格教师必备的素质。教师应是教育家，而不是教书匠。教学过程绝不是知识的"贩卖"过程，而是一个再创造的过程。通过教育科学研究，教师可以提高教学水平，更好地完成教书育人的重任。教师应当而且必须从事教育科学研究，坚持不懈地把教书、读书、写书有机地结合起来。

五、教师的专业发展

教师是履行教育教学职责的专业人员。自20世纪80年代以来，教师专业发展问题日趋成为人们关注的焦点，刚上岗的新教师虽然经过专门的职业训练并取得了教师资格证书，但并不意味着他就是一个成熟的教育教学专业人员，还要经过教育教学工作经历的延续、经验的积累、知识的更新及不断的反思才能逐渐在专业上达到成熟。

（一）教师专业发展的阶段特征

教师专业发展是一个持续不断的成长过程，其间会表现出一定的阶段性特征。教师专业发展的阶段特征也就是教师专业发展的内在结构要素在每一阶段成长状态的特殊组合和表现方式。每一个发展阶段都有特定的发展核心、主题和问题，前一阶段核心问题的解决与否、解决程度如何对后一阶段有很大影响。国内学者叶澜等从"自我更新"取向角度对教师专业发展阶段及其特征进行了深入的研究，把它分为"非关注"阶段、"虚拟关注"阶段、"生存关注"阶段、"任务关注"阶段、"自我更新关注"阶段。[①]

从国内外现有相关研究看，主要是根据教师专业发展过程的基本趋势，从总体的角度对教师专业发展过程进行阶段划分和描述。在教师实际的职业生涯中，教师专业发展并非一帆风顺、直线上升的，既有成熟期，也有保守期和衰退期。另外，教师专业发展存在个体差异性，不同教师达到专业成熟的时间长短不一，少则3～5年，多则10～20年，并且教师专业结构要素之间的发展也是不平衡的。从目前多数学者的研究成果和学校领导的实践经验来

① 季诚钧，陈于清. 我国教师专业发展研究综述. 课程·教材·教法. 2004，（12）：68-71.

看，一般情况下，教师具备分析、理解和清楚明确地讲解教材的能力需 3～5 年，而掌握领导、组织、启发，以及因势利导、因材施教等能力，则需 6 年～10 年，甚至更长时间。[①]

（二）教师专业发展的实现

教师专业发展是教师自我专业发展意识与外界多种促进因素和条件综合作用的产物。推动和促进教师专业发展的现实途径和实施策略主要有以下几种。

1. 完善教师资格证书制度

资格证书制度是职业专业化的重要特征和必经途径。目前，教师资格证书制度呈现出越来越高的标准与要求。这无疑会使教师的社会地位得到相应提高。此外，教师资格证书制度也有利于教师教育体制的改革和发展，教师资格考试面向全社会公平公开地实行，教师资格证书制度必须与之配套。

教师资格证书制度已在我国全面实施，并已制定出适用于不同类型学校、不同学科教师的资格考核标准。但在实施过程中，还存在一定的问题，并未达到实施该制度的真正目的。因此，应该进一步提高从业标准，逐渐使教师资格证像律师资格证等专业证书一样让人信服，逐步提高我国教师的专业化水平。

2. 建立发展性教师评价机制

有效的教师评价机制是教师专业发展的保障。直到 20 世纪 80 年代末，以奖惩为根本目的的教师评价，在世界范围内一直处于垄断地位。在教育实践中，这种评价漠视了教师在评价中的主体地位和专业成长，并由此引发了许多问题而广受批评。目前，我国的教师评价制度仍是奖惩性的，重结果而轻过程；教师评价指标单一，无法与教师劳动的复杂性、艰巨性相匹配；教师评价手段陈旧，仍采用听课、查教案等传统做法；多数评价人员还做不到深入教师工作实际，表面化、形式化严重等。这一切都会在不同程度上降低教师评价的科学性、客观性，影响教师评价的合理与公正。20 世纪 90 年代以来，以英国为首的一些发达国家开始摒弃奖惩性教师评价，转而推行发展性教师评价。发展性教师评价是指以促进教师专业发展和未来发展为目标的一种教师评价制度，是一系列促进教师成长和发展的评价理念和评价方式的总称。发展性教师评价倡导五个基本理念：着眼于教师的未来，促进教师整体素质的提高；鼓励教师积极参与评价；注重动态、纵向的形成性评价；把交流、协商、研讨贯穿于评价的全过程；重视评价的基础性。

3. 加强教师的在职培训

学校在教师专业发展过程中处于极其重要的地位，它不仅是培养学生的场所，也是教师专业发展的基地。传统的教师教育是一种以工具理性为主导的技能熟练培训模式，它十分强调一套科学、系统、确定的知识技能体系的传授。但是，由于教师专业是实践性很强的专业，这种教师培训模式往往偏重于教育理论知识的传授，而很少与教育实践相联系，容易造成理论与实践的分离。因此，教师专业发展非常需要一种能结合理论与实践的培训模式。目前，以教师需要为出发点又以教师的任教学校为中心的教师培训主要有两种：一

① 王道俊，郭文安. 教育学. 北京：人民教育出版社，2009：462.

种是校本培训，另一种是教师专业发展学校培训。

校本培训，作为教师在职培训的新概念与新策略，于 20 世纪 70 年代中期最先在英、美等国兴起。所谓校本培训是指源于学校课程和整体规划的需要，由学校发起、组织，旨在满足个体教师的工作需求的校内培训活动。它是以教师个人发展需要为出发点，以学校为培训场所的培训模式，其培训形式多样，可以通过教学研讨、案例分析、专题讲座、经验交流等形式来进行，还可以与大学、教育科研机构合作，通过定期研讨、课题指导、合作研究等形式实现理论研究者与学校教师的合作。这种模式实现了学校与教师的同时发展，帮助教师排除了专业发展的障碍，缩小了理想与现实教学的距离。因此，这种以学校为中心的教师培训模式由于适应了教师专业化的需要而受到普遍的欢迎与关注。

教师专业发展学校，最早是由美国的霍姆斯协会在《明天的教师》一文中提出的。在此之后，美国的教师专业发展学校如雨后春笋般迅速兴起，成为改革教师教育的一种新的尝试。它并不单纯是作为大学研究基地的实验学校，也不同于我国师范院校所设立的附属学校，更不是在现有的大学和中小学校之外重新设立的新的学校形式，而是在原有中小学校的基础上与大学的教育系或学院合作形成的，融教师职前培训、在职进修和学校改革为一体的学校形式，其开展的主要活动有课程理论培训、短期研讨班、专题研究等。在教师发展学校里，教师与专家的地位是平等的，教师不再是教育理论的消费者，而是与专家平等的合作者。教师要主动发现问题、解决问题并在教学实践中接受检验，与大学教师一起针对中小学教育中的实际问题，通过合作研究共同谋求解决办法。这种新的教师教育模式有可能真正培养出“在研究中不断反思，在反思中不断发展”的“反思型实践者”。

4. 开展教学反思与行动研究

教师专业发展最普遍、最直接、最重要的途径是教师的自我教育，而行动研究是教师进行自我教育最有效的形式。

国外很多研究者在研究了专家型教师与新入职的教师之间的差距后，认为仅靠短时间的教学方法和教学策略的培训是无法完全缩小二者之间的差距的。研究证明，成功的教师倾向于主动地、创造性地反思他们教育中的重要事情，诸如他们的教学目的、教学措施、教学环境及教学能力。反思可以说是新教师成长成熟并最终成为专家型教师的一座重要桥梁。反思帮助教师把经验和理论联结起来，从而更加有效地运用自己的专业技能。没有反思的经验是狭隘的经验，至多只能形成肤浅的知识。如果教师仅仅满足于获得经验而不对经验进行深入思考，那么他的发展将大受限制。

进行教育研究也是教师专业发展最基本和最有效的途径之一。这里，教师的研究并非指专业化、理论性的学术研究，而主要是指教育教学实践研究，即教育行动研究。教育行动研究是一种以参与和合作为特征、以教师为研究者、以实践情境为研究场所的研究形式。教育行动研究的问题必须来自教师自己的教育教学实践，它是教师自己的亲身经历和感受，讲求解决教育中的实际问题。当然并不意味着行动研究仅满足于问题的解决，而不对已取得的成功进行理论探讨。行动研究既然是一种研究形式，必然要对行动的过程和效果进行理论思考，并在实践的基础上做出自己的理论贡献。

知识窗：教师开展行动研究的优势

第二节 学 生

作为教师，从事教育教学实践，必须以科学、全面地认识学生为前提。那么，何谓学生？《现代汉语词典》将其解释为“在学校读书的人”或“向老师、前辈学习的人”，前者为狭义的理解，后者为广义的理解。这里研究的是狭义的学生，即在大中小学、幼儿园等正规学校中专门从事学习活动的人。

一、学生的本质属性

学生首先是人，具有人的基本特征。但学生又是特殊的人，具有自己的独特性，这种独特性主要表现在两个方面：学生是发展中的人，具有不成熟性；学生是以学习为主要任务的人，通过学习成为一个全面发展的人。

（一）学生是人

学生具备一切人皆有的共同属性，首先，学生是完整的人，是既具有进行新陈代谢的生理生命，又具有意识活动的价值生命的完整生命体。现代教育以促进学生的全面和谐发展为目标就是对学生完整生命意义的追寻。其次，学生是具有能动性、主体性的人。因此，教育不能把学生当作消极被动地接受教育影响的人，而应把他们当作认识的主体、发展的主体、学习的主体，为他们主体性的发挥创造条件，使他们自觉参与到教育过程中来，促进他们精神的主动发展。最后，学生是具有生命独特性的人。要求教育者承认并尊重学生的个性差异，注意保护学生的良好个性，并为促进学生良好个性的发展创造条件，而不是去遏止、压抑和抹杀这种个性和独特性，导致千人一面。

（二）学生是发展中的人

说学生是发展中的人，就是要求教育者把学生作为未成年人来看待，不能以成人的标准来要求学生。学生是具有发展潜能的人，“身上所展现的各种特征，都还在发展变化趋向成熟的过程中，并不是已经到达发展的顶峰和终极”[①]。因而，学生表现出极强的可塑性，教育得法就可使他们获得最佳的发展。学生又是具有发展需要的人，作为正在发展中的未成年人，学生的身心都还没有成熟，在其发展的过程中不可能尽善尽美，总是伴随着各种各样的问题，也正因如此，学生才更需要发展，且需要成人给予发展指导，因为作为发展中的未成年人，学生的身心皆不成熟，其判断是非的能力还比较差，现代教育提倡尊重儿童，并不是纵容儿童，放任儿童，而是要以一种负责任的态度在其需要的时候给予应有的指导，积极发挥教育的作用。只有在教育的关怀、帮助、引导下，儿童的发展才是自觉的。

① 傅道春. 教育学. 北京：高等教育出版社，2000：109.

（三）学生是以学习为主要任务的人

以学习为主，这是学生质的规定性，是学生区别于社会上其他人的根本特点。以学习为主的特点规定了学生的行为方式，赋予了他接受教育的社会义务和学生感，以及不断地促进自身发展的意愿和责任。

学生的学习是以系统学习间接经验为主。这使得学生可以不受个体的时间和空间的限制，大大提高认识的起点，缩短对客观世界的认识过程。学生主要是在教师的指导下进行学习的，学生生理、心理发展的不成熟及知识占有量不足、生活经验缺乏、独立性不强等因素，都在一定程度上影响着他们学习过程中的自制力、判断力及学习目标的方向选择，因此学生的学习仍需要教师给予一定的引导。这是学生与日常生活中从事学习活动的其他学习者的区别。由此，学生的学习也是一种规范化的学习。学什么，怎么学，都是在教师的引导下进行的，而且学习的方向还要符合社会的要求。学生和教师都是相对稳定的，有固定的教育场所，有精心设计的系列教育活动。在教育过程中师生还承担由制度所规定的权利和义务。所有这一切都是为了使学生的学习规范化，为了有效地促进他们的发展。

二、学生的时代特点

生活在不同时代的人不免打上时代的烙印，如今学生也是如此。生活在开放、民主、信息化、全球化和物质条件极大改善时代的青少年学生表现出与过去时代不同的特点，作为教育者只有把握他们的新特点，才能有效地施加教育影响。

（一）生理成熟提前，心理成熟滞后

随着我国经济的飞速发展，人民生活水平的普遍提高，学生的营养状况得到极大的改善。因此，与过去相比，今天的中小学生生理发育普遍提前，尤其表现在身高和性成熟方面，以初一学生为例，现在学生的平均身高高于过去学生；现在男女青少年性成熟的年龄比 50 年前要提早 1～2 年。从外表看学生感到自己长大了，有力量了，可是他们的心理成熟度却是滞后的，多数学生仍是儿童的心理，做事凭感觉，易冲动，行事不考虑后果。中小学生外在的成熟和内在的幼稚，形成了一对矛盾，这不仅让教师和家长困惑，而且让身处于矛盾之中的他们自身也感到强烈的冲突。

（二）信息获取渠道增多，视野开阔

当今的学生生活在信息化社会中。信息渠道广泛多样，报纸、广播、电视、电话、手机、电脑、互联网遍布在生活中。随着信息技术的日新月异，信息时代给人们的生活和学习带来许多便利和益处。中小学生求知欲强，善于接受新刺激、新事物和新观念，尤其在互联网的作用下，他们如鱼得水，被戏称为“网上一代”，教师的权威地位已经动摇，书本已不是学生知识的唯一来源。来自多种渠道的知识和信息丰富了他们的大脑，也开阔了他们的视野，使其知识广度和信息广度都有了大幅提高，思维也因此而愈趋活跃，对问题

的思考带有明显的复杂化色彩。在学生面前，传统的教师往往会受困于自身思想的滞后和保守。

（三）价值观念多元，自我意识增强

随着社会主义市场经济的发展，我国社会逐渐向价值观多样化转型，学生的人生观、价值观也呈现出复杂、多元的特点。网络技术的迅猛发展使他们有了丰富、便捷的接触不同文化、思想的机会和途径，学生不再盲目信服家长、老师的观点，对人生价值有了自己的看法。与此同时，学生的自我意识明显增强，对成年人的依赖感降低，主动交际欲望有较大提高，相应地也使其社会交往能力得以提升。当今学生的价值观总体是积极向上的，但由于学生身心发展的不成熟性，在复杂多元的社会背景之下，其价值取向难免出现偏差。这就要求学校、家庭、社会高度重视学生世界观、人生观、价值观的教育，努力营造有利于当代学生成长的环境，恰当保护学生的自我意识，充分发挥自我意识在其发展中的作用。

（四）心理问题增多

由于时代的急速变化和学习压力的增大，中小学生的心理问题日益增多。中国科学院王极盛等对近万名中学生的心理状况的调查表明，在心理平衡性方面存在心理问题的学生占 33.4%，在学习压力方面存在心理问题的占 36.7%，在人际关系方面存在心理问题的占 31.4%，在情绪方面存在心理问题的占 35.0%。[①]可见，当代中小学生的心理健康状况不容乐观，加强中小学生的心理教育和生命道德教育，已是当务之急。

三、学生的个别差异与教育

学生在发展过程中具有共性的年龄阶段特征，也表现出个体差异性特征。教育者在了解所教学生的共性身心特征的同时，还要了解学生的个别差异，有针对性地进行教育。由于遗传、环境、教育等因素的影响，同一年龄阶段的学生普遍存在着身心各方面的差异性，这是因材施教的条件和依据。性别、智力和非智力因素这三个方面对我们认识和研究学生的差异有重要意义。

（一）学生的性别差异与教育

男女学生的性别差异是客观存在的。一般说来，女生的观察力、记忆力、表达力上普遍较强，她们较为擅长形象思维；而男生则有较好的抽象思维能力，他们更表现为兴趣广泛、好奇心强、胆大好动，但观察事物时常常不够细心，学习也不够认真。男女生的性别差异存在一定的发展规律，我们总会发现，在小学和初中一、二年级，女生的学习成绩往往高于男生，学习成绩优秀的女生人数比男生多，一直到初中三年级才开始逆转。国内外的研究资料也证明了类似的性别差异。

---

① 傅平原，辛晓颖. 把孩子当人. 广州：花城出版社，2003：76-77.

学校教育中，教师很少针对男女学生的普遍差异进行深入的调查和实验研究。在小学阶段只注意到女生学习认真、成绩好的现状，却很少花时间和精力有意识地对女生进行思维能力的训练。注意到男生好动、注意力不易集中、学习成绩较弱的现状，却将大部分时间都放在纠正男生的纪律意识和行为习惯上，很少有系统地对男生进行提高观察细心度和精力集中度的训练。缺少对男女生差异状况的科学引导和干预使得学生的发展受到一定的影响。

因此，在教育过程中，首先要树立正确的观点，既要科学认识男女生的性别差异给学生的身心发展带来的特点，又要明确男女学生智力发展可能达到的高度是相同的，教育要根据不同性别学生的情况有针对性地展开有效措施，促进学生的发展。再者，各阶段的教育，尤其是基础教育阶段，要根据学生的固有特点，尽量发挥其性别长处带来的学习成长优势。例如，记忆力好的就多教一些该熟记的知识内容，好奇心强的就多创造一些探索发现的机会，同时从发展的需要看到其不足。对多靠记忆获得好成绩的学生要提醒他们学会思考，多动脑；对于靠“小聪明”完成学习任务的要警示他们学习态度必须踏实严谨，扎扎实实，并养成认真的学习习惯。

（二）学生的智力差异与教育

现代学生尽管从总体上看都拥有大致相当的智力水平，但是学生个体的智力差异仍是普遍存在的，主要表现在同一年龄阶段的不同儿童在智力的同一方面上发展速度与水平的差异，以及在智力整体各个方面发展上的不平衡。

我们承认人的智力发展存在差异，但也不要夸大它。对于大多数中小学生而言，在智力上只是有的方面发展早，有的方面发展晚而已，并不存在根本上的差别。一些所谓专家的科学智力测验，是不应该作为评判孩子智力高低的标准，更不应该作为学生分班的依据。人的潜力也是无限的，实践已经证明，不同的人把不同的智力因素结合起来去完成某一活动，仍然可以获得同样的成绩。当然，这也需要非智力因素的参与。[①]

（三）学生的非智力因素差异与教育

所谓非智力因素就是指动机、情感、意志、兴趣、性格等除智力因素以外的心理因素。对于大多数的中小学生而言，智力因素差异并不是很明显，非智力因素往往更能决定他们的成就大小。非智力因素的个别差异呈复杂状态，通常表现为方向、性质、强度等方面的差别。例如，学习动机的差异表现在，有的学生由好奇心引发的认识动机强烈，不断发问；有的学生自我提高的动机突出，迫切希望通过学习得到同伴的尊重；有的学生将获得家长与教师的表扬作为努力学习的动机。再如兴趣，有的倾向于直接兴趣，有的倾向于间接兴趣。又如，学生的性格表现为对事物的稳定态度，每个人均有其性格特征，有的内向，趋于沉稳；有的外向，趋于鲁莽，由此形成不同的行为习惯。

非智力因素是学生发展的重要方面，又对其智力发展起着调节和推动作用。在学生的发展过程中，智力因素和非智力因素的关系是相辅相成、相互促进的，但两者的发展表现

① 柳海民. 现代教育学原理. 长春：东北师范大学出版社，2002：299.

在学生身上常常是不平衡的。传统教育多注重智力发展，对非智力因素重视不足，没能充分发挥非智力因素的调节与推动作用。因此，重视非智力因素的差异，采取相应的教育措施，既是促进智力因素发展的重要手段，又是学生个体良好发展的重要内容。智力因素与非智力因素在发展过程中的不平衡状态，对贯彻因材施教原则提出了更高的要求。教师不仅要注意到学生智力发展上的差异，更要进一步考虑非智力因素方面的差别，从而更为深入地掌握学生之间的差异，进行针对性的教育。

第三节 师生关系

教育是师生交往的过程，教师能够正确处理师生关系，可以说就是抓住了教育的真谛。尤其是现代教师，对于师生关系处理的要求更高。

一、师生关系的内涵

师生关系是指教师和学生在教育教学活动中结成的相互关系，包括彼此所处的地位、作用和相互对待的态度等。从根本上讲，它是一种特殊的人与人之间的关系，是教师与学生在教育过程中以学生发展为直接目标，以一定的教育内容为中介，以教与学的相互作用为纽带，而建立起来的一种特定的人际关系。

师生关系在现实生活中是不断变化、丰富多样的。由于主体需要的不同，联系的内容、方式和环节的不同，以及环境的差异，师生关系会呈现出不同的特点，有着不同的表现形式，表征着不同的人际含义。

二、师生关系的主要表现形式

（一）工作关系

师生之间的工作关系，是在教育任务、课程计划、学校规章制度和其他行政措施指导下形成的一种关系，它是建立其他方面师生关系的基础。师生间的工作关系主要表现在教与学的关系上。在教与学活动中建立良好的师生关系，主要取决于教师主导作用的发挥。教师必须充分了解学生的实际，反对主观、盲目地教学；必须充分调动学生学习的主动性、积极性，反对注入式教学；师生之间要平等协作，反对压制教学民主。只有这样，师生之间才能建立良好和谐的工作关系。

（二）心理关系

教育活动中始终存在着师生间的亲密交往和心理交流，主要包括认知和情感两个方面的因素。

师生之间的心理关系是建立在认知基础上的。学生都有一种向师性，尊重、信任教师，服从教师的教导，同时也希望得到教师的关注、鼓励和表扬。因此，教师应多给学生积极、肯定的评价，不能对学生持有偏见和成见，学生则通过与教师多方面的交往，深入认识自己的教师，并对其做出全面的评价。

师生之间的情感关系是心理关系的又一个重要方面。教师对学生充满爱的情感可以形成教师良好的心境，激起对工作的热情，领略到事业的兴趣和幸福，激励自己克服困难、进行创造性的工作。同时，教师对学生的积极情感，又能转化为学生接受教育的内部动力，赢得学生的爱戴和尊重，激起对教师的亲近感、信赖感，从而沟通师生的思想，协调师生的关系。

（三）道德关系

在教育活动中，教师和学生都必须遵守一定的行为规则和道德规范，履行一定的责任和道德义务，这就出现了师生之间的道德关系。建立师生之间良好的道德关系，对协调师生间的工作关系起着重要的作用。师生之间的交往有着广阔的领域，渗透着丰富的道德内容，尊师爱生是中华民族的传统美德，是衡量师生道德关系的重要标志。

三、良好师生关系的基本特征

良好的师生关系应是时代精神的反映，是先进教育价值观和教育主体观的体现。民主、平等、合作是现代社会倡导的基本理念，关注人的价值、回归人的生命是当今教育的核心价值观。为此，应努力构建一种民主平等的“我—你”型师生关系。具体说来，这种新型师生关系的基本特征表现在如下几个方面。

（一）相互尊重，彼此理解

尊重原本就是传统师生关系的核心，我国自古以来就有尊师重道的传统。然而，传统师生关系下的尊重已经不能满足时代发展的要求。我国古代把教师提到了非常重要的地位。在古代专制制度下，学生理应尊重教师，教师却不需要尊重学生。在现代社会，人与人之间的关系实现了民主化和平等化，学生的主体意识增强，学生也有被尊重的需要。现代师生关系应该是相互尊重的，学生要尊重教师，教师也要尊重学生。

理解是师生交往的基础。人与人交往过程中的理解，是指彼此能使自己的意向为对方所了解、认可和接纳。师生之间的相互理解是构成双方共同行动的基础。通过理解，他们才能相互承认、相互接纳和相互沟通，才能形成真正的交往。教师理解学生，是把学生作为独立人格的精神整体进行交往，是站在平等的地位引导和帮助学生。学生理解教师，同样要把教师作为一个与他一样有血有肉、有个性、有情感的、真实的人而接纳并尊重他，把教师作为一个生活中的先行者、一个有生活经验的人而接受他的支持、帮助和引导。

师生之间相互尊重、彼此理解，摒弃了传统的封建等级关系、政治连带关系、伦理依附关系，是师生交往的道德基础、情感基础和认识基础。

（二）民主平等，共同参与

民主平等的师生关系是师生交往中所必需的。教师和学生是完整意义上的生命个体，都具有各自独立的人格特质，师生之间的交往首先是完整意义上个体的交往，因而教师和学生要把对方完全当作一个独立自主、自由发展的人来看待，而不是简单地把对方当成物，将自己的意志强加给对方。民主平等不仅是现代社会民主化趋势的需要，而且是教育教学生活的人文性的直接要求和现代人格的具体体现。

所谓民主平等，意味着师生之间没有上下、高低、尊卑之分，双方拥有同样的交往自由和权利，双方都有表达自己思想和意志的权利和机会。它要求教师充分发挥非权力性影响力，一视同仁地与所有学生交往，能主动接近学生，向学生学习，善于倾听不同意见，与学生共享知识、共同决策；也要求学生主动向教师请教，正确地表达自己的思想和行为，学会合作和共同学习。

师生之间的民主平等体现了现代社会人际关系的基本准则，是受我国法律法规保护的。倡导师生关系的民主平等，不但不会破除教师的权威和损害教师的主导作用，反而会强化教师的感召力和人格魅力。

（三）对话合作，共享共创

对话合作是指教师和学生以言语表达为主要形式，通过彼此的言说与倾听、表达与接受，实现师生之间的心灵交流与沟通，让他们在合作中共同成长。只有通过对话合作，师生之间才能真正建立起相互尊重、彼此理解、民主平等的交往关系。学生通过与教师的对话可以敞开心扉，让教师了解自己的现实情况和内心想法，同时也从中了解教师的内心世界，双方达到心与心的交流，增进彼此的了解，进而互相理解对方、尊重对方。

共享共创是师生对话合作的直接目的和理想结果。所谓共享，就是教师和学生共同体验和分享教育中的欢乐、成功、失望与不安，它是师生情感交流深化的表现。所谓共创，就是教师和学生在相互适应的基础上相互启发，使师生的认识不断深化，共同生活的质量不断跃进。共享共创体现了师生关系的动态性和创造性，是师生关系的最高层次。师生之间对话合作、共享共创是现代教育的本质要求，是新型师生关系在教育教学过程中的实践形态，也是新型师生关系构建最有效的途径和方式。

（四）教学相长，共同发展

教学相长，深刻揭示了教师与学生、教与学之间的辩证关系，即教师和学生在教育教学过程中互教互学、相互促进、共同发展。如前所述，新型师生关系是一种民主平等的对话合作关系。教师与学生在相互的沟通和交流中，彰显各自生命的活力，提高各自生命的质量，实现各自生命的超越，创造各自生命的价值。对学生来说，学生通过与教师和同学的充分对话和理解，凸显主体意识，张扬个性并展现创造力，充分体验到学习的快乐，在教师的引导下促使自己的道德、思想、智慧、兴趣、人格等全面生成。对教师而言，教师在与学生的交流碰撞中，重新认识和理解学生，激发自己重新思考一些问题，不断反思和重构自己的教育理念和教育行为，从而不断促进自己的专业发展；在学生成长和进步中，体验到工作的幸福，获得最大的精神欢乐，认识和确证自我的能力和价值。就是在这种师生关系的构建过程中，师生双方相互依存、共同生活，相互促进、共同发展。

四、良好师生关系的构建策略

建立良好的师生关系是教育工作者的共同追求，也是教育规律的必然要求。良好师生关系的构建是社会、学校、家长、教师、学生等各种相关力量共同努力、协调配合的结果。其中，教师在师生关系的建立和发展中起着主导作用，下面就主要分析和探讨在教师主导下师生如何共建良好的师生关系。

（一）增进了解

教育中的许多偏见和失败都源于教师对学生的了解不够。了解并不是对人的表面言行的认识，而是对人的内心精神世界和独特性的把握，是对言行表现的内在根据的把握。在师生关系建立过程中，教师必须要从深层次上了解每个学生，准确全面地掌握学生的个人信息，这既有利于调节学生的态度和行为，又会使学生从教师对自己的准确把握中体会到教师的爱心与责任心，感受到教师的重视和关怀，增强向师意识。尤其是对学习较差、行为落后的学生，教师更要透过遮掩耳目的表象，从深处了解他们，寻求原因，把握特性。

教师对学生要了解，学生对教师也要了解。一般说来，学生由于其年龄、经验、社会成熟度、人际意识等方面的限制，总是以教师的言行了解教师，因而常会产生误解。这就需要教师要善于向学生敞开自己的心扉，展示自己真实的内心世界。如果教师总是掩盖自己、封闭自己，竭力和学生保持距离，把自己装扮成绝对正确的人，甚至力求每句话、每个动作、每个声调的准确和完美，学生永远不会了解教师，只能把教师视为外人而不期盼从教师那里得到什么。同时，教师也要及时充分地向学生说明自己的动机和行为，使学生了解和接受。只有彼此不断增进了解，师生之间才能真正相互理解和接纳。

（二）调整角色

师生在共建良好关系过程中，不断调整角色是非常重要的。在教育实践中，教师需要树立正确的自我角色观念，遵守角色规范，提高角色素质，全面发挥角色功能，并依学生心理需要和发展特点实施角色行为。同时，学生也要明确自己的学生角色地位，形成自我接受教育的认知心理，实施恰当的角色行为。这一方面需要学生自己的努力调节，另一方面也需要教师加强对学生的角色意识教育，如通过讲座、座谈会、辩论会、主题班会等形式，让学生明确把握自我角色的特征，形成自我角色规范的意识，扮演合格的学生角色形象，防止角色分离和角色错位。

同时，师生之间可以通过移情性的角色换位思考，来增进对彼此角色的认同和理解。对教师而言，要经常反省自己，设身处地地从学生的年龄、处境、身份等方面来体验学生的心态，全身心地接纳学生。在面对和处理学生问题时，要能够扪心自问：“假如我是学生，我希望教师怎样处理这件事?”再以此心态客观地判断学生的言行、思想和需要。这样，教师可以避免因自我中心或主观臆断而造成好心无好报的结果，使自己的言行和教育能真正为学生认可和接受，引导和帮助学生进入人际关系之中。对学生而言，也要能够体谅教师，通过“假如我是老师”的自省方式或者相应的角色扮演活动，体验教师的思想情感。尤其是当教师面临某种困惑和困难时，学生更应以关怀的行动帮助教师，这对良好师生关系的建立会产生巨大的推动作用和精神力量。师生之间通过角色互换式的思考，相互进入对方的精神领域，相互适应、彼此协调，产生强烈的心理共鸣和归属情感。这样一来，必然会促进师生角色互动的协调。

（三）化解冲突

良好师生关系的建立较为艰难，但破坏却很容易。这种破坏力量既来自学生，也来自教师。尤其是当学生出现各种问题行为，教师不能理智对待并采取恰当方式应对，且又表现出失体失格的言行（如怒斥、尖刻讥讽、体罚、对骂、对打等）时，就必然导致师生发生冲突，对师生关系的破坏就特别严重。这种破坏不仅影响教师和某个具体学生的关系，也影响教师与学生集体的关系。所以，当教师遇到来自学生的各种问题时，一定要表现出高度的自制和冷静，并且根据不同情况及时予以化解。这不仅表现了教师作为教育者的一种风范，而且表现了教师成熟的专业素养和智慧，以及对学生的爱护。而这一切又会增强学生对教师的信任。正是由于这样，师生冲突可以视为对教师的最大考验，也是师生关系建立的一个契机，冲突的顺利化解可以把学生拉到自己的身边，冲突的恶变则会把学生推向千里之外。

（四）密切交往

交往是师生关系得以形成的基本条件和途径。师生交往的有效性既取决于师生交往的时间和空间，又取决于师生交往的次数或频率，还与师生交往的主动性有关。

从时空上讲，师生交往的时间越多、空间越广、范围越大，越有利于师生相互的交流、沟通和了解，也就越有利于师生关系的建立。在学校环境中，师生有正式时空的交往和非正式时空的交往。正式时空的交往，是指师生在课堂或课外组织活动中所进行的交往。非正式时空的交往，是指师生在私人时空中所进行的交往。这种交往是大量的、直接的和具体的，它受限制较少，师生可以自然随便，表现真实的自我，便于心理上的深入交流和沟通。

从数量上讲，师生交往次数多，熟识度高，就容易建立良好关系。因此，师生要时刻注意提高交往的频率，如在传统的教室中后排学生与教师人际距离大，受到教师的关注少，与教师交往的机会和次数也比较少。这就需要教师采取一些必要措施，在课堂内多走动巡视、定期调换座位等，缓解因座位的空间模式造成的教师与学生交往频率低的负效应。

除了要拓展师生交往的空间，提高师生交往的频率，更为重要的是要提高师生交往的主动性。但在实际中，常常会有这种情况，教师因担心与学生过多的交往会影响自己的工作和研究，有意限制与学生的交往，或出于各种原因只要求学生与自己交往，而自己没有与学生交往的主动性；学生或由于与教师交往中的某些冲突、误解未及时消除，或缺乏必要的交往技能与技巧，造成师生交往障碍。这些方面都会限制师生交往的有效性，需要师生及时调节改善。

（五）多元沟通

良好师生关系的建立需要师生的有效交往，这个过程中又需要师生利用好多样的沟通手段，即言语沟通、非言语沟通和书面沟通。

言语沟通主要是指师生通过口头语言所进行的沟通，亦可称话语沟通。这是师生沟通最基本的手段。同时，教师也需要善于倾听学生的表达，这也是师生言语沟通的重要方面。

非言语沟通是指借助动作、表情、语调、神态、姿势等非言语因素所构成的符号系统实现的沟通。与言语沟通相比较，非言语沟通更能显示出其独特的隐喻性和暗示性，以及强烈的人际感染与吸引。比如，教师对学生诚恳的目光注视、肯定的点头示意、同情的亲手安抚等都会传递出积极的情感信息，营造出良好的交际气氛，促使师生交往的密切与融洽。

书面沟通是指借助书面语言进行的沟通。书面沟通可以表达言语沟通和非言语沟通中许多难以准确表达的信息（即“当面不好说”或“说不清”的信息）；还可以克服因时间、空间、精力等给师生沟通所带来的限制。书面沟通通常具有个人意义，因而有很强的认同力和感染力。尤其是对那些不善交际、性格内向的学生，书面沟通更有意义。在实际中，师生书面沟通可以有多种方式，如书信、周记、悄悄话本、作业评语等。通过这些方式，教师或鼓励、或帮助、或建议等，可以使师生沟通更深刻、更有教育价值，对良好师生关系的形成也更有效。

本章小结

教育主体即教育过程中的主体，教育者和受教育者都是教育过程中的主体。作为教育者，教师的劳动具有复杂性、示范性、创造性、专业性等特点。教师在教育教学中扮演着传道授业解惑者、学生心灵的培育者、教学活动的设计者和实施者、教育教学活动的管理者、学生的“父母”与“朋友”、学习者和研究者等角色。为更好地达成这些角色要求，教师在知识、能力等方面需具备过硬的专业素养。教师专业发展是一个持续不断的成长过程，需要有效的途径和策略来促进其实现。学生作为教育主体，既具有人共同的属性，也具有其独特的属性。良好师生关系的构建是在教育教学过程实现的，直接依赖于师生之间的相互交往和影响。为此，师生之间应在教师主导下增进了解、调整角色、化解冲突、密切交往、多元沟通。

学以致用

1. 阅读下面的资料，利用相关的教育理论进行分析。

最近，某报社记者收到一位家长的来信：“编辑同志，我是一名小学生的家长。每天早晨，我去送孩子上学，都会看到值周学生站在校门口，看到老师进入，便会举手敬礼，高声问好，可是老师却视而不见，从未见有回敬还礼的，可如果有学生见到老师不问好，则会被批评、扣分……”

此后，记者走访了该市几所小学，发现的确存在这样的问题。尤其发人深省的是，一位对这位家长的意见表示赞同的校长在接受记者的采访后，送记者出门时，面对学生的“校长好”仍然无动于衷!

请思考：为什么会出现上述现象？

2. 谈谈你对教师角色的认识。

3. 教师应具备怎样的专业素养，检视自身，如何让自己成为一名称职的教师？

4. 新时代的学生有何特点？面对“00后”的学生，年轻教师需要做好哪些准备？

5. 如何构建和谐的师生关系？

补充读物

胡重庆. 2013. 反思性实践者范式下教师专业发展研究. 成都：巴蜀书社.

申继亮. 2006. 新世纪教师角色重塑. 北京：北京师范大学出版社.

苏霍姆林斯基. 2000. 给教师的一百条建议. 杜殿坤译. 北京：教育科学出版社.

叶澜. 2001. 教师角色与教师发展新探. 北京：教育科学出版社.

张行涛，郭东岐. 2003. 新世纪教师素养. 北京：首都师范大学出版社.

第七章　课　　程

本章概述

课程是教师开展教育工作的重要抓手，是实现教育目的的重要手段，直接影响着教育的质量。人们从不同的角度对课程有不同的理解，反映了观点持有者不同的理论基础。课程依据不同的标准可以分为不同的类型，每种课程都有其自身的特点。人们对课程的认识不同，从而形成了学科中心课程论、活动中心课程论、社会中心课程论三大课程理论流派，影响着课程的具体实施。课程目标、课程内容、课程开发、课程实施与课程评价是课程的重要组织，是当前基础教育课程改革的重要内容。

结构图

- 课程
  - 课程概述
    - 课程的概念
    - 课程的类型
    - 课程的理论流派
  - 课程组织与实施
    - 课程目标
    - 课程内容
    - 课程开发
    - 课程实施
    - 课程评价
  - 基础教育课程改革
    - 影响基础教育课程改革的主要因素
    - 国外主要的基础教育课程改革
    - 我国基础教育课程改革

学习目标

1. 了解不同课程流派的基本观点，包括学科中心课程论、活动中心课程论、社会中心课程论等；理解课程开发的主要影响因素，包括儿童、社会及学科特征等。

2. 掌握基本的课程类型及其特征，其中包括分科课程、综合课程、活动课程；必修课程、选修课程；国家课程、地方课程、校本课程；显性课程、隐性课程等。

3. 了解课程目标、课程内容、课程评价等含义和相关理论。

4. 了解我国当前基础教育课程改革的理念、改革目标及其基本的实施状况。

读前思考

1. 有人说课程就是学校设置的各个科目，你赞同这种观点吗？

2. 社会中心、活动中心、学科中心是课程理论长期争论的话题，你认为这种争论的实质是什么？

3. 有些教育工作者认为，课程实施就是教学，你也这么认为吗？

4. 许多教师和家长对我国当前的教育颇有微词，认为应积极推进基础教育课程改革，你认为我国当前基础教育课程改革应秉持哪些理念？

课程体现了一个国家对学校教育的具体要求，影响着学校教育的整体发展水平和人才培养的质量。因此，课程是教育领域的一个永恒主题，也是学者们研究的焦点话题。但课程作为一个独立的研究领域，却是20世纪初才开始的。一般认为，美国学者博比特于1918年出版的《课程》一书，是教育史上第一部课程论专著，标志着课程作为一个专门的研究领域出现。

第一节　课程概述

课程体现着国家对学校教学的具体要求，关系到学生的知识结构、智力结构和个性结构。学校课程的具体设置必须要有一定的理论依据。因此，厘清课程的概念、了解课程的主要理论对从事教育工作具有重要意义。

一、课程的概念

课程的产生与教育产生的历史一样久远，只要产生了教育，就必然会涉及“教什么”的问题，这当然属于课程的范畴。在我国，“课程”一词最早出现在唐宋年间，宋代教育家朱熹在《朱子全书·论学》中多处提及课程，如“宽着期限，紧着课程”“小立课程，大作功夫”等，这里的课程是指功课及其进程，并没有涉及教学方面的内容，只是学习内容的次序和规定。在西方，“课程”即curriculum一词，最早出现在英国教育家斯宾塞的《什么知识最有价值》一文中，他对人的完满生活做了划分，并明确提出了“科学知识最有价值”的卓越见解。但就其本源来说，curriculum是从拉丁语currere一词派生出来的。currere的拉丁语意为“跑道”（race-course），根据这个词源，最常见的课程定义是“学习的进程”（course of study），简称“学程”，这一解释在英文字典中很普遍，如英国《牛津字典》和美国《韦伯字典》，甚至于一些教育的专业字典，如《国际教育字典》都作如此解释。

对课程做一个明确的界定，是了解课程的基本前提，也是课程理论与实践相沟通的必不可少的环节。然而，由于课程本身是复杂的并不断发展变化的，不同的人有不同的理解，对课程的定义莫衷一是，因此我们将具有广泛影响和代表性的课程定义进行了归纳，列举几种典型的定义来加深大家对课程的认识。

（一）课程即教学科目

在古代历史上，便有将课程等同于教学科目的传统。孔子以《诗》《书》《礼》《乐》教弟子，开创了我国分科课程的先河，不仅如此，还对科目的价值进行了论述；儒家学派也提出礼、乐、射、御、书、数“六艺”课程；欧洲中世纪的课程有文法、修辞、辩证法、算术、几何、音乐、天文学“七艺”。这种对课程的定义和理解在今天也较为普遍，指的是一个学科或者所有科目，如语文课程、小学课程等，课程的价值取向是以知识为中心的，课程被视为学科的内容或教材。

（二）课程即有计划地教学活动

一些学者试图把课程与教学统一起来加以考虑，既关注学科科目有计划的安排，又注重教学过程中教学的进程、序列乃至方法等，这样便有了“课程是指有计划的学科或其他活动”的课程定义。这一认识延伸了课程的范围，可谓是一大进步。然而，这一课程观往往会把重点放在可观察的教学活动上，而忽视学生实际获得些什么，这样就容易把活动本身（教学活动）作为目的，从而忽视这些活动为之服务的目的（学生发展）。

（三）课程即预期的学习结果

这一定义在北美课程理论中较为普遍。一些学者认为，课程不应该指向活动，而应该直接关注学习的结果，即把重点从手段转向目的。这一定义可能与北美特别是美国的实用主义观念有一定的联系，为了预期的学习结果可以选择一切方式。但有研究表明，在具体的教学活动中，预期的事情与实际上发生的事情总会有一定的差距，并且预期的学习结果对不同的学生来说，可能也会有所不同。

（四）课程即经验

这一观点源于美国教育家杜威的实用主义经验论，认为教育是在经验中、由于经验、为着经验的一种发展过程。这一观点在 20 世纪六七十年代的课程理论界占据支配地位。这一定义试图把握学生实际学到些什么，把课程视为“儿童在教师指导下所获得的所有经验”，其重点关注的是“学”，是学生与环境交互作用的结果。显然，这一课程贬低了正式课程（学科、教材等）的作用，不利于体现社会对儿童的基本要求。

（五）课程即社会文化的再生产

这一观点的典型代表是美国的金帝斯和鲍尔斯，他们认为，课程作为教育的内容，作为合法化的文化，在文化再生产过程中起到举足轻重的作用。任何社会文化中的课程，事实上都是该种社会文化的反映，学校的职责就是要生产对下一代有用的知识和价值。国家根据需要制定所教的知识和技能，由有关部门编写，由教师来考虑把它们转换成可以传授给学生的课程。课程是社会文化选择出来的材料，但是课程不能不加过滤、不加批评地选择，因为现实文化并不像人们想象得那样合理。

（六）课程即社会改造

这种观点的代表人物是巴西的费雷尔、美国的布拉梅尔德等。他们认为，课程不是要让学生适应社会或顺从社会文化，而是去帮助学生摆脱社会制度的束缚，并认为只要提供合适的课程引导，年轻人就能准备好并有能力改造世界。主张课程应该使学生摆脱盲目依从的状态，建议把重点放在当代社会的主要问题和主要弊端、学生关心的社会现象，以及改造社会和社会活动计划等方面。课程应着重培养学生的批评意识，帮助学生探究和解决社会问题，使学生在社会方面得到发展。

通过以上的分析，我们对课程有了基本的了解和认识。不难看出，不同的人从不同的角度和不同的层次来理解课程，形成了对课程概念的不同认识。

另外，美国学者古德莱德也曾按照课程的层次对课程对课程进行界定，其定义对于我们全面理解课程有很大帮助。古德莱德认为，正是由于人们站在课程不同的层次上研究课程，人们才对课程有不同的理解。因此，他从五个层次论述了课程。第一层次是理想课程，此时的课程处于理论层面，由课程专家、学者根据学生发展的需要及社会要求来确定。第二层次是文件课程，这一课程是在前一层次课程（理想课程）的基础上发展起来的。它主要包括课程计划、课程标准（原教学大纲）和相应的教材等。第三层次是理解课程，这一课程是指具体任课教师对前一课程（文件课程）内容的理解和领会。第四层次是实施课程，这一课程是指在学校课堂内具体实施的课程。第五层次是经验课程，这一课程是指学生实际得到的东西。实际上，每个学生在同一堂课中所获得的东西是不同的。现在有很多课程专家及学者都认同古德莱德的课程层次理论。

我国目前学界对课程概念的理解有广义、狭义之分。广义的课程是指学生在校期间所学内容的总和及进程安排。狭义的课程特指某一门学科。我们所研究的课程是广义的，是各级各类学校为实现培养目标而规定的学习科目及其进程的总和。

二、课程的类型

课程类型是指课程的组织方式或设计课程的种类。不同的思维方式和评定维度的差别，产生了多种不同的课程类型。

（一）分科课程、综合课程与活动课程

根据课程内容的组织方式不同，可将课程分为分科课程、综合课程和活动课程。

1. 分科课程

分科课程是按一门门学科编制的多学科并列的课程，有较强的逻辑体系，注重知识的传授，知识相对独立。分科课程的主导价值在于使学生获得逻辑严密和条理清晰的文化知识。

分科课程的特点就在于，以分门别类的学科知识体系为基础；分科设置；课程内容按学科知识的逻辑结构来选择和安排，重视学科内容的内在联系；强调教师的系统讲授。正是因为分科课程具有以上特点，学生能够简捷有效地获取科学系统知识；有助于体现教学

的专业性、学术性和结构性，从而有效促进学科尖端人才的培养和国家科技的发展；便于教师组织教学与评价，便于提高教学效率。但分科课程也有其不可忽视的缺点：各学科之间界线分明，割裂了知识之间的有机联系，加深了学科之间的分隔；容易轻视学生的需要、经验和生活，忽略当代社会生活的现实需要，从而限制学生视野和思维广度。

2. 综合课程

综合课程是打破传统的学科课程的知识领域，组合两门以上学科领域而构成的一门学科。它由怀特海率先提出，强调学科之间的关联性、统一性和内在联系，其课程的主导价值在于通过相关学科的整合，促进学生认识的整体性发展并把握解决问题的全面的视野与方法。综合课程主要包括关联式综合课、融合式综合课、广域式综合课、问题式综合课四大类。

综合课程打破了学科间的界限，有利于培养学生对事物的整体认识能力；减少了课程的门类，有利于减轻学生的负担；从生活、社会的实际出发，具有较强的实践性，有利于培养学生的动手能力。然而，其宽泛的课程内容未必有利于高、精、尖人才的培养，所以综合课程只是学科课程必要的补充，却不能替代学科课程。

3. 活动课程

活动课程也称为经验课程或生活课程，是从儿童的兴趣和需要出发，以儿童的经验为基础，以各种不同形式的活动组成的课程。经验课程强调学生的自主性和主动性，强调通过学生自己的实践活动获得直接经验，强调训练学生的综合能力及个性养成。

活动课程的优点是：打破传统学科框架，在活动中解决学习者面临的各种问题，有助于开阔学生思维；尊重学生主动精神，强调课程要适合儿童兴趣、需要和经验，有助于培养学生自律性、创造性和自学能力，促进个性发展。其缺点是：过分强调儿童的亲身体验，课程内容及安排缺乏系统性、逻辑性，削弱了学生基础知识和基本技能的学习，容易导致教学质量下降。

（二）必修课程与选修课程

根据课程计划对课程实施的要求，可将课程分为必修课程与选修课程。

1. 必修课程

必修课程是指同一学年的所有学生必须修习的公共课程，是为保证所有学生的基本学力而开发的课程。必修课程是由国家、地方或学校规定学生必须学习的课程，其主要宗旨是培养和发展学生的共性。必修课程的根本特征是强制性，它是社会或机构权威在课程中的体现，具有多方面的功能，如选择传递主流文化；帮助学生掌握系统化知识，形成特定的技能、能力和态度；促进社会政治、经济、科技的发展；等等。

必修课程的优势在于能够全面反映课程目标的要求，能够使学生形成作为未来社会公民和个体生活所必需的基本素养，有助于组织课程实施和课程管理与评价。然而，由于过分注重学生的共性发展，而忽视了学生的个性发展，所以容易走向极端的社会本位倾向，淡化或放弃学生的个体发展。

2. 选修课程

选修课程是指依据不同学生的特点与发展方向，容许个人选择的课程，是为适应学生的个性差异而开发的课程，其主要宗旨是培养和发展学生的个性。从国内外课程发展和现状来看，选修课程大致上分为三种类型：一是学术类选修课，二是职业类选修课，三是兴趣爱好类选修课。选修课的根本特征是选择性特征。选修课程是学生根据自己的兴趣、爱好和需要，可以自由选择而非必须学习的课程，选修课程的理论依据主要是社会需求、地区差异和个性差异。

选修课程的优势在于能适应地区间经济文化的差异，具有一定的变通性；能适应不同学校的特点；能适应不同学生的个性差异。此外，在知识社会，学校学习时间相对有限，选修课程能够为教学内容的选择和组织提供一种较为灵活的方式。

知识窗：必修课程与选修课程的关系

（三）国家课程、地方课程与校本课程

根据课程设计、开发和管理主体不同，可将课程分为国家课程、地方课程和校本课程。

1. 国家课程

国家课程是由中央教育行政机构自上而下负责编制、实施及评价的课程，其管理权属于中央级教育机关，属于一级课程。国家课程的编定宗旨是保证国家确定的普通教育的培养目标和先进水平，规定学生应掌握的基础知识和基本能力，体现国家对教育的基本要求。这类课程计划、教学大纲和教材由国家统一审定，未经批准，地方不得随意变动。国家课程的编制往往采用“研制—开发—推广”的开发模式，实施“中央—外围”的自上而下政策，以确保一个国家所实施的课程能够达到统一的质量。

2. 地方课程

地方课程是为了适应各地经济、政治，以及文化的发展和不断变化的学生的不同需要，由各省（自治区、直辖市）根据本地的情况进行编制和设立的，属于二级课程。地方课程的编定权在省（自治区、直辖市），学校未经允许无权变动。省（自治区、直辖市）级课程编定的宗旨是丰富和补充国家课程的内容，或者制定更适合本地区学生发展的教材。

3. 校本课程

校本课程是在具体实施国家课程和地方课程的前提下，通过对本校学生的需求进行科学评估，充分利用当地社区和学校的课程资源而开发的多样性的、可供学生选择的课程。校本课程又称学校课程，目的在于尽可能满足社区、学校和学生的差异性，体现学校的办学特色和师生特点。校本课程通常由学校校长、老师来编制，是一个持续的、动态的、逐步完善的过程，教师能够根据学校情况的变化，经常修订校本课程，其开发可以分为新编、改编、选择、和单项活动设计等。校本课程采用“实践—评估—开发”的课程开发模式，是一种自下而上的实施政策，因而具有一定的适应性和参与性。

（四）显性课程与隐性课程

1. 显性课程

显性课程，也被称为正式课程、官方课程、公开课程、显露课程等，是指学校有目的、有计划实施的各门学科课程和课外活动课程。它按照预先编制的课程表实施，是教材编制、

学校施教、学生学习的主要依据。[①]具体来说，显性课程是学校正规学术性课程和计划内课外活动，通常是学校有计划列入课程表内的所有课程，是教学计划中明确规定的以各门学科为内容的课程。显性课程的特点是：一方面，它是有目的、有计划、有组织的学习活动；另一方面，学生参与这类课程是有意识的。

2. 隐性课程

隐性课程，也被称为非正式课程、非官方课程、潜在课程、隐蔽课程等，是不在课程计划中反映的、不通过正式教学进行的，对学生的知识、情感、意志、行为和价值观等方面起潜移默化的作用，促进或干扰教育目标的实现。例如，学校建筑、校园规划、班级布置等学校物质空间环境；各种规章、规范、守则、体制、机构等制度文化；领导、教师工作方式、校园文化传播、师生交往模式等人际环境。与显性课程相对，隐性课程是以内隐的、间接的方式呈现的，是学生在显性课程以外所获得的所有教育经验，不作为获得特定教育学历或资格证书的必备条件。

三、课程的理论流派

（一）学科中心课程理论

学科中心课程论又称知识中心课程论，是出现最早、影响最广的课程理论。主要代表人物有：夸美纽斯、赫尔巴特、斯宾塞和布鲁纳等。学科中心课程要求从各门科学中选择适合学生发展阶段的内容，组成不同的学科，并按各自所具有的逻辑和系统独立安排它的顺序、学习时数和期限。学科中心课程论的基本观点包括四点：一是知识是课程的核心，学校教育的目的在于把人类千百年来积累下来的文化科学知识传递给下一代；二是学校课程应以学科分类为基础，学校教学以分科教学为核心，以掌握学科的基本知识、基本规律和相应的技能为目标；三是教师的任务是把各门学科的知识教给学生；四是学生的任务是掌握预先为他们准备好的各门学科的知识。

学科中心课程理论的优点是：根据学科组织起来的教材，能够使学生系统地掌握文化遗产；有条理地学习合乎逻辑组织起来的教材，能充分发展人的智力；把一定的知识、技术的基本要素有组织地传授和教导，符合教育任务的要求；受到悠久传统的支持，大多数教师对此已形成习惯；课程构成比较简单，易于评价。其缺点是：以知识的逻辑体系为核心组织课程，容易导致忽视学生的需要、经验和生活；按照各门学科的类别组织课程，容易将原本整体的知识割裂开来；学科中心课程囿于对知识自身的关注，容易脱离现实社会。

（二）活动中心课程理论

活动中心课程理论又称儿童中心课程理论或经验中心课程理论，代表人物是美国的杜威和克伯屈。其基本观点如下：第一，学生是课程的核心，主张打破严格的学科界限，从儿童的兴趣、需要出发，以儿童的心理发展顺序为中心编制课程；第二，学校课程要以学

① 杨兆山，姚俊. 教育学原理. 大连：辽宁师范大学出版社，2003：337.

生的兴趣或生活为基础，主张学习必须和个人的特殊经验发生联系，以学生经验为中心，组织实施课程；第三，学生在课程开发中起重要作用，强调儿童在活动中探索、学习，而教师从中发挥协助作用。

活动中心课程理论的优点在于：重视学生学习活动的心理准备，在课程设计与安排上满足了学生的兴趣，调动了学生学习的主动性和积极性；强调实践活动，重视学生通过亲身体验获得直接经验，主动去探索，有利于培养学生解决实际问题的能力；强调围绕现实社会生活的各个领域精心设计好组织课程，有利于学生获得对世界的完整认识。其缺点在于：过分强调了儿童个人的兴趣、经验，忽视了知识本身逻辑性，从而使课程设置有很大的偶然性和随机性，难以保证课堂教学的连续性和系统性，容易导致教学质量的下降。

（三）社会中心课程理论

社会中心课程理论又称为社会改造主义课程理论，强调社会对教育的制约作用，主张根据社会的需要确定教育目的和课程活动，重视道德教育和社会权威的作用。早期代表人物有康茨和拉格等，20 世纪 50 年代之后的主要代表人物有布拉梅尔德、金帝斯和布迪厄等。社会中心课程理论的基本观点是：第一，社会改造是课程的核心，课程应围绕当代重大的社会问题来组织，不太关注学科知识体系；第二，学校课程应以建造新的社会秩序为方向，应该把学生看作社会的一员；第三，教育的根本价值是社会发展，教育应该致力于社会的改造而不是个人的发展，课程知识要有助于学生的社会反思；第四，主张课程的最终价值是社会价值，课程是实现未来理想社会的运载工具；第五，主张吸收不同社会群体参与课程开发。

社会中心课程理论的优点在于：重视教育与社会、课程与社会的联系，根据社会需要来设计课程，有利于为社会需要服务；重视各门课程的综合学习，有利于学生掌握解决问题的方法。其缺点在于：片面强调社会需要，忽视制约课程的其他因素；忽视各门学科的系统性，不利于学生掌握各门学科的系统知识；夸大了教育的作用，许多社会问题单靠教育是不可能解决的。

第二节　课程组织与实施

课程的组织实施涉及课程目标、课程内容、课程结构、课程实施，以及课程评价等，它是一项关键而复杂的工作，直接关系到课程改革与实施的成败。

一、课程目标

（一）课程目标的概念

课程目标是指课程本身要实现的具体目标和意图。它规定了某一教育阶段的学生通过课程学习以后，在发展品德、智力、体质、审美等方面期望实现的程度，它是确定课程内容、教学内容和课程方法的基础。课程目标的三种取向分别是：行为目标、展开性目的、表现性目标。课程目标是实现教育目的的一种手段，明确了教育目的，课程目标才可能变得清晰，进而对整个课程的编制和实施起到应有的作用。

（二）课程目标的来源

知识窗：课程目标的特征

泰勒在《课程与教学的基本原理》一书中，指出制定课程目标需研究学生、研究当代社会生活、听取学科专家的建议。由此，我们可以概括出课程目标的三个来源。

1. 对学生的研究

对学生的研究也就是了解学习者的需要，就是要找出教育者期望在学生身上所要达到的预期结果。它比较强调课程的个人发展及价值，通常包括三个方面的内容：一是了解学生身心发展的现状，并把它与理想的常模加以比较，找出存在的差距；二是了解学生个体的需要；三是了解学生的兴趣和个性差异。

2. 对社会的研究

对社会的研究也就是对当代社会生活的需要，涉及的内容极为广泛，在课程领域里通常采用的方法是把社会生活划分为若干有意义的方面，再分别对各个方面进行研究。需要对“学校课程能够给予适当满足的社会需求”与“只有通过社会上其他各种机构的合力才能完成的社会需求”两者之间做出区分。此外，作为课程目标编制者，需要对社会发展有一个适度估计。

3. 对学科的研究

对学科的研究也就是对学科知识与发展的研究。学校课程毕竟是要传递通过其他社会经验难以获得的知识，而学科是知识最主要的支柱。由于学科专家熟悉该领域的基本要领、逻辑结构、探究方式、发展趋势，以及该学科的一般功能及其与相关学科的联系，因此听取专家的建议对于课程目标来源的顺利确定是有益的。

学生、社会、学科这三个因素是交互作用的，对任何单一因素的研究结果都不足以成为课程目标的唯一来源。如果过于强调某一因素，就会走向极端。课程史上出现过的活动中心课程、社会中心课程、学科中心课程这类的典型例子不计其数，他们基本上都是以失败告终的。因此，应从这三个角度分别进行思考和研究，寻求最佳的结合。

二、课程内容

课程内容主要由课程计划、课程标准、教科书三部分组成。

（一）课程计划

1. 课程计划的概念

课程计划是根据一定的教育目的和培养目标，由教育行政部门制定的有关学校教育和教学工作的指导性文件。它是课程设置的整体规划，对学校的教学、生产劳动、课外活动等做出的全面安排，具体规定了学校的课程设置、应设置的学科和各学科的开设顺序及课时分配，并对学期、学年、假期进行划分。课程计划体现了国家对学校的统一要求，是组织学校活动的基本纲领和重要依据，不经上级批准一般不能任意变动。

2. 课程计划的构成

课程计划的基本内容由以下几个部分组成。

（1）学科设置。开设哪些科目是教学计划的中心问题。中小学的教学科目设置，基本以科学的分类为依据，并选择其中最一般的、青少年一代最需要的科学知识构成学科。各门学科既有自己的独立系统，彼此间又有必要的联系。

（2）学科顺序。课程计划中设置的各门学科不能齐头并进，也不宜单科独进，一定要按规定年限、学科内容、各门学科之间的衔接和学生的发展水平，由易到难，由简到繁，合理安排，使先学的学科成为以后学习的学科的基础，并满足学生多方面发展的需要。

（3）课时分配。课时分配包括各学科的总时数、每一门学科各学年（或学期）的授课时数和周学时等。

（4）学年编制与学周安排。学年编制与学周安排是指学年阶段的划分、各个学期的教学周数、学生参加生产劳动的时间、假期和节日的规定等。

（二）课程标准

1. 课程标准的概念

课程标准是教材编写、教学、评价和考试命题的依据，是国家管理和评价课程的基础。它体现国家对不同阶段学生在知识与技能、过程与方法、情感态度与价值观等方面的基本要求，规定各门课程的性质、目标、内容框架，提出教学和评价的建议。

2. 课程标准的构成

课程标准主要由以下几部分构成。

（1）前言。结合目前的课程改革，根据该门课程的特点，阐述课程改革的背景、性质、理念和总体设计思路。

（2）课程目标。根据课程设置的指导思想，从知识与技能、过程与方法、情感态度与价值观三个方面阐述该门课程的总体目标与学段目标。

（3）内容标准。根据课程目标，制定选择具体内容的标准，并用规范、清晰、可理解的方式阐明掌握内容的程度。

（4）实施建议。为了便于课程标准的理解与贯彻执行，需要在课程标准中提供实施建议，主要包括教学建议、评价建议、课程资源的开发与利用建议和教材编写建议等。必要的时候还要提供典型性的案例供教师参考。

（5）术语解释。对标准中出现的一些重要术语进行解释与说明，以便使用者能更好地理解与实施标准。

（三）教科书

1. 教科书的概念

教科书又称课本，它是依据课程标准编制的、系统反映学科内容的教学用书。教科书是课程标准的具体化。教学计划中规定的各门学科，一般均有相应的教科书。

2. 教科书的编排

教科书的编排通常采取直线式和螺旋式两种。直线式即一门学科的内容按一定的系统排列，后面不重复前面的内容。直线式编排可以减少重复，节约时间和精力。螺旋式即一门学科的安排，在教学过程中重复出现，逐步扩大、加深。学生的认识过程是螺旋式上升的，这种编排方式比较符合学生的认识发展规律。教材究竟采取什么方式能够组织编排得更好，这取决于学科的性质及其在课程中的地位、学生年龄的特点，以及学制是否分段等许多条件，以兼采两者之长，结合起来运用为宜。

3. 教科书的作用

（1）教科书是学生在学校获得系统知识、进行学习的主要材料，它可以帮助学生掌握所学学科的内容；同时也便于学生预习、复习和做作业。教科书是学生进一步扩大知识领域的基础。所以，教师要教会学生如何有效地使用教科书，发挥教科书的最大作用。

（2）教科书是教师进行教学的主要依据，它为教师的备课、上课、布置作业和学生学习成绩的检查评定提供了基本材料。熟练地掌握教科书的内容是教师顺利完成教学任务的重要条件。

（3）根据课程计划对本学科的要求，分析本学科的教学目标、内容、范围和教学任务。

（4）根据本学科在整个学校课程中的地位，研究本学科与其他学科的关系，以及理论与实践相联系的基本途径和最佳方式，确定本学科的主要教学活动、课外活动、实验活动或其他社会实践活动，对整个教学阶段的课堂教学和课外活动做出安排。

三、课程开发

（一）课程开发的概念

课程开发是指通过社会和学习者需求分析，确定课程目标，再根据这一目标选择某一个学科的教学内容和相关教学活动进行计划、组织、实施、评价、修订，以最终达到课程目标的整个工作过程。

（二）影响课程开发的主要因素

课程反映一定社会的政治、经济的要求，受一定社会生产力和科学文化发展水平，以及学生身心发展规律的制约。也就是说，社会、知识、学生是影响学校课程开发的三大因素。

第一，一定历史时期社会发展的要求。社会要求包括生产、经济、政治、道德、文化、科技等多方面。学校课程直接受制于教育目的和培养目标的规定。社会时代发展的状态与需要是形成不同时代学校教育课程总体结构体系重大差别的重要原因。

第二，一定时代人类文化及科学技术发展水平。课程内容应反映各门科学中那些具有高度科学价值和实践价值的基本理论、法则和基本要领。课程的编制应考虑学科体系的完整性、知识结构的内在逻辑性，反映现代科学技术发展的水平，以保证学校课程的科学性、系统性。

第三，学生的年龄特征、知识、能力基础。课程内容的深度广度和逻辑结构，不仅要适合学生年龄特征，符合学生身心发展的一般规律，而且要正确处理需要与可能、现实与发展的关系，从而最大限度地促进学生身心和谐发展。

（三）课程开发的模式

1. 目标模式

目标模式是以目标为课程开发的基础和核心，围绕课程目标的确定、实现及其评价而进行的课程开发模式。美国学者博比特是这一模式的奠基者，美国学者泰勒是这一模式的典型代表。

泰勒在《课程与教学的基本原理》一书中提出了课程编制的“四段论”，形成了著名的“泰勒原理”。根据泰勒原理进行课程开发需要以下四个步骤：一是确定教育目标，思考学校应该达到哪些教育目标；二是选择教育经验，也就是思考应该提供哪些学习经验才能实现这些目标；三是组织教育经验，明确怎样才能有效地组织这些学习经验；四是评价教育计划，反思怎样才能确定这些目标正在得到实现。

2. 过程模式

过程模式是由英国课程论专家斯腾豪斯提出的。他在 1975 年出版的《课程研究与开发导论》中，提出了过程模式的课程理论，强调课程开发关注的应是过程而不是目的，它不预先指定目标而是详细说明内容和过程中的各种原理，然后在教育活动、经验中不断予以改进、修正。

过程模式把发展学生的主体性与创造性作为教育的目标，尊重并鼓励发展学生的个性，同时强调教师的主导作用，具有一定的理论和实践意义。但它只是一种理论模型，并没有提出明确的方案，也没有一个具体的操作步骤，缺乏可操作性。

3. 情境模式

情境模式强调通过社会的或学校的文化情境分析，着重进行文化选择，使课程生成于时代文化之中，又称文化分析模式。它反对在脱离社会现实及学校具体氛围与情境的“真空”中研制课程方案，强调在文化分析的基础上制定出全面、合理的课程方案。情境模式课程开发包括情境分析、目标表述、制订教学方案、阐明和实施，以及检查、反馈、评价和改进五个步骤。代表人物是英国的劳顿和斯基尔贝克。

4. 实践模式

实践模式的开创者是美国著名的课程论专家施瓦布。他在批判传统模式的课程理论的基础上，提出了实践课程开发理论，强调课程的实践价值和动态过程，重视教师和学生在课程开发中的作用，主张用集体审议的方法解决课程问题。课程开发的实践模式由于过于强调实际情景的独特性，缺乏对理论的关注，在运行中容易滑入相对主义的轨道。

四、课程实施

（一）课程实施的概念

关于什么是课程实施，尚没有统一定论，但研究者大多认为课程实施是将编制好的课程计划付诸实践的过程，是实现预期的课程理想、达到预期课程目的、实现预期教育结果的手段；课程计划与课程实施是理想与现实、预期结果与实现结果之间的关系；课程实施是通过教学活动将编制好的课程付诸实践；课程实施的焦点是实践中发生改革的程度和影响课程实施的那些因素。[①]

（二）课程实施的取向

课程实施的取向是指对课程实施过程本质的不同认识及支配这些认识相应的课程价值观。美国课程专家辛德尔、波林和扎姆沃夫将课程实施归纳为以下三种取向。

1. 忠实执行取向

课程实施的忠实执行取向将课程实施的过程看作忠实执行课程计划的过程。这种取向的基本假设是课程实施要忠实地反映课程设计者的意图，从而达成预定的课程目标。忠实执行取向认为，课程是一套程序，尽管可以稍作变动，但是在大体上却要遵循，并以此作为评价依据。课程内容是由课程专家为教师实施课程而选择、组织和提供的，是教育行政部门认可的，教师对课程知识的创造和选择没有发言权。教师是课程的执行者，应严格按照课程专家为课程编制的大纲实施教学。也就是说，教师执行了规定的课程计划，课程实施就是成功的。课程被原封不动执行得程度越高，表明实施效果越好、课程实施就越成功。

2. 互动调试取向

这种课程实施取向将课程实施看作一个连续的动态过程。所谓互动调试，即一个由课程设计者和执行者共同对课程进行调试的过程。已有大量研究表明，实施是课程改革成败的主要原因和关键变量。这种取向的基本假设是课程实施不可能预先规定精确的实施程序，课程实施的过程应由实施者自己把握和决定，由实施者根据自己的实际情况做出最为适当的选择。互动调试取向认为课程不仅是一套程序，也还包括教育实际情境中的各种因素，这些因素会影响甚至改变课程实施。教师在课程实施过程中，可以根据具体条件和自身对课程的理解，对课程的某些方面进行适当调整和改造。进一步说，这种课程实施取向认为，课程并不是固定不变的，一定程度上，规定的课程与执行的课程可能是不同的。

3. 参与制定取向

参与制定取向也叫作创生取向。这种课程实施取向认为，课程并不是在实施前就固定下来的，课程实施过程也是制定课程的一部分，课程是教师和学生共同参与的教育实践的结果。这种取向的基本假设是课程实施在具体的教育情境中创生新的教育经验的过程，而

---

① 李定仁，徐继存. 课程论研究二十年. 北京：人民教育出版社，2004：90-91.

已有的课程计划只是为这个经验创生过程提供的平台而已。参与制定取向认为，课程知识不是客观的事物，而是一个不断发展的过程，是经由教师与学生在活动中获得的。因此，教师和学生可以根据自己的实际情况来确定课程目标和内容。这种课程实施取向最大限度地发挥了教师和学生在课程实施中的主导作用。

五、课程评价

课程评价在整个课程系统中占有十分重要的地位。因为它既是课程设计与实施的终点，又是课程设计与实施继续向前发展的起点。只有建立在科学评价基础之上的课程设计与实施，才能不断地向着更好、更全面的科学化高度迈进。

（一）课程评价的含义

评价是什么？泰勒在20世纪30年代进行了关于课程与评价的八年研究，他强调：“评价过程在本质上是一个确定课程与教学计划实际达到教育目标的程度的过程。”[①]应该说，课程评价是个价值判断问题，是当前教育研究领域中世界各国都十分关注的重要课题。事实上，对于课程评价的概念，我们可从狭义和广义两方面理解。“狭义地说，课程评价是根据一定的课程价值观或课程目标，运用一定的科学手段，通过系统地搜集信息、资料，分析、整理，对课程方案、课程实施过程和结果等的价值或特点作出判断，从而为课程决策提供可靠信息的过程。广义地说，课程评价是对课程决策与管理成效，对课程开发、设计过程和课程整体系统，对课程目标、课程材料、课程组织、课程实施及其结果等方面的评价，从而为课程改革、为促进课程质量的提高提供全面、可靠的信息。”[②]简言之，“课程评价是指研究课程价值的过程，是由判断课程在改进学生学习方面的价值的那些活动构成的”[③]。

（二）课程评价的主要模式

1. 目标评价模式

目标评价模式由美国课程评价专家泰勒提出。泰勒被称为“当代课程评价之父”，他认为，教育的目的在于改变学生的行为，评价就是要衡量学生行为实际发生变化的程度。这一评价模式是以目标为中心而展开的，是针对常模参照测验的不足而提出的，是在泰勒的“评价原理”和“课程原理”的基础上形成的。

2. 差距评价模式

差距评价模式主要体现在差距上，即标准和实际的表现之间的差距，并以此作为改进课程计划的依据。该模式把评价内容分为设计、配置、过程、成果和成本五个方面，每个方面的评价过程又划分为若干个环节，由此对每个方面及整个方案做出改善、维持或终止的决策。

---

① 泰勒. 课程与教学的基本原理. 施良方译. 北京：人民教育出版社，1994：85.
② 钟启泉. 课程与教学概论. 上海：华东师范大学出版社，2004：196.
③ 施良方. 课程理论——课程的基础、原理与问题. 北京：教育科学出版社，1996：149.

3. 目标游离评价模式

目标游离评价模式是美国教育家斯克里文于 1967 年提出的。他认为，目标评价模式只考虑到原定目标的预期效应，忽视了非预期效应，而评价应当注重的恰恰是课程的实际效应而不仅是预期效应。因此，目标游离评价模式将评价的重点从课程的预期结果转向课程的实际效果，强调评价者不应当受到预期课程目标的影响，而应当注意收集有关课程实际结果的各种信息，无论这些结果是否在预期的目标之中。斯克里文提出了“重要评价检查表”，其中包括 18 个因素：描述；委托人；背景及脉络；资源；功能；传递系统；消费者；需要和价值；标准；过程；成果；通则性；成本；比较；重要性；建议；报告；后设评价。

4. CIPP 评价模式

CIPP 评价模式又名决策导向或改良导向评价模式，提出者是美国教育评价家斯塔弗尔比姆。CIPP 评价模式的基本观点是：评价最重要的目的不在证明，而在改进。主张评价就是为管理者做决策提供信息服务的过程。CIPP 评价模式由以下四部分组成：①背景评价，就是在特定的环境下评定其需要、问题、资源和机会；②输入评价，即在背景评价的基础上，对达到目标所需的条件、资源，以及各被选方案的相对优点所做的评价，其实质是对方案的可行性和效用性进行评价；③过程评价，在方案实施过程中进行连续不断地监督、检查和反馈，确定或预测课程设计本身或实施过程中存在的问题，为决策者提供修正课程计划的有效信息；④结果评价，是对目标达到程度所做的评价，包括测量、判断、解释方案的成就，确证人们的需要满足的程度等。

5. CSE 评价模式

CSE 评价模式是以美国洛杉矶加利福尼亚大学评价研究中心命名的一种评价模式。它是一种综合性的评价，其目的是为职业技术教育改革提供服务。强调动态评价，将评价活动贯穿于职业技术教育改革的全过程，强调形成性评价和总结性评价的有机统一。CSE 评价模式包括四个活动阶段：①需要评价，即自我发展需要评定，指对教师自我发展目标的认定；②自我发展方案评定，就是教师自己对实现自我发展目标方面成功的可能性进行评定，是计划的选择阶段；③形成性评价，指教师在实现自我发展性目标过程中发现成功和不足之处，及时修改自己的行动方案，从而保证发展目标的实现，是计划的修正阶段；④总结性评定，教师对自我发展性目标的达成情况进行全面的调查和判断，判断之后对评价计划是推广、保留、修正还是放弃做出最终选择，因而这一阶段又称为计划的批准或采纳阶段。

（三）课程评价的功能

课程评价的功能是“判断课程设计的效果，阐明同周围环境的关系，并以有利于教育决策者的形式提供信息，以便估量采取这种方案的可能结果。”[①]具体来说，主要包括导向规范功能、诊断鉴定功能和激励改进功能。应该看到，评价不但能够诊断和修正课程，而且能够比较各种课程的相对价值、预测教育的需求、确定课程目标达到的程度，最终促

① 钟启泉. 现代课程论. 上海：上海教育出版社，1989：349-350.

进课程发展。

具体来讲，课程评价从根本上具有三大功能。

第一，促进发展。促进发展是课程评价的基本功能。无疑，通过课程评价，为教育活动提供有效的导向、诊断、调节、激励、反思、记录和反馈，进而促进教师、学生和学校更好发展。

第二，鉴定水平。通过课程评价，可对评价对象和评价指标相适应的程度做出区分和认定。

第三，选拔淘汰。通过课程评价，可在鉴定水平的基础上，对符合某种程度和标准要求的评价对象进行筛选，对不符合的进行淘汰。

第三节 基础教育课程改革

课程改革是教育改革的核心领域和关键环节。自20世纪60年代以来，世界各国相继掀起了课程改革的浪潮。为更好地推进我国基础教育课程改革，调整和改革基础教育的课程体系、结构、内容，构建符合素质教育要求的新的基础教育课程体系，需要厘清影响课程改革的主要因素，以及当前我国基础教育课程改革的背景、理念、目标和内容。

一、影响基础教育课程改革的主要因素

（一）政治因素

政治因素对课程改革的影响大致有如下方面。第一，政治因素影响课程变革目标的厘定。课程目标是教育目的和培养目标的具体化，统治阶级根据自己的利益、愿望和要求，从政治上制定教育目的和培养目标，实际上也就意味着对课程目标的政治选择和规定。第二，政治因素影响课程变革的内容选择。课程变革中内容的选择不仅仅是技术问题，也是一个政治影响与控制的过程。第三，政治因素制约着课程的编制过程。教育内容在具体化过程中常常以课程计划、课程标准和教材的形式表现出来，而这些材料的编写都具有强烈的政治性，否则，统治阶级就不能实现自己的教育目的和培养目标。[①]

（二）经济因素

经济因素对课程改革的影响大致有如下方面。第一，经济领域劳动力素质提高的要求制约着课程目标。经济发展对劳动力素质提出新的要求，而这个新的要求通过教育目的与培养目标影响课程目标的制定。第二，经济发展的地区差异性制约着课程变革。经济发展的地区差异既影响当地课程变革的物质条件，也要求课程变革的内容要适应当地的经济发展。第三，市场经济的建立对课程产生影响。随着市场经济体制的建立，我国课程价值取

① 教育学专业基础综合考试指南编写组. 教育学专业基础综合考试指南（第二版）. 上海：华东师范大学出版社，2007：75.

向随之从意识形态转向人的素质提升，课程目标从单一的应试转向学生综合性的发展，课程结构也从封闭式走向开放式。[①]

（三）文化因素

文化因素对课程改革的影响大致有如下方面。第一，文化模式对课程变革的影响。文化模式通常是指民族各部分文化内容之间彼此交错联系而形成的一种系统的文化结构，它是一个民族文化赖以生存和发展的根本特征。它要求学校课程变革时，要依据民族的文化模式来进行，否则难以达到良好的教育效果。第二，文化变迁对课程变革的影响。文化变迁是指文化内容或结构的变化，通常表现为新文化的增加和旧文化的改变，亦即文化与文化之间的传播或文化自身的创造。学校课程作为传播、传递和创造文化的载体，也必须随着文化变迁而相应地调整；与此同时，课程变革也必须适应文化变迁的形势。第三，文化多元对课程变革的影响。文化多元或多元文化是指社会内部多种文化并存的状态。学校课程如何体现并尊重文化间的差异，是课程变革被接受与执行的前提。[①]

（四）科技革新

科技革新对课程改革的影响大致有如下方面。第一，科技革新制约课程变革的目标。在历史上，科技革新对人才需求的变化往往影响课程变革的目标。第二，科技革新推动课程结构的变革。一方面，科技革新影响人文学科和自然学科的比例；另一方面，它还决定着理科课程的门类及内容选择。第三，科技革新影响着课程变革的速度。课程一直处于不断的变革中，但变革的速度总是不一样的，这受科技革新的影响较大。[①]

（五）学生发展

学生发展对课程改革的影响大致有如下方面。第一，学生身心发展的特性。课程改革一方面要受到学生身心发展阶段和年龄特征的制约，另一方面要受到学生心理发展水平个性差异的制约。也就是说，学生发展包括机能发展上的共性，同时也包括不同个体之间在能力、兴趣、爱好、需要、接受能力和原有知识能力基础上表现出来的个性。第二，学生需要。一方面，学生发展有一些共同需要，构成了个体经验的基本内容，也是课程改革中相对稳定的因素。这些共性主要包括：认识活动、价值定向活动、操作活动、社会交往活动、审美活动、体力活动。这就要求我们要深入研究学生认识的一般规律，争取找到循序渐进的突破点，力求达到逻辑顺序和心理顺序的统一。另一方面，学生个体的自身发展受到先天、后天、生物及社会等因素影响，又存在巨大个体差异性。为了满足不同学生个体的需要差异性，在课程改革中，在设计满足共同需要课程的同时，还要考虑不同学生之间的个体差异性，满足不同学生发展的特殊需要。这就要求我们要统一课程与教材，使大部分学生达到教育总目标的要求，注意加强课程的针对性，照顾学生的个别差异，使所有学生都能依据自己的条件得到最大限度的发展。第三，课程改革着眼点：最近发展区。课程

---

① 教育学专业基础综合考试指南编写组. 教育学专业基础综合考试指南（第二版）. 上海：华东师范大学出版社，2007：75-76.

改革要求学生的学习内容必须是超越学生既有发展水平的内容，但同时又必须是经过教师指导、学生凭借已有经验、知识与能力可以解决的问题。[①]

二、国外主要的基础教育课程改革

自20世纪80年代以来，世界主要发达国家都进行了基础教育课程改革，课程改革的重点虽然不同，但提高基础教育质量却是各国的共同目标。综观世界各国课程改革情况，具体特点如下。

第一，重视课程的完整性和整体功能。例如，苏联教育家斯卡特金提出，要在课程结构中树立起关于人类生活最重要的社会的、科学的文化现象和观念的“基本核心”，使课程成为围绕这个基本核心的知识群，并从知识的领域（知识和智慧）、运动和技能的领域（操作技巧）、健康与情感的领域（价值观、审美观）等方面建立合理的课程结构的标准。

第二，强调课程的基础性和综合化。例如，美国在20世纪70年代末掀起了“恢复基础”的改革浪潮，重新强调普通教育的最基本使命是培养学生基本的科学技术文化素质，使学生掌握基本的技能与读写算。强调基础性的同时，世界各国课程改革还特别重视课程的综合化。课程内容综合化不仅是科学发展的需要，也是学生认识和把握科学知识基础的需要，同时也是为了避免增设新学科造成学生的课业负担。

第三，重视课程的统一性和多样性。这主要表现为不同文化传统和体制的国家及地区在课程改革过程中出现相互借鉴、相互学习、取长补短的趋势。例如，一些欧美国家适当限制了课程设置的地方自主权，重视全国统一规定的课程，以促进学生整体的发展；而一些集权特征明显的国家则在对必修课进行限定的同时，不断扩展选修课的多样化和灵活性，从而使课程能够满足学生个性发展的需要。

第四，重视培养学生的学习能力、探索精神、创新意识，以适应未来的学习化社会及加强课程与社会生活、生产实践的紧密联系。

三、我国基础教育课程改革

（一）我国基础教育课程改革的背景

1. 国际背景

20世纪90年代初，“知识经济”开始进入人们的视野。信息化社会的到来使教育必须做出相应的变革，使学生掌握新的学习方法，形成新的学习方式和技巧，从而能在信息化的社会中掌握最适宜的知识。在全球化条件下，世界各国的教育都开始试图通过课程的变化来造就具有国际理解意识和能力的新型公民。

国外主要进行了三次大的基础教育课程改革。

第一次教育改革是在 20 世纪初，改革的核心是课程。以杜威进步主义教育为代表的

① 柳海民. 教育学原理. 北京：高等教育出版社，2011：223.

现代教育，批判了传统教育的课堂中心、课本中心、教师中心，提倡活动中心、儿童的兴趣中心、儿童中心。他提出“从做中学”的教学原则，并从这个原则出发，强调课程必须考虑到能适应社会生活的需要，强调课程教材要与儿童生活经验相联系。

第二次教育改革是在20世纪50年代后期，美国学术界对“生活适应”的功利主义教育提出了强烈批评，同时批评课程内容的陈旧落后，强烈要求教育改革。这次改革的核心仍然是课程。布鲁纳的结构课程论和发现法的教学思想对世界各国的教育改革都有影响。

第三次教育改革始于20世纪80年代初，并一直持续至今。此次改革的动力来自教育的外部和内部。教育的外部因素是科学技术的迅猛发展，并由此带来生产的不断变革和社会的深刻变化，国际局势趋于缓和而经济竞争日益激烈。教育内部的因素是：一方面，中等教育的普及和终身教育思潮的兴起；另一方面，中小学教育质量的下降。这次教育改革是全方位的，包括教育目标、教育体制的改革，但教育改革的核心依旧是课程。

2. 国内背景

一方面，知识经济时代的到来使知识将成为我们经济社会发展的内驱力，也对当前基础教育课程改革与发展提出了强有力的挑战。另一方面，自中华人民共和国成立以来，我国在基础教育课程改革领域已经取得了可观的成绩和经验，为当前我国基础教育课程改革提供了宝贵借鉴和重要参考。

本次改革之前，我国已经进行了七次基础教育课程改革：第一次基础教育课程改革在中华人民共和国成立伊始，以“改造旧教育体制，创建新型教育制度”为宗旨。第二次基础教育课程改革在1953～1957年，1956年颁布了中华人民共和国成立后第一套比较齐全的中学各科教学大纲，共15种；1956年，正式发行了中华人民共和国成立后的第二套中小学教科书。第三次基础教育课程改革是在“大跃进”时期，在教育上提出了“教育必须为无产阶级政治服务，必须同生产劳动相结合”的教育方针，进而开展了“教育大革命”，对中小学课程的直接影响是缩短学制、精简课程。第四次基础教育改革是在总结“教育大革命”经验教训后，确立了以“双基”（基础知识和基本技能）为重点的课程模式，各学科根据编写的教学计划，制定教学大纲，编写新教材。第五次基础教育课程改革是在“文化大革命”结束后，教育部组织力量编写了我国第五套全国通用教材，这标志着国家统一管理、统一编制的中小学通用课程与教材重新确立了其在中小学教育中的应有地位。第六次基础教育课程改革始于1981年，教育部颁发了《全日制五年制小学教学计划（试行草案）》，调整了教学时间和课程设置，以思想品德课取代了原来的政治课，恢复了历史课和地理课并增设了劳动课，外语课改为有条件的学校在四、五年级开设。第七次基础教育课程改革始于1986年，第一次将小学和初级中学的课程统一设计，并且根据各学校学制的不同情况，将课程计划中的课程表分为“六三制”和“五四制”两种。在课程表中将全部课程分为两大类——学科类和活动类，课程表中还留有空间让地方安排课程。

前七次基础教育课程改革在课程管理政策上改变了国家课程管理过于集中的状况，引入地方课程，实行国家和地方两级课程管理的方式，这为以后的三级课程管理奠定了基础；初步改变了必修课程一统天下的局面，增加了选修课程、活动课程，课程的结构有极大的改变，为后来的课程结构调整提供了宝贵的经验：推行了在统一基本要求的前提下教材多样化的方针，初步推动教材的多样化；在教学改革实践中，重视学生生动、活泼、主动地学习，重视学生成功与发展的经验，倡导了新的教育观念，激活了教育实践的改革。

（二）我国基础教育课程改革的理念

1. 基本理念

当前我国基础教育课程改革倡导儿童是课程设计与实施的中心和主体，儿童的现实生活和可能生活是课程的依据；超越“书本世界”，以“生活世界”为课程内容的范围，儿童的现实体验是儿童学习的起点和基础，注重培养儿童的综合实践能力和社会责任感；课程的实施是儿童反思性、创造性实践构建人生意义的活动；学生的学习方法应以主动参与、体验、反思、探究和创造为基础，而不是被动地接受或简单地适应；教师是儿童学习的指导者与合作者，和儿童一样是课程的建构者。[①]具体来说，改革的基本理念主要包括：①倡导全面、和谐发展的教育，改变过去对学科知识的单一追求，促进学生在知识与技能、过程与方法、情感态度与价值观上全面发展；②重建新的课程结构，从以前的学科本位转向具有均衡性、综合性的课程结构；③体现课程内容的现代化，改变过去注重书本知识的状况，关注学生的学习兴趣和经验；④倡导建构的学习，从过去的接受学习与死记硬背转向强调学生主动学习、主动探究的学习状态；⑤形成正确的评价观念；⑥促进课程决策的民主化与提高执行过程的适应性。

2. 核心理念

新课程改革的核心理念是教育以人为本，即“一切为了每一位学生的发展”，具体体现在以下几个方面。第一，关注每一位学生。每一位学生都是生动活泼的人、发展的人、有尊严的人，在教师的课堂教学理念中，包括每一位学生在内的全班所有学生都是自己应该关注的对象，关注的实质是尊重、关心、牵挂，关注本身就是最好的教育。第二，关注学生的情绪生活和情感体验。教师必须用“心”施教，不能只做学科体系的传声筒。用“心”施教体现着教师对本职的热爱、对学生的关切，体现着教师热切的情感。第三，关注学生的道德生活和人格养成。教师不仅要充分挖掘和展示教学中的各种道德因素，还要积极关注和引导学生在教学活动中的各种道德表现和道德发展，从而使教学过程成为学生的一种高尚的道德生活和一段丰富的人生体验，这样，学科知识增长的过程同时也就成为人格健全与发展的过程。

（三）我国基础教育课程改革的目标

当前，我国基础教育课程改革的总目标是建立新的基础教育课程体系，即以邓小平“教育要面向现代化、面向世界、面向未来”和江泽民同志“三个代表”重要思想为指导，全面贯彻国家教育方针，以提高国民素质为宗旨，以培养创新精神和实践能力为重点，强调课程要促进每个学生身心健康发展，培养良好道德，强调基础教育要满足每个学生终身发展的需要，培养学生终身学习的愿望和能力。

具体来说，新课程改革的目标有以下六个方面。第一，改变课程过于注重知识传授的影响，强调秉持积极主动的学习态度，使获得基础知识与基本技能的过程同时成为学会学习和树立正确价值观的过程；第二，改变课程结构过于强调学科本位、门类过多和缺乏整合的现状，使课程结构具有均衡性、综合性和选择性；第三，改变课程内容繁、难、偏、旧和偏重书本知识的现状，加强课程内容与学生生活，以及现代社会科技发展的联系，关

---

① 郭东岐. 教师的适应与发展. 北京：首都师范大学出版社，2001：5-6.

注学生的学习兴趣和经验，精选终身学习必备的基础知识和技能；第四，改变课程实施过于强调接受学习、死记硬背、机械训练的现状，倡导学生主动参与、乐于探究、勤于动手，培养学生搜集和处理信息的能力、获取新知识的能力、分析和解决问题的能力，以及交流与合作的能力；第五，改变课程评价过分强调评价的甄别与选拔的功能，发挥评价促进学生发展、教师提高和改进教学实践的功能；第六，改变课程管理过于集中的状况，实行国家、地方、学校三级课程管理，增强课程对地方、学校及学生的适应性。①

（四）我国基础教育课程改革的实施状况

我国当前的基础教育课程改革主要在以下几个方面作出了调整。

1. 调整了课程结构

首先，对课程类型进行了调整。整体设置九年一贯的义务教育课程：小学阶段以综合课程为主；初中阶段设置分科与综合相结合的课程；高中以分科课程为主。从小学至高中设置综合实践活动并作为必修课程。农村中学课程要为当地社会经济发展服务。

其次，对科目比重进行了调整。将语文所占的比重由原来的 24%降至 20%～22%，将数学由原来的 16%降至 13%～15%，并对其他传统优势科目所占的比重进行了适当的下调。将下调后积累下来的课时分配给综合实践活动和地方与校本课程。其中，综合实践活动拥有了 6%～8%的课时，地方与校本课程拥有了 10%～12%的课时。

最后，增加了综合实践活动课。从小学至高中设置综合实践活动并作为必修课程，其内容包括：信息技术教育、研究性学习、社区服务与社会实践、劳动与技术教育。

2. 调整了课程内容

第一，制定新的课程标准。义务教育阶段的课程标准体现出普及性、基础性和发展性三大特征；普通高中课程标准在坚持使学生普遍达到基本要求的前提下，有一定的层次性和选择性，并开设选修课程，以利于学生获得更多的选择和发展的机会，为培养学生的生存能力、实践能力和创造能力打下良好的基础。

第二，编写新教材。教材管理由“国编制”转变为“国审制”，教材呈现方式多样性；适当降低了知识难度，大量引进现代信息；密切联系生活，关注学生个体经验；重视活动设计，鼓励学生探究创造；尊重师生个性，给师生广阔的发展空间。

3. 转变了教学观、教师观、学生观

在教学观方面，在对待师生关系上，新课程强调尊重、赞赏；在对待教学关系上，新课程强调帮助、引导；在对待自我上，新课程强调反思；在对待与其他教育者的关系上，新课程强调合作。

在教师观方面，新课程要求教师应该是学生学习的促进者，是教育教学的研究者，是课程的建设者和开发者，是社区型的开放教师。

在学生观方面，新课程要求教师应将学生看成是发展的人、独特的人、具有独立意义的人。新课程倡导的学习方式有自主学习、合作学习、探究学习等。

---

① 朱慕菊. 走进新课程——与课程实施者对话. 北京：北京师范大学出版社，2002：2.

4. 转变了课程评价方式

在学生评价方面，建立评价学生全面发展的指标体系，重视采用灵活多样、具有开放性的质性评价方法，认为考试只是学生评价的一种方式。

在教师评价方面，打破唯学生学业成绩论教师工作业绩的传统做法，建立促进教师不断提高的评价指标体系，强调以“自评”的方式促进教师教育教学反思能力的提高，倡导建立教师、学生、家长和管理者共同参与的、体现多渠道信息反馈的教师评价制度，打破关注教师的行为表现、忽视学生参与学习过程的传统的课堂教学评价模式，建立“以学论教”的发展性课堂教学评价模式。

在课程实施评价方面，建立促进课程不断发展的评价体系，以学校评价为基础，促进新课程的实施与发展。

本章小结

本章简要介绍了课程的概念与类型，介绍了学科中心课程理论、活动中心课程理论、社会中心课程理论三大流派的主要观点，全面阐述了课程的目标、内容、开发、实施与评价，最后分析了影响基础教育课程改革的主要因素和国外主要的基础教育课程改革状况，介绍了我国基础教育课程改革的背景、理念、目标及其具体实施情况。

学以致用

一、单选题

1. 把课程用于教育科学的专门术语始于（　　）。

A. 洛克　　B. 斯宾塞

C. 赫尔巴特　　D. 杜威

2. 课程的特点在于动手做，在于手脑并用，以获得直接经验，这种课程类型属于（　　）。

A. 学科教程　　B. 活动课程

C. 学生课程　　D. 教师课程

3. 根据课程的表现形式，课程可分为（　　）。

A. 基础型课程、拓展型课程和研究型课程

B. 综合课程和单一课程

C. 国家课程、地方课程和学校课程

D. 显性课程和隐性课程

4. 国家根据一定的教育目的和培养目标制定的有关学校教育和教学工作的指导性文件是（　　）。

A. 课程标准　　B. 课程计划

C. 教科书　　D. 课本

5. 把课程计划付诸实践的过程，属于（　　）。

A. 课程目标　B. 课程实施

C. 教学任务　D. 课程评价

二、简答题

1. 简述学科中心课程理论的主要观点。

2. 简述教科书的作用。

三、案例分析题

“坐下”三例

针对学生被教师的课堂提问难住的情况，甲、乙、丙三位老师的处理方式各不相同。

教师甲：（语气很重，冲着该生）整天上课开小差，结果怎样？这么简单的问题都不能回答，太笨了！坐下！

教师乙：（生气，但不表现出来）坐下。谁来帮他？

教师丙：（微笑、和蔼地）别急，回忆一下，我们昨天学过的内容，当时你听得很认真。想想，昨天××同学是怎样回答的？学生：（思索片刻，说出了与问题答案相关的一句话）。教师丙：（很兴奋）对呀！看来，你是很棒的！学生：（体面地坐下，并投入到后面的学习中）。

问题：就三位老师不同做法，谈谈你的看法。

补充读物

吕世虎，肖鸿民. 2002. 基础教育课程与教学研究. 北京：中国人事出版社.

宋乃庆，徐仲林，靳玉乐. 2003. 中国基础教育新课程的理念与创新. 北京：中国人事出版社.

泰勒. 1994. 课程与教学的基本原理. 施良方译. 北京：人民教育出版社.

第八章　教　　学

本章概述

教学是一种动态活动的过程，是以课程为中介，教师和学生双边活动的过程。作为教师理解教学的含义，形成科学的教学本质观。认识和遵循教学规律、把握教学原则、掌握教学方法，是教师做好教学工作的前提和基础。教师要科学运用教学组织形式，把握教学工作的基本环节，保障教学取得良好的效果。在教学活动中，教师还要掌握教学评价的含义、类型和发展趋势，更好地发挥评价促进学生发展的功能。

结构图

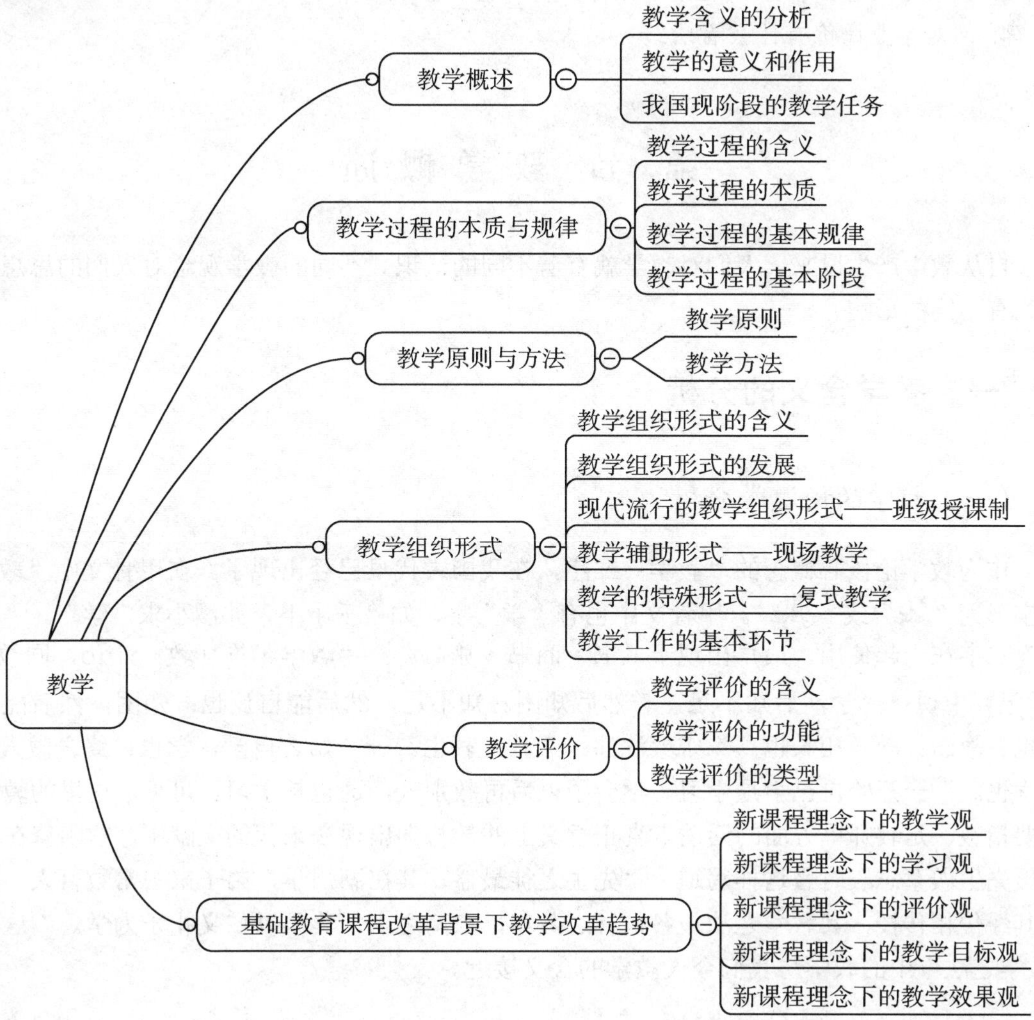

学习目标

1. 掌握教学的含义与作用，知晓教学理论发展的基本历史。
2. 熟练掌握教学过程的含义和特征、规律。
3. 掌握和运用教学的原则与方法
4. 理解教学组织形式的含义，掌握班级授课制和教学工作的基本环节。
5. 掌握教学评价的含义与方法。
6. 了解教学改革的基本趋势。

读前思考

1. 你是如何理解教学的？
2. 你认为教学有规律吗？如果有，尝试根据自己的经历举例说明。
3. 我们每天都在接触课堂教学，你如何评价课堂教学？
4. 你对学业评价有什么看法？

第一节　教学概述

自从教学产生以来，人们对教学就有着不同的认识。不同的教学观念对人们的思想和行为有不同的影响。

一、教学含义的分析

（一）教学的词源学分析

作为教学论核心概念的“教学”二字，在我国古代早已经出现了。在甲骨文中“教”的字形为“”或“”。甲骨文中也有“学”字，如“壬子卜，弗酒小求，学”。“教学”二字在一起使用，最早出现于《书·商书·兑命》：“斅学半”（斅：xiào，同教）《学记》中说：“学然后知不足，教然后知困。知不足，然后能自反也；知困，然后能自强也。故曰：教学相长也。”宋蔡沈注：“斅，教也。……始之自学，学也；终之教人，亦学也。”一开始自己学是学习，学会了以后再教别人，这也是学习。可见，这里的教学主要指教，是教师单方面的活动。真正意义上的教与学出现在宋代的文献中，欧阳修在为胡瑗先生做墓志表时曾这样写道：“先生之徒最盛，其在湖州学，弟子来去常数百人，各以其经传相传授，其教学之法最备，行之数年，东南之士，莫不以仁义礼乐为学。”这里“教学之法”中的教学与我们今天教学的含义接近。

在西方语境中，表述教学的词汇有：teaching and learning，instruction。learn 来源于中世纪英语 lernen，意思是“学习”或“教导”。lernen 来源于盎格鲁-撒克逊语中的 leornian 一词，词干是 lar，lar 是 lore 一词的词根，所以 learn 的意思是“获取知识”。在中世纪，learn 和 teach 可以互换使用。teach 来源于古英语中的 taecan，taecan 是由古条顿语 taikjian 派生来的，它的原始含义是“拿给人看”。instruction 是堆积的意思。根据上述分析，英语中教学是强调以知识为核心，以接受为外在活动的表现形态。①

（二）教学的含义

教学是理解和建构教学理论、深化教学实践认识的基础，但是由于人们认识和理解的视角不同，至今没有形成一个通用的概念，让人觉得教学这一个概念并没有确切的定义，而是一人一义，十人十义，你认为教学是什么，你就可以依据你所设定的规准下定义。②

1. 具有代表性的定义

（1）夸美纽斯认为，教学是把一切事物教给一切人的全部艺术。③

（2）阿基比鲁认为，教学是一个成熟或有经验的人努力把信息、知识、技能等传递给一个不成熟的、缺乏经验的人的有意识的、精心策划的活动。④

（3）王策三先生认为，所谓教学，乃是教师教、学生学的统一活动；在这个活动中，学生掌握一定的知识和技能，同时身心获得一定的发展，形成一定的思想品德。⑤

（4）吴立岗认为，教学是一种以教材为中介、学生在教师指导下掌握知识的认识活动。⑥

（5）芬斯特马赫（Fenstermacher）认为，教学包含如下含义，有一个人 P，他拥有一些内容 C，而且意图将 C 传递给另一个初时缺少 C 的人 R；如此，P 和 R 介入一种以 R 获得 C 为目的的关系中。⑦

（6）赖志奎指出，教学是以传授和引导学生掌握知识、技能、技巧体系为主的活动，是根据教育目的，以传授和学习知识为基础，促进学生发展，教师和学生之间有组织的、协同的教和学的活动。⑧

（7）李秉德认为，教学是教的人指导学的人进行学习的活动，教和学相结合或者相统一的活动。⑨

从上述列举的教学定义来看，由于视角不同，人们对教学基本含义的理解存在一定的差异。

2. 理解教学概念的视角

通过对上述教学定义进行分析，我们认为，对教学的理解和认识主要有四个视角。

---

① 石中英. 教育哲学导论. 北京：北京师范大学出版社，2002.
② 单文经. 教学引论. 台北：学富文化事业有限公司，2001.
③ 夸美纽斯. 大教学论. 傅任敢译. 北京：人民教育出版社，1984.
④ 杰·阿基比鲁. 教育哲学导论. 董占顺，王旭译. 北京：春秋出版社，1989.
⑤ 王策三. 教学论稿. 北京：人民教育出版社，1985.
⑥ 李定仁，徐继存. 教学论研究 20 年. 北京：人民教育出版社，2001.
⑦ 黄显华，朱嘉颖. 一个都不能少：个别差异的处理. 上海：上海科技文献出版社，2003.
⑧ 赖志奎. 现代教学论. 杭州：杭州大学出版社，1998.
⑨ 李秉德. 教学论. 北京：人民教育出版社，1990.

1）从教的意义上理解教学

教学是教师把知识技能传递给学生的过程。从教的角度理解教学，是把教师定位为教学的主体，强调教师在传递知识和技能方面的作用。这种理解实际上是古代教学思想的延续，即教学是教育的一种形式，教育是培养人的活动。但是，把教学理解为教师的主要活动，把教学论理解为教程的思想，忽视了教学过程中其他因素的作用，缺乏学生学的教学不可能是完整的教学。

2）从学的角度理解教学

对学生学习地位的重视很大程度上得益于教育心理学化运动。教育心理学化运动重视教学过程中学生学习问题的研究，对教学论发展产生了重要的影响。从学的角度理解教学是对学生主体性的彰显。但是对于学的过于关注，也存在一定的片面性。离开了教师，学生的学习活动也很难完成。因此，把教学重心从教师的教转向学生学的观点，实际上是走向了另一个极端，犯了矫枉过正的错误。

3）从教和学统一的角度理解教学

从教和学统一的角度理解教学，主张教学是教和学统一的活动。这种定义的视角克服了单方面强调教师教和学生学的缺陷，把教学看作教师和学生之间双边活动的过程。尽管人们在教和学统一的过程上达成共识，但是对统一活动的理解仍然存在一定的分歧。例如，有的从教师方面定义教学，有的从学生角度对教学概念进行阐述，还有的从共同活动结果的角度进行阐述。尽管存在一定分歧，但是从共同活动角度理解教学，是对教学概念理解的进一步深化。

4）从教学生学的角度理解教学

一些学者在认同教学是教和学共同活动的基础上，把教学定位为教师“教学生学”。根据他们的观点，教学活动是分层次的，教师的教是教学系统中的高级层次，学生的学是教学系统中的低级层次。这种理解是对教和学共同活动过程的一种深化，表明人们对教学概念的理解越来越深入。

从上述分析中可以看出，要想得出一个通用的、普适性的教学定义很难，但是可以得出教学的最基本含义：教学是一种动态活动的过程，是以课程为中介，教师和学生双边活动的过程。广义的教学是指教的人以一定内容为中介指导学的人所进行的学习活动；狭义的教学是指学校教学，教师以课程内容为中介，有目的、有意识地引导学生进行的教和学相统一的活动。

（三）教学与教育、智育和上课的关系

教学与教育是部分与整体的关系。教学是教育的基本组成部分，是实现全面发展教育的基本途径。在学校教育中还存在课外活动、社会时间活动等实现全面发展教育的途径。教学也不等同于智育，而智育只是教学需要完成的任务之一，教学还承担德育、体育、美育和劳动技术教育的任务。教学也不是上课，上课是教学活动的中心环节。除了上课以外，教学还包括其他方面的活动。

二、教学的意义和作用

（一）教学的意义

教学是学校教育的重要组成部分，它是学校教育的中心工作。教学的意义包括以下三个方面。

1. 教学是实现学校教育的主要途径

学校教育途径是多种多样的，大致包括教学、社会活动、党团活动。在所有的教育途径中，教学是占用时间、设施和人员最多的活动，这在客观上明确了教学的中心地位。

2. 教学直接体现学校教育目的

教育的主要目的是促进学生的全面发展，并为学生终身发展奠定基础。在学校教育中，教学是教育目的的直接体现。教学的主要任务是教师借助于课程内容，向学生传授知识和技能，使学生在知识、技能、态度、情感和价值观方面得到发展。从一定意义上说，教学比较直接、全面地体现了学校教育目的。

3. 教学是学校活动的核心

学校工作类型主要分为教学工作、党务工作、行政工作和总务工作，而后三种工作主要是为教学服务的。这从学校工作范围上说明了教学在学校教育中的核心地位。

（二）教学的作用

教学地位的重要性主要是由教学的作用决定的。教学的作用主要表现在以下两个方面。

1. 教学为学生发展奠定基础

在教学活动中，教师通过向学生传授知识和技能，促进学生知识、技能、情感、态度和价值观的发展，为学生终身学习，以及走向社会、实现社会化奠定了基础。

2. 教学为学生社会化做好准备

在学校教学活动中，学生利用较短的时间，掌握人类几千年积累的知识，奠定人生发展的知识基础。学校也是一个组织，在这个团体中，人们必须进行交往。在学校教学活动中，通过教师和学生之间的交往、学生和学生之间的互动，学生可以了解人与人之间交往的基本准则和礼仪，为他们走向社会奠定基础。学校教学可以看作是学生走向社会化的一种预演，是学生走向社会所做的必要准备。正如佐藤正夫所说："教学的课题就在于最大限度地发展人的全面潜力，使之掌握一定的知识、技能和能力，作为一个人在社会中出色的活动，为社会存续发展与人类进步向上作出贡献。"①此外，教学还具有促进学校自身发展的功能。学校通过改进教学，不断提高教学质量，促进学校自身的发展。

---

① 佐藤正夫. 教学论原理. 钟启权译. 北京：人民教育出版社，1996.

三、我国现阶段的教学任务

作为实现教育目的基本途径的教学，在现阶段主要的任务包括以下几个方面。

（一）传授系统的科学文化知识，培养基本技能技巧

传授系统的科学文化知识，培养基本技能技巧是教学的首要任务。在教学活动中，学生通过学习系统的科学文化知识，为今后的学习和发展奠定良好的基础。教师通过学生基本技能技巧的培养，提高学生解决问题和分析问题的能力，为学生终身学习提供必要的保障。

（二）增强学生的智力、体质和创造能力

学生在教师引导下，通过相关的学习和活动，促进认知能力的形成，增强学生的智力。在教育教学活动中，学校通过专门的体育课程，以及其他相关的课程，使学生掌握必要的体育方面的知识，促进学生体质的发展。在教学活动中，教师通过精心的设计引导，培养学生的创新意识，提高学生创造能力。

（三）培养社会主义品德和审美情趣

在教学活动中，教师通过相关的内容，提高学生的道德认识，激发学生的道德情感，锻炼学生的意志品质，形成良好的道德行为，进而培养社会主义品德。教师也把美育渗透在各种教学活动中，提高学生的审美情趣。

（四）关注学生的个性发展

教学是实现教育目的的基本途径，因而教学活动既要求所有的学生必须达到国家规定的基本要求，又要关注自身个性的发展。从这个意义上说，教学在学生发展方面体现共性和个性的统一。

第二节　教学过程的本质与规律

教学过程是实现教学目标，取得良好教学效果的核心活动。只有正确地认识教学过程的本质，理解和遵循教学规律，才能正确认识教学各要素之间的关系，实现教育过程的要素的优化组合，最终实现教学目标。

一、教学过程的含义

（一）教学过程的概念

教学过程实质是一种教学程序结构，是教学活动从开始到结束在时间上连续展开的过

程。按照范围的大小，教学过程指称的层面有所不同：①一节课或一个单元的教学所占有的时间流程，这是最为常见的教学过程。它通常包括：启发动机，激发求知欲望；感知教材，发展观察能力；理解教材，发展思维能力；巩固知识，培养记忆能力；运用知识，形成技能技巧；检查知识，调节教学活动等几个阶段。②一个单元从开始到结束的过程。③教育阶段的教学过程。④整个学校系统的教学过程。⑤人类历史发展过程中的教学过程。

（二）教学过程的特点

作为一种特殊的程序结构，教学过程具有如下特点。

1. 双边互动性

教学过程是教师与学生之间双边互动的过程。教的活动和学的活动统一于教学活动中。教学活动不是简单的“教+学”，而是师生之间相互促进、多方面共同作用的结果。在教学活动中，教和学是相互依存的矛盾统一体。尤其现代教学，更加突出师生之间的交往与互动。教与学的交往互动不仅影响师生双方的行为，而且也会影响教学的效果。

2. 发展性

教学过程是有目的、有组织、有计划展开的教育活动。教学活动借助相应的课程标准和课程计划实现促进学生多方面发展的目标。在教学活动中，师生借助教学内容，采用教学手段，实现促进学生智力发展的目标。教学活动不仅仅是实现智育目标的活动，也是实现德育目标、体育目标、美育目标、劳技教育目标的活动。

3. 认识的间接性

教学过程是引导学生间接认识的过程。在教学活动中，学生认识的对象是以教材为主的间接知识。这个特点决定了学生可以在极短时间内接受和学习人类几千年积累的知识，加速学生认识的进程。教学活动具有的认识间接性特点，并不意味着学生以间接知识学习为唯一。从知识发展的角度看，间接知识也是由直接知识转化而来的。因此，在教学活动，教师既要引导学生从文本的角度解读知识，又要引导学生获得直接经验，使二者相得益彰。

二、教学过程的本质

对教学过程本质的认识直接决定教师在教学过程中的基本行为。一般而言，有代表性的教学过程本质观主要有以下几种：认识说、特殊认识说、发展说、认识—发展说等。

（一）认识说

教学过程认识说认为，教学过程与人类的科学认识没有区别，教学过程实质就是学生对科学知识的认识过程。认识说注意到了学生在教学过程中对知识的学习，把知识的学习看作是教学过程重要的内容。因为认识说在抹杀学生掌握知识和科学家发现创造知识间的差异，所以，自身的合理性也受到质疑。

（二）特殊认识说

针对人们的质疑，一些人对教学认识说进行了修正。他们指出，尽管教学过程与一般认识过程具有一致性，但也具有特殊的一面，教学过程是一个特殊的认识过程。教学过程与认识过程的相同之处在于：首先，教学过程与认识过程程序有相似性，教学过程是“感知教学材料—理解教学材料—应用巩固教学材料”的过程，认识过程则遵循“直观—抽象—实践”的过程，二者具有相似性；其次，二者都是对客观世界的反映；最后，参与过程的主体在认识客观世界的过程中，都在改造自己的主观世界。教学过程不同于认识过程，主要表现在以下三个方面。第一，教学过程具有引导性。学生的认识活动是在教师引导下进行的，不是全部独立完成的。第二，教学过程具有间接性。学生在教学过程中获得的认识是人类长期积累的经验。第三，教学过程具有简洁性。学生通过教学可以在很短时间内获得人类长时间积累的知识，是一种非常快捷的学习活动。

虽然教学过程具有引导性、间接性和简洁性的特点，但是我们不能把教学过程和科学认识混为一谈。教学过程不同于科学认识。首先，教学过程是在教师引导下进行的，而科学认识是科学家独立完成的；其次，教学过程重在继承，科学认识重在创新；最后，教学过程不仅仅局限在认识，还具有教育性。

（三）发展说

发展说认为，教学过程本质是促进学生发展的过程。学生发展包括心理和生理两个方面。教学过程的认识说只重视学生的心理发展，而忽略了学生的其他方面。发展说是伴随着近代挣脱封建枷锁的束缚，争取人类自由、解放运动而发展起来的。在 20 世纪以来的进步教育中，苏联的赞科夫、美国的布鲁纳都提出过发展的问题。发展说的主要缺陷在于：强调学生的主观能动性的同时，削弱了教师的主导地位；强调了学科体系，忽略了接受水平和理解水平。

（四）认识—发展说

一些人意识到了认识说忽略了教学过程中人的生理发育和心理发展的因素，而在理论上又僵化理解和应用马克思主义哲学认识论。针对上述弊端，他们提出教学过程既是认识过程，又是发展过程，是认识和发展的有机结合。具体来说，教学过程的本质应当包括：教学过程是以认知为基础的知情意行的统一培养和发展的过程；教学过程是以智育为关键的德、智、体、美等全面培养和发展的过程；教学过程是个性全面培养和发展的过程。

三、教学过程的基本规律

教学过程的规律是教学过程要素之间本质的、必然的联系，它对教学目的起着决定性的作用。

（一）直接经验和间接经验相统一的规律

直接经验和间接经验相统一的规律也被称为学生认识的特殊性规律。直接经验是人们通过参与相关活动和自身实践活动获得的感性知识。间接经验是人们通过学习获得他人实践过、经过总结和概括的知识。在学校中，间接经验主要指的是书本知识。直接经验和间接经验相统一的规律要求教师在教学活动中既要重视学生直接经验的活动，又要通过其他途径使学生获得间接经验，使学生在间接经验的基础上更好地理解知识。

1. 学生以间接经验学习为主

在教学过程中，学生学习间接经验具有一定的优势：①可以缩短知识学习周期，节约探索、总结知识所占用的时间；②学习目的性更加明确，学生在学习间接经验的同时，能极大降低盲目性，在短时间内掌握大量的知识；③效率更高，在教学活动中通过教师有力的指导，能保障学生学习的快捷性。

2. 学生借助直接经验理解间接经验

书本知识或者间接经验都是他人的经验，都是特定时代、特定环境的产物。如果没有直接经验的帮助，学生很难理解和消化书本知识。依据建构主义的观点，学生自身经验影响知识的建构。因此，教师在教学过程中，需要关注以下方面：①创设情境，帮助学生理解间接经验；②从学生现有知识状况出发，选择和讲授教学内容；③注重理论与实践结合；④教给学生相应的方法。

（二）教师主导与学生主体相统一的规律

教师主导作用与学生主体作用相结合的规律也被称为双边性规律。这个规律要求教师在教学过程中既要充分发挥主导作用，又要发挥学生主体作用，调动学生学习的积极性，使二者有机结合，取得良好的教学效果。

1. 教师要充分发挥主导作用

教师是教学活动的组织者。教师在教学中的地位决定他必须在教学中发挥主导作用。在教学活动中教师主导作用体现在：①教师对整体教学活动发挥着决策、选择和引导的作用；②教师的教影响学生的学习行为、学习方式，以及学生学习的积极性；③教师的教学活动影响学生个性的发展。

2. 学生要积极发挥主体性

在教学活动中，学生是学习主体，具有主观能动性。作为具有主体性的学生，具有如下特征：①学生的学习行为是自己完成的，任何人都不能取代学生的行为；②学生具有主观能动性，在教学活动中，学生不是全部接纳教师所传授的知识，而是根据个人兴趣、爱好、需要、原有的知识经验等对知识进行筛选、加工和创造。

3. 建立良好的师生关系

教学活动中，民主、和谐的师生关系是教师主导作用和学生主体作用发挥的基本条件。在轻松和谐的氛围中，教师通过鼓励学生积极合作，满足学生的兴趣和需要，依据学生的个性特点合理安排教学内容，培养学生创新思维，实现教与学双赢的效果。

教师主导作用和学生的主体性是教学活动相辅相成的两个方面。在教学活动中，教师有效发挥主导作用，才能更好调动学生学习的积极性。同时，只有学生充分发挥主体性，才能彰显教师主导的价值。因此，在教学活动中，要正确处理好教师主导和学生主体的关系，既不能因为教师的主导作用而忽视学生的主体性，也不能以发挥学生主体性为借口，忽视教师的主导作用。

（三）掌握知识和发展智力相统一的规律

掌握知识和发展智力相统一的规律亦即发展性规律，指教师在教学过程中既要重视知识的传授，又要强调学生能力的培养，做到二者有机统一。

知识窗：形式教育和实质教育

1. 知识是能力发展的基础

学生智力的提升以知识为基础。知识可以扩展人们的知识视野，为人们认识客观世界提供基本的概念框架和方法论。没有相关的知识作基础，学生智力的发展也就成了无源之水、无本之木。

2. 培养能力是掌握知识的前提

掌握知识是取得智力发展的基础，智力是由知识转化而来的。智力水平的高低影响学生掌握知识的深度和水平。大量调查证明，一个人的知识越丰富，对事物的观察就越敏锐、深刻，思维活动就越能在更为广阔的领域进行，因而对事物的判断、推理就会更正确。学生的智力水平高，就能举一反三、触类旁通；学生的智力水平低，则是学习的一大障碍。一个学生的观察能力和思维能力强，他对事物的观察就能及时抓住主要问题，进行分析，对科学的概念和原理懂得快，用得活。所以，提升智力是学习科学知识的前提条件。只有很好地提升智力，学生才能学得更好、更多、更主动、更灵活。

3. 传授知识与提升智力转化的机制

智力是能力的一种。知识和能力不是对等关系。掌握知识多并不意味着人的能力越强，而人的能力强，也并不意味着人知识掌握得好。在教学活动中，顺利实现掌握知识向提升智力的转化，教师需要做好以下工作。

（1）通过传授知识提升学生智力。教师在关注学生系统掌握知识的过程中，要注意克服为了知识而教知识的倾向，要以知识为载体，促进学生智力的提升。

（2）在培养能力的同时提高学习知识的效果。在教学活动中，教师要调动学生学习的积极性，培养学生良好的个性品质，把学生从旁观者变成积极的参与者，在培养学生能力的同时，提高知识学习的效果。教师通过科学合理的教学活动，既要做到授人以鱼，又要做到授人以渔。

（四）传授知识与思想教育相统一的规律

1. 含义

教学永远具有教育性，教学过程既要向学生传授知识和技能，又要对学生进行思想品德教育。

2. 依据

教学具有教育性的主要原因在于以下几个方面。

（1）教学的社会制约性。作为教育重要组成部分的教学，受社会政治、经济、文化等的制约，因此，教师在教学过程中要渗透统治阶级的思想和意识。不同社会对这个方面都有所要求。

（2）教学本身特点决定其具有教育性。教学过程中掌握知识和接受思想教育是统一的。一方面，教学内容本身就具有一定的教育价值，学生在学习知识过程中会潜移默化地受到思想教育。另一方面，学生在学习过程中自身的思想状况也对知识的学习产生一定的影响。

（3）师生交往中蕴含着教育的因素。教师在教学过程中总是以自己的思想、政治观点、情感等对学生产生重要的影响。这种影响可能是显性的，也可能是隐性的。

3. 二者的关系

传授知识与思想教育是相辅相成的，具体体现在以下三个方面。第一，知识是思想品德形成的基础。学生在学习科学知识的过程中提高自身的思想品德认识。第二，思想品德的提高奠定学习知识的基础。在教学过程中，教师通过提高学生思想品德水平，引导学生自觉将个人学习与社会发展联系起来，注重学生知情意行的有机统一，给学生以巨大的推动力，进而调动学生的学习主动性和积极性。第三，传授知识与思想品德教育有机结合。在教学中，脱离知识进行思想品德教育，思想品德教育就会成为无源之水、无本之木。强调知识，忽视思想品德教育，知识学习就会失去动力和方向。

总之，教学具有教育性是教学内部规律和外部规律的必然结果，是在教学过程中客观存在的。教师在教学过程中要很好地利用这条规律，做到教书和育人的统一。

四、教学过程的基本阶段

一般而言，教学过程包括如下几个基本阶段。

（一）激发动机

学习动机在学生学习过程中十分重要。学生只有具备了强烈的学习动机，才能增强自己学习的自觉性和求知欲。在教学过程中，教师选择的教学内容、运用的教学语言、适当的教学方法实际上都是为了激发学生的学习动机，实现学生从“要我学”向“我要学”的转变。这种培养和激发学生学习动机的活动贯穿于教学活动始终。

（二）领会知识

领会知识是教学过程的中心环节。一般来说，领会知识的过程也就是引导学生感知和理解教材的过程。感知教材是领会知识的起点。在教学过程和教学活动中，教师依据学生已有知识经验，借助直观教育、参观、语言描述等手段，使学生深刻理解教材内容，形成清晰的表象，为学生理解教材奠定基础。理解教材是教学过程中学生掌握知识的中心环节。教师要引导学生学会从具体形象思维过渡到抽象逻辑思维，从已知到未知，实现理解教材、形成科学概念的目标。

（三）巩固知识

巩固知识阶段是学生牢固记忆学习的知识、技能，形成一定情感、态度和价值观的过程。在教学过程中，教师可以采取多种方式帮助学生巩固知识，保证学生学习活动的顺利进行。

（四）运用知识

运用知识是指学生运用学习的知识完成作业和解决实际问题。学生掌握知识的目的是能够运用，为终身学习奠定基础。在教学过程中，教师除了借助作业、练习的形式外，也可以让学生参与一定活动，促使其在活动中创造性地运用知识解决问题。

（五）检查学习效果

检查学习效果主要通过考试、测验等方式对学生学习情况进行检查。检查的主要目的是了解学生学习的情况，根据情况及时调整教学活动。此外，教学过程基本阶段的代表性观点的概述，如表 8-1 所示。

表 8-1　教学过程基本阶段的代表性观点

学者	教学过程基本阶段的观点
赫尔巴特	明了、联想、系统、方法
齐勒	分析、综合、联合、系统、方法
赖因	准备、展示、联合、理解、运用
凯勒	形象、感受、认识、联系
梅伊曼	确定方向、采取（方法）、理解、巩固、扩大
杜威	疑难、问题、假设、验证、结论
克伯屈	提出目标、计划、进行、评定
达尼洛夫	准备、感知、思维、巩固、在实践中运用、联系
塔巴	形成概念、解释材料、应用原理
萨奇曼	让学生面临问题、收集材料—证实、收集材料—实验、组织—阐述—解释、分析探究过程

第三节　教学原则与方法

一、教学原则

教学原则是人们依据教学目的和教学规律制定的，教师在教学过程中必须遵守的基本准则。教学原则是教学目的和教学规律的反映，它与教学规律之间不是一一对等的关系。一个原则可能对应几个规律，一个规律可能会总结出很多原则。教学原则对教学的选择和运用、教学组织形式、教学效果的评价、教学内容的调整都具有一定的制约作用。中小学常用的教学原则主要有以下几条。

（一）理论联系实际原则

1. 理论联系实际原则的含义

所谓理论联系实际原则，就是教师在教学过程中既重视理论知识的传授以保证知识的系统性，又要注意和生活实际相联系以保证学生理解和运用知识，提高学生运用知识分析和解决问题的能力。

2. 理论联系实际原则提出的依据

（1）我国的教育目的。我国教育目的主要是培养全面发展的人。全面发展不仅要求人具备基本的理论素养，而且要具备分析问题、解决问题的实践能力。因此，在教学中，教师要注意引导学生把理论知识和实际结合起来。

（2）学生发展的需要。学生在自身发展过程中需要具备相应的理论知识，而来源于书本的间接经验为学生获取知识提供一个捷径。受到各种条件和环境的局限，学生理解和消化理论知识还需要借助实践。从终身学习的角度，学生要想适应未来社会也需要把理论和实践结合起来，以增强社会适应性。

3. 贯彻理论联系实际原则的基本要求

（1）重视理论知识的教学。教师要按照课程标准和学科教学内容的具体要求，把理论知识准确无误地传授给学生，保障学生掌握必要的知识和技能。

（2）密切联系实际。密切联系实际既是学生理解知识的基础，也是学生能力提升的保障。教学中联系实际的方式主要有：①在生活中运用知识；②密切联系学生的生活经验；③合理创设“教学生活化”的情境。无论是哪种联系方式，教师在教学中都要避免牵强附会、不切合实际。

案例：“气压带、风带”的导入过程[①]

（3）适当开展实践活动。在教学中，教师根据教学需要引导学生练习、实验、实习、参观等活动。特别值得一提的是，新课程改革中倡导的研究性学习实际上就是在教学中理论联系实际的好形式。

（4）处理好知识和技能之间的关系。教学过程中既要避免过分重视系统理论、轻视知识技能，又要避免掉进“理论知识无价值”的窠臼。

（5）补充乡土教材，为学生联系实际提供必要的知识背景。

（二）循序渐进原则

1. 循序渐进原则的含义

循序渐进原则主要是指教学要按照一定逻辑系统，依据学生认识能力发展的顺序，持续、连贯、系统地进行，使学生掌握系统的知识和技能，形成严密的逻辑思维能力。

2. 循序渐进原则的基本依据

循序渐进原则是由科学知识内在的逻辑联系和学生发展的顺序决定的。

（1）科学知识内在的逻辑联系。任何科学都有自己严密的逻辑体系。科学基础形成的学科也具有这一特征。学科知识的这种特点决定了教学活动必须按照一定顺序，循序渐进

① 董国华，龚春燕. 中小学课堂教学艺术. 北京：科学技术出版社，1998：79.

地进行。

（2）学生发展的顺序。人的发展具有顺序性，教学必须与之相适应。尽管在学生发展不同阶段，学习内容有一定的差异，但是在教学活动中，学生学习的知识一定是按照顺序、系统进行的过程。

3. 贯彻循序渐进原则的基本要求

教师要贯彻循序渐进原则，需要关注以下五个方面。

（1）系统性地进行教学。课程内容是依据课程标准编制的系统性的知识体系。教师要深入钻研教材，了解教材的知识体系，依据学生身心发展特点开展教学活动。

（2）突出重点和难点。循序渐进并不意味着所有的知识面面俱到，而是要分清主次、抓住重点、突出难点、做到点面结合。

（3）讲授的内容要按照由浅入深、由易到难、由简到繁的顺序进行。

（4）培养学生系统学习的习惯。

（5）教学中要处理好“渐进”和“骤进”的关系。循序渐进主张教学活动按照一定顺序进行，但它不否认一定情况下的“骤进”。“骤进”是在渐进基础上逐渐积累而形成的，只要能力允许，也可以采用“骤进”的方式。

（三）直观性和抽象性统一原则

1. 直观性和抽象性统一原则的含义

直观性原则就是通过直观形象的方式，利用学生多种感官和经验。直观性和抽象性统一原则，指教师在教学过程中通过直观性形象的方式，在感性认识的基础上对材料进行分析、综合等，使学生全面而深刻地掌握知识。

2. 直观性和抽象性统一原则的基本依据

直观性和抽象性统一原则符合人们认识理解事物的规律和学生的年龄特点。人们认识事物总是从感性直观开始，然后经过分析综合形成抽象的概念。学生认识的对象主要是间接经验，这些间接经验要想转化为学生自己的经验，教师就要通过一定直观情境的展示，使学生在直观基础上建构学习经验，加深对事物的理解和认识。基础教育阶段学生思维发展特点就是从具体形象向抽象逻辑思维过渡，直观性原则结合学生思维发展的特点。

3. 贯彻直观性和抽象性统一原则的基本要求

（1）正确选择直观手段。教学活动中的直观手段种类有三种：①实物直观，主要包括各种实物、标本、实验等；②模像直观，主要指各种图形图表、模型、幻灯片和录像等；③言语直观是教师借助语言描述形成的直观形象，教师在教学过程中正确选择直观手段，才能发挥其作用。正确选择和使用直观手段，教师要注意以下几点：①学生的年龄特点和已有的知识水平；②教学内容和教学目标；③把握使用时机。直观只是一种手段，而不是目的。直观的目的是帮助学生更好地理解和消化知识，因此只有正确合理地使用直观，才能发挥辅助作用。

（2）直观和讲解结合。教学直观承载一定的目的性。教学中采用直观手段不是为了展示，也不是为了好玩，而是要实现一定的教学目的。教师在运用直观手段时，要有目的的进行引导，对相关活动进行必要的讲解和总结，从而达到帮助学生理解知识，得出科学结论的目的。

（3）关注直观形象展示的目的。直观展示只是帮助学生理解事物和问题的手段，教学中不能为了直观而直观。在教学中，我们展示直观形象的目的在于使学生摆脱直观，最终进行抽象的思维活动。

（四）因材施教原则

1. 因材施教原则的含义

因材施教原则是根据学生的特点和年龄特征，有针对性地进行教学，使每个学生都能获得最佳发展的原则。

2. 因材施教原则提出的依据

因材施教原则的依据有以下两个方面。

（1）我国古代的经验。因材施教是我国古代孔子创立的一条重要原则。经过不断地发展，因材施教原则至少包含以下含义：①教师在教学活动中根据学生的个性特点和年龄特征进行教育；②教师采用有针对性的方法对学生进行教育。

（2）学生身心发展规律。不同年龄阶段的学生在生理、心理上具有不同的特点，他们的认识和能力水平不同，这决定了教师必须根据学生特点进行教学。相同年龄阶段的学生个人的兴趣、爱好、习惯等也不一定相同，教师在教学中应充分考虑学生的需要。此外，因材施教原则也是面向全体学生教学思想的体现。现代教育一个重要的理念就是促进所有学生的发展，因材施教是实现这个理想的途径。

3. 贯彻因材施教原则的基本要求

（1）深入细致了解学生。一是，教师要采取各种方法对学生进行全面的了解，提高教学活动的针对性；二是，从时机出发进行教学。教师要“关注”两端的学生，做好“择优”“拔尖”“差生”的转化工作。

（2）教师要区分不同的教学内容，以适应不同学生学习的需要。

（3）教师按照统一要求进行教学。基础教育课程改革纲要和学科课程标准是所有学生达到的基本要求。教师在教学过程中切忌“因材”，而忽视“统一”。

（五）科学性和思想性相结合的原则

1. 科学性和思想性相结合原则的含义

科学性和思想性相结合原则是教师既要把现代先进科学的基础知识和基本技能传授给学生，同时又要结合知识、技能中的德育因素，对学生进行政治、思想教育和道德教育。

2. 科学性和思想性相统一原则的主要依据

（1）我国教育传统的表现。我国自古就有文以载道的传统，通过知识的传授，对学生进行思想教育。

（2）我国教育目的基本精神的体现。我国的教育目的是培养德、智、体、美等全面发展的社会主义事业的接班人。作为社会主义的建设者不仅要有渊博的知识，还要有事业心和创新精神。完成这个目标要求承载教育任务的教学不仅要促进学生知识、技能的发展，而且要关注学生情感、态度和价值观的养成。

3. 贯彻科学性和思想性相统一原则的基本要求

（1）保证教学的科学性。教学科学性要求教师把知识准确无误地教授给学生。新课程改革以来，教师已经成为课程资源的开发者。因而教师在对课程资源进行筛选和选择的过程中要注意科学性。教师在选择过程中，应该通过各种形式进行验证，保证教学的科学性。

（2）根据教学内容特点进行思想教育。在实际课堂教学过程中，一些学科和活动可以直接进行思想、道德、心理教育。有些学科则蕴含潜在的思想性，这种潜在的思想性需要教师进行挖掘。教师在教学过程中应该时刻提醒自己，除了对学生进行知识教育外，也要对学生进行思想教育。此外，教师要艺术性地挖掘教学中的思想因素，不能牵强附会。

（3）思想教育贯穿于教学过程。传授知识是思想教育的重要途径，但绝不是唯一的途径。教师应将思想教育贯穿于教学的各个环节。在教学设计过程中，把思想教育作为一种取向。在教学实施中，把思想教育贯穿于导入、讲授新课等环节，根据实际需要对学生进行思想教育。

案例：春风化雨[①]

（4）努力提高教师的专业水平和思想素质。教育在发展，时代在变化，终身学习成为主旋律。作为优秀的教师必须不断提高自己的专业水平和素养，才能保证教学科学性和思想性的统一。

（六）启发性原则

1. 启发性原则的含义

启发式原则是教师在教学过程中，充分调动学生学习的积极性和主动性，引导学生独立思考，积极探索，使学生更好掌握知识，提高他们分析问题和解决问题的能力的原则。

2. 启发性原则提出的依据

（1）启发性原则符合学生的认识规律。在教学活动中，教师的教固然重要，但学生的学习也占据重要地位。学生认识事物的过程也是自己思考的过程，这种思考是教师代替不了的。因此，教师要在教学过程中，启发引导学生，促使学生积极主动思考、解决问题。

（2）启发性原则符合我国教学目的的要求。现代社会需要的是能独立思考、创造性解决问题的劳动者。启发的根本目的在于引导学生独立思考，提高他们分析问题和解决问题的能力。因此，启发式原则与我国的教学目的是一致的。

（3）启发性原则是我国的传统。《论语·述而》中提出："不愤不启，不悱不发，举一隅，不以三隅反，则不复也。"《学记》中也提到"君子之教，喻也。""道而弗牵，强而弗抑，开而弗达。道而弗牵则和，强而弗抑则易，开而弗达则思。和易以思，可谓善喻矣。"这些论述集中体现了启发性思想，是我国教育思想的宝贵财富。

3. 贯彻启发性原则的基本要求

（1）调动学生学习的主动性。在教学过程中，教师首先要阐明所学知识的价值，这是调动学生学习主动性的前提条件；其次，善于提出启发性的问题；最后，教师要把握启发

① 李玉萍. 一份特别的教案——教育艺术案例与分析. 北京：中国人民大学出版社，2004：51-53.

的时机，应在学生积极思考时给予启发。

（2）引导学生学会思考。引导学生学会思考也是实现启发的基本条件。引导学生学会思维首先要教给学生思考的方法，如分析、综合等。其次，引导学生观察事物，从中发现独特的事物。再次，要鼓励学生敢于提问，鼓励学生大胆质疑。在教学过程中，教师要对学生提出的问题积极鼓励，不能一味地打击。最后，鼓励学生经常对自己学习进行反思，不断总结经验教训。

（3）建立良好的师生关系。融洽的师生关系是调动学生学习主动性，促进学生积极思考的重要条件。建立融洽的师生关系，保证教师在教学过程中积极鼓励学生敢于提出问题，这样才能保证启发教学顺利进行。

（七）量力性原则

量力性原则也称可接受性原则，教师教学活动中所教授的内容要与学生发展水平相符合。这一原则提出的依据有两个：①学生自身的特点。学生是未成熟的人，处于不断学习过程中。这种特点决定学生对知识学习和接纳具有一定的局限性。所以，教学活动一定要符合学生发展的水平。②教学与发展之间的关系。发展主义教学理论主张教学走在发展的前列。维果茨基提出最近发展区理论很好地阐述了这个观点。教学活动不能低于学生现有发展水平，也不能高于学生最高发展潜力，而是处在最近发展区之内。贯彻这条原则的基本要求：①深入了解和研究儿童的年龄特征；②了解各个阶段儿童身心发展的规律和特点；③合理确定教学难度。

（八）巩固性原则

巩固性原则就是教师在教学过程中，引导学生在理解基础上牢固掌握知识和技能。这条原则提出的基本依据是：①学生学习的需要，学生只有牢固掌握相关的知识和技能，才能取得良好的学习效果。②记忆发展规律，根据心理学的研究，学习后遗忘马上开始，遵循先快后慢的原则。在教学活动中，如果教师不能采取相应的措施，巩固学生所学的知识，就会影响学生以后的学习。贯彻这条原则的基本要求：①在理解基础上巩固；②及时组织学生进行复习；③在扩充改组和运用中巩固知识；④教给学生科学的记忆方法。

二、教学方法

教学方法是教师为了完成教学任务而采用的方法，既包括教的方法，也包括学的方法，是教法和学法的统一。教学方法在教学活动中具有重要的意义，它是联结教师教和学生学的重要纽带，是实现教学任务的重要条件，也是提高教学质量和效率的重要保证。

（一）中小学常用的教学方法

目前，我国中小学常用的教学方法主要有讲授法、谈话法、讨论法、读书指导法、演示法、参观法、练习法、实验法、实习作业法等。

1. 讲授法

讲授法是通过口头讲述向学生传授知识、培养技能的教学方法。讲授法是教学方法中最常用的，也是最古老的一种方法。讲授法可以分为讲述、讲解和讲演等。讲述主要运用于表述实践、知识，主要解决“是什么”的问题；讲解用于分析和论证问题，主要解决“为什么”的问题；讲演采用报告的形式，兼有讲述和讲解的作用，完整地讲明某一主体或者专题。[1]教授法的特点是：①学习内容以间接经验为主；②以教师为主导，口语为主要媒介；③信息以单项传递为主。

讲授法的优点有：①易于控制讲授的内容。讲授法主要以教师为主导，教师在课堂教学中占据主导地位，并能控制讲授的知识内容。②保证学生获得系统连贯的知识，提高学生知识掌握度。③学习效率高。通过讲授法，教师系统连贯地把教学内容传递给学生，减少学生学习所用的时间，保证学生学到大量的知识。④对设施和器材要求较低。⑤适合大规模教学。

讲授法的主要缺点在于：①容易忽视学生的主体性，造成学生心理依赖。教授法主要以教师为主，教师占据课堂的主导，学生学习主动性受到压抑，影响学生学习效果。讲授以教师为主，容易导致教师在教学过程中，关注对学生知识的灌输，忽视学生自身思考能力，同时这种灌输导致学生对教师产生依赖心理，容易导致学生学习主动性的缺失。②不利于创造性的发挥。③不适合动作技能和情感态度的培养。④信息保持率不高，容易走向注入式教学。由于讲授法存在明显的缺陷，人们对讲授方法提出一些批评，甚至有人把讲述法和注入式教学等同起来。实际上，讲授法运用不当容易导致注入式，但讲授法未必一定导致注入式，关键看教师在教学中如何合理地运用。

讲授法在运用过程中的基本要求是：①正确认识讲授。②合理运用讲授方式。③掌握讲授的艺术。[2]讲授的内容要有科学性和思想性；讲授安排要合乎规律、循序渐进、条理分明、重点突出、富于启发性；讲授的语言要精练、生动形象；善用姿势和板书辅助表达；要注意指导学生有效地听课和记笔记。④注重课堂动态的生成。

2. 讨论法

讨论法是在教学过程中，师生共设问题情境，围绕一定主题或者议题进行讨论，发表各自观点和看法，促使班级成员之间相互学习的一种教学方法。它以对话为主要形式，目的在于使学生获得知识，启发思维，提高人际交往的技能和技巧，增加情感体验。讨论法有很多类型，从讨论的主导看，可以分为教师主导和学生主导；从准备程度看，可以分为主题讨论和即兴讨论；从规模角度看，可以分为全班讨论，小组讨论、头脑风暴和专门小组讨论。

案例：对“白杨礼赞”题目的讲解[3]

讨论法的优点是：①有利于师生活动，讨论法可以加强师生之间、生生之间的互动，突出教学活动的双边性；②讨论法能很好地发挥学生学习积极性和主动性，很好地培养学生的思维能力；③通过讨论加深学生对所学知识的印象，有助于学生更好地掌握知识；

① 叶澜. 新编教育学教程. 上海：华东师范大学出版社，1991：321.
② 田慧生，李如密. 教学论. 石家庄：河北教育出版社，1997：219
③ 孙和平，尤翠兰，王玉. 教师口语实训教程. 武汉：武汉大学出版社，2012：209.

④有助于增强师生之间的关系；⑤有助于提高学生的参与度；⑥有助于培养学生的交往技巧。主要缺点是：①难于控制课堂教学；②讨论对教师和学生知识、能力方面要求比较高；③讨论过程中也不太容易照顾学生的个别差异；④对教学环境要求高；⑤容易引发教学人物和教学进度的冲突。

讨论法的基本要求是：第一，把握好讨论的步骤。①选择合适的主题或者议题，主题一定要具有争论性，能够调动学生讨论的积极性。讨论主题或者议题可以由教师选择，也可以由学生自己选择。②列出讨论提纲。讨论提纲的作用是防止在讨论过程中偏离主题或者议题，保证讨论顺利进行。③对学生进行分组，一般在讨论中可以把学生分成 4～6 人的小组，明确每名成员在讨论中的基本责任，防止学生在讨论过程中两极分化。④展开讨论。这是讨论中最关键的部分。在这个阶段教师一定注意要学生积极发言。为了保证学生能积极发言，教师要做到：对学生明确说明讨论的主题；要求学生在讨论前有所准备；讨论中要认真倾听学生的谈话。⑤小组报告。讨论后，每个小组可以把讨论的成果向全班汇报。⑥总结。总结可以由学生进行，也可以由教师进行。第二，制定好相应的规则。第三，指导、监控讨论过程。第四，控制好讨论时间。

案例：字母能表示什么[①]

在讨论过程中，教师一定要给予学生讨论的主导权，要注意在讨论中培养学生合作、民主参与的意识和行为。讨论不一定达成共识，小组可以保留自己的想法。

3. 谈话法

谈话法也称问答法、提问法，是教师通过师生之间问答和对话的方式，引导学生思考，获得知识和技能的方法。谈话法可以追溯到我国古代的孔子和古希腊的苏格拉底。谈话法可以分为启发式谈话和问答式谈话。启发式谈话主要用于传授新知识和复习旧知识；问答式谈话主要用于巩固和检查知识。谈话法最主要的优点是能使学生较好地掌握教学的知识点，提高学生参与度和分析问题与解决问题的能力。谈话法的主要缺点在于问题设计难度大，对教师的教学技巧要求高，学生难于获得系统知识。谈话法的基本要求是：①教师要有较强的驾驭教材和应变的能力；②问题明确，频率适当；③要面向全班学生；④提问后要进行总结，以加深学生的印象；⑤及时应答。

4. 演示法

演示法是指教师通过向学生呈现实物、模型、图片或者采用现代化教学手段呈现教学内容，指导学生获得知识的一种方法。演示法按照直观的演示物可以分为：图形演示法、实物演示法、模型演示法、实验演示法、动作演示法、模拟演示法等。演示法的优点在于体验抽象的知识和复杂的技能，激发学生的兴趣，使学生加深对抽象概念或者材料的理解，并更好地理解所学的知识。演示法也存在容易分散学生的注意力、演示具有不确定性、增加课堂管理难度等缺点。

演示法的基本要求是：①明确演示的目的、任务和方法，准备要充分；②演示要面向全班学生，保证每个人都能感知到演示物；③演示要适时，演示物有利于学生从直观形象的角度理解抽象概念、材料，但是演示物的展示要恰到好处，否则会成为教学的干扰，起

---

① 吕世虎. 初中数学新课程教学设计与特色案例评析. 北京：首都师范大学出版社，2003：102-103.

不到应有的作用；④演示要突出材料的主要特征；⑤演示时要配合讲授和问答，要注意引导学生进行分析，必要时，教师要借助其他教学方法；⑥引导学生集中注意力。

5. 读书指导法

读书指导法是教师指导学生阅读教科书或者课外读物获得知识，培养自学能力的方法。按照学生独立程度，读书指导法可以分为教师指导，独立、半独立。读书指导法的作用在于：一是帮助学生理解特定阅读材料；二是教会学生掌握必要的读书策略和技巧；三是提高学生自学能力。指导方法主要分为：一是渗透式，借助阅读材料对学生进行阅读方法的指导；二是附加式，以专题的形式，通过课程的方式向学生讲解阅读的技巧和方法。读书指导法主要依赖学生的自觉性，花费时间比较长。

读书指导法的具体要求是：①介绍相关的知识背景；②明确目的和要求；③教会学生阅读的方法，帮助学生掌握阅读的技能和技巧，其宗旨不在于教师如何指导，而在于学生怎样获得读书的方法和技巧，养成良好的阅读习惯，形成自学的能力；④加强对学生的指导；⑤阅读指导本着由课内到课外的原则，读书指导法可以从阅读教科书开始，逐渐扩展到阅读与教科书相关的内容，再扩展到校外其他内容，这种循序渐进的形式使学生容易把课堂中学到的东西应用到课外；⑥要适当进行交流，教师可以通过座谈、讨论、读书报告会等形式组织学生交流心得，相互学习，共同提高。

6. 参观法

参观法是教师根据教学的需要，组织学生到学校以外的场所，如工厂、社区、博物馆等直接观察实物，丰富自己的体验，从而获得知识的一种方法。参观法的基本作用是，能够让学生观察到自然状态和运动状态下的各种实物，容易把抽象知识转化为具体实物，丰富学生的感知。在参观过程中，学生也可以理论联系实际，加深理论知识在现实中的应用，培养科学的兴趣，促进学生情感的发展。当然，参观法的缺陷在于受时间、地域等因素的限制。此外，在参观过程中，如果不深入思考和引导，容易使学生对事物理解失之于肤浅。参观方式可以分为准备性参观、总结性参观和并行性参观。但无论什么形式的参观，都有其具体的要求。

（1）做好参观前的准备工作。参观前教师要制定相应的参观计划，具体阐明参观的目的和任务、参观的方式和方法、参观的时间及准备情况。

（2）重视参观中的管理。在参观过程中，教师要明确参观的纪律，提醒学生注意听讲，收集相关资料，注意自己的行为举止等。

（3）总结参观的收获。参观完后，教师必须要求学生做好参观的总结工作，及时把感性知识上升为理性知识，及时提交参观报告。

7. 练习法

练习法是在教师指导下，学生把课堂教学学到的知识应用于实际，用以消化知识、巩固学习成果、形成技能技巧的教学方法。练习法是中小学教学方法中运用得最广泛的教学方法。

根据不同划分标准，练习法可以分为多种类型。按照形式划分，练习可分为口头练习、书面练习和动作技能练习三种。按照性质划分，练习可以分为训练性练习和创造性练习。

运用练习法的基本要求包括以下几个方面。

（1）明确目的，建立常规。在这个方面，教师首先要教给学生必要的知识和技能，这是练习的基本前提条件；其次，教师要求学生明确练习的目的，练习的目的主要是掌握基本的教学技能，提高技能技巧；最后，教师要尽早建立教学常规，加强对练习方法的指导和反馈。

（2）精心选择教学材料，把握练习的“度”和“量”。教师要精心选择练习的材料，使练习系统化和多样化。在练习过程中，教师要把握练习的度和量，练习要适度、适量。

（3）合理安排时间，养成良好的习惯。

（4）注意练习题型的多样化。

（5）注意学生对独立练习的准备程度。

8. 实验法和实习作业法

实验法是学生在教师指导下，利用一定的仪器设备，控制试验的条件，引起事物或者现象发生变化，通过观察获取知识的一种教学方法。

实习作业法是学生在教师指导下，在实际条件下或者在模拟条件下尝试进行一些实际工作，从工作中获得掌握知识技能的一种方法。

实验法和实习作业法都比较重视学生动手和实际操作能力的形成，强调学生通过实践掌握知识的重要性。运用实验和实习作业法的基本要求包括以下几个方面。

（1）充分做好计划和准备。实验法和实习作业法操作性比较强，在运用这种方法前要做好准备，如设计操作步骤，准备和检查相关器材，对学生进行必要的指导和培训等。

（2）适时对学生进行指导。在教学运行过程中，教师要进行巡视，帮助学生解决遇到的问题，使实验和实习能顺利进行。

（3）结束时，要求学生进行总结，做书面或者口头报告，及时进行评阅。

以上简单阐述了中小学常用的几种教学方法。在素质教育和课程改革成为主旋律的今天，这些教学方法仍然发挥着重要的作用。随着基础教育课程改革的深入，教学方式和方法强调学生的自主、合作、探究，因此，合作学习、探究式教学成为课堂教学中比较常见的教学方法。我们在关注传统的教学方法时，也要对新的教学方法给予关注。

案例：新课程倡导的学习方式与翻转课堂

（二）教学方法的选择

中小学教学方法是多种多样的，怎样选择适合当前教学的方法，成为我们面临的一个问题。因为不同的学科、不同的教学内容需要不同的教学方法，适当的教学方法可以很好地完成教学任务，完成预定的教学目标，不适当的教学方法影响教学目标的实现，甚至会起到相反的效果。

教师选择教学方法的基本依据有如下几个方面。

（1）根据教学的目的和任务。教学目的和任务不同，选择教学方法也就不同，如果教学任务是传授知识，就可以选择讲授法、演示法等；如果教师的主要目的在于巩固知识，就可以选择练习法、讨论法等。

（2）根据学生特点。学生是教学过程中的主体，教学方法的运用的最终目的是促进学生的发展，因而教学方法的选择必须依据学生的特点。一般而言，学生的年龄越小，选择教学方法直观性越强。在不同的教育阶段，同一教学方法的侧重点和要求也是不同的，如运用实验法时，初中学生要求教师多进行指导，高中学生的独立性强一些。此外，教学方法要顾及学生学习的可能性，考虑学生的学习兴趣和求知欲望，满足学生学习的各种需要。

（3）根据教师的特点。在选择教学方法，教师要能兼顾自己的特长，发挥自己的特长，更好地发挥教学方法的作用。

（4）根据学校的条件。学校条件是制约教学方法运用的重要因素，教师在选择教学方法时，可以因地制宜，根据学校现有条件选择最适合的教学方法。

（5）考虑学科特点和具体教学内容。不同学科和教学内容倾向于选择不同的教学方法。

第四节　教学组织形式

在教学活动中，教师、学生、教学内容和环境等因素不是松散地组合在一起，而是要依托一定的形式，形成不同的关系和结构，用以实现教学目标。任何一种教学活动都是在一定的时间和空间环境进行的，离开教学组织形式，就不会存在教学活动。

一、教学组织形式的含义

所谓的教学组织形式，就是为了实现一定的教学目标，教师、学生、教学内容和环境等要素在一定的时空环境中相互作用的方式、结构和程序。具体而言，教学组织形式涉及三个方面的要素：①特殊的师生互动。教学组织形式直接体现着师生、生生特定的互动关系。不同的师生互动关系形成不同的教学组织形式。②特殊的时空安排。教学组织形式对时间和空间安排有一定的要求，这种时空背景为教师和学生活动提供了必要的时间和空间的保障。不同时间和空间的组合造成了教学组织形式的差异。③特殊的教学要素组合。教学要素组合在教学组织形式中表现在两个方面。一方面，教学组织形式根据自身的需要，对相关要素做出合理配置；另一方面，不同的要素在相应的教学组织形式合理配置时才能发挥教学组织形式的作用。

二、教学组织形式的发展

（一）个别教学

个别教学是古代社会主要的教学组织形式。个别教学主要是教师在同一时间对一个或几个学生分别进行教学的组织形式。其基本特征是：教师只同个别学生发生联系；学生的年龄大小不一、能力和文化程度参差不齐；教学随意性较强，缺乏计划性和系统性；教学不分年级和学科。这种教学组织形式能很好地适应个别差异，便于因材施教，其最大的缺点是规模小，效率低。二十世纪五六十年代以来，欧美采用加强教学系统性、应用新技术手段等对个别教学进行了改进。

（二）群体教学

群体教学也称班组教学，是集体教学萌芽形式。在群体教学中，虽然教师也向一群学生授课，但是并没有形成固定意义上的班级，学生年龄和程度有很大差异，学习进度和修业年限也不相同。学校没有统一规范的教学制度，学生入学、肄业和毕业的时间都不固定。

（三）班级授课制

班级授课制是把年龄或者能力大致相同的一群学生编成一个固定的班级，教师按照固定的课程表和统一的教学进度，以课堂讲授的方式，分科对学生进行教育的组织形式。班级授课制具有班、课、时的特点。

（四）贝尔—兰卡斯特制

贝尔—兰卡斯特制，也称为导生制。这种制度是由英国教师贝尔和兰卡斯特在 18 世纪末创建的，主要的目的是解决学生多、教师极度短缺问题。教师先选出一些年长的、成绩较好的学生作为导生，然后把知识传授给学习的“佼佼者”导生，再由导生教给其他学生。因其很难保证教学质量，导生制度逐渐退出教学组织形式的舞台。

（五）道尔顿制

道尔顿制是由美国柏克赫斯特女士于二十世纪二十年代在马萨诸塞州道尔顿创建的，是一种个别化教学组织形式。这种组织形式要求废除班级授课制，指导每个学生各自学习不同的教材，以发展其个性。道尔顿制主要采取三项措施：①师生订立学习合同，合同详细规定学生在一个月之内完成的学习计划；②学生在专门的自习室内学习，在学习过程中，教师首先指导学生制定当天的学习内容，其次学生在自习室内集中学习，教师负责解释学生遇到的问题，最后教师答疑和检查。

（六）文纳特卡制

文纳特卡制是美国教育家华虚朋从 1919 年起在芝加哥文纳特卡镇公立学校实验的一种教学制度。文纳特卡制试图解决个别化教学中存在的社会意识不强的问题，它把课程分为两部分：一部分是使学生获得将来生活上应用的最低限度的读、写、算和史、地等方面的知识技能；一部分是发展他们的社会意识。前者通过个别教学，按学科进行，以学生自学为主。后者通过音乐、艺术、运动、集会以及商店、编辑、出版等团体活动，随机进行，没有一定程序，也不考试。这种制度提倡教学个别化，学校社会化。

（七）分组教学

分组教学主要是为了解决班级授课制的弊端。分组教学的分组方法有能力分组、作业分组、外部分组和内部分组。能力分组主要是依据学生能力水平进行分组，学习课程相同，学习年限各不相同。作业分组是根据学生的特点和意愿分组，学习年限相同，学习课程不同。内部分组是在班级内部进行的差异分组教学。外部分组是按照学生能力或者学习成绩的差异，在同一个年级中编成不同的班级，是班级间的分组。分组教学能很好地满足学生的学习需求，照顾到学生的个别差异，但不利于学生个性的健康发展，容易导致学生两极分化。

（八）特朗普制

特朗普制是由美国教育家劳伊德·特朗普在20世纪50年代创立的。特朗普制是试图把大班、小班和个人三种教学组织形式结合起来的一种教学组织形式。它实行大班上课、小班研究和个别教学相结合的方式，其教学时间分配为：大班上课占 40%，小班研究占 20%，个别教学占 40%。这种教学组织形式在一定程度上实现了不同教学组织形式之间的融合，取长补短，既照顾到了个体差异，发挥了学生的主动性，又提高了教学效率，重视了教师的主导作用，但它在三种教学组织形式之间结合的比例和结合的方式方面仍有待于进一步改进。

三、现代流行的教学组织形式——班级授课制

班级授课制也称课堂教学，是把学生按照一定的年龄和学习程度编成班级，教师按照固定的时间表和统一的教学进度给全班同学上课的一种教学组织形式。

班级授课制的基本特点是班、时、表、课。①以班为单位进行教学，通常是把年龄和学习程度基本相同的学生编排在一个班级。一个班级人数为 40～50 人，条件优越地区和国家班级人数为 15～30 人。②以课时（学时）为教学时间单位，中学一课时为 40～45 分钟，小学一般为 35～40 分钟。随着课程改革的深入发展，出现了 15～20 分钟的微型课程。③以课程表为教学活动的基本周期，课程表一般规定一周时间内每天上课的科目和顺序、课间休息时间等。④以课堂为教学活动的基本单位。

班级授课制度的优点：①教学效率高，能大面积培养人才；②有利于发挥集体教育的作用；③有利于发挥教师的主导作用；④有利于学生多方面的发展。

班级授课制也有缺点和不足，这些缺点主要表现在：①教师很难照顾到学生的个别差异；②在教学过程中容易忽视学生学习的积极性和主动性；③教学内容与方法缺少灵活性；④不利于培养学生的探索精神、创新精神和实践能力。

四、教学辅助形式——现场教学

现场教学是指根据一定的教学任务，组织学生到事情发生或活动开展的现场进行教学的一种教学组织形式。它可以丰富学生的感性认识，培养他们运用知识的能力。现场教学的不足在于：“现场”难于选择，占用的时间较多。

五、教学的特殊形式——复式教学

与单式教学（即把同一年级的学生合成一班，在一个教室内由一位教师教学）相对，复式教学把两个或两个以上年级的学生编成一班，由一位教师用不同的教材，在同一节课内对

不同年级的学生进行教学的组织形式。复式教学很好地将直接教学与学生的自学（作业）相结合，对教学组织等方面有着更为复杂的要求。复式教学形式一般采用同堂异科的形式进行。

六、教学工作的基本环节

教学活动是一个十分有序的系统。一般来说，教学工作的开展是按照一定活动程序来进行的。完整的教学工作的基本环节一般包括备课、上课、作业的布置和批改、课外辅导、学生成绩的检查与评定。

（一）备课

备课是教学工作的基本环节，它是保证课堂教学质量的先决条件。备课是教师在教学活动中根据课程标准，在认真了解学生、分析教材基础上，选择、组织和传递学习经验的过程。备课可以分为学年备课、单元备课和课时备课。教师在备课的过程中主要把握以下几个方面。

（1）备教材。教材是课堂教学的主要载体，教师对教材的理解程度直接影响教师教学的广度和深度。备教材一般分为几个层次：①准确理解课程标准。课程标准是学科教学的基本指南，通过研究课程标准，教师可以了解学科教学的基本目标、任务和内容、教学的基本要求，从总体上理解学科教学。②钻研教科书。研究教科书就是要把握教科书的内容和知识体系，了解各个单元、章节的重点和难点等问题。③开发和利用课程资源。由于课程改革，传统上的教科书成为教学内容主宰的地位已经被打破，教学内容超越教科书的范围。教师在备课过程中还要充分发掘校内和校外的课程资源，满足学生发展的需要。④调整和加工教材。教材为教师提供了必备的教学内容。新课程理念强调教师“用教材教”，而不是“教教材”。因此，教师要学会从学生认知的角度对教材进行结构化重组，实现书本知识与个人经验的沟通，促进学生的成长。

（2）备学生。教学最根本的目的是促进学生的发展。学生身心发展状况是教师课堂教学的基本起点。在信息社会，受大众传播媒体的影响，学生知识、能力都有很大的提高，教师只有很好地了解学生，教学活动才能切合学生的实际。在备学生时，教师要注意两个方面：一要把握学生整体发展水平，二要了解学生的个别差异。只有这样，教师在教学过程中才能满足不同学生的需要，使教学工作具有预见性和针对性。

（3）备教学方法。在备课过程中，教师要充分考虑教学方法，设计好教学方法、教学手段、教学活动的序列。在备教学方法时，教师要考虑以下方面：①对教学方法有充分了解和认识；②根据学生、教学内容和自身条件优选教学方法；③教学方法不宜过多。

（4）拟订好三种计划。教学计划一般分为三种形式：一是学期教学计划，它是对教授课程的进度、时间、课程内容处理、课程创新的设想和总体安排。二是单元教学计划，它是对一个主题教学的规划，主要划分课型和课时、确定相应的教学方法和教学组织形式，把握本主题和其他主题之间的关系。三是课时计划，也叫作教案，是对一堂课具体深入的准备。教案是对师生课堂教学的具体设计和规划，它直接影响课堂教学的质量。教案按照形式可以分为条目式和表格式。一般而言，教案主要由以下几个部分构成：①背景资料，学校、班级、科目、教师、日期等。②课题名称。③教学目标，阐述该节课结束后学生应该达到的目标。④重点和难点。⑤课程的类型。⑥教学方法。⑦教材和教具的准备。⑧教学时间。⑨教学过程设计，这是教案撰写的主体，在设计时主要考虑教学过程的步骤结构和教学过程设计的基本内容。教学过程的步骤结构包括组织教学、导课、讲授新课、总结、布置作业。教学过程设计的基本内容包括：分解教学内容，确定先后顺序；设计相应的教和学活动；设计使用教学方法、教学材料和教学用具；设计教学过程的各个环节和时间分配。⑩板书设计。⑪附录，主要记载教师教学反思和心得。

备课是一项系统工程，教师需要精心准备。在备课过程中，教师还要从总体上处理好几个要素：①整合和细化三维课程目标；②树立正确的教材观；③正确处理教学构想和课堂生成的关系。

（二）上课

上课是课堂教学的中心环节，是课程内容落到实处的关键。上课也是检验教师教学质量和水平高低的一个重要方式，课的质量高低直接影响学生学习效果。一般来说，一堂好课程的基本要求有如下几个方面。

（1）目标明确。教学目标是教学的出发点和归宿，明确的教学目标是上好课的基本前提。教学目标的确定要注意几个方面：一是目标适切，就是目标符合课程标准的需要，还要适合学生的实际；二是目标可操作性，教学目标一定是能够完成的，能达到预期效果的；三是目标的全面性，教学目标既要关注学生知识和技能的发展，也要关注学生情感、态度和价值观的形成。

（2）内容正确。教学内容正确首先是保证知识的科学性，教学内容正确是完成教学任务的重要保障。其次，教学内容正确还要求教师准确使用专业术语，语言表达清晰无误。

（3）方法适当。教学方法虽然不是课堂教学质量的决定因素，但它对学生学习效果产生一定的影响。适当教学方法可以激发学生的兴趣，促使学生对教学内容的理解和吸收。教学方法的选择一方面要根据教学内容特点，另一个方面要考虑学生心理特点和基本的需要。

（4）组织有序。教学组织有序也是影响课堂教学质量的重要因素。在课堂教学过程中，教学内容的呈现、教学活动的组织都要有一定次序，保证教学活动顺畅的进行。教学活动有序不一定意味着教学必须按照严格程序来进行。有些教学，如探究教学，虽然看似课堂教学比较吵闹、比较活，但是吵闹不一定是无序，活也不等于乱。因此，在对教学进行评价的时候，也要考虑具体教学模式、教学方法的特点。

（5）教学效果好。教学效果是衡量上课最基本的尺度。教学成功与否主要看教学效果，看教学是否达到预期教学目标，是否真正促进学生的发展。这些都可以通过学生反应、对学生学习过程的观察，对学生成绩的评价等方面反映出来。

（三）作业的布置和批改

作业是课堂教学的一种延伸，主要作用在于巩固学生在课堂中学习的知识和技能。一些开放性的作业也可以使学生养成积极思考、创造性解决问题的能力。作业一般分为口头作业，如阅读、背诵等；书面作业，这是作业类型中最常见的，如练习、书面作文等；实践作业，如社会调查、科技活动等。不同作业对学生发挥着不同的作用。

教师布置作业遵循这样的要求：作业内容要适合课堂教学内容，具有典型性；作业适量，难度适中；作业要有明确的要求和时间限制；作业类型多样性。在作业批改过程中，教师要做到及时批改，及时反馈；作业评语一定要恰当；作业的评价要多样性，可以采用分数或者其他有利于学生的评价方式。

（四）课外辅导

课外辅导是教学的有益补充。课外辅导最基本的作用是弥补课堂教学中过于关注整体性的缺陷，可以针对个别学生因材施教。集体辅导和个别辅导是课外辅导的两种形式。集体辅导主要解决学生中存在的共性问题，个别辅导主要针对个别学生进行。课外辅导具体要求是：辅导要有针对性，优秀学生和落后学生要制定不同辅导措施和方法；以学生为主，辅导不是课堂教学，要以鼓励学生独立思考为主；辅导要注意发挥合作的优势，组织学生成立学习小组，发挥学习小组的优势。

（五）学生成绩的检查和评定

检查和评定学生的成绩是教学工作的一个重要环节。学生成绩的检查和评定，对于教师和学生具有不同的作用和价值。教师通过对学生成绩的考查，及时了解学生学习状况，并根据学生学习状况及时调整自己的教学。学生也会通过考试成绩，及时调整自己的学习，力求达到最佳学习效果。在我国，较为普遍使用的考查学生成绩的方法是考查和考试。

考查可以分为口头提问、检查书面作业和书面测验。考查主要用于对学生成绩的平时检查。考试是一种总结性的检查，是了解学生学习和教学效果的重要方法。在我国中小学，考试主要有学期考试、学年考试和毕业考试三种。考试方式可以分为口试、笔试和实践性考试。无论是哪种考试，都需要编制一定的试题，通过试题来检查学生的学习成绩。一般对学生成绩的评定主要方式有：百分制记分法，一般满分为 100 分，及格为 60 分；等级制记分法，通过规定及格等级评定学生成绩。现代随着教育改革的深入发展，学生成绩评定的方式已经走向多样化，对学生学习过程的评价逐渐受到人们重视。目前，人们对学生成绩的评定还采用观察法、调查法和自我评价法等。

第五节 教学评价

评价是人们对事物进行事实判断和价值判断的活动，对改善人的活动方式具有重要意义。它体现在教育教学领域中就是教育评价（包括教学评价）。

一、教学评价的含义

教学评价是指按照一定的教学目标和教学原则，运用科学可行的评价方法，对教学过程和教学成果给予价值上的判断，以提供信息改进教学和对被评价对象做出某种资格证明。

教学评价是按照教学目标进行的，明确教学目标是搞好教学评价的前提。教学目标总是带有某些程度的原则性、抽象性和笼统性。为了教学评价顺利地进行，必须把教学目标分解为教学指标，建立教学指标体系。在指标体系中，对起主导作用的教学评价指标应适当加大权数，以示其重要性。但对指标体系中权数小的指标，在评价中也不能忽视，决不能仅用一项或几项指标去判断教学质量。因为，教学是学生在教师有目的、有计划的指导下，主动地学习掌握系统的文化科学基础知识，形成基本技能、技巧，发展认识能力和创造能力，并使身体得到正常发育、健康成长，逐步形成正确的审美观点和感受美、鉴赏美及创造美的能力，逐步养成社会主义的道德行为和思想品质，形成辩证唯物主义世界观的基础，并使个性得到全面和谐的发展的育人活动。其内容非常丰富，反映教学目标的指标较多，掌握系统的文化科学基础知识是教学的一个重要指标，但不是唯一的指标，如只用掌握知识多少来评价教学，就不全面、不科学。所以，教学评价必须按照反映教学目标的教学评价指标体系进行评价。

教学评价是对教学过程、教学成果的价值判断。教学过程是指教师教和学生学的统一活动过程。在这个过程中，教师要根据一定的教育目的，制定和实施教学计划和进行学习指导。学生在教师指导下，主动学习，达到预定的教学目标。教学过程评价的具体内容包括备课、上课、辅导和学生学业成绩考查与评定的全过程，以及教学的内容、形式和方法。教学成果是指通过教学活动后，学生的学习能力和学习成就上的变化表现，教学成果评价也就是要评价学生学习后的学力、学习目的、态度、人格变化，以及达到教学大纲要求的程度等。可见，教学评价既是对教师教的能力和教的效果做出价值判断，也是对学生学习能力和学习成就上的变化做出价值判断。

二、教学评价的功能

（一）诊断功能

在评价活动中，通过对搜集到的信息资料进行整理分析，能发现评价对象（如教育方案、课程计划、教师工作、教学方法、学生学习等）存在的问题和不足，促使教育活动的改进。评价是对教学结果及其成因的分析过程，并以此可以了解到教学各方面的情况，从而判断和发现它的成效和缺陷、矛盾和问题。全面的评价工作不仅能估计学生的成绩在多大程度上实现了教学目标，而且能解释成绩不良的原因。例如，学校、家庭、社会和个人中哪方面的因素是主要的，就学生个人来说，主要是由于智力因素，还是学习动机等其他非智力因素的影响，或是两者兼而有之。教学评价如同身体检查，是对教学现状进行的一次严谨的科学诊断，以便为教学的决策或改进指明方向。

（二）反馈调节功能

教学评价可以提供教学活动的信息，以便师生调节教和学的活动，确保教学活动得以顺利开展。

在教学过程中，外部评价人员和师生对教学情况的反映，对于师生来说是判断教学活动状况的重要信息。依照这些信息，师生既可以分别进行自我行为的调整，也可以共同进行教学行为的矫正。

（三）区分和鉴别功能

通过评价，人们可以区别、鉴定组织（如学校）、方案（如课程方案）或个体（如教师、学生）等对象的某些方面或各方面水平的优良程度，确定其有无价值与价值的大小，衡量其是否达到了应有的标准，是否能实现国家和社会赋予它们的目的和任务，为它们评定相应的等级。科学、合理、公正的评价所区分的优良和鉴定的等级是教学管理决策科学化的基础。

（四）激励功能

评价通常要区分出水平高低、评价等级。由于评价结论往往直接影响到评价对象的形象、荣誉和利益等，评价常能激发被评者的成就动机，使他们追求好的评价结果，激励他们全力以赴地做好有关工作，创造更大的教育成就。评价对教学过程有监督和控制作用，对教师和学生则是一种促进和强化。评价反映出教师的教学效果和学生的学习成绩。经验和研究都表明，在一定限度内，经常进行记录成绩的测验对学生的学习动机具有很大的激发作用。这是因为，较高的评价能给教师、学生以心理上的满足和精神上的鼓舞，可激发他们向更高目标努力的积极性；即使评价较低，也能催人深思，激起师生奋进的情绪，起到推动和督促作用。

（五）导向功能

评价是根据一定的价值标准进行的价值判断活动。在评价活动中，评价者常以国家和社会的价值和需要为准绳，设计一套评价指标和评价标准。被评价者为追求好的评价结果和达到其他目的，就会致力于满足评价标准的要求。评价指标和标准就成为被评者的努力方向。

评价的结果必然是一种反馈信息。这种信息可以使教师及时知道自己的教学情况，也可以使学生得到学习成功和失败的体验，从而为师生调整教与学的行为提供客观依据，教师据此修订教学计划、改进教学方法、完善教学指导；学生据此调整学习策略，改进学习方法，增强学习的自觉性。教学评价有利于使教学过程成为一个随时得到反馈调节的可控系统，使教学效果越来越接近预期的目标。

三、教学评价的类型

教学评价活动多种多样，根据不同的标准可以划分为不同的类型。例如，根据评价的标准，可分为相对评价、绝对评价和个体内差异评价；按照在教学活动中的作用，可分为诊断性评价、形成性评价、发展性评价和总结性评价；根据评价的主客体不同，可分为他人评价和自我评价；根据评价范围的不同，可分为单项评价和综合评价；根据评价的水平和层次，可分为宏观评价和微观评价；根据评价的量化程度，可分为定量评价和定性评价。

（一）相对评价、绝对评价和个体内差异评价

1. 相对评价

所谓相对评价，是指在团体内以自己所处的地位同他人相比较而进行的评价，其评价标准是设在团体之内的。评价学习时要求把个人的得分同团体其他成员的得分进行相对比较，从而明确自己在团体中的地位，达到评价学习成果的目的。相对评价当然也可以用在其他方面，如教师教学质量评价、班主任工作评价等。在学校里，任课教师和班主任经常运用相对评价来评价学生。平时议论某某学生是班里表现最好的，某某学生的数学成绩在全年级拔尖，这都是用相对评价的观点去评价学生的。

相对评价在各个学科的教学中都经常使用，主要用于对学生学业成绩的评价。我国现行的评分方法有两种，即百分制和五级制。百分制在各级各类学校中都经常使用，但大学两种方法都用，其中五级是优秀、良好、中等、及格、不及格。目前，中学正在探讨记分办法的改革，有些小学已将百分制改为等级制，如思想品德评定采取“等级+评语”的办法。

相对评价的优点是：相对评价可以使个体客观地判断自己在团体中的优劣情况，即自己所处的地位，同时，也有助于学生树立竞争意识。

但是，相对评价的弊端也比较突出，主要体现在以下几方面：①相对评价的着眼点放在个体差异上，不注重是否能完成既定的教学目标，结果导致学生争分、争名次，忽略了自身素质的提高。②学业评价因有两头小、中间大的比例限制，很难反映出学生的进步状态。本来有的学生进步很大，成绩可评为优等，但因比例的限制，只好降低其等级。这种做法严重挫伤了一些学生的学习积极性。③学生学业成绩的优劣是评价教师教学成果的重要依据。因此，评定比例的限制同样也会挫伤教师的积极性。也就是说，无论教学质量有多大的提高，学生学习成绩的优劣比例都不会发生变化。

2. 绝对评价

所谓绝对评价，是指判断完成既定目标的程度而进行的评价。这种评价的评价标准是设在评价对象的所在团体之外，与该团体无直接关系。也就是说，这个标准不受该团体的约束，但它必须体现国家对受教育者的基本要求。实施绝对评价，是以个人的得分同既定的评价标准对照比较，从而判断完成任务的程度。

绝对评价所关心的是评价对象是否达到目标及达到的程度，它是以实现目标的形式把评价内容表现出来的。因此，在进行绝对评价时所用的考试题目范围要广，综合性要强，并有一定的代表性。如果评价标准能够制定得比较科学、客观，那么被评价者只要同这个绝对标准相比较，就可以判断自己的实际水平究竟有多高了，即实现目标的程度。例如，小学升初中不采取统考择优录取入学的做法，而是只举行一次毕业考试，根据规定的标准要求，凡达到小学毕业水平的，都是合格的小学毕业生，可以就近升入初中。这里的合格与不合格，在某个地区的范围内就是个绝对评价的应用。又如，我国现行的评定学业成绩的办法是百分制，满分为 100 分，60 分为及格，60 分以下为不及格，这里的及格与不及格是以 60 分为绝对界限的，这就是绝对评价的观点。

绝对评价的最大特点就是有一个共同的客观标准可循。学生通过同这个既定标准对

比，便能判断自己的学业水平。如果是实行标准化考试，学生的学业成绩在校际应该是等值的，即价值一样。也就是说，某学生在甲校是90分，转到乙校也应该承认这个90分，不应因学校的变动而造成分数贬值或升值。但是，当前学业成绩评定要完全做到这一点还是比较困难的，因为还没有实施绝对评价的规定和要求，即使有此类评价活动，其评价标准又往往受到评价主体的主观因素的影响，有失公平、公正。

3. 个体内差异评价

个体内差异评价是把被评价者的过去和现在进行比较，从而做出评价的方法。该评价方法的价值基准取自个体内部，把个体的现实表现同个体本身过去的表现相比较，以确定其进步和发展的情况。

个体内差异评价方法分为横向评价和纵向评价两种。所谓横向评价是在个体的横断面上选取一个方面与其他方面相比较来评价某一方面的表现。例如，将学生的学业进步情况与学生的品德进步情况、健康发展情况相比较，可以了解学生学习成绩进步的相对大小。所谓纵向评价，即将被评对象的过去和现在进行比较，看其有哪些发展变化，是进步还是退步了。

个体内差异评价的结论表示方式有数值和评语两种。横向评价主要采用评语方式指出个体的优势和不足。纵向评价多是采用数值方式来反映个体发展的趋势和进步程度。

个体内差异评价充分注意了个体的差异和发展，能使评价者和被评价者准确了解到个体的优势和弱点，以及努力的方向，在评价过程中不会给被评对象造成很大的压力，适合于因材施教。但它既不与客观标准相比较，也不与别人相比较，故容易使评价对象坐井观天、自我满足。

（二）诊断性评价、形成性评价、发展性评价和总结性评价

1. 诊断性评价

诊断性评价，是指在活动开始之前，为使其计划更有效地实施而进行的评价。所以，有的学者又把此种评价称作事前评价。这里的诊断要求把握被评价事物的两种状态：一是症状诊断；二是原因诊断。前者要求对所评价的事物的已有状态做出判断，着重找出存在的问题；后者要求对存在问题的原因做出分析，并对发展变化的可能性进行预测，以便“对症下药”，采取可行措施，使新计划能在原有基础上得到有效的实施。

诊断性评价在教学中的应用，一般是在学年初或学期初进行，其目的在于弄清学生的学力基础，以便为实现新的教学目标做好准备。通过诊断性评价，判断学生是否达到原定的教学目标要求。如果确认达到了，就正常实施新的教学计划；如果确认没有达到或没有完全达到，就设法弥补学生的学力不足，使他们尽快地具备实施新的教学计划的条件。

诊断性评价有两个显著特点：一个是重诊断，即对原来的状态和效果进行判断；另一个是重治疗，即对发现的问题加以改进。所以，诊断性评价在各级各类学校的教学工作中得到广泛的应用。但是应当指出，当前在运用诊断性评价时，确实还存在一些有待解决的问题，其主要表现是重诊断而轻治疗，甚至是不治疗，往往只满足于取得的几个数据，没有进行认真的评价，致使诊断性评价在一些学校流于形式。这是评价的不良影响，应及时予以纠正。

在教学改革不断深入的形势下，只有重视教育诊断和教育治疗，才能较好地发挥诊断性评价的作用，达到教学评价的目的。教育诊断要以教育治疗为目的，而教育治疗要以教育诊断为基础，两者融为一体，构成诊断性评价。任何使两者相脱节的做法都不能算作真正的诊断性评价。

2. 形成性评价

形成性评价是指在活动运行的过程中，为使活动效果更好而修正其本身轨道所进行的评价。这就是说，形成性评价的主要目的是明确活动运行中存在的问题和改进的方向，及时修改或调整活动计划，以期获得更加理想的效果。形成性评价的着眼点放在过程评价上，因而这一评价形式受到教育评价理论工作者和教师的普遍重视，已成为现代教育评价研究的重要课题。

重视形成性评价是现代教学评价的发展趋势。过去的评价只注重学习结果，而这种评价则强调学习过程，重视评价的反馈机能，其目的在于建立适合于教育对象的教学。形成性评价不仅可以使学生明确今后如何学，而且可以使教师明确今后怎样教，帮助教师完成既定的教学目标。形成性评价用于教学，有助于教师及时发现教学中的问题，提出改进措施，修正教学计划。例如，单元教学相对于一本教材的教学全过程来说，它是其中的一个环节，处于教学全过程之中。当一个单元教学结束后，教师为了了解本单元的教学效果，安排了单元测验，并根据学生成绩对自己的教学情况进行分析、评价和判断。这种评价就属于形成性评价。

3. 发展性评价

发展性评价指“教师运用有效的评价工具和方法，收集学生学习表现信息，判断学生综合素质发展程度，促进学生进步的评价范式”[①]。

发展性评价作为一种现代教育理念，体现出如下特征。

（1）发展性。发展性评价强调以学生发展为根本宗旨，倡导以人为本。以人为本具体表现为一切教育评价活动均要以学生的需要和发展作为出发点，促进学生知识、能力、态度及情感的和谐发展。

（2）多元性。发展性评价的多元性体现在三方面。一是评价主体的多元性。二是评价标准的多元性。发展性评价标准采用以绝对标准为主，绝对标准、相对标准和个体标准相结合的多元结构。[①]三是评价方法的多元性。

（3）过程性。学生的发展是一个过程，促进学生发展也是需要经历一个过程的。发展性评价强调在学生发展过程中对学生发展的全过程进行持续的关注，而不是只在学生发展过程的终结对学生发展的结果进行评价。它既重视学生的现在，也不忽视学生的过去，更着眼于学生的未来。

（4）情境性。强调发展性评价的情境性就是要求教师因时、因地、因事、因人进行灵活的即兴评价。

4. 总结性评价

---

① 马云鹏，刘学智. 发展性学生评价的理论与方法. 长春：东北师范大学出版社，2007.

总结性评价也称事后评价，是指在活动后为判断其效果而进行的评价。总结性评价，一般是在学期或学年结束时进行，但就某项活动而言，对其进行评价的时间应视活动结束的时间而定。尽管时间有长有短，但必须把握一点：总结性评价是对活动的最终效果所进行的评价。

作为总结性评价的重要机能，就是确认达到目标的状态。因此，这一评价形式在我国历来都受到重视，而且用于教育、教学工作之中。例如，学期结束时，学校一般都组织期末考试，中学还要求教师对考试结果做出知识质量分析，其内容一般包括试题的难易程度、内容覆盖面、基础知识、基本技能和能力的情况，以及存在的主要问题和改进的措施等，简言之，要对教学质量的基本情况做出判断和评价。这样的知识质量分析属于总结性评价的应用。

当前，在进行总结性评价过程中存在的主要问题是：评价效果与改进工作相脱节。其表现是考试结束，评分完毕，就意味着一个学期的教学工作已经完成，有些学校没有进行知识质量分析，更没有把试卷发给学生进行讲评。这种做法虽然也进行了期末考试，但却没有利用考试进行评价。所以，要想发挥总结性评价的作用，就应采取措施，解决评价中的问题。

（三）他人评价和自我评价

1. 他人评价

他人评价是指评价的主体是教育活动实施者以外的人。他人可以是教育领域的专家，也可以是社会大众。学生对教师教学效果的评价也属于他人评价。

2. 自我评价

所谓自我评价，是指在个人内部就其自身的状态进行纵横比较所做的价值判断。自我评价是根据尊重个性、发展个性的观点提出来的。在自我评价中，每个人都可自行设定标准，以本人的成绩为基点，自己同自己比较，从而判断自己的进步状态，一般不同他人比较。

重视自我评价是现代教育评价的一个突出特点。随着时光的推移和教学评价的发展，自我评价越来越受到人们的重视，已成为教学评价的一种重要形式。自我评价在现代教学评价中占有重要地位，其应用面很广，既可用于学生评价也可用于教师或领导的评价。在学生评价中，自我评价的内容十分丰富。就学习而言，从横向比较看，可以比较各个学科的学习成绩，尤其是诸种能力发展情况，如独立学习能力、创造能力、思维能力等，通过评价找出自己的优势；从纵向比较看，可以以个人现在的成绩为基础，同自己过去的成绩比较，经过评价看到自己的进步或退步。自我评价既能用于学力评价，又能用于思想品德评价。例如，在中学里，学期末或学年末，学生就一个学期的各个方面表现进行自我鉴定，对自己做出评价，这是自我评价的应用。

由于自我评价一般没有一个客观的统一标准，所以其主观性比较强，这是自我评价的突出缺点。个人进行自我评价，其好坏往往取决于本人的价值观，同时还会受到个人的社会角色和社会地位的影响。有的人本来已经取得了很大成绩，他人也给予了较高的评价，但本人却表现出缺乏自信心，甚至产生苦恼；而有的人在他人看来并没有值得夸耀的地方，甚至是表现很差，但本人却有很强的自尊心和自信心。这里就存在价值标准的问题。由于每个人的价值标准不一样，因而得出了不同的评价结论。

（四）单项评价和综合评价

1. 单项评价

单项评价是指仅就评价对象的某一方面进行评价，目的只在于了解某一方面的情况，如对教学效果、教学设施、教学方法、学习态度、学业成绩等方面所做的评价。

2. 综合评价

综合评价是对教学过程各方面所进行的整体评价。评价时，要搜集各方面的信息，以对教学工作做出综合的评价。

第六节　基础教育课程改革背景下教学改革趋势

2001 年，教育部颁布了《基础教育课程改革纲要》，标志着以“为了中华民族的复兴，关注每个学生发展”为目标的第八次基础教育课程改革拉开了序幕。本次课程改革对课程目标、课程功能和结构、课程内容、教学方式、评价方式等进行了改革调整，提出了非常具体明确的要求。在教学过程方面，课程改革纲要明确提出以下几个方面的要求。教师在教学过程中应与学生积极互动、共同发展，要处理好传授知识与培养能力的关系，注重培养学生的独立性和自主性，引导学生质疑、调查、探究，在实践中学习，促进学生在教师指导下主动地、富有个性地学习。教师应尊重学生的人格，关注个体差异，满足不同学生的学习需要，创设能引导学生主动参与的教育环境，激发学生的学习积极性，培养学生掌握和运用知识的态度和能力，使每个学生都能得到充分的发展。大力推进信息技术在教学过程中的普遍应用，促进信息技术与学科课程的整合，逐步实现教学内容的呈现方式、学生的学习方式、教师的教学方式和师生互动方式的变革，充分发挥信息技术的优势，为学生的学习和发展提供丰富多彩的教育环境和有力的学习工具。

一、新课程理念下的教学观

在新课程改革要求教师树立全新的教学观。具体来说主要包含以下三个方面。

（一）全面发展的教学观

在课程改革背景下，教学不再是以强调学生的智力发展为宗旨，以追求结论为目的。新课程理念下的教学是一种全面发展的教学：①教学不仅是为了完成智育的任务，以促进学生智力发展为主，而是促进学生德、智、体、美、劳等全面发展的过程；②在教学过程中过程与结果、认知和情感达到完美的统一。在课程改革理念下，教学不再是迅速完成任务，帮助学生快速掌握相关结论的单一活动。教师在教学活动中强调学生通过多样化的思维和认知方式，通过个体独特的学习历程和经验，“发现”并获得知识，而不是教师直接给出相关的结论。此外，教学过程也重视学生情意的价值。教学过程不再是冷冰的、缺少人情味的活动，学生在学习过程中除了用大脑以外，还必须调动情意的因素进行参与。在教学中，学生的认知因素和情意因素有机结合、相得益彰，更好地促进学生的发展。

（二）交往互动的教学本质观

特殊认识说一直是教学本质观的主导。毋庸置疑，教学过程特殊认识说对我国教学发展发挥着重要的作用。但是，随着教学观念的不断更新，特殊认识说也给人们正确认识教学带来一定的困扰。在新课程改革理念下，在正确认识教学过程本质的基础上，提出交往互动是教学过程的本质属性。

（1）交往互动最本质的属性是平等。在教学过程中，教师和学生是教学共同的主体，师生之间人格是独立和平等的，活动上是自主的，教学上是民主的。平等是师生互动的基本前提基础，没有师生之间的平等，师生就不可能敞开心扉，相互悦纳，真正意义上的交往也就不可能发生。

（2）协商和理解是师生交往的基本准则。在教学过程中，如果只是教师单方面的表演和说教，教学就变成了单方面知识灌输。只有相互协商和理解，师生之间才能进行有效的交往，进而完成教学任务，实现教学意义上的创生。

（3）师生之间交往的运行必须要做到视界的融合。在教学活动中，教学主体要进行对话，教学主体与各种教学资源之间进行双向、多项的活动。视界融合是实现交往的条件。在主体与主体、主体与文本的相互碰撞中，各方的信息不断被吸收，新的思想和新的观点才能不断产生。

（三）预设与生成并重的教学观

预设是教学的应有之义，从教学产生那一天起就已经决定教学必须具有这样的特点。过度关注预设不仅使教学变成对学生学习行为的一种控制，而且使学习变得呆板、枯燥无味。在教学过程中，教学主体是动态的，教学情境在不断变化，教学变数也在不断增加，生成也就成为必然。现代的教学是预设与生成的统一。教师要重视预设，预设时要有整体观念和开放的思维。在教学中，教师也要重视生成，要注意生成资源的挖掘，根据需要适度进行生成。

二、新课程理念下的学习观

现代社会，终身学习已经成为一种趋势。教学不仅要为学生的现在学习奠定基础，而且要着眼于学生的终身学习。学习在新课程理念下发生了一定的变化。这种变化表现在以下几个方面。

（一）学习主体的转换

传统教学强调以教师为中心，教师是教学的主宰者。学生学什么，怎么学都由教师控制。教学过程中的学习不过是学习主体权的交接与转换，教师在课堂上将学习权利交给学生，学生在课堂教学结束后再还给教师。学生始终处于被动学习的状态，不是真正意义上的学习主体。新的学习观强调学生主体地位的提升，学生学习是自己的事情，而不是其他人的事情。

（二）学习价值的重新定位

学习有两种，一种学习是为记忆知识或者为考试而学习，强调记忆和掌握书本知识的数量，循规蹈矩，忠实遵守教师的指令，学生是忠实的听众。这种学习本质是一种虚假学习。一种是真正的学习，在这种学习状态下，学习者是真正的质疑者和批判者，学习以问题和疑惑为导向，为理解和掌握、运用知识而学习。

（三）学习方式的变革

传统学习以为机械学习、他主学习和单独学习为主，这种学习方式忽视学生学习的主动性和积极性，学习则是一种简单灌输、被动学习的行为。新课程要求学生学习方式要发生根本性的变革，更加强调学生的自主学习、合作学习和探究式学习。

（四）学习内容的拓展

从传统角度看，学习内容主要是学校提供的系统的知识，或者说就是书本知识。这种学习观是忠实书本知识的学习，但是限制了学生学习的领域。现代学习内容不再局限于书本，而是拓展到学生接触的全部领域。具体来说，就是学生不仅要重视书本知识的学习，而且要重视个人经验的累计，实现个体知识与公共知识的有机统一。

（五）学习场所的变更

传统学习的场所主要在课堂、在学校。现代学习则需要学生具有开放的视野，走出学校的窠臼。所有的地方都是学习的场所，都是增长知识的地方。学习的地方不再是一个封闭的场所，而是更加开放的空间。

三、新课程理念下的评价观

传统意义上说，评价是甄别和选拔学生的工具。功利性是评价的主导取向。在新课程理念下，评价观发生了根本的变化。首先，评价不是为了选拔，而是为了发展。评价的作用不是挑选，而是使被评价者认识自身的不足，进而促其发展。发展性评价成为现代教学评价的核心。评价是促进教师和学生发展的重要工具。其次，评价实现了从结果到过程与结果并重。传统评价过于关注评价的结果，忽视了评价的过程。现代评价观在关注结果的同时，更加关注个体在过程中的表现，珍视个体独特的体验和经验。最后，评价主体多元化。评价改变了以教师为主体的局面，形成了教师、学生、家长共同参与的格局。评价主体的多元化保障评价更加公正客观。

四、新课程理念下的教学目标观

课程改革转变了原有的过于重视知识和技能的局面，构建了以知识和技能，过程与方法，情感、态度与价值观为核心的三维价值观。教学改变过于重视知识和技能传授的状况，把其放到合理的地位，在强调其重要性的同时，科学合理地发挥其作用和价值。传统教学过于看重结果，忽视学生的学习过程，忽视学生实现目标的方法，导致对学生学习评价单一，学习和解决问题的能力弱化。新课程理念下，教学重视学生的学习过程，把学生学习过程的独特体验看作是促进个体发展重要的资源。此外，教学中注重学生解决问题的方法，强调方法的多样性，进而培养学生的创新精神和实践能力。在学生发展中，情感、态度和价值观起着重要作用，它影响学生发展的动力，制约学生发展的方向。教学中要重视培养学生正确的情感和态度，引导学生树立正确的价值观，为学生发展奠定基础。

五、新课程理念下的教学效果观

教学改革的最终目的是追求实现既定的教学目标，实现有效教学。在课程改革背景下，教学效果成为教学改革和发展的核心。教学效果主要体现在两个方面：一方面，追求教学整体质量的提升，这方面主要体现在学生的培养质量上。教师的教学使学生具备良好的知识和技能，形成健康的个性，促进学生的发展，这也是教学的终极目标。另一方面，关注教学自身效果的提升。有效教学就是在一定条件下，通过师生共同努力，通过各种因素的优化组合，实现教学目标的活动。有效教学有三个基本内涵：学生发展是有效教学的核心，良性的师生互动是有效教学的前提，追求效益是有效教学的根本。

本章小结

教学是学校工作的中心环节。由于理解视角的差异，人们对教学含义的理解也不同。从狭义角度看，教学是按照一定的目的和要求，师生之间围绕一定的内容，借助相应教学手段进行互动的过程。教师对教师和学生的发展具有重要价值。教学过程具有代表性的观点有八个，对教学过程本质的认识，直接影响人们的教学行为。教学过程具有四个主要规律、八个原则、八个常用的教学方法。教学组织形式是教学活动开展的时空保障，班级授课制是最基本的组织形式。教学过程的基本环节包括备课、上课、课外作业的布置与反馈、课外辅导、学业成绩的检查与评定。教学评价是对教学效果的检验，它具有不同的类型和方法。新课程改革催生了新的教学观。

学以致用

1. 阅读下面的故事，利用相关的教学理论进行分析。

听听乌龟的意见

格罗丽亚·斯坦姆是女权主义运动的一位领导者兼作家。学生时代，在一次地理考察中，她上了人生中重要的一课。

在史密斯大学演讲时，斯坦姆和听众分享了这次经历：

“考察中，在康涅狄格河畔，我发现了一只巨大的乌龟，它趴在一段路的护堤上。显然，它是从河里爬出来的，经过一段路才到现在这个地方。它还在继续前进，随时都有被路上来往的汽车轧死的危险。

同是地球上的生物，我觉得帮助它是责无旁贷的。于是，我走上前，连拉带拽，最后，总算把这只大乌龟从路上带回岸边。这期间，它很愤怒，不断地想咬我。

当我正要把乌龟推回河里时，地理学教授走了过来，对我说：‘你知道吗，为了能在路边的泥里产卵，那只乌龟可能花了一个月的时间才爬上公路，结果你要把它推回河里！’

唉，我当时懊恼极了。

不过，在后来的岁月里，我发现那次经历给我上了人生中生动的一课。它时刻提醒我不要犯主观臆断的错误。

不管你是激进的还是保守的，在做事关‘乌龟’的决断时，都不要忘记先听听乌龟自己的意见。”

2. 你如何理解教学？
3. 教学过程本质观有哪些？教学规律有哪些？
4. 教学常用的原则和方法有哪些？
5. 你如何评价课堂教学？
6. 教学过程的基本环节有哪些？
7. 教学评价的类型和方法有哪些？
8. 结合实际，谈谈新课程背景下教学发展的基本趋势。

补充读物

陈旭远. 2015. 教学技能. 北京：北京师范大学出版社.

李朝辉. 2016. 教学论（第二版）. 北京：清华大学出版社.

刘旭. 2005. 听课说课上课. 成都：四川教育出版社.

王维臣. 2012. 现代教学——理论与实践. 上海：上海教育出版社.

第九章 德 育

本章概述

德育是全面发展教育的重要组成部分，它在促进学生全面发展方面起着主导的、决定的作用。这里的德育主要指学校德育。德育不仅有对学生的育德功能，促进学生个性的全面发展，而且通过育人发挥着重要的社会功能，促进社会的发展。了解受教育者品德发展的基本规律，是德育工作取得成效的前提之一。品德是由道德认知、道德情感、道德意志和道德行为四种基本心理要素所构成的。德育过程的本质就是造就道德主体或再生产道德主体的过程。德育工作需要遵循德育过程的基本规律。德育过程的基本环节有：实施德育的准备、德育实施、德育评价、德育调控。德育原则对组织与开展德育及提高德育实效性具有指导意义。为了有效完成德育任务，学校和教师有必要了解德育的主要途径和方法，以便在德育过程中能够正确而灵活地加以选择与运用。

结构图

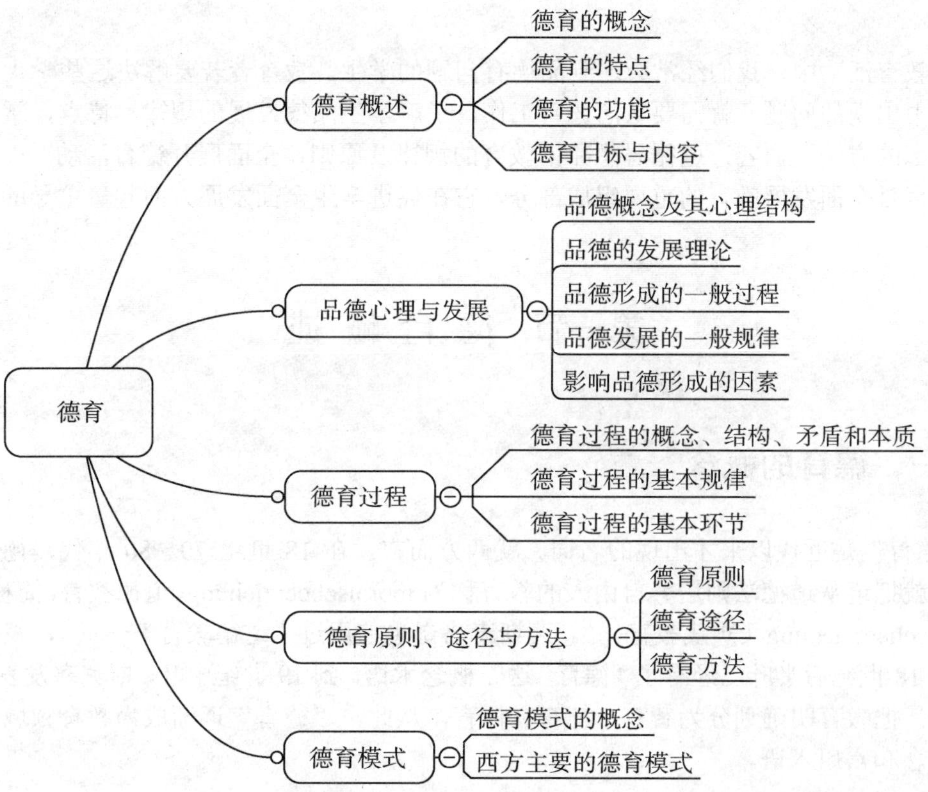

学习目标

1. 识记德育的概念，理解德育的特点及功能，掌握德育的目标及内容。

2. 理解品德概念及其心理结构，领会道德认知判断的发展理论、精神分析学派的观点、道德行为发展理论，初步会用品德形成的一般过程、品德发展的一般规律、影响品德形成的因素分析学生的品德问题。

3. 识记德育过程的概念、结构、矛盾和本质，领会德育过程的基本规律，理解德育过程的基本环节。

4. 理解并会运用中小学常用德育原则分析、解释德育过程中出现的现象。

5. 掌握中小学常用的德育途径及德育方法。

6. 初步了解西方的主要德育模式。

读前思考

1. 品德的心理结构是怎样的？品德的形成一般会经历哪些阶段？

2. 德育过程的基本矛盾和本质是什么？怎样理解德育过程的基本规律？

3. 如何联系实际灵活运用中小学常用的德育原则？

4. 中小学常用的德育途径及德育方法有哪些？

5. 西方的主要德育模式有哪些？对我国德育工作的启示是什么？

在教育活动中，我们经常会遇到品德有问题的学生。教育者若要解决这些学生品德发展过程中出现的问题，就需要认清德育工作，了解学生品德发展的规律、特点，掌握培养良好品德的方法及内容，遵循思想品德教育的规律及原则，全面展开德育活动。

德育是全面发展教育的重要组成部分，它在促进学生全面发展方面起着主导的、决定的作用。

第一节 德育概述

一、德育的概念

“德育”是近代以来才出现的名词。就西方而言，在 18 世纪 70～80 年代，德国哲学家康德就把遵从道德法则培养自由人的教育称为 moralscheerziehung（道德教育，简称德育）或 pratischeerziehung（实践教育）①。裴斯泰洛奇也使用过“道德教育”一词①，表明西方社会于 18 世纪后半叶已经有了“德育”这一概念术语。到 19 世纪中叶，斯宾塞发表了《教育论》，把教育明确划分为智育、德育、体育，从此，“德育”逐渐成为教育领域中一个基本概念和常用术语。

① 王道俊，郭文安. 教育学（第 6 版）. 北京：人民教育出版社，2009：279.

从中国文献记载看，虽然古代学校教育的主要构成内容就是德育，但是并无“德育”之名。“德育”一词于20世纪初传入中国。有学者认为，1902年《钦定京师大学堂章程》最早使用“德育”一词。[①]1904年，王国维以“德育”“智育”“美育”三词，介绍叔本华（A.Schopenhauer，1798—1860）的教育思想。1906年，他在《世界教育》第56期上发表《论教育之宗旨》，提出要“培养智育、德育、美育和体育四育”全面发展的“完全人物”。1905年，陈宝泉等编著的《国民必读》第四课标题为“说德育”，提出“体育、智育、德育必须并重”。1912年，蔡元培撰文阐述新教育思想[②]，提出“军国民教育”“实利主义教育”“公民道德教育”“世界观教育”“美感教育”并举。在“五育”并举思想影响下，当年国民政府提出了“注重道德教育，以实利主义教育、军国民教育辅之，更以美感教育完成其道德”的教育宗旨，标志着“德育”一词已经成为我国教育界通用术语。[③]

在今天，尽管“德育”一词尽人皆知，但是对于什么是德育，很多人并没有很清晰的认识，这严重影响了德育的实施，且难以取得令人满意的效果。因此，有必要对德育的概念进行界定。

德育主要指学校德育。学校德育，一般来说，是指学生在教师的教导下，以学习活动、社会实践、日常生活、人际交往为基础，同经过选择的人类文化，特别是一定的道德观念、政治意识、处世准则、行为规范相互作用，通过自己的感受、判断、体验，从而建构道德品质、人生观和社会理想的教育活动。

二、德育的特点

（一）德育的侧重点和所属领域不同于体育、智育和美育

作为全面发展教育有机组成部分之一的德育，具有自己的特点。体育重在增强学生的体质，它以人体的活动为基本形式，授予运动知识技能，组织身体活动，养成锻炼习惯，主要属于机体锻炼和养护领域。智育重在向学生传授系统的科学文化知识，培养其认识能力，主要属于认知领域。美育重在培养对美的感受力、鉴赏力、创造力，主要属于艺术和情感领域。而德育则旨在培养学生的道德信念和人生观，形成学生的道德行为习惯，主要属于伦理领域。

（二）德育要提升学生的道德判断力，养成道德行为，使学生成为道德主体

人所面对的矛盾是人与人、人与自然，以及人与自身的矛盾。人的社会实践就是要不断地解决这些矛盾，创造和更新适合于人类生活的现实世界。教育的实质在于培养学生解决这些矛盾的智慧和能力。作为教育组成部分的德育的特殊性在于它所面对的学生德性发展的矛盾特殊性。德育要解决的矛盾主要不是求真，不是学生对事物的知与不知，以回答

① 班华. 现代德育论. 合肥：安徽人民出版社，2003：9.
② 蔡元培. 对于新教育方针之意见//陈学恂. 中国近代教育文选. 北京：人民教育出版社，1983：322-328.
③ 黄向阳. 德育原理. 上海：华东师范大学出版社，2000：2-3.

世界是什么的问题；而是求善、知善、行善，回答世界应该是什么的问题。德育的主旨不是要求学生把握社会实践的物的尺度，体现“知识就是力量”，而是要求学生把握社会实践的人的尺度，体现“人道就是力量”。因而德育重在引导学生辨别善与恶、人与我、公与私、义与利、理与欲、苦与乐、生与死、荣与辱，并做出明智的选择，确立对群体、对社会、对自然、对现实、对历史人物、对事件的应然态度，正确评价种种评价观念、生活方式和行为方式，追寻伦理规范、人生意义和社会理想。德育虽然不能不考虑丰富学生的道德认识，但不能停留于道德认识；它更进一步满足学生的道德需要，激发学生的道德情感，启发学生的道德觉悟，引导学生践履道德责任，追求人类的合理存在，从而形成个人良好的品德，成为道德主体。

（三）德育是教育的社会性质的根本标志

品德是个性素质结构的重要因素，在个性素质结构中起着价值定向的作用。德育是全面发展教育的重要组成部分，是教育的社会性质的根本标志。德育引导着学生的发展方向，培育着学生的思想品德结构，为学生顺利社会化提供思想前提。在德育、智育、体育、美育的关系中，德育起着统帅的作用，它与智育、美育、体育在教育实践和学生的实际发展中相互联系、相互渗透、相互转化，共同促进学生个性素质的全面而自由的发展。

三、德育的功能

所谓德育的功能，就是“德育能够干些什么”的问题。对德育功能的理解影响着人们对德育存在的价值和意义的认识。因此，正确地理解德育的功能不仅有助于理解德育的重要性，也有助于理解德育概念本身。德育作为一种相对独立的社会实践活动，不仅有对学生的育德功能，促进学生个性的全面发展，而且通过育人发挥着重要的社会功能，促进社会的发展。因此，德育的功能主要表现在两个方面，一是育人功能，二是社会功能。

（一）德育的育人功能

德育的育人功能，简单地说就是育德，即满足学生的道德需要，启发学生的道德觉醒，规范学生的道德实践，引导学生的道德成长，培养学生的健全人格，提升学生的人生价值与社会理想。[①]同时，德育对智育、体育、美育还具有促进作用。

学校德育在促进学生品德发展与个性形成中具有重要作用。它在青少年学生发展中的导向作用之所以极其重要，是因为青少年处于品德发展的关键时期，他们年轻单纯，可塑性强，缺乏社会经验与识别能力，容易受到外界的消极影响。学校德育之所以在学生品德发展与个性形成中极其重要，是因为学校德育在学生品德发展与个性形成中是处于主导性地位的。尽管学生品德发展与个性的形成要受到诸多因素的影响，诸如个体因素、社会政

---

① 王道俊，郭文安．教育学（第6版）．北京：人民教育出版社，2009：284.

治、经济、文化等因素的影响，但教育是处于主导性地位的影响因素，因为教育因素与其他因素相比具有一定的目的性、计划性、科学性，学校德育不仅按照社会发展的要求有目的地给学生以系统的积极影响，而且在一定程度上可以控制其他社会因素，乃至制约生物性因素与主体性因素对个体发展的影响，它通过有效措施引导学生自觉抵制各种不良因素的影响，调节家庭、社会等各方面影响，形成教育合力，为学生品德发展与个性形成提供有利条件。

德育的育人功能还表现在对智育、体育、美育的促进作用。这种促进功能主要表现在三个方面。第一，动机作用。智育、体育、美育都需要道德情感等来激发学习动机，同时学习动机也需要借助德育改进其方向性、强度和持久性等质量特征。任何一种学习都需要高质量的动机，而动机的高质量与个人的社会责任感、品德素养直接相关。第二，方向作用。德育可以为个体提供价值的方向。科技的发展使人类的创造能力和毁灭能力都得到了空前提高，因此，科技的学习和掌握、体能的提高、艺术创造等都史无前例地面临着一个十分严峻的课题：人类向何处去？个人的发展以何种价值作为向导？德育虽然无法独立完成这一任务，但却是解决上述课题的重要武器之一。第三，习惯和方法上的支持。良好的道德教育还可以提供良好的行为习惯和学习方式、方法上的直接支持。杜威曾说：“我们在‘学习方法’的标题下讨论的关于心的种种特性，实质上无一不是道德的特性。例如，虚心，诚实，真心，远见卓识，一丝不苟，承担起赋予的社会使命——凡此种种，都是道德的特性。”①

（二）德育的社会功能

德育的社会功能指的是学校德育能够在何种程度上对社会发展发挥何种性质的作用。教育的发展具有社会制约性，但同时它又与政治、经济、文化等共同构成社会大系统，并在其中发挥重要作用。作为教育的重要组成部分的德育，其社会性功能主要是指德育对社会政治、经济和文化等所具有的影响与作用。概括而言，德育的社会功能主要表现为促进社会的稳定与发展。

一是通过培养合格公民，促进社会的稳定与发展。德育是维护、调整、完善一定社会关系、生活方式、政治与经济制度的一个重要因素，在影响社会稳定与发展方面发挥着重要的作用。德育最主要的是通过培养合格的公民来促进社会的稳定与发展。政治的稳定与变迁、经济的繁荣与发展、文化的传承与更新都需要全体国民的主动参与和共同努力。德育通过培养人的思想品德来规定人的发展方向，使之成为社会稳定与发展所需要的合格公民，如在政治领域，学校德育通过促进受教育者的政治社会化、获得政治角色的认同，使之逐渐形成一定的政治思想、意识、观点，成为能够积极、主动参与社会政治生活的公民，有的还可以成为专门的政治人才。

二是通过传播一定的思想、意识、观念和舆论来影响社会的稳定与发展。社会的稳定与发展，除了需要专门的教育机构培养合格的社会公民外，还需要它传播和倡导一定的思想、意识、观念和舆论，一方面通过教育对象影响其家庭成员和周围的人的思想和行为，

---

① 筑波大学教育学研究会. 现代教育学基础. 钟启泉译. 上海：上海教育出版社（第2版），2003：371.

从而影响社会；另一方面则通过教育机构的良好风气、氛围和环境来影响和教化社区的风气，从而影响整个社会风尚。例如，在经济和文化领域，学校德育通过倡导主体意识、科教兴国意识、可持续发展意识，以及时间观念、效益观念、竞争观念、合作观念、全球观念等来影响社会的经济观念、文化观念的更新，从而推动全体国民由传统向现代的转变进程，促进社会主义精神文明的建设。

四、德育目标与内容

德育目标是指一定社会对教育所要造就的社会个体在思想品德素质方面的质量和规格的总的设想或规定，就是德育活动预先设定的结果。

德育内容是指用什么样的道德规范和人生观、价值观和世界观等来培养学生，是为实现德育目标而用以教育学生的思想、政治、道德方面的知识、理论、思想、观点、准则、规范等，它是德育目标在德育活动中的具体化。

德育目标和德育内容是紧密联系的，德育目标是德育活动的出发点和归宿，对德育内容具有选择、导向、协调、控制、评价等的作用，德育内容则是德育目标的具体体现，是实现德育目标的基本条件。德育目标的确立、德育内容的选择，既要考虑国家和时代的需要，也要考虑学生年龄特征与品德发展水平。

（一）德育目标

我国政府对学校德育非常重视，在21世纪初连续颁布了多项有关德育的政策文件。

2005年，教育部颁发了《关于整体规划大中小学德育体系的意见》，该文件对中小学阶段的德育目标做了整体规划。其中，中学教育阶段德育目标是，教育帮助中学生初步形成为建设中国特色社会主义而努力学习的理想，树立民族自尊心、自信心、自豪感；逐步形成公民意识、法律意识、科学意识，以及诚实正直、积极进取、自立自强、坚毅勇敢等心理品质，养成良好的社会公德和遵纪守法的行为习惯。中等职业学校还要帮助学生树立爱岗敬业精神和正确的职业理想。

2010年颁布的《国家中长期教育改革和发展规划纲要（2010—2020年）》对我国新时期的德育目标作了清晰的表述："坚持德育为先。立德树人，把社会主义核心价值体系融入国民教育全过程。加强马克思主义中国化最新成果教育，引导学生形成正确的世界观、人生观、价值观；加强理想信念教育和道德教育，坚定学生对中国共产党领导、社会主义制度的信念和信心；加强以爱国主义为核心的民族精神和以改革创新为核心的时代精神教育；加强社会主义荣辱观教育，培养学生团结互助、诚实守信、遵纪守法、艰苦奋斗的良好品质。加强公民意识教育，树立社会主义民主法治、自由平等、公平正义理念，培养社会主义合格公民。加强中华民族优秀文化传统教育和革命传统教育。"

（二）德育内容

德育内容是根据德育目标确定的，反映了社会发展和个体发展的要求。根据我国的教育目的和德育目标，我国中小学德育内容包括如下几个方面。

第一，爱国主义和国际主义教育。具体内容包括：国家观念教育、民族意识与情感教育、国情教育、国防教育、国际主义和世界主义教育等。

第二，集体主义教育。具体内容包括：培养集体主义思想，增强集体观念；关心热爱集体；正确处理个人利益与集体利益的关系；用集体主义精神来调节言行；养成尊重群众的观点等。

第三，劳动教育。具体内容包括：热爱劳动和劳动致富的教育、尊重劳动者的教育、珍惜劳动成果的教育、艰苦奋斗的教育等。

第四，民主、法制与纪律教育。具体内容包括：公民基本权利与义务的教育、培养民主思想和参与意识的教育、民主和法制观念的教育、自由与纪律关系的教育、普及法律知识与遵纪守法的教育。

第五，人道主义和社会公德教育。具体内容包括：人道主义和博爱精神的教育、文明行为习惯养成的教育、公共秩序的遵守等。

第六，理想和传统教育。具体内容包括：社会共同理想的教育、生活理想教育、职业理想教育、立志成才教育等。

第七，人生观与辩证唯物主义世界观教育。具体内容包括：提高理论修养，端正对人生的认识和态度，逐步学会运用马克思主义的立场、观点、方法分析问题等。

此外，随着社会的发展，学校与社会联系的日益广泛，教育改革日益深入，我国德育内容也出现了新主题，即生命教育、生活教育、生存教育、安全教育和升学就业指导教育。

总体上看，我国学校德育的基本构成有道德教育、思想教育、政治教育和法纪教育四方面，学校德育内容主要就是围绕这四个方面具体展开的。

第二节　品德心理与发展

了解受教育者品德发展的基本规律，是德育工作取得成效的前提之一。这已经成为教育研究人员和教育实践人员的共识。

一、品德概念及其心理结构

（一）品德的概念

品德，即一个人的思想道德品质，它是作为活动主体的人在依据一定的社会规范（道德行为准则）做出某种社会行为时所表现出来的相对稳定的心理特征，是社会道德在个体身上的反映。在人的个性中，品德是具有道德评价意义的心理品质，它最典型、最集中地体现着人的社会性，是个性的核心成分。

为了正确理解品德的概念，必须把握以下几点。

第一，品德所调节的是人的社会行为，即对社会、对他人有影响的行为。

第二，品德是与一定的社会规范或道德准则相联系的。社会规范构成了评价个人社会行为的是非善恶的标准。社会规范涉及社会规范中所确立的准则本身，也包括作为这种准则的基础的基本价值（伦理）原则，如人道主义、利他主义等。相应地，一个人的品德不仅仅是对具体的行为准则的服从，在更深层次上，它体现了一定的价值原则和基本信念。

第三，品德是一种相对稳定的心理特征。就是说，一个人的品德是指他一贯的行为倾向，而不是一时一事的偶然行为表现，不能因为偶尔的错误行为就判断一个人道德败坏，也不能因为偶尔做了一件好事就断定他品德高尚。

第四，品德是社会道德在个体身上的反映。道德是一种社会现象，是一定的社会要求人们应当遵守的行为准则的总和。品德则不同，它是一种个体心理现象，其形成和发展不仅要受到社会发展规律的制约，而更重要的还要受到个人身心发展特点和规律的制约，即它的存在依赖于具有某种品德的个体的生存。品德与道德两者又是紧密联系着的。品德的内容是社会道德在个人身上的具体体现，而社会道德也无法离开个人的品德而存在。事实上，社会上众多个体的品德也构成或影响着一定社会的道德面貌或风气。社会道德舆论和社会道德风气也影响着个人品德的形成和发展，它往往以一种无形的社会压力迫使个人行为就范。

（二）品德的心理结构

品德的心理结构是指品德这种个体心理现象的组成要素及其相互关系。品德的心理结构极其复杂，加之不同的研究者的研究兴趣和研究角度不同，便产生了种种不同的研究结构。一般认为，品德是由道德认知、道德情感、道德意志和道德行为四种基本心理要素所构成的。

1. 道德认知

道德认知又称为道德认识，它是指人对道德行为准则及其意义的认识，通常表现为人对道德现象或道德行为的是非、善恶及其意义的认识。它包括对一定道德知识（如道德概念和道德行为准则等）的掌握，也包括以这些知识作为自己的行动指南，转变为信念，并且以此来评价自己和他人的道德行为。道德认识是个体品德的核心部分。

2. 道德情感

道德情感是在道德认知的基础上，对现实生活中的思想言行（包括他人和自己）是否符合道德标准和道德需要而产生的内心体验。道德情感内容主要有爱国主义情感、集体主义情感、义务感、责任感、事业感、自尊感和羞耻感。道德情感就形式而言，大致有三种：①直觉的道德感。它是由对某种具体情境的感知而引起的。因为是直觉的，所以一旦感知到某种情境就会迅速产生一种积极的或消极的情绪体验，并对道德行为进行迅速的定向。②形象的道德感。它是通过想象和联想某些道德形象而产生的情感体验。主体通过联想和想象，引起情感共鸣，并领会其中的深刻含义。③伦理的道德感。它是一种以道德的理性认识为基础，清晰地意识到道德伦理的情感。它具有很大的自觉性、概括性与深刻性，是道德情感的最高形式。道德情感与道德信念紧密联系着，而且道德情感与道德认知往往结合在一起，构成了人的道德动机的基础。因此，道德情感是道德行为的直接动因。

3. 道德意志

道德意志是指人自觉地确定目的、排除内外障碍、将道德行为付诸现实的心理过程，道德意志也要受到道德认知的支配，是人们利用自己意识的控制和理智的权衡作用，来解决社会生活中内心矛盾的过程。可见，道德意志是道德观念的能动作用。在人为实现道德目标所进行的行动中，这种能动作用常常表现为积极进取和坚韧自制这两种行为方式。

4. 道德行为

道德行为是指人们在一定的道德认识引导、道德情感激励及道德意志支撑下，表现出来的对他人或社会所履行的具有道德意义的一系列的具体行动。道德行为是实现道德需要、道德动机的手段，是衡量品德水平高低的重要标志。

在品德的心理结构中，各种心理要素是彼此联系、互相影响的，在人的道德生活中起着不同的作用。

道德认知是道德情感产生的基础，道德情感又影响着道德认知的倾向和深度。道德认知和道德情感是道德意志这种个体意识力量的来源，道德意志又影响着道德认知和道德情感形成的速度和水平。道德行为是在道德认知的指导和道德情感的催化及道德意志的调控下通过一定的练习和锻炼形成的，道德行为又可以巩固发展道德认知，加深和丰富道德情感，促进道德意志的锻炼。道德行为是衡量一个人道德修养水平的重要标志。

总之，品德的心理结构是一个整体，不可割裂。因此，在德育活动中，必须全面兼顾品德的各个侧面，不能简单让学生记忆各种社会规范，也不能只是靠纪律、惩罚等约束学生的行为，必须将道德认知、道德情感、道德意志和道德行为结合起来。

二、品德的发展理论

儿童的品德经历了怎样的发展历程？有的研究者重在从道德认知判断的角度揭示品德发展的线索，而有的研究者则主要从人格的角度来理解品德的发展。

（一）道德认知判断的发展理论

1. 皮亚杰道德认知发展理论

皮亚杰是第一个系统地追踪研究儿童道德认知（确切地说是道德判断）发展的心理学家，里程碑式的著作是《儿童的道德判断》。皮亚杰认为，道德是由种种规则体系构成的，其实质包括两方面的内容，一是对社会规则的理解和认识；二是对人类关系中平等、互惠的关心，这是公道的基础。皮亚杰和他的合作者对儿童道德判断的这两方面进行了大量的研究，从而概括出儿童道德认知发展的四个阶段。

1）前道德阶段（又称自我中心阶段）

皮亚杰认为，2～5岁幼儿以“自我中心”来考虑问题，对引起事情的原因只有朦胧的了解，其行为直接受行为结果支配。因此，这一阶段的儿童既不是道德的，也不是非道德的，他们常常不顾人我关系，而是以“自我中心”来思考问题，这一现象会随着年龄的增长得到改善。

2）他律阶段（又称权威阶段）

皮亚杰认为，5～8岁的儿童对道德行为的判断多半是根据别人设定的外在标准，处于他律道德阶段。这一阶段的道德认知具有以下几个特点：①儿童认为规则是不变的，不理解规则是由人创造的；②评定是非时，总是抱极端的态度，非好即坏，非善即恶；③判断行为好坏的根据是后果的严重性，而不看主观动机，如6～7岁儿童认为，打破15个杯子的孩子要比打破1个杯子的孩子坏，这说明这一阶段的儿童根据行为的客观后果即客观责任来判断是非善恶；④把惩罚看作是天意和报应，认为惩罚的目的是使过失者经受跟他所犯的错误相一致的遭遇，而不是把惩罚看作是改变人的行为的一种手段。一般来说，这一阶段的儿童所提议的惩罚比较严厉。

3）自律阶段

皮亚杰认为，8～11岁儿童进入自律阶段，主要依据自己认可的内在标准进行道德判断。这一阶段的道德认知具有以下几个特点：①儿童认为规则是由人们相互协商而创造的，因而可以依照人们的愿望加以改变；②根据行为的意图和后果来判断行为；③所提议的惩罚与所犯的错误更加相称。

4）公正阶段

这一阶段（12岁以后）的公正观念是从自律的道德认识脱胎而来的。他们开始倾向于主持公正、平等。公正的奖惩不能是千篇一律的，应该根据每个人的具体情况进行。

总之，皮亚杰认为，儿童的道德认知发展是从他律道德向自律道德转化的过程。

2. 科尔伯格道德发展理论

科尔伯格（L. Kohlberg）继承并发展了皮亚杰的理论，并且在20世纪60年代提出了自己的一套道德发展阶段论。

科尔伯格采用道德两难故事法[①]，测试了大量的来自欧亚 10 多个国家的儿童，他发现，尽管种族、文化及社会规范等各方面不同，但道德判断能力随年龄发展而发展的趋势却是一致的。他将儿童的道德发展划分为3种水平6个阶段。

水平Ⅰ：前习俗水平（preconventional level）

大约出现在学前幼儿园及小学低中年级阶段，该时期的特征是，儿童遵守规范，但尚未形成自己的主见，着眼于人物行为的具体结果与对自身的利害关系。这时期又分为两个阶段。

阶段1：惩罚和服从定向阶段

儿童缺乏是非善恶观念，只是因为恐惧惩罚而要避免它，因而服从规范，认为免受处罚的行为都是对的、好的，遭到批评指责的事都是错的、坏的。

阶段2：工具性的相对主义定向阶段

行为的好坏按行为的后果来确定，对自己有利就好，对自己不利就是不好，没有主观的是非标准。这是一种具体的个人主义观念。

水平Ⅱ：习俗的水平（conventional level）

这是在小学中年级以上出现的，一直到青年、成年，这时期的特征是，个人由于认识

---

① 科尔伯格运用的典型的两难故事是“海因兹偷药”：有个妇人患了癌症，生命垂危。医生认为只有本城一家药店的一种药才能救她。药店老板制造这种药花200元，而他要价竟高达2000元。病妇的丈夫海因兹四处向熟人借钱，一共借得1000元，只够药费的一半。海因兹不得已，只好告诉老板，他妻子快要死了，请求便宜一点卖给他，或者允许赊账。老板不同意，海因兹走投无路，撬开了商店的门，为妻子偷来了药。讲完这个故事，研究者向儿童提出一系列问题，如海因兹是否应当这样做，为什么，是否该判他的刑，为什么，等等。

到团体的行为规范，进而接受并付诸实践。这时期又可分为两个阶段。

阶段3：“好孩子”取向（也称寻求认可定向阶段）

顺从传统要求，附和大众意见，期望得到别人的赞许，从而按照人们所说的“好孩子”的标准来约束自己的行为。

阶段4：维护权威和秩序的定向阶段

服从团体规范，严守公共秩序，尊重法律权威，这时判断是非已有了法制观念，但把规范看成是固定不变的。

水平Ⅲ：后习俗水平（postconventional level）

这个阶段已经超越了现实道德规范的约束，达到了完全自律（自己支配）的境界。年龄上至少是青年期人格成熟之后，才能达到这种境界。这个水平是理想的境界，成人也只有少数达到。这一时期也可分为两个阶段。

阶段5：社会契约定向阶段

有强烈的责任心与义务感，尊重法制但不囿于法律条款，相信它是人定的，不适于社会时理应修正。

阶段6：原则或良心定向阶段

有其个人的人生哲学，对是非善恶有其独立的价值标准。对事有所为、有所不为，不受现实规范的限制。

虽然科尔伯格道德发展理论并不完美[①]，但是他所描述的阶段比皮亚杰的道德发展理论更加具体、细致，反映了一些道德认知的社会内容，因而更具有现实意义。

（二）精神分析学派的观点

精神分析学派的代表人物是弗洛伊德。弗洛伊德认为，个性是一个整体，由彼此相关的本我（id）、自我（ego）和超我（superego）构成。这三部分相互作用形成的内部动力，支配着个体的行为。在个体行为中，道德行为的原动力来自超我的支配。

本我是个性结构中最原始的部分，包括一些生物性或本能性的冲动，弗洛伊德称之为“力必多”（libido）。在力必多的冲动之下，个体寻求即时的满足，没有任何自制力，遵循“快乐原则”。所以，完全由本我支配的行为只是冲动，毫无道德可言。初生婴儿的行为即属此类。

随着年龄的增长，个体与环境中的人、事、物发生交互作用，在本我之外增加了自我成分。本我只是冲动，追求满足，但因外在限制，未必能够实现。自我遵循“现实原则”，既要满足本我的本能需要，又要控制、压抑其冲动，使它只能获得现实许可的那种快乐和满足。

超我是从自我中分化出来的，是对自我的监督，它遵循“至善原则”，具有支配个体趋向社会规范的力量。超我的监督作用是通过自我理想和良心实现的。自我理想规定了自我应该做什么，它是通过奖励的方式形成的。当儿童的表现与父母的道德标准相吻合时，

① 科尔伯格道德发展理论提出后，吉利根、沙利文、辛普森和斯伟德等都指责科尔伯格的阶段6的道德取向是一种假想和观念，并不具有文化普遍性。20世纪80年代，科尔伯格也承认了他过去在“是—应当”悖论方面的错误观点。（李伯黍，燕国材. 教育心理学. 上海：华东师范大学出版社，1993：44-45. ）

父母就给予肯定和奖励，这些标准就逐渐构成了儿童的自我理想。良心规定了自我不应该做什么，它是通过惩罚的方式形成的。当儿童的表现与父母所鄙弃的道德观念相一致时，父母就给予惩罚，从而使儿童在心灵上受到责备。

弗洛伊德认为，儿童道德发展的过程是一个逐步内化的过程。父母很早就向儿童提出了社会化的要求。儿童将父母的批评和社会的批评内化成超我（俗称“良心”）。良心或超我代表了“内化了的父母”，它是相当严厉的、惩罚性的。良心的发展可以帮助儿童在父母不在眼前时也能让道德规范起作用，抵制外界的诱惑。如果个体的行为违反了超我的意向，就会感到自责和内疚的心理压力。

弗洛伊德把人格的发展分为五个阶段：口唇期、肛门期、性器期、潜伏期和生殖器期。在这些阶段中，道德发展的基本规律是：从无意识到有意识，从不自觉到自觉，从生理上的自制到心理上的自制。

新精神分析学派的代表人物艾里克森对人格与品德的发展做了进一步的解释和必要的修正。艾里克森不再只是强调心理性欲的发展，而是重视人格的心理社会发展，同时，他非常强调自我在人格结构中的作用。自我是过去经验和现在经验的综合体，并能够把个体的内部发展和社会发展两方面结合起来，引导本能向合理方向发展。他认为，健康的自我是以八种美德为特征的：希望、自我控制和意志、方向和目的、能力、忠诚、爱、关心和聪明。这样的自我是创造性的自我，能够对人生发展的每个阶段所产生的问题加以创造性地解决。①

精神分析学派的道德发展理论虽然没有为道德教育工作者提出具体的教育建议，但是它重视非理性因素特别是道德情感在道德行为形成和发展中的作用，强调儿童早期经验在道德发展中的重要性，都对学校德育具有一定的启示。

（三）道德行为发展理论

在西方，对道德行为做出较为系统的研究与阐述的是以阿伯特·班杜拉（Albert Bandura）为代表的社会学习理论。班杜拉认为，影响儿童道德学习的因素有很多，但是其中起决定作用的是行为主体的观察或对榜样的模仿。

班杜拉认为，在社会环境中，人们通常是直接通过“观察”“模仿”而立即获得新的知识、技能和行为的，观察学习是在人与人之间进行的有关社会的学习，因此，这种学习主要是一种“社会的学习”。

班杜拉认为，观察学习对于人格的形成和道德行为的改变有十分重要的作用。首先，学习者通过观察、模仿别人的行为，可以获得新的反应方式。其次，学习者通过观察和模仿，可以抑制已经习得的反应，也可以解脱对这一行为的抑制，即当学习者观察到某一反应受到惩罚时，就会降低对这一反应的模仿，反之，当学习者看到这一反应受到奖赏时，就会消除对模仿这一反应的抑制。最后，观察和模仿可以激励或强化原有的行为倾向和行

---

① 艾里克森把人格的发展分为8个阶段，并认为每个阶段都有可能出现危机。这8个阶段是：学习信任的阶段（从出生到18个月左右）、成为自主者的阶段（18个月到3岁）、发展主动性的阶段（3～6、7岁）、变得勤奋的阶段（6、7～12岁）、建立个人同一性的阶段（12～18岁）、承担社会义务的阶段（18～30岁）、显示充沛感的阶段（30～60岁）、达到完善的阶段（60岁以后）。

为模式。

在观察学习过程中，对儿童的学习产生影响的示范信息有很多，其中，最基本的是行为示范，语言示范也是传递信息的重要途径。

班杜拉观察学习理论的最大贡献在于强调了榜样示范在儿童行为的形成、改变和发展中的作用，突出了榜样的重要性；同时，他也强调自我强化对行为的调节作用，对学校德育有着实际指导意义。

三、品德形成的一般过程

品德的形成过程是社会规范的接受和内化过程。它大致经历了以下三个阶段。

（一）社会规范的依从

依从即表面上接受规范，按照规范的要求来行动，但对规范的必要性或根据缺乏认识，甚至有抵触情绪。依从具有一定的盲目性和被动性，个体对规范所要求的行为缺乏足够的了解，只是迫于权威或情境的压力才遵从了规范。因此，依从水平上的规范也是最不稳定的，一旦外部监控和压力消失了，相应的规范行为就可能会动摇和改变。依从是规范内化的初级阶段，也是进一步内化的基础。

（二）社会规范的认同

认同比依从深入了一层，简单地说，它是对自己所认可、仰慕的榜样的遵从、模仿，个体在思想、情感和态度上主动地接受了规范，从而试图与之保持一致，这已不简单是因为外部压力。认同具有自觉性和主动性，虽然学习者对规范的必要性的认识还有不足，但他已有明确的行为意图，团体的规范对学习者具有一定的吸引力和感染力。相应地，认同水平的规范已经具有一定的稳定性，认同是规范内化的深入阶段。

（三）社会规范的信奉（或内化）

信奉（或内化）是指学习者对社会规范及其价值原则有了深刻的理解，并持有积极的情感体验，使之成为自己的一种信念，与原有的价值观念一体化。这时，学习者的规范行为是由自己的价值信念所驱动的，而不是由外界的压力所控制的。当个体按照自己的价值标准行动时，他就会感到满意和快乐；而当自己做了违背自己的价值信念的事情时，他就会感到内疚，受到良心的责问。对规范的信奉具有高度的自觉性和主动性，因而成了稳定的品德。

可见，德育要从道德行为的纪律约束和外部控制开始，但不能仅仅停留在表面化的依从的水平上。品德是学习者作为活动主体所具有的自觉的、自主的品质，而不仅仅是对规范的“亦步亦趋”或“阳奉阴违”。必须引导学生对规范及其价值原则进行思考、分析和判断，促进规范的认同和信奉，否则就没有真正完成品德的建构。

四、品德发展的一般规律

在有关儿童道德发展的内在机制、一般趋向、影响因素等问题上，研究者们存在着诸多共识，这些共识可以暂且称为品德发展的一般规律。

（一）品德发展是主客体相互作用的产物，是主体在活动和交往的基础上自我建构的结果

儿童是现实的社会的人。他以他的活动和交往同外界建立千丝万缕的、不可分割的联系，构成自己的生活环境。随着他的活动和交往范围的日益扩展和方式的日益多样化，他同外界的联系、关系也日益丰富，生活环境也日益呈现出多方面、多层次、多样化。所有这些联系、关系，以及活动与交往方式都是他的现实的社会关系，也是他的现实生活、现实存在。儿童个性的社会本性是他现实的社会关系的总和，其中，经济关系和社会文化起着特别重要的作用。但儿童并不是环境的消极产物。儿童以自己的活动和交往同外界发生联系，形成现实的社会关系，也是以自己的活动与交往作用于外界，感受外界的影响，而且从外界影响、儿童活动与交往方式的影响到儿童的个性素质的形成或提升，还要经历一个能动的内化过程。只有引导道德主体参与到各种相互作用的活动中，亲自审视其对人的生存价值，实际处理各种关系，才能获得对它们的深刻理解和认识，才能不断深化自己的情感体验、磨炼自己的道德意志，从而形成坚定的道德信念，以及在这种引领下的行为习惯，并产生对人的合理存在的新向往，领悟人的生活的意义。因此，儿童的生活、活动与交往过程中的主客体相互作用才是真正实现社会道德个体化、个体道德社会化的统一基础。活动与交往不仅是思想品德形成发展的源泉，而且是检验道德发展水平的标准。一个人的思想品德如何，一个人的道德发展到何种程度，只有在一定的社会关系中，在与他人、他物、他事的交往过程中才能得以发展。

（二）个体的品德发展是在其内部矛盾运动的过程中实现的，内部矛盾是促进品德发展的直接动力

品德发展来自主客体的相互作用，来自生活主体的活动和交往，但不是任何活动和交往都有益于品德的发展。客观的道德要求与儿童已有的道德状态经常处于矛盾之中，但这种矛盾并不必然地促进儿童品德的发展。只有当客观的道德要求为儿童所需要、所选择、所接受，并与儿童已有的道德状态相矛盾时，才构成儿童品德发展的内部矛盾，成为儿童品德发展的直接动力。这里的关键是客观的道德要求怎样才能转化为儿童自己所选择、所接受、所向往、所乐为的要求，形成其现实自我与期望自我，或现实自我与应然自我的矛盾，并引导儿童自觉积极地推动现实自我向理想自我的转变，实现矛盾的转化，提升道德境界。这是一个客观的道德要求向儿童主观品德的内化过程，也是儿童品德内部矛盾的能动转化过程。

（三）个体品德的发展是品德各要素协调统一的发展

儿童的品德是作为一个结构而存在的，组成品德心理结构的各要素（道德认识、道德情感、道德意志、道德行为）不是孤立存在的，而是相互作用、相互影响的，其整体构成一个人的品德全貌。品德各要素的统一性和协调性，决定了品德发展的质量和倾向。（品德心理要素的分析见“品德的心理结构”部分）。

（四）品德的发展是有阶段的、连续发展的过程，是从不自觉到自觉的过程

结合皮亚杰、科尔伯格关于道德认知判断发展理论可以看出，儿童的道德不仅是发展的，而且是有阶段的，各阶段间有着本质的差异。现代品德心理学的大量研究证明以下两点。第一，儿童道德发展所经历的一系列阶段形成了一个与成熟有关，但不是由成熟决定的固定的发展过程。在整个阶段序列中，前一段是后一段发展的基础，后一段是前一段发展的必然结果，前一阶段已孕育着下一阶段的萌芽，后一阶段是前一阶段发展的必然结果。第二，儿童道德发展的过程也是一个从不自觉到自觉、从单纯受外部环境的支配到受行为主体自我控制的过程。

五、影响品德形成的因素

影响学生品德形成的因素极其复杂，归纳起来有环境因素和自身因素两个方面。环境因素包括家庭、社会、班集体和同辈团体等；自身因素包括认知失调与态度定势。

（一）家庭因素

家庭环境包括家庭教养方式、父母的价值观念、文化、经济、政治背景、人员构成和父母的道德修养等。它对学生品德的形成和发展起着奠基的作用。

首先，家庭教养方式会影响儿童品德的发展。按照家长对子女的控制程度的不同，家庭教养方式可以分为溺爱型、民主型和专横型。人们经过研究发现，信任、民主、宽容的作风与儿童的优良品德之间具有正相关关系，过分严厉、过分溺爱都不利于儿童良好品德的形成。

其次，父母的道德观念会影响儿童品德的发展。父母的道德观念会体现在他们待人接物的方式和态度中，而父母是儿童最早的认同和模仿的对象，儿童会以观察学习的方式受到父母的影响。

最后，家庭人员构成也可能与儿童品德的发展有一定的关系。理论界大多认为，核心家庭比直系家庭更有利于对孩子的品德培养。

（二）社会环境

社会风气对儿童品德的形成和发展具有重要影响。随着学生年龄的增加，他们与社会的接触也就越来越广泛。由于儿童好奇心强，喜欢模仿，对社会信息敏感，社会风气对他们品德的影响也就越来越大。社会风气有着广泛性、复杂性等特点，学生（尤其是小学生）的识别能力较差，他们往往自发地、偶然地、不自觉地接受社会的影响。他们既可能接受

社会上积极因素的影响而形成良好的品德，也可能受其消极影响而变坏。

另外，电视、书刊等大众传媒对儿童的成长正在产生着越来越深刻的影响。美国帕克（Parke）等的研究表明，在其他社会条件相同的条件下，观看暴力电影的学生比其他学生表现出了更多的攻击性行为。

（三）班集体与同辈团体

良好的班集体对儿童的品德发展具有很重要的意义。如果一个班级内有良好的师生关系，同学和睦融洽，有凝聚力，有明确的纪律规范，这种班风就构成了一种无形的影响力，对那些品德不良的学生构成了一种压力，同时又提供了很好的榜样。

另外，随着儿童青少年的成长，一些小伙伴会因为共同的兴趣爱好、共同的活动而形成相互交往、彼此接纳的同辈团体，这构成了在父母和老师之外对儿童青少年极具影响力的又一种因素。小伙伴之间常常会相互模仿、相互感染，既可能使好的习惯和品德得以推广，也可能使不良的思想行为得以蔓延。教师应该对儿童青少年中的同辈团体加以积极引导，引导他们进行更多积极向上的、有意义的活动，自觉抵制不良习气的影响。

（四）自身的认知失调与态度定势

个体自身的认知情形与态度定势对品德发展有重要的影响。

人类具有一种维持平衡和一致性的需要，即力求维持自己的观点、信念的一致，以保持心理平衡。当认知不平衡或不协调时，内心就会有不愉快或紧张的感受，个体就试图通过改变自己的观点或信念，以达到新的平衡。可以说，认知失调是态度改变的先决条件。

个体由于过去的经验，对所面临的人或事可能会具有某种肯定或否定、趋向或回避、喜好或厌恶等内心倾向，这种事先的心理准备或态度定势常常支配着人对事物的预期与评价，进而影响人是否接受有关的信息和接受的量。

第三节　德育过程

一、德育过程的概念、结构、矛盾和本质

（一）德育过程的概念

德育过程是教育者根据社会发展的思想道德要求和受教育者的思想品德形成规律，对受教育者实施教育影响，并通过受教育者思想道德的内化、外化机制，促进其形成一定的思想品德、发展其品德能力的教育活动过程。

德育过程从宏观上看贯穿于人的一生，从微观上看则指学校教育中具体的道德教育过程。而且，从过程的特点来看，学校德育过程不仅仅是受教育者接受思想道德教育的过程，也是一个教育者与受教育者双向互动的教育与受教育过程。

德育过程不同于品德形成过程，两者既有联系又有区别。从某种意义上说，德育过程的最终归宿就是要使受教育者形成一定的品德，而就受教育者品德形成过程而言，学校德育过程并不是唯一的影响因素，还有家庭、社区、社会等环境影响因素。德育过程与品德形成过程实质是教育活动与素质发展的关系。两者主要有如下区别（表 9-1）。

表 9-1　德育过程和品德形成过程的区别①

德育过程	品德形成过程
1. 德育是教育的组成部分，其实施属于教育活动范畴； 2. 德育过程是从外部对受教育者施加影响的过程； 3. 德育过程是受教育者与外界教育影响相互作用的过程	1. 品德是人的精神素质的组成部分，其形成属于人的素质发展范畴； 2. 品德是在外部影响作用下，道德主体内部自身运动的过程； 3. 品德是道德主体与外界各种影响相互作用的过程

（二）德育过程的结构和矛盾

1. 德育过程的结构

德育过程的结构是指德育过程中各个要素或各个组成部分相互联系、相互作用的方式。既然德育过程是教育者与受教育者共同参与的教育活动过程，那么很显然，教育者及其活动和受教育者及其活动是德育过程的两个基本要素。而教育活动的开展还必须借助一定的中介，德育过程中的这个中介就是德育的内容和方法。因此，教育者、受教育者和德育的内容与方法便构成了德育过程的三个基本要素。

教育者是指有目的地对受教育者施加影响的个人或团体，处于主体地位。受教育者指接受德育影响的个人或团体，既是德育的客体又是主体。德育内容和方法是教育者用以影响、作用于受教育者的中介，是纯客体的东西。三个基本要素在德育活动中形成相互联系、相互制约的关系，从而形成德育过程的内部矛盾运动。

在德育过程结构诸要素中，教育者与受教育者是最基本的要素，它们之间相互联系、互相作用，共同推动着德育活动的进行与展开。因而可以说，教育者与受教育者均是德育过程中的活动主体，离开了教育者与受教育者的相互作用，就无法构成德育活动。德育内容便成为教育者与受教育者共同作用的对象，是将教育者与受教育者联结起来的中介因素。正是有了教育者、受教育者、德育内容这三个基本要素，最基本的德育活动才能展开。

2. 德育过程的矛盾

德育过程中存在着诸种矛盾，这些矛盾至少可分为三个层次：第一层次是德育过程与外部环境之间的矛盾；第二层次是德育过程内部的矛盾；第三层次是德育过程中主体（教育者、受教育者）自身的矛盾②。

在德育过程所涉及的各种矛盾关系中，规定德育过程性质的应当是德育过程的内部矛盾，但是这些内部矛盾也是复杂的，因为它们是由德育过程各要素形成的。这些矛盾有：教育者与受教育者之间的矛盾，教育者与德育内容、德育方法之间的矛盾，受教育者与德

① 鲁洁，王逢贤. 德育新论. 南京：江苏教育出版社，2002：337.
② 班华. 现代德育论. 合肥：安徽人民出版社，2001：85.

育内容、方法之间的矛盾，等等。在这些矛盾中，教育者与受教育者之间的矛盾是主要的矛盾。这两者之间的矛盾主要表现为教育者所提出的道德要求与受教育者思想品德现状之间的矛盾。因此，教育者在德育过程中代表社会所提出的思想品德要求与受教育者原有的思想品德发展状况之间的矛盾，是德育过程的基本矛盾。

教育者所提出的道德要求与受教育者思想品德现状之间的矛盾，是德育这一实践活动存在的条件，解决两者之间的矛盾也是德育实践目的之所在。同时，也正是这一对矛盾关系，决定着德育过程区别于其他各育过程，也决定着德育过程中的其他矛盾的解决。也就是说，解决教育者与德育内容、德育方法等要素之间的矛盾都是为了解决施教与受教之间的矛盾。

相对于受教育者自身德性发展来说，施教与受教之间的矛盾是外因。外因要通过内因起作用。受教育者发展自身道德的愿望与受教育者原有道德水平的差异构成了受教育者自身的内部矛盾。这一矛盾运动的过程就是思想品德形成与发展的过程。

德育过程与思想品德形成与发展的关系，就在于德育过程的矛盾需要通过受教育者自身思想品德发展的矛盾起作用，而受教育者自身的内部矛盾又是在道德教育活动的作用下形成的，而不是自发形成的。

由此，我们认为，激发受教育者主体自身的道德需要便构成了德育过程中施教与受教之间积极的矛盾运动，进而使德育过程与思想品德形成过程联系起来，从而促进受教育者思想品德的形成与发展。

（三）德育过程的本质

德育过程是教育者、受教育者共同参与的，旨在促进受教育者个体思想品德发展的社会过程，实质上是一种思想、政治、道德的社会传递和社会继承过程。人类的思想、政治、道德作为精神财富，之所以能够从一个社会到另一个社会保存、积累、丰富和发展，正是因为这种社会传递与社会继承。其中，包括创立、形成新的思想、道德的范畴、原则与规范。德育过程的主要任务就是教育者有目的地指导受教育者学习、选择、接受既有的社会思想、政治、道德文化，同时，使其学会自主创立新的思想、道德范畴和道德规范。因此，德育过程的本质就是造就道德主体或再生产道德主体的过程。

德育过程造就道德主体包括个体道德社会化和社会道德个体化两个方面。个体道德社会化即有意识地促使受教育者个体接受一定的社会政治观点、思想道德准则、道德规范的影响，逐渐内化为个体思想道德观点、信念，并再外化为品德行为，成为能适应和参与一定的社会角色行为的人。社会道德个体化，即一方面是社会思想、准则、道德规范转化为个体思想品德；另一方面，每个个体形成的思想品德又因其性别、年龄、智力、性格等方面的差异而具有个性特点。

德育过程是个体道德社会化和社会道德个体化的统一的过程。也就是说，德育过程是一种有目的的或有选择的思想道德社会传递与个体思想道德体验相统一的过程。

二、德育过程的基本规律

（一）德育过程是培养学生知、情、意、行的过程

1. 德育要有全面性，促进知、情、意、行的和谐发展

学生的品德包含知、情、意、行四个要素，因此开展德育活动时，就应该注意全面性，兼顾知、情、意、行各要素，不能厚此薄彼，有所偏废。学校德育的重点在于培养学生的道德判断力、道德敏感性和道德行动力量，任何德育模式都不能忽视这三个基本方面。从前人们容易出现的偏颇是：或者把德育当作知识教学，一味地灌输；或者把德育当作行为训练，而不管学生是否理解、自愿，是否具备相应的情感。我们既不能认为，只要学生在道理上懂了，就一定会形成相应的品德；也不能认为，只要学生表现出相应的行为，就表明他已经具备了相应的道德。我们对学生应该注意晓之以理、动之以情、导之以行、持之以恒，使学生品德的四个要素知、情、意、行相辅相成，全面而和谐地得到发展，不可以割裂四者的关系，以致对某些因素有所偏废，损害其整体功能。

2. 德育具有多开端性，要具体问题具体分析

强调知、情、意、行的整体和谐，不是说任何一次德育活动，或是对任何一个学生的道德教育都必须严格按照知、情、意、行的固定排列顺序进行。恰恰相反，开展德育既可以从知或情的培养入手，也可以从意或行的锻炼开始，可以有多重开端，具有多开端性。因为，在品德发展过程中，知、情、意、行四个要素的发展常常是不平衡的，有的先，有的后，有的快，有的慢，有的较稳定，有的常反复；而且每个学生品德发展的具体情况也存在个别差异，表现出来的品德面貌或品德问题不尽相同。这就要求针对品德结构中诸要素发展不平衡的状况，灵活处理，有的放矢，因材施教。

就以中小学生常见的品德问题“言行不一”为例来说，究竟从哪里着手抓起呢？这就要具体问题具体分析。有的学生可能是因为对行为规范不理解，认识不到位，这就要从“知”开始，提高其道德认识，增强自觉性；有的学生可能是能说会道但不力行，这就要从“行”开始，加强行为习惯的培养和训练；有的学生可能是缺乏情感体验，没有强有力的行为动机，这就要从“情”的培养开始，引导学生感受生活、体验生活，通过各种措施激发其道德情感；有的学生可能是既懂得道理也能行动，但就是意志薄弱，不能持之以恒，这就要从“意”开始，通过完成一定的道德活动来磨炼其意志，提高自我控制能力。可见，德育具有多开端性，在实际的德育工作中究竟从哪里开始，要具体问题具体分析。

3. 德育要有针对性，对知、情、意、行采取不同的方式方法

品德四个要素知、情、意、行各有不同的特点，对它们的培养还不能一概而论，不能用同样方式、方法来对待，应该采取不同的方式、方法来进行。例如，学生道德认识的获得与提高，可以通过讲解、阅读、谈话与讨论等方法来实现，但是，用这些方法培养学生的情感多半难收成效。而培养情感必须通过交往、关爱、沟通、熏染与震撼等方式，才能使学生的认同、感到、感激或崇敬之情油然而生，学生只有经过连续不断的培育与感悟，他们的感情才会深厚起来。当然，提高认识、培养感情有助于学生道德行为习惯的养成，

然而，学生的道德行为习惯的形成，还必须经过活动、训练与较长的社会实践。何况不同年龄特征的青少年学生又有不同的特点，在对他们进行道德品质教育时又要区别对待。总之，为了提高学校德育的实效性，就应该对知、情、意、行不同特点和规律采取不同的德育手段与方法。

（二）德育过程是组织学生活动与交往的过程

1. 活动与交往是品德形成的基础

受教育者的个体思想品德是由心理形式和心理内容有机构成的，心理是人脑对客观现实的反映，任何心理现象的产生都离不开社会实践活动。作为个性心理核心存在的思想品德只有在社会活动和交往中才能产生。活动和交往是思想品德形成和发展的基础。

建构主义理论认为人与外界环境之间是一个动态的相互建构的过程。受教育者的品德素质的形成正是通过“活动”和“交往”而形成的，所以说“活动”和“交往”是受教育者思想品德形成的中介。皮亚杰指出，儿童道德成长或发展的根源不在于单纯的外部环境，也不在于单纯的主体内部，而在于主体与其道德环境的积极的交互作用——活动或实践，在于这种活动或实践引起的矛盾和思考。因此，皮亚杰认为，正如儿童是他自己的理智世界的构造者一样，他的道德世界也是由他自己逐渐构造起来的。在其中，理智发展是道德发展的必要条件，活动与同伴合作是道德发展的主要环境，成人、教师及其他社会环境因素的影响，必须通过儿童自身的积极活动与思考，才会发生作用。[①]柯尔伯格也指出，道德发展来自社会冲突情境中的社会性相互作用，是个体与其所在社会环境中的其他人的一种交流。[②]只有通过活动和实践，人们才能获得对道德规则更全面、更深刻的认识，并以此调节自己的行为，而正是在活动中，在与别人的交往中形成了尊重别人、关心别人、善于合作等品质。

受教育者作为社会性的存在，是社会关系的产物。作为协调社会中人与人、人与集体，以及人与社会关系冲突的社会道德准则，只要当主体参与到这种关系之中，并通过亲身的体验、处理各种社会关系，才能获得对社会关系的深刻理解和认识，才能不断深化自己的情感体验、磨炼自己的道德意志，从而形成坚定的道德信念和自觉的行为习惯，所以必须充分认识到受教育者思想品德形成的体验性特征。任何思想品德教育过程如果无视受教育者的理解、认同、内化等体验性的心理过程，那么这种思想品德教育一定缺乏活力，也一定是苍白无力的，当然是无效甚至负效的。

2. 进行德育要善于组织、指导学生的活动与交往

德育过程中开展的活动包括两个方面：一是学生的学习、劳动、工作、社会服务、文娱和体育等外显的实际活动；二是学生在思想情感上进行的内部心理活动。由于人的心理活动是外部世界的反映，所以一般来说，在德育过程中，最重要的是组织好学生的各种表现为外部行为的实际的教育活动，才能启迪、激发和引导他们积极开展内部心理活动，以促进他们的思想认识的提高和品德的养成。

人们内部思想情感上的心理活动已经发动和开展起来，又会表现出巨大的能动力量，

---

① 魏贤超. 现代德育原理. 杭州：浙江大学出版社，1993 ：135.
② 丁锦宏. 教育学. 南京：南京大学出版社，2002：509.

指导和促进他们的社会实践活动。所以，在德育过程中，始终要注意做好深入细致的思想工作，调动学生的主动性和积极性，引导他们总结道德经验，提高理论水平和分辨是非的能力，严格要求和注意调节个人的行为，更加自觉地进行社会活动和道德实践，培养自己的高尚品德。

可见，在德育过程中，既要组织学生积极参与各种教育活动与交往，又要引导学生自觉进行个人内部的道德修养活动，使两者联系起来、相互促进。这样，才能引导学生的品德能动地得到提高。

（三）德育过程是促进学生思想内部矛盾转化的过程

1. 学生思想内部矛盾运动是思想品德发展的根本动力

外因是变化的条件，内因是变化的根据。外界教育影响作为条件是不可缺少的，但任何外界影响都必须通过个体内心的内部矛盾运动而起作用。思想品德作为个体现象，必然依赖个体的心理活动，依赖个体内部的心理矛盾运动。心理矛盾错综复杂，但最基本的矛盾是教育者根据社会要求向受教育者提出的道德要求，和受教育者现有的思想和道德发展水平之间的矛盾。教育者提出的道德要求往往高于受教育者现有的思想品德发展水平，当这种要求在受教育者主动参与的活动中被受教育者所认识、所理解、所接受，内化为受教育者内部的需要和动机时，就会和受教育者原有的思想道德状态发生矛盾，这种内部矛盾运动就成了思想品德发展的根本动力。

2. 学生思想内部矛盾运动内容的复杂性和转化的不可替代性

作为受教育者的学生，其思想内部矛盾运动内容非常丰富，涉及范围也很广泛，显现出很强的复杂性和不确定性。学生是一个活生生的人，拥有绚丽多彩的内心世界，在其生命成长和人生发展过程中，纷繁复杂的外部世界方方面面的因素会对他们产生立体、多维的影响，外部的新异的刺激必然在他们内心深处荡起层层涟漪，引发他们思想内部的多样性的矛盾运动。有些矛盾是反映外部客观世界的矛盾，如学校、家庭和社会对学生的教育要求不相一致甚或相互抵触，反映到学生的头脑里，就使学生产生疑惑和迷惘。在价值观念多元的社会转型时期，这类矛盾显得尤为突出。有些矛盾是认识中的矛盾，是学生认识上的知与不知、全面与片面、深刻与肤浅的矛盾。在这种矛盾中，受教育者常常是有错不知错。解决这类矛盾，主要是从提高他们的道德认识和审美水平入手。有些矛盾是思想性质的矛盾，也就是思想意识方面的矛盾，包括正确与错误、先进与落后、正直与虚伪、正义与邪恶的矛盾。在这种矛盾中，学生往往是知错犯错、明知故犯。有些矛盾是心理素质方面的矛盾，即知、情、意、行各心理因素之间的矛盾和某些个性心理特征与道德要求之间的矛盾，学生知与行、知与情、愿望与能力之间的矛盾，都属于这类矛盾。

学生解决上述矛盾，实现由错误到正确、由落后到先进、由知到行的顺利转化，只能靠学生个体自觉地去完成，是教育者和其他任何人所不能替代的。教育者有时会产生“恨铁不成钢”的急躁情绪虽然是可以理解的，但教师毕竟不能替代学生的进步。

3. 德育过程中要处理好教育与自我教育的关系

针对学生思想品德的矛盾运动过程，在德育过程中，要处理教育与自我教育的关系，实现学生思想矛盾的积极转化，即将社会需要转化为学生个体需要，将道德认识转化为道德行为，将消极因素转化为积极因素，将道德实践转化为道德习惯。

（四）德育过程是长期、反复和逐步提高的过程

1. 德育过程是一个长期的、反复的、曲折的过程

学生思想品德的形成和提高是随着他的成长、成熟而不断发展深化的，是一个长期的过程。学生思想品德形成的长期性主要是由于学生品德的形成不仅要提高道德认识，形成正确的道德观念和道德判断能力，而且还要形成相应的道德情感、道德意志和道德行为。学生在这些因素上的不断提高和深化，并非一朝一夕就可获得成功，这是一个长期的由量变到质变的过程。因此，也必然经过一个长期的培养教育或矫正训练的过程。

学生思想品德形成的反复性和曲折性，一方面，是由社会各种影响的复杂性决定的。意识形态领域里无产阶级思想和非无产阶级思想，正确思想和错误思想，先进思想和落后思想的斗争是长期的、曲折的、反复的，这种长期反复存在的斗争必然反映到学生思想上来，因而学生思想品德的培养和提高是长期的、曲折的和反复的。另一方面，是由学生各种思想品德的不稳定性决定的。青少年学生处于成长时期，思想不成熟，缺乏生活经验，初步形成起来的正确思想、观念和良好的行为习惯，还可能受到不良思想和低劣的道德品质的影响和侵蚀，出现优良品德与不良思想品德的曲折斗争过程，甚至出现某些倒退。这说明学生思想品德的形成并非一蹴而就，也说明德育过程的长期性与反复性。

2. 德育工作需要耐心，要注意抓反复和反复抓

遵循学生思想品德形成的这一规律，教育工作者对学生的教育一定要有长期的思想准备，有计划、有组织地对青少年学生实施道德教育，不能"毕其功于一役"。同时，针对学生思想品德形成过程中出现的不稳定性，要注意抓反复和反复抓，并且善于运用机动灵活的教育艺术，经常分析学生前进中的、变化着的情况，排除内外障碍，促使青少年学生的思想品德能沿着正确的方向健康发展。

（五）德育过程是促使学生由他律到自律，不断提升自我教育能力的过程

儿童道德的发展所经历的一系列阶段形成了一个与成熟有关的，但不是由成熟决定的固定发展顺序。就个体而言，道德的发展尽管有迟有早、有快有慢，但都必须遵循这一发展顺序；道德发展的各阶段虽然有各自不同的本质特点，但发展的各阶段又形成了一个连续的、互相衔接、互相交叉的统一的整体。整个道德发展过程是一个从不自觉到自觉，从单纯受外部环境的支配到受行为主体自我控制的过程。

随着受教育者年龄和才智的增长，他们的自我教育能力在他们自身品德发展上起着越来越重要的作用。德育目标的内化和受教育者思想内部矛盾运动的积极转化都有赖于自我教育能力。一方面自我教育能力是德育的一个重要条件，只有注意培养与提高受教育者的这种能力，他们品德的内部矛盾才能转化，德育才能进行得更顺利、更有效；另一方面受教育者的自我教育能力又是他们品德发展程度的一个重要标志。自我教育能力主要包括三个方面：一是自我期望能力，这是自我教育的内在目的和内在动力；二是自我评价能力，这是进行自我教育的认识基础；三是自我调控能力，这是在自我评价基础上建立起来的自觉调节自己言行的内在机制。

三、德育过程的基本环节

德育过程的基本环节是指教育者与受教育者按事先安排的步骤，进行施教与受教的基本顺序和阶段，是整个德育过程展开与运行的一般时间模式。德育过程的基本环节包括如下几个部分。

（一）德育准备

德育准备是指在德育过程展开与运行前期所作的各种预备工作，它是德育过程实施的前提和基础。具体包括如下方面：①学会领会德育大纲、教材及其他有关资料，了解德育对象的实际情况；②确定德育的具体目的；③确定为达成德育目的而施教的具体内容；④选择施教的方法、途径。也有人把这一过程称为设计教育方案的过程。

（二）德育实施

德育实施是德育过程的具体展开与实施阶段，其步骤如下：①帮助学生做好心理准备，这是受教育者接受教育影响的前提；②提高道德认识，激发道德情感，形成道德需要，培养道德意志，提升道德判断能力，认识、情感、需要、意志是个体自觉道德行为的前提；③引导受教育者从知到行转化，培养其道德践行能力。

（三）德育评价

德育评价是整个德育过程必不可少的反馈阶段。德育评价的核心是品德评价，但并不仅仅是品德评价，它还包括对整个德育过程的各个步骤、措施、方法、形式等各个方面进行的评价。

（四）德育调控

德育过程具有整体过程和局部过程相结合的鲜明特点。在德育过程的时间和空间的展开运行之中，如何实施具体的局部过程，以保持其与总体过程在目标方向上的协调和一致，成为至关重要的环节。综合调控便是试图通过对各个局部德育过程实施所获得的结果进行认真的测评和分析，达到对既定设计和实施进行调整和控制，以更好地优化德育过程各结构之间的连接。

第四节 德育原则、途径与方法

一、德育原则

德育原则是教师对学生进行德育时应该遵循的基本要求。它以个体品德发展规律、德育过程基本规律和社会发展要求为依据，是人们在德育实践过程中形成的带有概括性、综合性的认识成果。现阶段我国学校的德育原则主要有如下内容。

（一）方向性与现实性相结合的原则

方向性与现实性相结合的原则是指在德育过程中，既要坚持社会主义的政治方向，又要从社会主义市场经济的现实出发，把德育的方向性与现实的可能性结合起来，用主流的价值规范去影响学生，促进受教育者不断社会化。

贯彻这一原则的基本要求：①在德育目标上，要解决好普遍性要求与先进性要求的关系；②在德育内容上，要解决好基础性内容与超前性内容的关系；③在德育理想上，解决好现实理想与远大理想的关系，避免要求过高、不分层次，以及过于理想化而和现实脱节的弊端；④应当将德育置于社会大背景之中，学校德育不能回避市场经济、全球化、网络化等现实，努力让学生了解真实的世界。

（二）理论与实践相结合的原则

理论与实践相结合的原则是指在德育中，要把思想政治观念和道德规范的教育与参加社会生活的实际锻炼结合起来，把提高学生的思想认识水平与培养他们的行为习惯结合起来，使他们言行一致。

贯彻这一原则的基本要求：①理论教学要结合实际，切实使学生“信”（相信、坚信）、“服”（心服口服、心悦诚服）；②注重践行，组织和引导学生参加各种社会实践活动，通过实践活动来陶冶其道德情操、磨炼其道德意志、培养其道德行为、熔铸其道德信念；③对学生思想品德的要求和评价要坚持言行一致；④教育者要严格要求自己，以身作则，为学生做表率。

（三）疏导与纪律约束相结合的原则

疏导与纪律约束相结合的原则是指在德育过程中，在对学生进行德育时，要循循善诱、以理服人，调动学生的主动性，使他们积极向上，同时，还要把正确的思想疏导与必要的纪律约束结合起来。

贯彻这一原则的基本要求包括以下四个方面。①讲明道理，疏通思想。通过摆事实，讲道理，做细致深入的思想工作，启发学生自觉认识问题，自觉履行道德规范。对待学生的思想认识问题，只能疏导，不宜压制。②因势利导，循循善诱。③要以正面的榜样和事例教育学生，以表扬、激励为主，批评、惩罚为辅。④引导学生积极参与各项规章制度的制定与讨论，使学生充分意识到自己民主参与的权利和自觉履行的义务。

（四）发扬积极因素与克服消极因素相结合的原则

发扬积极因素与克服消极因素相结合的原则也称长善救失原则，是指德育工作者要调动学生自我教育的积极性，使其依靠和发挥自身的积极因素，去克服他们品德上的消极因素，实现品德发展内部矛盾的积极转化。

案例：小辉同学是怎样转变的？

贯彻这一原则的基本要求：①要用发展的眼光看待学生，了解其优点与不足；②善于创造情景，启发思考，及时诱导，给正方向的品德素质的发展以扶持和助力；③引导学生自觉评价自己，进行自我教育。

（五）热爱尊重与严格要求相结合的原则

热爱尊重与严格要求相结合的原则是指进行德育时要把对学生的思想和行为的要求与对他们个人的热爱尊重和信赖结合起来，使教育者对学生的影响与要求转化为学生的品德。

贯彻这一原则的基本要求：①教师要热情关怀每个学生，尊重学生的人格和自尊心，因为尊重、信任是教育学生的基础；②教师对学生提出的要求应合理正确、明确具体和适度；③教师对学生提出要求后，就应该坚定不移地贯彻到底，督促学生认真遵守。

（六）集体教育与个别教育相结合的原则

集体教育与个别教育相结合的原则，是指对受教育者进行集体教育时，同时针对其中每个成员的特点加强个别教育。

贯彻这一原则的基本要求：①要培养和形成良好的集体，使其成为教育的力量；②引导学生关心、热爱集体，为建设良好班集体而努力；③通过集体教育学生个人，通过学生个人转变影响集体；④把教师主导作用与集体的教育力量结合起来。

（七）因材施教原则

因材施教原则，是指进行德育时要从学生品德发展的实际出发，根据他们的年龄特征和个性特点进行不同的教育，使每个学生的品德都能得到最大程度的发展。

贯彻这一原则的基本要求：①要深入了解学生的个性特点和内心世界；②要根据学生个性特点有的放矢地进行教育；③要根据学生的年龄特征有计划地进行教育。

（八）教育影响的一致性和连贯性原则

教育影响的一致性和连贯性原则，是指在德育过程中，教育者应按照德育的目标和任务，主动地协调学校、家庭和社会各方面的教育力量，步调一致、前后连贯地教育和影响学生。

贯彻这一原则的基本要求分为三个方面。①要统一校内各方面的教育力量，形成学校全员参与的环境与氛围。②要统一学校和社会各方面的教育力量。学校要发挥调控各方面教育影响的主导作用，主动与学生家长、社会各教育机构、团体取得联系，争取他们的配合和协调，建立多方结合的教育网络，研究讨论教育学生的问题，共同做好学生的思想品德教育工作。③做好衔接工作，使对学生的教育前后连贯和一致。

二、德育途径

德育途径是指教育者对学生实施德育时可供利用和选择的渠道。由于德育目的、内容、德育原则的多样性及学生品德发展的复杂性，德育的途径多种多样。

（一）思想政治课与其他学科教学

通过思想政治课与其他学科教学向学生进行思想品德教育是最基本的途径。

学校工作以教学为主，学生在学校参与最多的活动就是教学活动。因此，各科教学必然是学校经常地、有目的地、有计划地实施德育的最有效形式。如果不寓德育于各科教学之中，学校德育将不能落到实处，忽视各科教学中的德育，将严重削弱学校的德育功能。

教学永远具有教育性是教育教学活动的基本规律。任何学科的内容都包含着一定的思想品德教育的因素。各科教师在传授知识的同时，总要将一定的思想、观念传授给学生，“传道”与“授业”是密不可分的。实践证明，所谓不带任何思想教育的“纯教学”活动是不存在的，只不过是自觉不自觉及用什么样的思想、观点、言行去影响学生的问题。因此，教师要把握教学活动的全过程，无论是教学内容的讲授、教学方法的运用，还是教学组织形式，换言之，就是教学活动的每一个环节，都应充分发挥教学中的德育功能。

（二）劳动和其他社会实践

劳动和其他社会实践是学校进行德育尤其是劳动教育的重要途径。它的特点在于要实际地做，实际地交往，让学生在做中学，在交往中学。通过劳动和其他社会实践，学生容易产生对劳动、对科学与技术、对社会现实的兴趣，激发出巨大的探索热情与潜力，经受思想与行为上的严峻磨炼，看到自己的才能，体验成功的喜悦。有意义的劳动和社会实践能够激发学生爱劳动、爱人民的道德情感，提高学生的责任意识、服务意识，进而使学生形成勤俭、朴实、艰苦、顽强等好的品德。应该说，劳动和其他社会实践在德育上有着不可替代、不可忽视的意义。

（三）课外活动和校外活动

课外活动和校外活动是教育过程中必不可少的组成部分。它不受课程计划的限制，让学生根据兴趣、爱好自愿选择，自主地组织、开展丰富多彩的活动，制定并执行一定的计划与纪律，以调节自己的行为和处理人际关系。因此，通过这个途径进行的德育，如能符合学生的特点和需要，就能激发他们的兴趣，调动他们的积极性，有助于培养学生的道德判断能力，并形成互助友爱、团结合作、尊重规则等良好品德。

（四）学校共青团、少先队、学生会组织及其活动

共青团、少先队、学生会是学校中学生的集体组织，其组织活动是对学生进行德育的重要途径。共青团、少先队、学生会把学生组织起来，让他们在自己的组织里及所组织的活动中接受教育。充分发挥团队组织、学生会组织的作用，有利于把德育开展得更加适合学生的特点，有吸引力、感染力，有利于发挥学生自身的积极性，也有利于学生进行自我教育。

（五）心理咨询

心理咨询是培养学生健康心理品质的有效途径。中小学生处于身体成长时期，面对身

体的快速变化，会产生一系列的生理和心理问题，而且他们还面临着未来职业选择等方面的问题。通过个别谈心、咨询、讲座等方式对不同层次的学生进行心理健康教育，帮助学生正确处理好学习、生活、择业、人际关系等方面的问题，使他们成为积极向上、心理健康的人。

（六）班主任工作

班主任工作是对中小学生进行德育的一个重要而又特殊的途径。通过这个途径，学校才能强有力地管理基层学生集体，教育每个学生，更好地发挥上述各个德育途径的作用。严格地说，这个途径与上述途径不能并列，班主任积极主动的工作能够对其他途径起调节作用，对学生品德发展产生巨大的影响。

三、德育方法

德育方法是指用来提高学生思想认识，培养学生道德行为习惯，形成良好品德的方法。它包括教育者的施教传道方式和受教育者的受教育方式。德育方法在实施过程中与教学有所不同，不仅可以依靠教师来做，而且可以依靠家长和社会人士来做，还可以通过学生集体及其他学生来进行。深入了解这点，有助于我们更加有效地掌握和运用德育方法。

（一）中学常用的德育方法

我国中学常用的德育方法有：说理教育法、榜样示范法、情感陶冶法、实际锻炼法、品德评价法、自我教育法等。

1. 说理教育法

说理教育法就是借助语言或事实，通过摆事实、讲道理来影响受教育者的思想意识的方法，其目的主要在于提高受教育者的思想道德认识，增加他们的思想辨析能力和道德判断能力。说理教育法的实质在“理”而不在“说”。说理教育法要求的是以理服人，学生心领神会、心悦诚服，而不是以势压人、我说你听、我打你通，我说的越多你的认识越高。说理教育法的应用很广，无论运用哪一种德育方法，都离不开提高学生的认识，都需要结合运用说理教育法。说理教育法的主要策略有：讲解、谈话、报告、讨论、参观等。

运用说理教育法需要遵循如下几点要求。①明确目的性。说理教育要从学生实际出发，注意个别特点，针对要解决的问题，有的放矢，启发和触动学生的心灵。②富有知识性、趣味性。青少年渴求知识，期望更多地了解社会、人生，所以，说理教育要注意给学生以知识、理论和观点，使他们受到启发、获得提高。但选用的内容、表述的方式力求生动、有趣，使学生喜闻乐见，留下深刻的印象，并乐于去实践。③注意时机。说理的成效取决于是否善于捕捉教育的时机，拨动学生的心弦，引起他们的情感共鸣。④以诚待人。教师进行说理教育时，态度要诚恳、深情、语重心长、与人为善。只有待人以诚，才能叩开学生心灵的门户，使学生易于接受教师讲的道理。

2. 榜样示范法

榜样示范法是以他人的高尚思想、模范行为、优秀业绩来影响受教育者的方法，其主要功能在于提高思想认识，陶冶情感，磨炼意志，养成行为。榜样示范法的榜样原型有杰出人物的典范、教育者的示范、同龄人中的典型等。

运用榜样示范法要遵循如下几点要求。①选好学习榜样，注意“远”“近”榜样的结合。我国古代教育重视榜样，要求以尧舜孔孟为榜样，“法古今完人”。今天，我们也应根据时代需要和学生实际情况，指导学生选好学习榜样。②注意对榜样的宣传，不要过多和有意拔高。选择榜样不是“包装榜样”，不是把榜样人物设立得“高、大、全”，似乎他们不食人间烟火。如果真的这样做，只会适得其反，达不到应有的效果。③激起学生对榜样的敬慕之情。要使榜样能对学生产生影响，推动他们前进，就需要引导学生了解榜样，使他们在心灵深处对榜样产生惊叹、爱慕、敬佩之情。④引导学生用榜样来调节行为，提高修养。⑤要注意充分发挥教育者为人师表的作用。

3. 情感陶冶法

情感陶冶法是自觉创设良好的教育环境，使受教育者在思想和道德情感方面受到感染和熏陶的方法。它具有非强制性、愉悦性、隐藏性、潜移默化性和意识与无意识交互作用等特点。情感陶冶法主要包括人格感化、环境陶冶、艺术陶冶三种方式。

运用情感陶冶法时要遵循如下几点要求。①创设良好的情境。要有效地陶冶学生，行不言之教，必先创设良好的情境。作为学校领导要考虑如何创设一个良好的学校环境，一个班主任则应千方百计地创设一个良好的班级环境。这种环境包括：美观、朴实、整洁的学习与生活环境；团结、紧张、严肃、活泼、尊师爱生、文明而有激情、民主而有纪律、自由而有秩序的班风、校风。同时，还要消除和改变对学生可能产生不良影响的各种环境。②与启发诱导相结合。为了更有效地发挥情境的陶冶作用，不能只让创设的情境自发地影响学生，还需要教师有意识地引导与启发，使学生感受到情境的美好与温暖，习惯和喜爱这种良好的情境，自觉地吸取情境的有益影响，也在自己的身上培养起相应的良好品德和作风。③引导学生参与情境的创设。良好情境的创设不应只靠教师单方面努力，还要调动学生积极性，组织学生参与到良好学习与生活情境的创设中。学生在积极创建美好情境的活动中可以得到锻炼，发挥自主性、创造性，体验到满足、自豪、自尊，更加严格要求自己，他们的品德也会得到更好的陶冶。

4. 实际锻炼法

实际锻炼法是通过各种实际活动，训练和培养受教育者的思想品德的方法，其主要意义在于，培养受教育者的良好行为习惯，增强道德意志和品德践行能力，同时强化思想道德认识，丰富情感。实际锻炼法包括：练习、委托任务和组织活动。

运用实际锻炼法要遵循如下几点要求。①调动学生的主动性。锻炼主要是学生的活动，只有激发学生的主动性、积极性，使他们内心感到锻炼是必要的、有价值的，他们才能自强不息、自觉严格要求自己，获得最大的锻炼效果。②适当指导。在学生的道德认识、道德行为方式等方面应视学生的能力给予适当的提示、指导，有时还要同他们共同分析，共同进行选择，培养学生的道德判断力及行动能力。③严格要求。④注意检查和坚持。学生的锻炼，既要强调自觉，又不能放松对他们的督促、检查，还要引导他们长期坚持下去。

5. 品德评价法

品德评价法是根据一定的要求和标准，对受教育者的思想言行做出判断，是对品德发展的一种强化手段，其方式、策略主要有：表扬与批评、奖励与处分、操行评定等。

运用品德评价法的基本要求有如下几点。①公平公正、正确适度、合情合理。做到当奖则奖、当罚则罚，奖励与处分一定要符合实际，实事求是，不主观片面，不讲情面关系。②发扬民主、获得群众支持。评价由少数人决定，难免主观武断、出现差错，得不到大家支持。只有发扬民主、听取大家的意见，才能使奖惩公平合理，富有教育意义。③注重宣传与教育。评价旨在教育和提高学生，故要有一定形式与声势，在一定范围内宣布，并通过墙报、广播、橱窗等宣传，以便收到更好的效果。④评价要与说理教育相结合。评价学生的思想行为要充分说明道理，使学生明了为什么会受到某种评价，只有经过分析和说理的评价，才会真正具有教育意义。

6. 自我教育法

自我教育法是在教育者的指导下，受教育者主动地为自己提出目标，自觉采取措施，实现思想转化和进行行为控制，从而使自己逐步形成良好思想品德的方法。从构成要素看，自我教育包括：自我认识、自我判断、自我选择、自我评价、自我体验、自我监控等。自我教育构成要素的整体提升带动自我教育能力的提高。自我教育能力的高低是衡量学生道德发展水平的重要标志。从形式上看，自我教育法包括立志、学习、反思、箴言、慎独等。

运用自我教育法要遵循的要求有如下几点：①培养学生自我修养的兴趣与自觉性；②指导学生掌握自我教育的标准；③引导学生积极参加社会实践。

除了上述常用德育方法，在德育过程中还有抗拒诱惑、角色扮演、群体约定、制度等方法可以选用。

（二）德育方法的选择

德育方法的选择与运用是德育的艺术问题。由于每种方法都有自己的特点和功效，每种方法又都有自己的多种方式和策略，因此选择和运用德育方法，应在充分认识各种方法的特点、功效的基础上，综合考虑受教育者的身心发展特点和思想品德的现状、个性差异，德育目标、内容的性质与结构，德育活动的条件和学校工作的条件，教育者自身的业务素质和教育水平等。

人的思想品德的形成过程存在着“无律—他律—自律”的客观规律，因此，在德育实践中选择和运用德育方法的基本准则有如下几点。

第一，在儿童思想品德形成的初级阶段，授予他们一定的思想意识、规范、准则，随着他们的经历的增多，经验的丰富，对他们复杂的思想品德形成过程加以疏导，并引导他们走向自我修养之路。

第二，在思想品德中，某种品质的发展处于低水平阶段时，德育方法以传授道德知识、行为训练、习惯养成为主，在较高水平阶段，以疏导、指导自我教育为主，以提高思想道德认识、增进道德情感、形成信念为主。

第三，在儿童思想品德发展的不同侧面，要遵循道德教育、思想教育、法纪教育、政治教育各自不同的规律，充分把握它们各自不同的特点。

此外，要真正完成某项具体的德育任务，往往需要选择和运用多种方法。所以，选择和运用德育方法还应注意将教育与自我教育相结合，知、情、意、行相结合，明示与暗示相结合，品德规范教育与品德能力培养相结合，品德教育与心理教育相结合。

第五节 德育模式

一、德育模式的概念

德育模式是运用“模式”研究法，对在德育现象中逐步形成的、相对稳定的、较为系统而具有典型意义的德育经验，加以抽象化、结构化，使之形成特殊的理论形态，我们称之为德育模式。德育模式是在一定德育理念支配下，对德育过程及其组织方式、操作手段、评价机制做出简要的、特征鲜明的表述。

德育模式上秉抽象理论，下秉具体实践，既是德育理论的范型化，又是具体经验的概括化。它以范式所独有的具体性、可操作性相异于一般德育理论，又以其内在的逻辑性和完整的科学性而有别于具体的德育经验。可以说，德育模式是联结德育理论和德育实践的纽带和桥梁。

二、西方主要的德育模式

在欧美历史上，道德教育理论可谓百花齐放，尤其是自20世纪60年代以来西方德育理论研究声势浩大，成果众多，形成许多独树一帜的理论流派和德育思想。下面介绍几种主要的西方德育模式，以备我国德育借鉴与参考。

（一）认知发展道德教育模式

以美国道德心理学家柯尔伯格为代表的认知发展道德教育理论，从儿童道德发展的实证研究出发，提出“人类存在在文化上具有普遍性的基本道德价值，这些基本价值表现为一个有相同阶段的连续发展的过程”。道德教育就是为了促进个体道德判断按阶段有顺序地发展。

柯尔伯格依据“三水平六阶段”道德发展理论，在德育实施策略上提出了“道德讨论法”（“新苏格拉底法”）和“公正团体法”。

1. 道德讨论法

道德讨论法的实质是通过引导学生就道德两难问题进行讨论，诱发认知冲突，促进积极的道德思维，从而促进道德判断的发展。柯尔伯格认为，从某种意义上讲，这种方法是对苏格拉底教学法的吸收和发挥，因而有时又把它称作“新苏格拉底法”（New-Socratic Approach）。

在实施程序上，道德讨论法一般包括如下步骤。

（1）根据柯尔伯格道德判断测验量表预测学生的道德发展的阶段。

（2）根据预测结果分组。

（3）选择和准备道德两难问题。所选问题要真正能引起学生的认知冲突和意见分歧，此外，还要对讨论这些问题的过程中学生可能的反应，以及各阶段的学生可能的反应做充分的思想准备。

（4）引起学生对讨论的正确心向。

（5）引导学生对道德两难问题进行讨论，讨论分开始阶段和讨论深入阶段。在开始阶段，教师要确保学生理解教师所提出的问题，帮助学生比较道德问题所包含的道德成分，引导学生说出判断的依据，鼓励判断根据不同的学生相互交流与讨论；在讨论深入阶段，主要是引导阶段相邻的学生就他们的观点进行讨论，使较低阶段的学生发现自己推理的不恰当之处并逐渐向高阶段的推理发展。

（6）转换和扩展，一旦完成对某个道德两难问题的讨论，便可转到别的问题上去。

经过一段时期的讨论后，教师可对学生的道德判断发展情况重新测量，并与讨论前的测量结果进行比较，确定讨论的成果，然后重新分组，进行下一轮的讨论。

2. 公正团体法

公正团体法是创设充满民主的道德气氛，培养学生集体协作、共同负责的精神，建立有益于团体发展和学生生活的集体行为规范，给学生更多的民主参与机会，利用学校环境和伙伴之间的影响促进儿童道德发展。科尔伯格指出，“通过一个公正的团体活动的过程，可以达到自我管理和自律的目的”[①]，同时也可以成功地提高学生的道德判断水平，“从理论上讲，我们的公正团体法旨在通过改变学校的道德气氛，改变个体的行为”[②]。

（二）价值澄清模式

20世纪60年代，美国道德心理学家拉斯思（L. Raths）、哈明（M. Harmin）等基于“源于个人生活的经验因人而异，价值相对，且不能强加给人，但人皆有学会自己决策的本能，个性对价值作出判断时皆取决于他的内在准则，德育的目的就是帮助学生分析、辨别和认清自己的价值，从而作出正确的选择”这一信念，对美国学校德育进行改革，创立了价值澄清学派。

价值澄清理论的基本假设是：通过创造条件，利用一些特殊的途径和方法帮助青少年澄清他们选择时所依据的内心价值观。

他们认为价值澄清的过程主要由三个过程七阶段组成。

第一过程，选择。

阶段 1. 鼓励儿童做出更多的选择并且是自由地选择；

阶段 2. 帮助他们在面临各种选择时尽可能多地发现各种可供选择的项目。

阶段 3. 帮助儿童审慎地权衡各种选择并思考每一种选择可能产生的后果。

案例：澄清反应法

① 戚万学. 冲突与整合——20世纪西方道德教育理论. 济南：山东教育出版社，1995：398.

② 戚万学. 冲突与整合——20世纪西方道德教育理论. 济南：山东教育出版社，1995：399-400.

第二过程，赞赏。

阶段 4. 鼓励儿童考虑什么是他们珍视和珍爱的。

阶段 5. 给他们各种公开肯定自己价值的机会。

第三过程，行动。

阶段 6. 鼓励儿童按做出的选择去行动、实践和生活。

阶段 7. 帮助他们有意识地在生活中重复这些行为或行为方式。

为了便于操作，他们编写了大量教学指导手册，设计了上百种价值澄清策略，如澄清反应法、对话策略、填写价值单、价值观投票、角色游戏、提高对结果意识的策略、自传片段分析等。

价值澄清模式具有现实性、实用性、可操作性和有效性，德育模式的体系较为完整。从理论上看，价值观澄清理论强调了主体内在因素特别是思维、情感，以及个人内部的选择、评价过程在价值形成中的作用，在德育实践中，该模式大量的德育方法、策略亦具有较为广泛的适用性。但该模式给学生过分的自由，不仅不利于儿童道德价值观的顺利形成，而且也降低了教育者的主导作用。

（三）体谅关心道德教育模式

体谅关心道德教育理论是以英国学校道德教育家麦克菲尔和美国著名女教育家诺丁斯为代表的注重强调情感在道德教育中的作用的一个理论流派。麦克菲尔坚信体谅关心青少年是道德教育的起点和归宿。体谅关心道德教育模式是在以麦氏为首的英国学校道德教育课程设计委员会致力于培养能胜任工作情境，体谅关心他人，具有社会责任感的一代新人的过程中所使用的一种道德教育模式。体谅关心道德教育模式曾风行于美国和北美许多国家。

体谅关心道德教育模式的基本假设是：一是与人友好相处是人类的基本需要，帮助学生满足这种需要是教育的首要职责；二是道德教育重在提高学生的人际意识和社会意识，引导学生学会关心，学会体谅；三是鼓励处于社会试验期的青少年试验各种不同的角色和身份；四是教育即学会关心。

体谅关心道德教育模式的理论与实践是建立在大规模实证研究的基础上的，但教育界只对其实践部分（围绕《生命线丛书》的教材、教法和教育目标）给予了充分肯定，而对其理论假设非议颇多。其理论缺陷表现为：体谅模式对于青少年学生的需要和特点的描述带有鲜明的人本主义色彩，可它关于道德感染、道德表率、社会模仿的观点又具有明显的行为主义倾向，体谅模式对社会反应未做出严格的界定，以致于概念不清晰，分类因而也难以把握；体谅模式关于青少年期是人生“社会试验期”的假设，暗示《生命线丛书》只适用于中学德育也是不可靠的。体谅模式的真正特色与贡献在于它提供了一整套提高学生人际意识和社会意识的开放性情境教材，并且为教师理解和使用这套教材提供了一系列的教师指南，从而使体谅模式非常具有可操作性。更可贵的是，指南向教师展示了丛书的编纂思想和方法，使得教师有可能根据它的思路开发出有当地文化特色的人际—社会情境问题教材。

围绕人际—社会情境问题的道德教育，麦克费尔等在学生记述的“好事”和“坏事”的基础上，编制出一套独特的人际社会情境问题教材——《生命线丛书》，这套丛书是实施体谅模式的支柱，它由三部分组成，书中循序渐进地向学生呈现越来越复杂的人际与社会情景。

丛书的第一部分标题是“设身处地为别人着想”，运用取之于青少年中的真实的情景材料，通过多种形式的活动激发学生关心他人的道德情感，目的是培养学生体谅他人，设身处地为别人着想。丛书第二部分标题是“证明规则吗？”，它分为五个单元探讨一个叫保罗的少年在不同社会背景中的遭遇，借此向 14～16 岁少年提出一些他们将要面对的社会问题，给他们提供一些接触成年人的问题，并为寻求解决问题做准备。第三部分标题是“你会怎样做？”，旨在解决“如果是你，会怎样做”的问题，用六个小册子把历史上震撼人心的事件作为道德思考的出发点，让学生以当时的事件中的人物为角色进行道德问题上的探索。①

（四）社会学习模式

社会学习模式是以班杜拉为代表提出的一种理论。社会学习模式是在心理学领域继行为派和认知派之后的又一个独树一帜的理论流派。该理论认为，学习并非刺激—反应（S-R）的结果，而是相当复杂的过程，主张用替代性学习概念，建立了观察学习的理论体系来说明个体对刺激的反应和对行为体系的建构。还认为人类不必事事经过直接反应，亲身体验强化，而只需要通过观察他人在相同环境中的行为，从他人行为获得强化的观察中进行体验学习。所以，建立在替代基础上的观察学习是人类学习的重要形式，是品德教育的主要渠道。

社会学习理论是以行动研究为主线，探讨道德及道德教育问题的道德教育理论。它注重研究儿童道德行为形成的社会因素及儿童青少年的道德发展与社会行为之间的关系，其基本着眼点是研究儿童个体如何在周围成人榜样的影响下学习特定道德行为。该理论强调观察学习是行为获得的基本学习方法，通过观察、模仿，再经认知过程进而形成人的复杂行为，注重强化的学习意义，利用外部直接强化、替代性强化和自我内在强化的交互作用，使学生提高学习效果，强调建立起有利于学习的道德环境和心理调节机制。教师应引导学生建立良好的自信心、道德品质和健全的情感等促进自我期望的发展，形成良好的人生心态。

社会学习模式认为个体的品德是通过观察学习和模仿而获得或改变的，其中具有重要影响的因素是社会文化关系、客观条件、榜样和强化等，由此，提出人、行为和环境交互作用理论。该模式十分重视榜样示范对儿童品德形成与发展的作用，认为榜样可以直接或间接影响儿童的道德认识和行为习惯，可以作用于学生的各种榜样主要有家长、教师、同龄人、大众传媒和学校的风气、环境等。社会学习模式继承和发展了行为主义关于强化的研究，认为强化是道德行为形成的重要条件，如成功、失败、奖励、惩罚、表扬、批评等

① 袁桂林．当代西方道德教育理论．福州：福建教育出版社，2005：277-278.

这些强化刺激都会对道德行为的发展产生影响。

社会学习理论的优点在于，在吸收其他学派的基础上，发展了行为主义，使之对人的道德行为的阐释更合理，对德育工作有很大意义，在文化环境与人的道德发展的相互作用方面有重要的成果，系统论述了示范榜样对道德发展的内在作用机制，以及影响道德行为的各种形式和途径，自我评价和自我效能的理论给学校德育研究开辟了新的领域，具体阐述培养学生自我评价能力，建立认知调节机制的基本过程，把环境的示范和个体的发展与认知调节机制的互动表达出来，从中可以看到，学生是如何内化外部作用，从而逐渐发展起自我评价能力的，注重理论与实践相结合。其不足在于，理论拼凑的痕迹还很明显，缺乏深入细致、持之一贯的贯穿力，许多观点尚缺乏进一步的论证，一些实验的信度也尚存疑问，在德育实验中缺乏具体的教育策略，很难在学校德育中实施，等等。

本章小结

德育集中体现了我国教育的价值取向和社会政治性质，在学生的全面发展中起着定向和动力的作用。因此，德育在全面发展教育的组成部分中处于引领的地位。本章阐述了德育的概念、特点、功能、目标与内容，展示了学生品德发展的规律及发展阶段，探讨了德育过程、德育途径和德育方法，介绍了西方德育模式。

学以致用

一、单项选择题

1.德育目标确定了培养人的总体规格和要求，但必须落实到（　　）上。

A. 德育内容　　B. 德育规律　　C. 德育原则　　D. 德育方法

2.德育过程的主要矛盾是（　　）。

A. 教育者与德育内容、方法的矛盾

B. 无产阶级思想和非无产阶级思想的矛盾

C. 学生知的深与知的浅的矛盾

D. 教育者提出的道德要求与受教育者已有道德水平的矛盾

3. 进行德育要循循善诱、以理服人，从提高学生认识入手，调动学生的主动性，使他们积极向上。这一原则是（　　）。

A.导向原则　　B.疏导原则

C.因材施教原则　　D.教育的一贯性原则

4. 德育方法有很多，榜样示范法是很重要的一种方法。能体现这种方法的是（　　）。

A. 惩前毖后，治病救人　　B. 言者无罪，闻者足戒

C. 有则改之，无则加勉　　D. 桃李不言，下自成蹊

5. 某学生决心改掉迟到的毛病，遵守学校纪律，可冬天一到，他迟迟不肯起床，结果又迟到了。对该生的教育应该培养（　　）。

A. 道德认识　　B.道德情感　　C.道德意志　　D.道德行为

二、简答题

1. 简述德育特点及功能。
2. 简述品德心理结构。
3. 简述德育过程的基本规律。
4. 简述德育过程的基本环节。
5. 简述中小学常用的德育原则。
6. 简述中小学的德育途径。
7. 简述中小学常用的德育方法。

三、材料分析题

语文课上，有个学生总是喜欢跟周围同学讲话，交头接耳。语文老师多次提醒、制止，但还是无济于事。时间长了，语文老师开始责骂、讥讽、奚落他，有时候也惩罚他。渐渐地，这个学生越来越不喜欢上语文课，对语文老师产生了极度的厌恶感，最后，出现了厌学情绪。家长找老师询问原因，这个老师说：“我严格要求有什么错？”

请你根据德育原则分析，这个老师的做法有错吗？如果有错，他违反了什么德育原则？

补充读物

陈琦. 2001. 教育心理学. 北京：高等教育出版社.
鲁洁，王逢贤. 1994. 德育新论. 南京：江苏教育出版社.
檀传宝. 2000. 学校道德教育原理. 北京：教育科学出版社.
王道俊，郭文安. 2009. 教育学（第 6 版）. 北京：人民教育出版社.
郑晓江. 2012. 生命忧思录——青少年生命教育刻不容缓. 福州：福建教育出版社.
朱永新. 2016. 中国著名班主任德育思想录. 上海：华东师范大学出版社.

第十章　班 级 管 理

本章概述

班级是学校结构中最为基础的要素，是学校行政体系中最基层的行政组织。班级管理是教师根据一定的目的和要求，采用一定的措施，带领班级学生，对班级中的各种资源进行计划、组织、协调、控制，以实现教育目标的组织活动过程。班级管理有着不同的模式，其内容丰富多彩，并要遵循一些基本原则。教师在进行课堂教学时要进行课堂管理，要创建良好的课堂气氛，维护好课堂纪律，预防和矫正课堂问题行为。班主任是班集体的组织者、教育者和领导者，班主任的工作内容全面而多样，班主任可以采取多种方法来组建班集体。

结构图

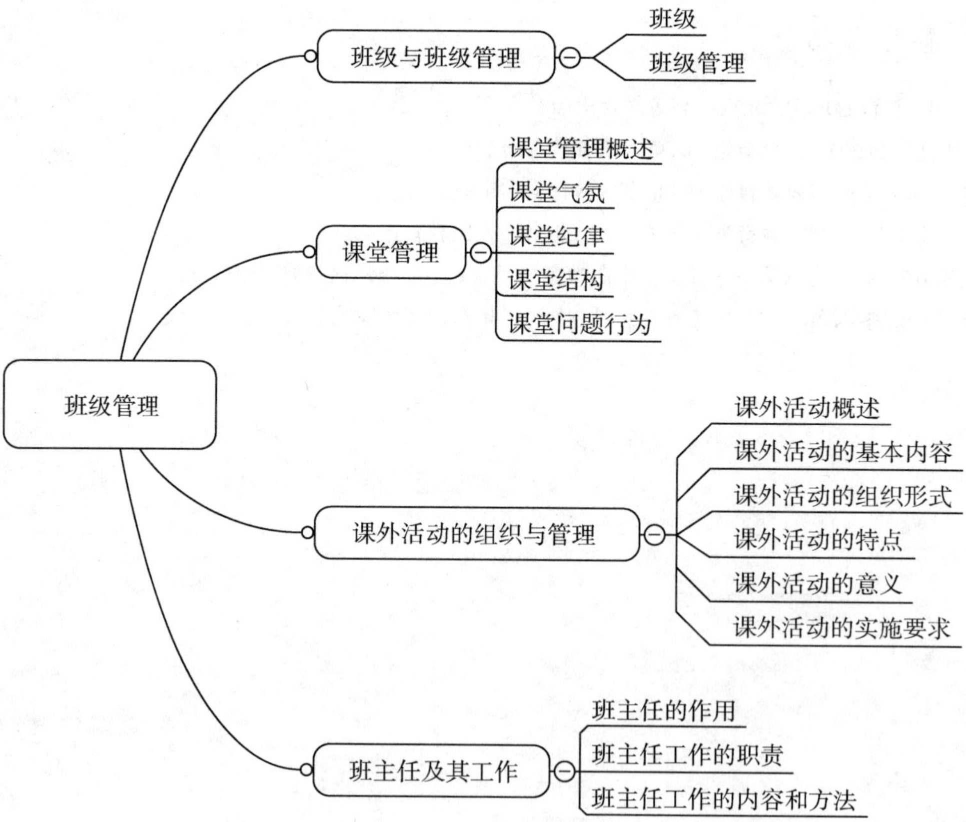

学习目标

1. 了解班级的概念、特点及班级管理的模式、原则。

2. 了解课堂管理的原则，理解影响课堂管理的因素；了解课堂气氛的类型，理解影响课堂气氛的因素，掌握创设良好课堂气氛的条件。

3. 了解课堂纪律的类型，理解课堂结构，能有效管理课堂；了解课堂问题行为的性质、类型，分析课堂问题行为产生的主要原因，掌握处置与矫正课堂问题行为的方法。

4. 了解课外活动组织和管理的有关知识，包括课外活动的意义、主要内容、特点、组织形式，以及课外活动组织管理的要求。

5. 熟悉班集体的发展阶段，了解班主任工作的内容和方法，掌握培养班集体的方法。

读前思考

1. 回忆你上学期间接触过的老师，他们是如何进行课堂管理的？当学生出现问题行为时，教师是如何处置的？

2. 你所在的学校和班级里开展过哪些课外活动？你最喜欢什么类型的课外活动？为什么？

3. 回忆你上学期间所接触过的班主任，他们日常都做了哪些工作？他们用了哪些方法来组建和培养班集体的？你对班主任的做法认可吗？

第一节　班级与班级管理

一、班级

（一）班级的含义

班级是学校结构中最为基础的要素，是学校行政体系中最基层的行政组织。一个班级通常由一位班主任和几位学科教师与一群学生共同组成。学校中的大部分活动是以班级为单位开展的。班级是学生共同学习、生活、劳动的场所，是他们健康成长的摇篮。同时，班级也是教师教育学生、管理学生的有效环境和特殊阵地。

班级是学校为了实现一定的教育目标，将年龄相近、文化程度大体相同的学生按照一定的人数规模建立起来的教育组织。

（二）班级的特点[①]

学生一进入学校就被编入特定的班级，作为班级的一员接受指导。一般来说，班级具

① 郭毅. 班级管理学. 北京：人民教育出版社，2002：3-5.

有如下特点。

1. 学习性

对于班级中的学生而言，首要的身份是学习者，其基本任务是学习。学生学习是为将来进入社会生活做准备的奠基性学习。班级正是由几十个担负着这种奠基性学习任务的学生所构成的特殊社会组织。在现代社会中，青少年学生的奠基性学习，尤其是社会文化的奠基性学习不可能在个体独处的空间里完成，而必须在群体生活环境中进行。班级组织正是为青少年学生提供一种在校期间群体生活的基本环境。在班级中，学生学习的内容既有社会为其安排好的，如数学科目的显性课程，也有班级组织中的各种规范、角色、人际关系等的隐性课程。我们所讲的构成班级要素的课程主要指显性课程。在现代学校教育中，人们更多关注的是作为一种社会组织的班级对其成员的社会性发展的影响。

2. 不成熟性

班级区别于其他社会组织的一个重要之处在于：它是非成人组织。作为班级组织主体的学生处于身心发展的过程之中，尽管这一发展的水平因学生的年龄而异，但就其整体相对成人来说，学生是社会成员中的未成熟者。因此，班级不可能进行完全的自我管理，必须在一定程度上依靠成人的力量。

学生的自主意识是班级实现自我管理的基础。从学生的自主意识水平来看，一般随着年龄的增长而逐步增强。尽管学生并非成人，但自主意识可以说是学生的一种近乎天性的社会性要求。不少研究表明，即使是小学一年级学生，自其入学那天起，就已开始谋求学校生活中的独立自主。从这个意义上应当说，学生对于班级组织的运行有一种近乎天性的自治倾向。学生并非成人，因而在学校中对于教师难免会存在着一定程度的依赖意识，尤其在学生凭借自己的力量解决问题受挫时表现最明显。经验表明，在中小学教育的整个过程中，学生的这种依赖意识是不会完全消失的，只不过依赖的程度随年龄的不同而不同。

3. 教育性

班级的教育性是在任何发展阶段都具有的特点。如果说夸美纽斯在 17 世纪首创班级授课制时更多地强调班级只是作为一种“大生产”的组织在提高教学效率方面的价值的话，那么在现代学校教育中，人们更多地关注的乃是班级作为学校教育的单位对学生社会性发展的影响，这也充分说明，教育性是班级的主要特点。

班级的教育性特点不仅表现在对学生社会化方面，而且也表现在促进学生个性化方面。在社会化过程中，个性化与生活化是相容的。社会化不是以牺牲自我发展、自我表现为代价的。学习社会的文化、掌握社会的价值观念和道德规范同个人的学习兴趣、需要从来不是完全对立的。强调班级能够促进学生的个性化，就是要使人们充分认识到学校培养的不是社会机器，而应是全面发展的、具有个性的、“充分、自由、和谐发展”的人。这也是教育的根本目标。

4. 社会性

人的活动的首要特征是社会性，无论活动指向客观对象（如使用劳动工具）还是指向个人或集体（如人际交往），都不能脱离人的社会生活和社会关系。单个人的活动是包括在整个社会系统中的。脱离了社会关系，人们的活动就不复存在。活动也不是抽象的、孤立的个人生物性本能活动或适应行为，而是受一定社会历史条件制约的，体现着一定社会关系的、现实人的活动。班级中的活动既反映着社会对教育者的培养要求，又反映着社会环境的渗透和影响，只不过前者带有更多的自觉性，后者带有更多的自发性而已。在班级活动中，学生要和教师、同学这些群体中的成员打交道，这都构成了学生们的社会关系。可见，社会性是班级的一个重要特点。

二、班级管理

（一）班级管理的含义

班级管理是一种有目的的活动，这一活动的根本目的是实现教育目的，使学生得到充分的、全面的发展；班级管理的对象是班级中的各种管理资源，包括人、财、物、时间、空间、信息，而主要对象是人，即学生，班级管理主要是对学生的管理。班级管理的主要管理手段有计划、组织、协调和控制。班级管理是一种组织活动的过程，它体现了教师与学生之间的双向活动，是一种互动的关系。

总之，班级管理是教师根据一定的目的和要求，采用一定的措施，带领班级学生，对班级中的各种资源进行计划、组织、协调、控制，以实现教育目标的组织活动过程。

（二）班级管理的作用

班级管理对于班级活动的顺利开展、学生个性的形成、教师的专业发展、教育目的的达成都有着重要的作用。具体来说，班级管理主要具有以下几个方面的作用。

1. 有利于促进学生的社会化

班级里开展的丰富多彩的学习活动可以让学生系统地掌握文化科学知识，为日后承担社会职业角色奠定知识基础；而在班级发展为班集体的过程中，学生通过集体活动及各种人际互动，可以习得“做人”之道。此外，班集体中的各种组织机构及相应的角色要求可以培养学生的社会责任感和公民意识。

2. 有利于促进学生独特个性的形成

在班级管理中，教师开展丰富多彩的集体活动，可以培养学生不同的兴趣、爱好和特长，形成和发展学生各具特色的能力；良好的班级群体通过有意义的集体活动和积极的人际交往，促使学生形成健康的个性品质；在班级中，与同班学生的相互比较和评价，促使学生自我意识的发展，形成个人的独特个性。

3. 有助于促进教育目的的达成

教师在管理班级过程中需要开展丰富多彩的学习活动、劳动活动、文体活动等，这些活动可以增长学生的知识，开拓学生的视野，愉悦学生的心灵，促使学生能够全面发展。

4. 有利于促进教师的专业发展

要把班级建设成为团结奋进的班集体，需要教师认真研究每一个学生的全面发展情况，以及班级的整体情况，并结合学校的培养目标和国家的教育目的制定出相应的管理和教育措施。这对教师的观察能力、人际交往能力、研究能力而言既是一种挑战，也是一种机遇。教师在班级中开展的教育教学活动和班级管理活动产生的结果——班级里学生个体及班级群体的发展状态对教师而言具有反馈的作用，教师可以根据反馈来更新自己的观念，调整自己的行为。在班级管理的过程中，教师的各方面能力得到锻炼和提高，专业素养得以提升。

（三）班级管理的四种模式

1. 常规管理

班级常规管理是指通过制定和执行规章制度管理班级的经常性活动。

开展以班级规章制度为核心的常规管理是班主任工作的重要内容之一。一般来说，班级的规章制度主要由三个部分组成：一是由教育行政部门统一规定的有关班集体与学生管理的制度，如学生守则、日常行为规范、体育锻炼标准等；二是由学校根据培养目标、上级有关指示制定的学校常规制度，如考勤制度、奖惩制度、课堂常规、作业要求等；三是由班集体根据学校要求和班级实际情况讨论制定的班级规范，如班规、值日生制度、考勤制度等。

2. 平行管理

班级平行管理是指班主任既要通过对集体的管理去间接影响个人，又要通过个人的直接管理去影响集体，从而把对集体和个人的管理结合起来的管理方式。

班级平行管理的理论源于苏联著名教育家马卡连柯的“平行影响”的教育思想。马卡连柯认为，教师要影响个别学生，首先要去影响这个学生所在的班级，然后通过学生集体和教师一起去影响这个学生，这样就会产生巨大的教育力量。

班主任实施平行管理时，一方面，要充分发挥班集体的教育功能，使班集体能够发挥班集体的教育作用，真正成为教育的力量；另一方面，要通过转化个别学生来促进班集体的管理与发展。总之，要实施对班级集体与个别学生双管齐下、相互渗透的管理。

3. 民主管理

班级民主管理是指班级成员在服从班集体的正确决定和承担责任的前提下，民主、平等地参与班级管理的一种管理方式。其实质就是在班级管理的全过程中，调动学生自我教育的力量，充分发挥每个学生的主观能动性，使人人都积极主动地参与班级事务，让每个学生都成为班级的主人。

4. 目标管理

班级目标管理是指班主任与学生共同确定班级总体目标，然后转化为小组目标和个人目标，使其与班级总体目标融为一体，形成目标体系，以此推进班级管理活动、实现班级目标的管理方法。

目标管理是 1954 年由美国著名管理学家德鲁克提出的。这种管理强调通过目标设置来激励动机，指导人的行为，使个人的需要期望与集体目标挂钩，以调动被管理者的积极性和主动性。

在班级中，实施目标管理就是要围绕全班学生共同确立班级奋斗目标，将学生个体的发展与班级的进步、班集体的建设和发展紧密地联系在一起，并在目标的引导下，实施学生的自我管理。

（四）班级管理的原则

班级管理原则是进行班级管理时必须遵循的要求和准则，它体现了班级管理工作的特殊性，反映了学生身心发展和教育管理的规律：班级管理原则既有科学性，又有可行性和可操作性，能全面指导班级管理工作。班级管理原则对于建立和发展班集体，全面实现班级目标、全面提高教育质量具有重要的意义。

1. 尊重学生原则

尊重学生原则是指以学生的人格完善和全面发展为指向，一切从学生出发，以有利于学生发展的目标进行管理。基本要求为：尊重学生天性；给学生更多自由，对学生进行积极期待；尊重全体学生，对学生严格要求，搭建师生尊重的桥梁。

2. 尊重个性原则

尊重个性原则是指在班级管理过程中，教师能够承认和尊重学生的个性差异，并以促进学生独特个性的行成为目标。基本要求为：了解学生差异，建立学生个性档案；因材施教；挖掘潜能，优势利导；多渠道发展学生个性；对学生进行多元评价。

3. 公平性原则

公平性原则是指教师在班级管理过程中平等对待每一个学生，真心热爱每一个学生，为每一个学生提供适宜他（她）的教育教学，给予每一个学生客观而合理的评价。基本要求为：公平对待每一个学生；座位编排要公平合理；在处理突发事件时要公平合理。

4. 民主性原则

民主性原则是指班主任在管理班级时，要充分调动全体学生的积极性，让他们参与管理，发挥其主体作用。班级管理中遵循民主性原则有利于培养学生的主体意识和创造性、独立性，有利于建立民主平等的师生关系，有利于学生自我教育能力的培养。基本要求为：扩大学生参与度；集思广益；学会对学生放权和给学生增权。

5. 全员激励原则

全员激励原则是指班主任在管理班级时要激励全班每个学生，充分挖掘他们的智力、体力等各方面的潜能，从而实现个体发展与班集体发展的双重目标。贯彻全员激励原则有利于班主任平等地看待和对待每一个学生，充分调动每一个学生的积极性；有利于让学生在认识到自我的优势与潜能的基础上增强自信心与促进自我实现；有利于使班级的共同目标成为全班学生的共同愿景，促进班集体目标的实现。基本要求为：对所有学生一视同仁；要善于用适当的目标激励所有成员；灵活运用各种激励策略。

6. 主体性原则

主体性原则是指承认、尊重并坚持学生主体在班级管理中的作用。发挥每个学生的主观能动性，使其积极地参与到班级管的各项事务中来。具体要求为：树立学生是班级管理主体的意识；提高学生参与管理的积极性；给予学生班级管理的自治权。

7. 科学性原则

科学性原则是指班主任按照学生的身心发展规律和班级管理的规律开展班级教育和管理工作。只有了解各方面的因素及其联系，并根据其基本原理和规律开展班级管理，才能提高工作效率，收到事半功倍的效果。具体要求为：了解和研究研究班级管理的基本规律；了解和研究相关的教育教学规律；了解和研究学生的身心发展规律。

第二节 课堂管理

一、课堂管理概述

（一）课堂管理的概念

课堂教学是一种有组织、有目的、有计划的师生交往和互动的过程。课堂管理是教师为了保证教学活动的顺利进行和促进学生的发展而采取的程序、步骤、措施，以及教师的相关行为和活动，包括课堂环境的安排、课堂秩序的建立和维持、课堂教学时间的科学合理分配、对学生行为的监督、对学生问题行为和课堂突发事件的处理等。良好的课堂管理将有助于促进和协调课堂教学活动诸要素之间相互的作用，从而有助于教学目标的实现，有助于促进每个学生的发展。

（二）课堂管理的功能

课堂管理的功能在于为学生提供一种明确的组织与结构，维持课堂秩序，激发学生的学习动机，降低学生的课堂焦虑水平，挖掘学生的学习潜能，提高教学质量。具体表现为以下三个方面。

1. 建立良好的课堂环境，保证课堂活动的顺利进行

良好的课堂环境有助于外在控制向内在控制转化，为学生形成自我约束的心理机制和促进外在标准与内在标准的统一创造条件，使学生逐步由他人管理到自我管理再到自我满足，从而能够使学生更好地参与到教学活动中，保证课堂活动的顺利进行。

2. 约束和控制有碍教和学的问题行为

课堂管理能够约束和控制有碍教和学的问题行为，保证教学活动的顺利进行。问题行为的发生带有普遍性，这些问题行为的出现破坏了教师的课堂教学组织和井然有序的教学进程，也阻碍了学生个体的学习与发展。当学生出现有碍学习的问题行为时，有效的课堂管理将有助于抑制和控制学生的问题行为，从而起到维持良好的课堂教学秩序的效果。

3. 激发学生的潜能，促进学生可持续发展

有效的课堂管理不仅能营造良好的课堂环境和消除问题行为，而且还能够激发课堂活力，促进课堂“生长”，使课堂成为有意义的学习活动持续的场所，课堂管理的最高目标应该是调动各种可能的因素，挖掘课堂活力使课堂对学生而言充满着生机活力和趣味，从而使学生尽可能地发展各方面潜力，促进学生可持续发展。

（三）课堂管理的原则

1. 重视课堂管理本身的教育功能

课堂管理不仅能控制学生的行为、协调人际关系，而且它对学生的身心健康也有影响。建构积极的课堂管理就是在课堂管理过程中培养学生勤奋踏实的学风、团结协作的团队精神、敢于担当的责任意识等。

2. 突出学生的主体发展

学生是自己学习的主人，是教学活动过程中的主体。课堂管理必须尊重学生的主体性。课堂规则的制定必须建立在尊重学生主体地位的基础上，倾听学生的心声，尊重学生的需求，给予学生自主选择的权利。在尊重学生主体性的基础上建立起来的课堂规则和教师的课堂管理行为也会更被学生所接受和认可。

3. 坚持面向全体学生

课堂管理的对象是班级全体学生，课堂管理的目标是促进每一位学生的发展。面向全体学生，教师需要对每个学生的个性、学习行为等方面给予高度的关注。

4. 重视学习活动的过程管理

长期以来，许多教师在课堂上更多的是关注自己教学的过程管理，不注意学生学习的过程管理，不注意学生学习情绪和学习行为的调控。只重视学生的学习结果，不注意学生获取知识的学习过程和方法，不注意学生学习过程中人格的完善和心灵的充盈。课堂管理必须通过恰当的手段和方法，激发学生的学习情感，调控学生的学习行为，从而使教与学有机互动，处于最优状态，同时也有利于培养学生良好的学习品质。

（四）影响课堂管理的因素

课堂管理受多种因素的影响，综合起来看，有学生、教师、学校文化三大因素。

1. 学生的需要和特点

每个学生受遗传素质、所处的环境、个人经历等多因素影响，因而他们有着不同的需要和个性特点。研究表明，对学生寄予切合他们自身实际的期望，鼓励学生主动学习，采取合作学习、探究学习、体验学习等学习方式，综合考虑学生的个性特点、文化背景、学习风格等多种因素，是进行有效教学的重要部分。在课堂管理中，教师如能够充分考虑到学生的需要及特点，将会有助于减少课堂问题行为，也会使课堂管理更加高效。

2. 教师的专业素养

课堂管理的主要实行者是教师，教师的专业素养会影响课堂管理的效率和效果。首先，教师的教育观和学生观会影响到教师课堂管理决策，以及课堂管理的方式和具体的课堂管理行为。科学的教育观和学生观将有利于提高教师课堂管理的效果。而教师个人的生活经验、管理理念，以及个性、人格等方面也会直接影响课堂管理效果。

3. 学校文化

学校文化直接反映一所学校的个性特质。学校的办学理念、教育理念、人际关系、规章制度、教风、学风、领导风格乃至学校传统等都会直接影响教师的思想意识、观念和教育行为方式，从而间接影响课堂管理的效果。

二、课堂气氛

（一）课堂气氛的内涵

课堂气氛是指在课堂中师生之间和学生之间围绕教学目标展开的教与学活动而形成的某种占优势的综合的心理状态。这种综合的心理状态是教师与学生在教学活动中的心境、情感体验，以及对待教学活动的态度和行为的综合反映。这种综合的心理状态是与教学过程联系在一起的；它具有稳定性，也具有可变性；在一定的条件下，课堂气氛会形成某种占优势的稳定的状态。

（二）课堂气氛的类型

1. 积极的课堂气氛

积极的课堂气氛是一种理想状态的课堂气氛。它主要表现为以下特征：师生双方有饱满的热情，教与学态度端正、目标明确；课堂活动井然有序；学生求知欲强烈、注意力集中、思维活跃；师生间情感交流充分，学生参与面广，双方处于互动积极的状态；师生共同洋溢着为实现教学目标而获得成功的喜悦与满足感。总之，积极的课堂气氛的主要标志是严肃认真，宽与严、热与冷、张与弛有机统一。这种课堂气氛使教师教的主导作用和学生学的主体作用的发挥得到了和谐的统一。

2. 消极的课堂气氛

消极的课堂气氛是一种被动的、带有明显缺陷的课堂气氛。它通常表现为这样一些现象：教师以权威自居，学生是作为一个被动对象在接受教师的教导；相当一部分学生上课精神状态欠佳，情绪压抑，注意力分散，出现和学习无关的行为；师生间缺乏交流，学生要么心不在焉，要么心有所惧。

3. 对抗的课堂气氛

对抗的课堂气氛是一种失控的、混乱的课堂气氛。这种课堂气氛主要表现为：师生之间关系紧张，大部分学生不信任教师；教师驾驭管理课堂和调动学生积极性能力较差；相当一部分学生讨厌上课，注意力分散，各行其是，甚至制造混乱局面；正常的教学活动难以开展，教与学的任务常常不能完成；师生把教与学视为一种精神负担。

（三）课堂气氛的影响因素

1. 课堂组织管理方式

课堂组织管理方式是教师行为方式的重要内容，其本质是一种人际交往和交流方式，对交往双方的情绪和心态有重要影响，是影响课堂气氛诸多因素中最重要的一个方面。教师的组织管理方式有放任型、专制型、民主型，不同类型的组织管理方式对课堂气氛的影响不同，进而产生的课堂教学效果也不同。另外，课堂组织管理方式对学生的个性心理发展、社交能力发展等具有多方面的作用。

2. 教师威信

教师具有较高的威信有利于良好课堂气氛的形成，学生对于有威信的教师的课程会认真学习，虚心求教，而对于没有威信的教师的课程则会表现出懒散。原因在于：首先，学生信任教师，就能够信任教师所讲授的课程和对学生进行的指导，会提高学习和接受知识的主动性；其次，教师对学生的外部要求能够有效转化为学生的内在自我要求，可以提高学生学习的积极性；最后，教师的表扬或批评能够唤起学生相应的情感体验，有威信的教师的表扬会使学生感到愉快和自豪，并激发学生内在的学习动机，激发学生积极上进。

3. 师生关系

课堂气氛是教学过程中以师生双方的心理活动和情感为基础而形成的一种氛围，而师生关系作为人和人之间的一种关系，不仅要以人的心理和情感作为重要的内在要素，而且这种关系的任何发展变化及其状态又能反过来影响双方的心理与情感。师生关系对课堂气氛而言，就是属于一种隐含于课堂教学活动背后，但却长期而深刻地影响课堂教学气氛与效果的一种因素。

4. 学生的参与

在课堂气氛的影响因素中，除了要发挥教师的主导作用以外，还要发挥学生的主体作用，即调动学生的积极性和主动性，让他们能够积极主动地参与到教学过程中来。学生的参与程度能够影响教师的教学积极性，如果学生的学习态度积极，会增强教师的自信心，提高教师的自我效能感，激励教师以更积极的态度搞好课堂教学，进而形成良好的课堂气氛，反之则形成消极的课堂气氛。

5. 社会环境

教育是社会大系统中的一个子系统，教育的发展必然受到社会环境的制约，其中包括政治、经济、文化、人口、科技等诸多方面。因此，在课堂教学过程中，课堂气氛的形成也受到社会政治、经济、文化等不同程度的影响。

6. 学校环境

学校是课堂教育教学活动发生的场域，课堂镶嵌在学校环境中。我国现代学校教育制度、教育理念、领导的管理水平、管理风格、校园文化等构成的学校环境对课堂教学气氛的形成具有重要的作用。

（四）良好课堂气氛的创设

为创设良好的课堂气氛，建议教师应在以下几个方面做些工作。①

1. 合理安排教学进程

教学实施不必拘泥于形式，但都蕴含着一定的逻辑主线，并外显于进程安排上，以引导学生紧跟教师的思路循序渐进地学习。正所谓“良好的开端意味着成功的一半”，在导入环节，教师要根据不同教学对象、教学任务、教学内容、教学时间及教学目的等选择不同的导入方式。导入一般控制在 5 分钟以内为宜。导入内容的选择及分析视角也很关键，通常选取与教学内容相关性较大的材料，以利于对下一步学习产生正迁移。

① 宋广文，刘凤娟. 试析良好课堂气氛形成的条件. 中国教育学刊，2010，(9)：56-58.

在教学的主体环节，教师讲课是否条理清晰、主次分明、重难点突出，以及能否做到讲解深入浅出等，都将对学生的注意力、兴趣等产生显著影响。中小学生一堂课上注意力一般能保持 20～30 分钟，年龄越小，注意的稳定性越差。教师应有意识地在学生的注意期内完成教学重点、难点的讲授。教学接近尾声时，教师恰当的总结可以起到画龙点睛的作用。言简意赅的总结或者在此基础上提出难度适宜的课后思考题，无疑会巩固学生所学的知识、技能，满足学生学有所获的心理需求，激发其进一步学习的积极性和主动性。

2. 选择恰当的领导方式

课堂气氛属于群体气氛，不是自然生成的，与教师的领导方式有一定关系。在不同的领导方式下，学生学习的状态有很大差异。大量调查表明，学生普遍喜欢的是民主型领导方式，最讨厌的是专制型领导方式，而且随着学生年龄增大，对专制型的讨厌程度也有所增加。因此，教师应端正态度，认识到学生在学习过程中的主体地位，深刻理解民主、专制、放任的含义，调整自己的领导方式，向民主型方式努力。

3. 创造良好的班级风气

教师对班风的形成起着最主要的渲染作用。教师应密切联系学生，尊重学生，培养积极向上、具有较强凝聚力的班集体。同时，教师要重视非正式群体对班风的影响。教师要善于分析非正式群体，区别对待；主动与非正式群体成员（尤其是主要成员）多沟通，发现他们的长处，因势利导，有意帮助他们将优势方面的表现迁移到弱势方面；适当地多为他们提供课堂发言、为班级争光的机会，可以培养其中表现较好的学生成为班级干部，引导其对班级产生浓厚的心理倾向，使非正式群体对积极班风的形成与维护产生正面作用。对于起破坏作用的非正式群体，要以情感沟通、真诚关心、积极鼓励为主，必要时辅以学校及班级规章制度的约束作用，最大限度地减少其对班风及课堂气氛的消极影响。

4. 全面掌控课堂局面

课堂教学是一个动态过程，要求教师要眼观六路，耳听八方，随机应变，反应迅速。教师不仅要讲课，还要随时观察学生的反应，善于从细节中捕捉学生对教学内容的理解状况、思维状态及情绪状态，及时对教学行为进行调节。对偶发事件的处理要果断、及时，尽量采用智慧与幽默相结合的方式，避免使用冷言恶语，更不能动以拳脚，否则，易加剧课堂的紧张气氛并激化矛盾冲突，同时会给学生心灵蒙上一层阴影，既降低学生学习的积极性，也影响教师教学灵感的发挥。教师在授课时，尤其在处理偶发事件时，不仅要机智果断，还要善于驾驭自己的情绪。

5. 营造最佳物理环境

课堂中的物理环境是指班级人数、座位安排、教学设施、光线、色彩、室内空气等。课堂物理环境对学生的心理、生理影响应加以关注。班级人数太多，让人感到拥挤、烦躁，学生彼此干扰因素增加，教师注意力分配难度加大，易产生课堂问题。此外，不同的光线、色彩及空气新鲜与否都会给学生带来不同的感受，影响学生的情绪与思维敏捷性。

6. 建立崇高的教师威信

教师威信是指教师具有一种使学生感到威严而信服的精神感召力量。实践证明：有威信的教师让学生感到心悦诚服、亲切而不失威严，对其所授知识及其思想观点深信不疑；让学生感到安全，敢于提出问题，大胆表达自己的观点；其表扬让学生感到骄傲与自豪，对学习产生更大的信心与激情；对于其批评，学生也会欣然接受，并将其作为鞭策自己的动力。相反，对于缺乏威信的教师，很多学生自觉或不自觉地流露出轻视、不信任，有的学生甚至会在课堂上故意捣乱，影响他人学习，干扰教师的工作，破坏课堂纪律。

7. 适当确立期望水准

教师期望可以通过言语或非言语的方式传达给学生。言语式期望有两种方式可以借鉴，其一是客观语言提示，其二是主观语言提示或称为自我语言提示。客观语言提示是指教师对学生流露出的语言信息对学生的影响。例如，教师轻拍某学生的肩膀，轻声说道："你很棒！"自我语言提示是指个体对自身的语言提示。李白的"天生我材必有用"其实就具有这种增强自信心的自我提示效果。教师在课堂可以有意识地运用这种提示将自己的期望传递给学生，让学生感到自信，以改善课堂气氛，提高学生学习效率，促进教学顺利进行。非言语式期望可以通过对学生的期待、信任、赞许等眼神来实现。但要注意的是，教师对学生的期望值应适度，过高易让学生感到高不可及，过低则会使学生认为自己没用，易导致学生产生自卑倾向。同时，教师对学生的期望还要注意到个体差异。

总之，教师只有充分认识到课堂气氛的特殊教育作用，并积极创造条件使之有利于良好课堂气氛的形成，才能使教学达到事半功倍的效果。

三、课堂纪律

（一）课堂纪律的内涵

为了维持正常的教学秩序，协调学生的行为，最终实现课堂目标，教师必然要求学生共同遵守课堂行为规范。课堂纪律是指学生在课堂教学情境中必须遵守的一系列行为规范。良好的课堂纪律是课堂教学得以顺利进行的重要保障。它可以维持良好的课堂学习秩序，提高教学质量和学习效率。当这种行为规范被学生自觉接受或内化以后，学生就能自觉地自我指导和自我监督，达到自律阶段，这是课堂纪律管理的最高境界。从长远来看，让学生遵守课堂纪律也是在让学生养成尊重规范的意识和习惯，为其遵守社会规范和适应社会生活奠定思想基础。

（二）课堂纪律的类型

依据课堂纪律形成的原因，可以将其分为教师促成纪律、集体促成纪律、任务促成纪律和自我促成纪律。

1. 教师促成纪律

所谓教师促成的纪律，主要指在教师的帮助和指导下形成的班级行为规范。教师为学生的学习和工作设置一个有结构的情境，即组织一个良好的集体结构，并对这个结构进行监督和指导，这样的结构就是教师促成纪律。学龄初段的学生尤其需要教师给予较多的监督和指导，随着年龄的增高，自我意识的加强，他们会反对过多的限制，但是他们还是希望教师为他们的行为提供指导，希望教师能够在背后以咨询和情感支持的形式给予帮助。教师促成纪律的方法具体包括结构创设和体贴。其中，结构创设包括指导、监督、惩罚、规定限制、奖励、操纵、组织、安排日程和维护标准等。体贴包括同情、理解、调解、协助、支持、征求和采纳学生的意见等。教师可根据班级的特点确定二者的适当比例，传统教育教学中，教师习惯于采用监督、惩罚和规定限制的方法保证纪律，而较少采用理解、协助和采纳学生意见的方法。这不利于课堂纪律被学生内化而转变为学生的自觉要求，也就是不利于外部纪律（他律）向内部纪律（自律）的过渡。

2. 集体促成纪律

集体促成的纪律是指同辈集体形成的行为规范与准则要求，从学生入学以后，同辈人集体在学生社会化方面起着越来越大的作用。学生开始对同学察言观色，以便决定应该如何思考、如何信仰和如何行事。学生常常以“别人也都这么干”为理由从事某件事情，他们的见解、偏见、信奉、爱好与憎恶往往都视集体而定。他们的行为之所以遵守集体促成纪律，一方面，因为同辈集体不仅为其提供了一种新的价值观念与行为准则，而且还为其提供了作为一个独立自主的人来行事的体验，找到了保持自己安全感的新源泉。另一方面，同辈集体的行为准则为青少年学生提供了道德判断和道德行为的新参照点，结束了青少年学生在思想、情感和行为方面的不确定性、无判断力、内疚感和焦虑。在良好的集体中，学生会为不损害与同学的关系而遵守纪律。

3. 任务促成纪律

任务促成的纪律是指因某一特定学习任务的需要而提出的纪律要求。每一项学习任务都有其特定的纪律要求，有时某一项学习任务会引起学生的高度注意，而对其他诱人的活动不予理会。任务促成的纪律是以个人对学习任务的充分理解为前提的，学生对任务的理解越深刻，就越能自觉地遵守纪律。这就要求教师加强学习目的性教育，培养学生对学习的间接兴趣，明确学习任务的重要性。

4. 自我促成纪律

自我促成纪律实际上是学生自律的形成过程。学生在认识到学习对于自己、家庭和社会发展的意义的时候，能自觉地将课堂纪律内化到自我意识之中，成为约束自我的行为准则。教师维持纪律的最终目的是形成并促进学生的自律。如果学生能够评价他自己的和所处集体的行为标准，便能够对新的和更好的集体标准的发展做出贡献。当外部的纪律控制被个体内化成为个体自觉的行为准则时，自律便出现了，表现为能够正确评价自己的和集体的行为准则，并在此基础上发展新的更好的集体准则。

（三）课堂纪律的功能

一般来说，课堂纪律对于维持课堂秩序，促进课堂有效教学具有重要的积极意义。科学、有效的课堂纪律不仅能维持和建设良好的课堂氛围，还有利于顺利完成教学任务，提高教学质量，同时也能促进学生的身心健康发展。具体来看，课堂纪律具有如下几个方面的功能。

1. 社会化功能

课堂纪律有助于学生的社会化，它使学生了解在各种场合所赞同或默许的行为准则。学生选择、遵守课堂纪律的过程，也是学习社会所认可和教师所赞同的社会行为准则的过程。

2. 优化个性功能

课堂纪律有助于学生人格的成熟，使学生在对持续的社会要求与期望做出反应的过程中，形成和发展独立性、自信、自我控制、坚持、忍受挫折等成熟的人格品质。

3. 道德强化功能

课堂纪律有助于学生道德准则和道德义务的内化，使学生把外部的行为准则与自己的自觉要求有机地结合起来，从而在个人学习和生活中能够自觉地遵守道德规范，更好地发展道德品质。

4. 调控监督功能

课堂纪律是学校和教师用以约束学生、调控学生的学习活动、维持课堂秩序的工具和手段。

四、课堂结构

课堂结构是指在以班级为基本单位的班级授课制下，为了达到预定的教学目标而对教学诸要素整合的方式和呈现的形式。学生、学习过程和学习情境是课堂的三大要素。这三大要素的相对稳定的组合模式就是课堂结构，它包括课堂情境结构与课堂教学结构。

（一）课堂情境结构

1. 班级规模的控制

一般而言，班级规模越大，学生的平均成绩越差，教师态度、学生态度和课堂处理的得分就越低。班级过大容易限制师生交往，减少学生参加课堂活动的机会，阻碍课堂教学的个别化，有可能导致课堂出现较多的纪律问题。因此，班级规模越大，课堂纪律越难控制。

2. 课堂常规的建立

课堂常规是每个学生必须遵守的最基本的日常课堂行为准则，如上课前起立、发言先举手等。课堂常规可以安定情绪，使学生把注意力集中到当前的学习活动上来。课堂常规也赋予学生的课堂行为以一定的意义，使学生明白行为所依据的价值标准，具有约束和指导学生课堂行为的功能，从而使课堂行为规范化，对形成良好的课堂纪律有一定的促进作用。

3. 学生座位的分配

研究发现，分配学生座位时，教师主要关心的是减少课堂混乱，一般是把爱吵闹的学生分开，让他们坐在最后一排，或是让他们与不爱吵闹的学生坐在一起，或者让他们坐在讲台附近的位置上。这样一来，教师就比较容易控制他们。其实，分配学生座位时，教师最应该关注的是座位对人际关系的影响。座位安排是影响师生关系和学生之间关系的重要因素。当学生的座位被调到前排或中间位置时，他们大多能感受到教师的关注和重视，体验到教师对自己有较高的期望，容易集中注意。而当座位被调往左右两边或后面时，学生常有被教师忽视的感觉，容易发生违纪行为。所以，学生座位的分配，一方面要考虑对课堂行为的有效控制，预防违纪问题的发生；另一方面，又要考虑促进学生之间的正常交往，形成和谐的师生关系。

（二）课堂教学结构

课堂教学结构是指在一定的教育思想、教学理论和学习理论指导下，在某种环境中展开教学活动进程的稳定的结构形式。在正式教学前，须在一定的教育思想、教学理论和学习理论指导下，预先制定在特定环境中将要开展的教学活动的进程。毫无疑问，教师精心设计课堂教学结构有利于控制学生的违纪行为。良好的课堂教学结构能引起并维持学生的注意和兴趣，当学生把注意力集中在学习上时，就不会从事其他的违纪活动。同时，教师按照教学设计有条不紊地进行教学，就会情绪稳定，有利于保持良好的心理状态。教师良好的心理状态也会感染学生，增强学生的安全感和自信心，避免课堂秩序混乱。

1. 教学时间的合理利用

一节课中的“黄金分割点”约在一节课的 25 分钟，由此向前后适当扩展，可以推算出一堂课中的最佳教学时间大致在 10～35 分钟。因此，应把握好这段时间，教学的主要任务和重难点应力争在此时间段内得到解决，才能取得理想的教学效果。学生在课堂里的活动可以分为学业活动和非学业活动，在通常情况下，学生用于学业活动的时间越多，学业成绩便越好。因此，建立完善的课堂程序，有效地将学生吸引到学业学习上来，就可使教师花费在维持纪律上的时间减少到最低限度。

2. 课程表的编制

课程表是使课堂教学有条不紊进行的重要条件，它的编制首先应尽量将语文、数学和外语等核心课程安排在学生精力最充沛的上午第一、二、三节课，将音乐、美术、体育和书法等技能课安排在下午。然后，将文科与理科、形象性的学科与抽象性的学科交错安排，避免同类刺激长时间地作用于大脑皮层的同一部位而导致疲劳和厌烦。

3. 教学过程的规划

教学过程的合理规划是维持课堂纪律的又一个重要条件，不少纪律问题是因教学过程的规划不合理造成的。教学过程的规划是指在实施教学之前对教学的设计和组织，对教什么、怎么教、达到什么结果和如何评价进行设计。具体而言，教学设计包括教学目标设计、教学内容设计、教学环境设计、教学过程设计、教学方法设计、教学评价设计等内容。

五、课堂问题行为

（一）课堂问题行为的性质

什么样的行为属于课堂问题行为？研究者大都从“质”与“量”两个层面来衡量。从“质”的层面来看，主要以破坏课堂秩序、违反班规校纪作为判断标准。课堂问题行为的代表性定义就是指在课堂中发生的，与课堂行为规范和教学要求不一致，并影响正常课堂秩序及教学效率的课堂行为。从“量”的层面看，要考虑以下几个因素：一是频率，即此种行为是否经常发生；二是维度，即此种行为是否影响其他学生的正常学习，影响面有多大；三是强度，即该种行为对个体及他人的干扰程度；四是时间，即该种行为持续多长时间。具体来说，课堂问题行为的性质包括以下几个方面。

（1）课堂问题行为具有普遍性。不仅后进生有问题行为，优秀学生也会有问题行为。因此，不能将有课堂问题行为的学生简单等同于后进生或问题学生。只是优秀学生和后进生在课堂问题行为数量多少、发生频率和程度轻重等方面不同而已。

（2）课堂问题行为的程度以轻度为主。课堂问题行为虽然具有普遍性，但这些问题行为的程度轻重是不同的，主要表现为轻度问题行为，而且持续时间短，易变性强。

（二）课堂问题行为的类型

目前，最普遍的一种分类是根据学生行为表现的倾向将课堂问题行为分为两类：一类是外向性问题行为，一类是内向性问题行为。外向性问题行为主要包括相互争吵、挑衅推搡等攻击性行为，交头接耳、高声喧哗等扰乱秩序的行为，做滑稽表演、口出怪调等故意引人注意的行为，故意顶撞班干部或教师，以及破坏课堂规则的盲目反抗权威的行为等。外向性问题行为容易被觉察，它会直接干扰课堂纪律，影响正常教学活动的进行，教师对这类行为应果断、迅速地加以制止，以防在课堂上蔓延。内向性问题行为主要表现为在课堂上心不在焉、胡思乱想、做白日梦、发呆等注意涣散行为，害怕提问、抑郁孤僻、不与同学交往等退缩行为，胡涂乱写、抄袭作业等不负责任的行为，迟到、早退、逃学等抗拒行为。内向性问题行为大多不会对课堂秩序构成直接威胁，因而不易被老师察觉。内向性问题行为虽不直接威胁课堂秩序，不直接影响他人学习，但对教学效果和学生学习质量的影响很大，对学生个人的心理发展也有很大危害。

（三）课堂问题行为产生的原因

学生在课堂中表现出来的问题行为受多种因素的影响，是学生的学习、生活环境、社会环境相互作用的结果，是各种问题的综合反映。综合起来，学生课堂问题行为的产生主要有学生、教师、环境三个方面的因素。

1. 学生因素

学生生理上的不健康或者神经功能障碍等都可能导致出现问题行为。男生自控力弱，较容易产生外向性问题行为；学生的心理缺失或者以消极的方式来获得他人的关注都容易诱发问题行为。

2. 教师因素

有些学生的问题行为的诱发者可能是教师。教师片面追求升学率，只看重学生的分数和学习成绩，给学生带来过大的学习压力，可能导致学生出现问题行为。此外，如果教师的个性冷漠、武断、固执、抑郁、易情绪化，教师对课堂和学生放任自流，不能公平对待所有学生，教学低效无趣都容易引发学生的问题行为。

3. 环境因素

课堂问题行为的产生，除了取决于教师和学生方面的因素外，还与环境的影响有关系。

环境影响主要包括家庭、大众媒体、学校等方面的影响。生活在不和睦的和教养方式错误的家庭中的学生，受大众媒体传播的色情、暴力等不良信息影响的学生，以及生活在缺少关爱和滥用惩罚及物理环境恶劣的学校里的学生容易出现问题行为。

（四）课堂问题行为的处置和矫正

课堂问题行为具有普遍性，是教师经常遇到而又非常敏感的问题，处理不好，就会损害师生关系和破坏课堂气氛，影响教学效率。课堂问题行为的恰当处理取决于教师对于管理策略的有效运用。

1. 运用先行控制策略，事先预防问题行为

最好的管理就是采取先行控制，在问题行为产生之前，实施预防性管理，避免或减少问题行为产生的可能性。

（1）确立学生的行为标准。明确学生常规的行为标准是一种有效的先行控制方法。一般而论，确立学生的行为标准时，应考虑几个方面的问题：行为要求是否影响教学目标的实现和学生的身心发展；行为要求是否影响课堂秩序和学生的学习；行为要求是否体现了对课堂成员的尊重；行为要求是否具有改变或修正的可能性；行为要求是否具有切实可行性。课堂行为标准确立起来之后，还要及时加以巩固，必要时还要予以修正。

（2）促成学生的成功经验，降低挫折水平。学生因失败而导致的挫折感往往是有些问题行为产生的原因。因此，教师要确保学生在课堂活动中适当的成功率，尤其是将课堂活动规划在既不太容易也不太难的适度范围内。因为太容易就会导致学生厌倦，太难就会导致学生受挫，它们都会增加问题行为产生的可能性。教师对学生学习材料和学习活动的适度选择有助于学生的成功体验，有利于学生形成成功感受，进而减少问题行为产生的可能性。

（3）保持建设性的课堂环境。课堂行为与课堂环境直接相关，有效的课堂行为管理在很大程度上建立在良好的课堂环境基础之上，因为良好的课堂环境不仅可以减少产生问题行为的可能性，而且可以消解许多潜在的问题行为。

保持建设性的课堂环境，教师可以从以下几个方面去努力：①保持课堂的整洁、秩序和优雅，增强课堂成员的秩序感、责任感；②要科学合理地安排调整学生的座次；③把握课堂的情感环境，即搞好教学设计，在课堂活动之前确定好目标、教学方案和教学策略；④采用悬念和讨论的方法，不断变换刺激角度，集中学生的注意；⑤合理安排课堂活动的内容和节奏，控制学生的疲劳度。此外，还要建立和谐的师生关系。

2. 运用行为控制策略，及时终止问题行为

选择有效方法，及时终止问题行为。通常采用的方法包括以下几个方面。

（1）信号暗示。对发生问题行为的学生提供信号，例如，突然停顿、走近学生、用眼神暗示等，用以提醒、警告学生，进而终止刚刚发生的问题行为。信号暗示适用于小而持续的问题行为。使用信号暗示的一个明显的优点就是可以不用打扰其他学生就可以处理这些小的不良行为。

（2）使用幽默。以下几种情况教师都可以使用幽默。第一种是当课程刚开始不久，学生还没有进入学习状态，各种问题行为不断出现时。第二种是课堂气氛沉闷，学生注意力下降，从而产生问题行为时。第三种是教学正常进行时，学生无意中出现的问题行为。教师可用轻松幽默的语言来调节气氛和提示学生，以防止问题行为的出现和制止或纠正已有的问题行为。

（3）创设情境。有些学生在课堂中容易走神，这时可适当创设一些活动情境，让学生参与一些活动，或让他们做一些相关的别的事情，像小竞赛、小表演、小制作等，以避免问题行为乘虚而入。

（4）有意忽视。如果课堂行为很小又没有什么破坏性，最好的课堂管理就是不行动。教师有意忽视，学生会自觉没趣而改变其行为。应该强调的是有意忽视必须限制在特定情境中，否则，就等于是鼓励闹事或者去捅更大的娄子。

（5）提问学生。临时对发生问题行为的学生提出问题让他回答，以示提醒，并转换他的注意，使其自觉纠正。

（6）转移注意。对于那些自尊心比较强的学生产生问题行为时，如果当面直接制止，可能会出现相反的效果或留下后遗症，这时，可运用比喻，声东击西地加以暗示，使之转移注意，从而停止其问题行为。

（7）移除媒介。有时学生在课堂中做不相干的事，如读漫画书、玩电子游戏等，教师可将这些东西拿走，清除媒介物，从而制止这种行为。

（8）正面批评。如果很多方法对制止学生的问题行为都不奏效，那就要正面严肃批评，指出其缺点，制止其行为。当然，正面批评要建立在尊重学生的人格基础上。正面批评无论是针对个人还是针对集体，教师都应该考虑到它的真实性、可能会产生的结果，以及被规劝者的自我抵御等多种因素。同时，正面批评应该具有一定的权威性，让学生能够接受。

（9）劝离课堂。有时学生之间发生对抗性冲突，造成怒气冲天的状态，教师可以将他们劝离课堂，避开怒气情境，使其情绪缓和，再做决断。

（10）利用惩罚。对于有些较严重而又难以制止的问题行为，可适当利用一些惩罚措施，运用得当，也可起到制止问题行为的作用。

3. 运用行为矫正策略，有效转变问题行为

课堂问题行为矫正是一个复杂的过程，需要做深入细致的工作，在整个过程中应遵循多奖少罚、坚持一致性、与心理辅导相结合的原则。

课堂问题行为矫正的原则有以下几方面。

第一，多奖少罚原则。奖励和惩罚是矫正课堂问题行为最常用的方法。实践证明，奖励的矫正作用大于惩罚，多奖少罚对于矫正课堂问题行为能起到更有效的作用。

第二，一致性原则。课堂问题行为是由很多因素引起的。因此，课堂问题行为的矫正不能只考虑学校因素，还应同家庭因素、社会因素联系起来，相互传递信息，发挥学校、家庭、社会三位一体的教育网络作用。

第三，与心理辅导相结合原则。心理辅导主要是通过调整学生的自我意识，排除自我潜能发挥的障碍，帮助学生正确认识自己和评价自己来改变学生的外部行为。心理辅导能否奏效取决于师生之间是否真正建立起信任、融洽、合作的人际关系，能否展开真诚的思想、情感交流。

根据行为分析原理，对课堂问题行为可以采取以下步骤实施行为矫正。

第一，细致观察，觉察问题行为。觉察课堂中的问题行为和潜在的问题行为是矫正的第一步，如果教师根本未能察知问题行为，就没有矫正的必要。因此，教师要善于观察与分析，敏锐地发现问题行为。

第二，准确了解问题行为的原因。发现了问题行为，就要立即运用有效的方法，如访问、谈话、测验等深入了解问题行为产生的原因。准确了解这些原因是合理矫正的基础。通过了解，判明问题行为的性质及严重程度。

第三，在诊断的基础上制定矫正目标。一个完整的行为矫正程序应该先从确定目标行为开始。所谓目标行为是指采取行为矫正时所要矫正的违规行为。确定目标行为有两个原则：一是清楚可见的外显行为，即学生的某种违规行为是教师和其他学生都看得很清楚的；二是选择出现较多且较严重者为目标行为，因为如果同时矫正数种行为，其效果将因不能连续渐进处理而无从显现。

第四，给予积极强化，矫正问题行为。教师在使用后效强化原则时，要遵守两个原则：一是忽视学生的违规行为；二是学生的适当行为一出现，立即给予强化。典型的课堂强化物，包括教师的肢体语言（如点头、微笑、抚摸等）、口头表扬、给予优待、授予奖品等。

第五，对问题行为改正的成效应及时加以评定，如发现效果不良，应进行检查，察看有无缺失、诊断是否正确、目标是否合理、改正过程是否得当，直到完全消解问题行为为止。

第六，消除了问题行为，还要进行追踪，进行新的强化，塑造和发展良好的行为，直至良好行为的表现趋于稳定为止。

第三节　课外活动的组织与管理

一、课外活动概述

课外活动，也称班级课外活动，是指在课堂教学以外由学生自愿参加的多种教育活动的总称，可分为广义的课外活动和狭义的课外活动。广义的课外活动包括除学校教育中正式的课程以外的校内外各种教育活动；狭义的课外活动就是指学校内的课外活动。丰富多彩的课外活动能开阔学生的视野，促进学生认知能力、实践能力的提高；有助于学生更好地理解书本知识，更好地认识自我、认识社会；有助于培养学生良好的道德品质、形成良好的个性；有助于培养学生的团结协作精神，提高班级的凝聚力。

二、课外活动的基本内容

（一）社会实践活动

组织一些参观、考察、宣传、游览、社会调查访问等社会实践活动，让学生走出校门与社会接触，帮助学生开拓视野、增长知识、提高能力。

（二）学科活动

学科活动是以学习和研讨某一学科的知识或培养某一方面的能力为主要目的的活动，可以分学科组成不同小组，也可根据某一专题成立小组。各小组通过展开形式多样的活动来进一步学习、理解、掌握学科知识。

（三）科技活动

科技活动是以让学生学习和了解科技知识为目的的课外与校外活动。与课堂上学习系统的学科知识相比，科技活动更强调动手过程，让学生在动手实践中综合利用已有知识，全面地认识事物和解决问题。在实际操作过程中，增长学生对某一领域的知识经验和动手能力，是科技活动的主要目的。

（四）文体活动

学校的课外文体活动包括文学、艺术、娱乐、体育训练与体育竞赛等内容。文学艺术类的活动内容主要围绕书法、歌咏、舞蹈、音乐、手工、摄影和雕刻等展开，其主要目的是培养学生对文学艺术的爱好与兴趣，提高他们的欣赏能力，并为创造能力的发展打好基础。体育活动注重技能的训练、体能的提高和意志力的培养。适当开展体育活动有利于学生身体素质的整体提高，也有利于培养学生的社会交往能力。

（五）课外阅读活动

课外阅读的目的在于扩大学生的知识视野，增加学生的知识储备，使他们及时接触和吸收新知识，培养他们的自学能力和思维能力。

（六）社会公益活动

礼会公益活动的主要目的是培养学生的劳动观念和劳动习惯，使他们养成爱劳动、爱劳动人民、爱护劳动成果的优良品质，并使其掌握生产劳动基本知识、技能，提高他们的劳动技术素养。

三、课外活动的组织形式

按活动人数和规模，课外活动可分为群众性活动、小组活动和个人活动三类。

（一）群众性活动

群众性活动是组织多数或全体学生参加的一种带有普及性质的活动。它可以在较短的时间内使较多的学生受到教育，对活跃学校生活有较大的帮助。这种活动有全校性的或校际性的，有全班性的或班际性的。参加活动的具体人数则根据活动的目的、内容而定。其具体的活动方式有报告会、讲座、演讲、社团、纪念日活动、文艺主题会、晚会、墙报和黑板报、收听收看广播电视、看电影、参观、访问、游览、表演、各项竞赛、公益劳动、文娱训练、体育锻炼等。

（二）小组活动

小组活动是课外活动的主要组织形式，是根据部分学生的兴趣、爱好和要求，以及学校的具体条件，就某一活动内容组成小组，进行有目的、有计划、经常性的活动。它小型分散，便于开展多种多样的活动，满足学生不同的兴趣、爱好，挖掘学生的才能，使学生得到更多的学习和锻炼的机会。小组活动的种类有：学科小组（文学、数学、历史、地理等）、科技小组（无线电、航模等）、艺术小组（音乐、绘画、书法、舞蹈、雕刻等）、体育小组（体操、球类、武术等）、劳动技术小组（电工、电器维修、刺绣、公益服务等）等。小组活动要制订活动计划，有固定的活动日和活动时间，有辅导员的具体指导，有严格的纪律制度。

（三）个人活动

个人活动是学生在课外进行单独活动的形式。它往往与小组活动或群众性活动相结合，由小组或班级分配任务，根据个人的兴趣、才能，个别单独地进行。个人活动的主要内容是：阅读课外书刊，写读书心得，记日记，练习创作、书法、绘画、演奏、摄影、采集标本，进行小发明、小制作、小论文、小实验等活动，以及进行各种体育锻炼等。其作用在于充分发挥每个学生的积极性和创造性，丰富学生的个人生活，培养他们独立工作的能力，扩大他们的知识范围，使其养成读书的兴趣和习惯，并提高独立从事艺术创作和体育锻炼的能力。

四、课外活动的特点

（一）学生参加课外活动的自愿选择性

学生参加课外活动是以自主选择为原则的。接受按课程标准进行的学科课堂教学是学生的义务和责任，有一定的强制性。但课外活动的参与与否，参加哪一类活动，这些都是由学生按自己的兴趣爱好及各方面的条件来自主选择的，学生还可以根据自己的能力对不同水平的活动进行选择。

（二）课外活动内容和形式的灵活多样性

课外活动的内容及形式应是灵活多样的。活动的具体内容是根据课外、校外活动的目的，从现有的资源，辅导老师的特点、能力，以及学生的不同需要出发确定的。活动的组织形式也是多种多样的，它包括小组活动、群众性的调查参观、竞赛讲演、个人活动等，要根据实际情况灵活安排。

（三）学生在课外活动组织上的自主性

学生在课外活动中比在课堂教学中具有更大的自主性。富有成效的课外活动大多是学生在教师和有关方面的指导与帮助下独立自主开展的，学生是课外活动的主体。教师是活动的指导者、辅助者，对学生活动的组织起辅助作用。课外活动比课堂教学更有利于学生自主作用的发挥。

（四）学生参与课外活动的实践性

课外活动注重学生的实践环节。在活动中，学生的知识和技能主要通过自己设计、动手获得；那些经由辅导老师获得的知识和技能，学生可运用到实践当中来验证它的科学性，这样也就培养了学生的实践能力。

五、课外活动的意义

课外活动是实现教育目的的重要途径，它的总任务在于根据学生的特点，组织和指导学生的课余生活，积极促进学生全面发展，培养学生的创新精神和实践能力。

（一）课外活动有利于学生开阔眼界，获得知识

在课外、校外活动中，青少年可以根据自己的兴趣爱好广泛阅读各种课外读物，参加各种科技活动、文体活动，广泛接触社会和自然界，吸收来自各方面的知识信息。这样，他们既能够拓宽已学知识的深度和广度，还能扩大视野，获得新知识。

（二）课外活动有助于对少年儿童因材施教，培养学生个性特长

课外活动可以弥补课堂教学完全按照课程计划、学科课程标准进行系统知识传授而不能照顾到学生个别差异的缺陷。它的活动内容丰富，能满足学生的不同需要，学生可以自愿选择参加各种活动。学生在活动中自主学习，可获得更多的亲身体验。

（三）课外活动有利于发展学生智力，培养学生的各种能力

课外活动的整个活动过程是学生手脑并用、运用知识并发挥聪明才智和创造性的过程。课外活动既使学生经受各种锻炼，还能有效地培养学生的思维能力、自学能力及各种实际工作能力，对发展学生智力有重要作用。

（四）课外活动是进行德育的重要途径

课堂教学对学生进行思想品德教育，多是通过摆事实、讲道理来提高学生的道德认知。但是，学生思想品德的形成只有通过行为实践才能转化为自觉的行动。另外，学生在课外活动中能接触实际的人和事，能得到较为深刻的感性认识，受到情感上的感染，往往可以收到比单纯的说服教育更有效的教育效果。

六、课外活动的实施要求

（一）要有明确的目的性和计划性

组织课外活动必须从全面贯彻教育目的、落实培养目标的高度确定每一项课外活动的具体要求，目标的确定要做到明确、具体，要始终坚持寓教育于活动中，预防将活动流于形式。加强课外活动的计划性是保证课外活动目标实现的重要手段之一。

（二）活动内容要丰富多彩，富有吸引力

课外活动的目的在于使学生有所收益，补充课堂教学内容，扩展学生的知识面。如果活动本身没有充实的知识内容和趣味性，不仅无法吸引学生，而且也会丧失其教育意义。因此，课外活动本身应具有知识性、趣味性、新颖性，这样才能激发学生参加活动的愿望和要求，提高学生参与的积极性和自觉性。

（三）教师指导与充分发挥学生的主动性和创造性相结合

课外活动是学生的自主性活动，因此要充分依靠和发挥学生的自主性、积极性和主动性，要让学生以主人翁的姿态来组织、参加活动，使他们从中学会自治、自理，培养他们独立思考、独立工作的能力。教师应处于辅助的地位，给予学生引导、启发、指点和帮助，鼓励学生在运用知识、锻炼能力、掌握技能的过程中充分发挥自己的主动性和自觉性，让他们积极思考、勇于探索，注意培养他们的创造能力。

第四节　班主任及其工作

班主任是建立、巩固和发展班集体的专职教师，是班集体的组织者、教育者和领导者，在学校的教育工作和学生的成长生涯中有着重要的作用。

一、班主任的作用

班级是学校的细胞，是学校各项教育工作开展的基本单位，也是学生学习和活动的基层集体，只有把一个班的学生很好地组织起来进行教育和教学活动，才能够使这个班的学

生在德智体等方面得到全面发展。而班主任是建立、巩固和发展班集体的专职教师，是班集体的组织者、教育者和领导者，是学校实施教学工作和各种教育活动的得力助手。班主任在学校的教育工作中具有重要的作用。

（一）班主任是班集体的组织者和教育者

班级是由年龄大体相当、身心发展水平很接近、来自不同家庭和不同学校的少年儿童组成的。要将一个班级建设成为真正的班集体，就需要教育工作者尤其是班主任付出大量艰辛的、创造性的劳动，建立和完善班集体机构，从组织上把学生密切联系起来，并根据班级的实际情况，进行各种教育，同时，确立班级共同的奋斗目标，提高思想认识，创建班级的各种制度，形成班级文化，指导学生开展各种各样的活动，努力促使班集体的每一个学生都能够得到德智体等方面的发展，在促进学生个性发展的同时，努力使班级成为具有凝聚力、积极向上、团结友爱的班集体，这一切都取决于班主任能否充分地和正确地扮演班集体的组织者和教育者的角色。

（二）班主任是学生全面发展的指导者

中小学生处于长身体和长知识的重要时期，由于其年龄都比较小，他们缺少生活经验，对世界和自身的认识都还不成熟，同时，自身的独立生活能力和工作能力都比较差，因此，需要班主任对学生进行专门辅导。如何促进每个学生的全面发展，如何根据每个学生的特点充分发展他们的个性和特长，学生要获得充分的发展需要做出什么样的努力，参加什么样的活动都需要班主任的具体指导。

（三）班主任是联系任课教师与学生的纽带和沟通学校与家庭、社会的桥梁

教育下一代是全社会的责任，班主任应该努力联系学校的教师，以及家庭与社会，形成对学生的教育合力。在学校中，班主任应该做好协调各科教师的教学工作、各种活动和课业负担，把自己的意见传达给各科教师，并把各科教师的要求集中起来，使各方面的教育力量得到整合，以更好地发挥教育的整体效应，增强学校教育效果。

此外，学校虽然是对学生进行全面发展教育的重要途径，但是学生作为家庭和社会的成员，除了主要接受学校的教育外，还受家庭和社会的影响。班主任要做好一个班的工作，还应该与家庭、校外教育机构和当地社区等方面联系，协调一致地工作。班主任在学校、家庭和社会间起到了解学生情况和教育情况，起到沟通信息、协调工作、提出建议的桥梁作用。

（四）班主任是学校领导贯彻实施教育方针政策的得力助手和骨干力量

我国学校教育实施的教育、教学活动通常都是以班级为单位进行的，班级是学校重要的基层组织，国家有关的教育政策的贯彻落实，学校领导对于教育、教学工作的决议和计划，教导处、总务处等有关学生教育和生活方面的指示和要求，以及团、队、学生会组织的各项活动，乃至日常的教室清洁卫生、运动会等活动一般都是以班级或以班为基本单位

来开展的。这些都需要通过班主任来贯彻和落实。此外，学校促进学生身心发展的一系列措施，尤其是促进学生思想道德素质提高的一些措施更是需要班主任的具体工作。因此，班主任是学校完成教育和教学任务的得力助手和骨干力量，是促进学生发展的中坚分子。

二、班主任工作的职责

中小学班主任由于和学生接触时间较长、沟通较便利，对学生影响深刻，因此与普通的任课教师相比，班主任身上肩负着更多、更大的职责。

关于班主任工作的职责，国家教育委员会颁发的《小学班主任工作暂行规定》和《中学班主任工作暂行规定》分别对小学和中学班主任职责提出了具体要求。2006 年 6 月 4 日，国家教育部在《关于进一步加强中小学班主任工作的意见》中，进一步明确指出了新时期中小学班主任的工作职责。2009 年教育部制定的《中小学班主任工作规定》详细规定了班主任的职责与任务。

三、班主任工作的内容和方法

从班主任的任务来看，班主任对学生实行全面负责、全面管理和全面教育。具体来说，班主任要完成班主任工作，要注意抓好以下几项主要工作，这几项工作既是班级的常规工作，同时也是班主任开展班级工作的方法。

知识窗：第三章　职责与任务

（一）了解和研究学生

班主任的工作首先就是从了解和研究学生开始的。全面深入地去了解和研究学生是顺利开展教育工作的前提条件，班主任只有全面地了解和研究学生，才能够明确工作目标，确定工作计划，同时，也才能够使教育工作更加具有针对性和实效性，有助于增强教育效果。此外，了解和研究学生还能使班主任了解学生的特长和缺点，从而反省自身，有助于自己个性的完善，促进教师职业生涯的成长。

了解学生的内容主要包括个人和集体两个方面。个人方面主要是指学生个人的一般情况，如个人的思想品德情况、学习情况、健康状况、个性特征、社会交往状况、家庭状况、生活环境等方面。而了解班集体的情况是在了解个人情况的基础上进行的，主要包括班级学生的基本情况、班级学生的德智体等发展情况、班集体的发展状况。在了解学生的情况时，尽量做到信息全面、细致、真实。

了解和研究学生，要注意全面性、经常性、科学性和发展性。全面性就是要全面地看待学生，既看到学生的优点，也看到学生的不足；既看到校内的表现，也要看到校外的表现。经常性就是要把了解和研究学生作为班主任的常规工作，充分利用一切场合条件，做到常抓不懈。科学性是指班主任要在科学理论的指导下去研究学生，要运用哲学、心理学和教育学等相关科学，对学生进行了解和研究。发展性就是要用发展的观点看待学生，要充分了解学生的过去以察学生今日发展之“因”，要看到学生今天的种种表现，更要预见到学生的明天。

班主任获得学生信息有很多具体的方法，在实际运用时各种方法不是固定、孤立的，常常是综合起来并根据实际情况和学生的身心特点而灵活运用。

1. 资料分析法

这是一个初步认识班级和学生、了解学生基本情况的最简易的办法。刚接手一个新班时，班主任需要查阅学生的有关资料，以便尽快地初步了解学生的情况，如学生登记表和学籍卡（毕业生登记表、入学登记表等）、成绩单和操行评定、体格检查表和健康档案；原班主任的工作手册、班级日志、班级荣誉册、班会和班委会纪录、墙报和黑板报稿子；入团、入党申请书、作业本、试卷；实行档案袋评价的学校还可以查阅学生的成长纪录袋，以便全面地了解学生的成长情况。

2. 观察法

观察法是班主任了解、研究学生的一种基本的方法。班主任不仅要长期反复地观察，而且要有目的、有计划、有步骤地获得学生的信息。同时，应该通过多渠道多场所来获得学生的信息。观察法的正确运用，应当注意以下几点：①要有明确的观察目的，主要是确定观察什么和为什么要观察；②要有科学而可行的观察计划，主要解决怎么做的问题；③要及时做好原始记录，主要是确保材料的客观真实性；④要对材料进行整理和分析，去伪存真，透过现象找到本质；⑤写出结论，对观察做出准确、全面的终结性评价。

3. 调查法

调查法是班主任为了深入了解或弄清有关学生教育的某个问题而采用的方法。班主任可以通过各种途径获得大量材料，并在此基础上进行分析和综合得出科学结论的方法。它也是班主任了解、研究学生时普遍采用的有效方法之一。调查的对象主要是学生，此外，也应该包括学生的家长、亲友、任课教师和原班主任教师，以及其他有关的人。调查对象的确定应该根据具体调查的任务而定，调查的种类可分为综合调查和专题调查。综合调查主要是为了在新的时期或新的阶段如每学期开学初了解学生德智体等各方面发展的总的规律变化，以及表现出来的优点、缺点与问题等，以便制订班主任工作计划。专题调查是为了了解学生个人或集体中存在的某个方面的问题，深入而全面地掌握有关情况，以便采取有效措施，使其得以正确的解决和处理。

4. 谈话法

谈话法是通过班主任老师和学生或者家长、任课教师的谈话，来了解班级和学生情况的一种方法。谈话法有集体谈话（如座谈会调查）和个别谈话。

（1）座谈会调查。座谈会调查是班主任根据事先拟定的调查提纲向到会的学生（教师、家长）提出问题，展开讨论，借以取得信息的一种方法。参加座谈会的必须是知情者，有一定的代表性，教师要注意引导，以获得有用信息，时间不宜过长，不要让参加者感到有负担。

（2）个别谈话。个别谈话法是班主任根据一定的目的要求，通过口头问答等方式获得学生信息、交流思想的一种方法。个别谈话能够让教师更多地了解学生的个性特征，同时也有利于形成良好的师生关系。

（二）组织和培养班集体

一个良好的班集体是学生全面发展的保证，是良好的教学秩序得以正常进行的前提，也是促进学生个性完善的最佳环境。建设好班集体是班主任的一项重要工作，也是班主任最基本的任务。

1. 班集体的发展阶段

班集体不是自发形成的，它有一个发展过程。一般认为，刚组成的教学班，经过班主任长期系统的组织培养工作，由松散的学生群体转变成为健全的班集体，大致要经过组建、初步形成和形成提高三个阶段。

（1）组建阶段。组建阶段是班集体发展的初级阶段。在新组建的班级中，同学之间和师生之间由于交往不足，彼此还很陌生，学生心里还没有班级的概念，群体意识差，班级无吸引力和凝聚力，班级自我管理机构尚未建立，共同目标和行为规范尚未形成。在这一阶段，班级活动都依赖班主任直接组织和指挥。实践表明，班主任在这一阶段如果抓不紧，教育引导不力，组织管理不严，班级很容易出现松弛、涣散现象。因此，有经验的班主任都十分重视从以下方面进行新班级的组建工作。首先，抓紧时间全面了解学生，尽快掌握熟悉班级和学生的整体情况，注意发现、选择和培养积极分子。其次，建立班级规章制度，加强班级常规教育，对学生的学习、生活提出明确而严格的要求。最后，组织和开展班级活动，促进同学之间、师生之间的交流，增进了解，提高班级的吸引力。

（2）初步形成阶段。在班主任的引导培养下，在各种交往增加的基础上，班集体出现了许多新特点，如同学间彼此有了一定了解，友谊加深；班级积极分子已涌现出来，集体有了骨干力量，班集体已经初步具有自我教育的能力，班级核心初步形成。但是，这时的班集体还十分脆弱，集中表现在班级行为规范尚未成为学生的共同需要，集体舆论还没有形成，班级目标还没有转变为全班学生共同自觉追求和行动的动力。针对这种情况，班主任应抓住时机，积极向全班学生推荐班干部人选，及时组建班委会，开展各种丰富多彩的活动，以培养班干部的活动能力和增强全体学生的亲和力与凝聚力。同时，班主任要努力调和各种矛盾，如师生矛盾、学生个人之间的矛盾、学生团体之间的矛盾等来增强班级的凝聚力。另外，班主任还要重视班级规章制度的贯彻执行，培养学生自觉遵守班级行为规范的习惯，为良好班风的形成打下基础。

（3）形成提高阶段。在前两个阶段的工作基础上，班级群体已经发展成为班集体。其主要标志是：班级成员之间团结互助的人际关系已经建立，班级的领导力量和核心机构已经形成，班干部能够独立自主地开展工作，学生具有共同的奋斗目标，能够遵守共同的行为规范，正确的集体舆论和良好的班风已经形成。但是，班集体形成并不意味着班主任组织和培养班集体的任务结束，在这一阶段，班主任应该培养学生们自我教育和自我管理的能力，同时，引导全班学生结合本班实际提出更高的奋斗目标，争创优秀班集体。此外，班主任还应该针对班内学生不同的特点，充分发挥学生的特长，帮助学生纠正不足，促进学生个性的丰富与完善，从而来提高班级的整体素质。

2. 组织和培养班集体的方法

良好班集体的组织培养虽然会因学校、教师、学生等条件不同而在方法上各异，但是班集体的形成和发展仍有一定规律可循。因此，组织和培养班集体的要求和方法也有许多共同之处。

（1）确定班集体的奋斗目标。班集体的奋斗目标是全班学生共同具有的期望和追求，是班级各项活动所要达到的预期目的的总概括。确立班集体奋斗目标就是要让班级全体学生明确班集体的发展前景，知道共同的努力方向，并为实现目标统一行动。班集体的奋斗目标是班集体形成的条件和发展的方向与动力，它具有指向、激励和凝聚班集体的作用。培养班集体首先要和班级学生一起创建班集体的奋斗目标。班级奋斗目标的制定应该符合时代性、导向性、层次性、可操作性原则。确立班级目标的方法要因班而异，目前普遍采用的方法有两种。一是系列化目标法，就是根据班级发展目标制定学年或学期的各科教学、班级教育工作、班级活动目标体系，从而为班级的教育教学过程提供质量标准。二是具体化目标法，就是将班集体宏观目标分解和细化，一方面将学校教育目标变为班级具体的可操作目标；另一方面每个班级成员要结合自己的情况，围绕班集体目标制定个人目标。

（2）建立班集体自我管理机构。建立班集体自我管理机构是组织和培养班集体的一个重要的内容，是对传统的班级管理机构——班委会的创新和超越，有利于培养学生的独立性和自主性，让学生进行自我教育和自我管理。

（3）培养正确的舆论和良好的班风。班主任培养正确的集体舆论和良好的班风需要做好以下几项工作。第一，加强思想政治教育，提高认识。班主任要在重大的、基本的人生价值观念、社会观念和道德观念上对学生进行明确的教育，使学生掌握正确的价值观念和判断标准，树立起正确的是非观、荣辱观和美丑观。第二，健全班级规章制度，严格行为规范。第三，培养集体荣誉感和责任感。班主任要利用一切有利时机，培养学生对集体的责任感，让学生明确自己对集体应担负的责任和义务。

（4）组织开展班级活动。一个良好班集体的形成与各种各样班级活动的开展是紧密结合在一起的。开展班级活动，可以密切师生间和同学间的交往，有利于建立良好的师生关系和融洽的班级人际关系。同时，班级活动为学生提供了一个展示个性与才华的舞台，可以促进其特长的发挥与个性的发展。班级活动还可以促进学生思想道德素质的提高，尤其是促进学生道德的内化，通过活动和实践把道德知识、道德观念转变为道德行为。班级活动的开展还可以开阔学生的视野，增长学生的知识。因此，丰富多彩的班级活动是班级建设的一个重要内容，也是实现班级发展目标的重要途径和保证。

（三）做好个别教育工作

班级虽然是一个整体，但是这个整体是由每个活生生的学生个体构成的。他们的思想、生活经历、性格特点都不一样，要促使他们每个人健康成长，发展他们的个性，班主任还需要根据每个同学的特点，进行因材施教。

1. 促进优秀生的发展和提高

优秀生应该是在班级里德智体等方面全面发展的学生，这些学生在班级中比较有威信，有一定的影响力，是学生中的骨干，是班主任和任课教师的得力助手。在对优秀生进行教育时，班主任要教育优秀生正确地对待自己的成绩，帮助优秀生克服骄傲自满情绪。此外，让优秀生向更高的奋斗目标努力。班主任要积极引导优秀生认识到自己的潜力，帮助他们确立更高的奋斗目标，但是目标应该在学生力所能及的范围内，不可力所难及。

2. 抓好中等生的教育

班主任要看到中等生身上潜在的积极因素，主动关心和了解他们，帮助中等生树立自信心，为他们安排适当的活动、角色来锻炼他们的能力。此外，还可以建立学习互助小组，为中等生安排恰当的工作，来促进中等生向先进生转化。

3. 做好后进生的转化工作

后进生通常具有以下特点：缺乏强烈的学习动机和坚韧的意志品质，行为习惯不良，学习目的不明确，学习态度不端正；但也有些后进生思想比较活跃，头脑较灵活，反应灵敏，具有很大的发展后劲。班主任要热心关怀、耐心启发，以发展的眼光看待后进生，有的放矢地采取有效措施加以教育。

（四）协调各方面教育力量，形成教育合力

每个学生的成长都要受到家庭、学校和社会等多方面的作用和影响，如果这些教育影响相互配合，协调一致，那么就能够很好地促进学生的健康成长，我们把这种教育力量称为教育合力。在教育合力的形成过程中，班主任起着关键的作用。

1. 加强与任课教师的团结与合作

为了加强与任课教师的团结与合作，营造一个团结一致的教师集体，班主任需要做以下的工作。首先，班主任要尊重任课教师，虚心向他们学习，同时也要教导班上的学生尊重任课教师，让学生接受任课教师的教育，树立任课教师的威信。其次，班主任要和任课教师密切联系，互通信息，做到对学生统一要求，协调一致。班主任还要及时从任课教师那里了解学生的有关情况，以便发现问题，及时解决。最后，班主任在学校还要当好师生交流的使者，搭建师生交流的平台，要帮助学生正确处理好与任课教师之间的矛盾，建立起和谐的师生关系。

2. 争取家长的密切配合

班主任开展家长工作主要有三个方面的内容。一是向家长介绍国家的教育方针、教育法规、学校的教育目的和培养目标。二是向家长介绍学校、班级和学生的情况、班级的工作计划等，征求家长的意见和建议，同时也向家长了解学生在家庭的表现，做到相互沟通，促进家庭教育和学校教育的协调和统一。三是向家长介绍有关家庭教育的理论与实践，帮助家长掌握教育子女的科学方法，以促进学生健康成长。

3. 做好团队工作

共青团和少先队是青少年先进的群众组织，它们有着共同的理想和信念，有较强的集体意识和集体规范，是学生们向往和追求的更高层次的学生集体。班主任应该当好团队组织的参谋，选择和培养好团队干部，充分调动团队干部的积极性，指导他们开展形式多样、生动活泼而富有教育意义的活动，丰富学生的精神生活，同时班主任要协调好班委会干部

和团队干部的关系，充分发挥他们在班级中的核心作用。

（五）做好班主任工作的计划和总结

班主任工作计划的制订和总结是班级工作不可缺少的环节，是班主任工作达到预定目的的重要保证。

班主任工作计划的制订要依据教育方针、学校的培养目标、教育政策和法规及学生成长发展的规律，要与学校工作计划和本班实际相联系。计划目的要明确，内容要全面，条理要清楚，操作要可行。计划一般分为学期计划和具体计划。学期计划的内容包括简要分析本班基本情况、本学期的教育任务和重点、班级的奋斗目标、工作内容、主要措施、实施步骤、时间安排等。而具体的计划包括月（周）计划和活动计划，其内容主要包括工作目的要求、详细内容、活动形式与方法、具体实施日程、人员分工与完成时限等。

班主任工作总结是班级工作过程的最后一个环节，它既是对工作计划执行情况的检查，也是对工作质量的全面评估，以便总结经验教训，不断改进工作方法，提高工作效率。班主任工作总结可分为全面总结和专题总结两种。全面总结主要是反映全班学生全面发展的基本情况及其原因，找出主要的经验和存在的问题。专题总结是就学生中发现了显著变化的某个方面或班上已取得显著成绩的某项工作和经验总结。要使总结客观真实，班主任应注意日常班级管理和活动资料的积累，还可以召开座谈会，学习教育学、心理学的理论，从而使总结能够更深入。总结不能是平时工作的简单复述，在注重事实与过程之外，还应该从教育理论的高度进行分析，把感性的经验上升为理性的认识，从中摸索出班级教育工作规律，为今后的工作奠定良好的基础。

本章小结

本章厘定了班级、班级管理、课堂管理、课堂气氛、课外活动、班主任等概念，分析了班级的特点及班级对学生发展的作用；集中阐述了班级管理的模式、班级管理的原则；课堂管理的影响因素、良好的课堂气氛的创设、课堂问题行为的预防与矫正；课外活动的类型、特点、意义、实施要求等；班主任工作的内容和方法。教师要在掌握班级特点的基础上，进行有效的课堂管理和班级管理，创设良好的课堂气氛，开展丰富多彩的富有教育意义的课外活动，促进学生的发展。班主任要做好常规的教育工作，做好学生发展的管理者、引导者、组织者和教育者的角色。

学以致用

1. 结合本章所学的课堂管理和班级管理的知识，分析下面的案例。假设你是案例 1 中的语文教师和案例 2 中班级的班主任，你该如何处理？

案例 1： 某语文教师在上写作课时，刚转身在黑板上写了作文的标题“我的妈妈”，突然，教室里一阵骚动。原来，一只麻雀从一个学生的抽屉里飞了出来，在教室里盘旋了好几圈，然后从窗口飞走了。学生们一时转移了注意力，有几位学生趁机捣乱，课堂一下子吵闹起来。

案例 2： 一节自习课上，教师不在教室里。学生有的说话，有的唱歌，有的喊叫，有的在玩游戏……“纸飞机”“纸弹”满天飞，几个角落里有一些小团伙在进行混战，喧闹声直接影响了周围的班级。

2. 观看《热血教师》《冯志远》《放牛班的春天》等教育影片，结合本章所学的理论，探讨教师如何营造良好的课堂气氛。

补充读物

程晋宽. 2016. 班级管理理论与实务. 北京：高等教育出版社.

杰伦迪 • 迪克西. 2006. 有效的课堂管理. 王健译. 北京：北京师范大学出版社.

F. 戴维. 2002. 课堂管理技巧. 李彦译. 上海：华东师范大学出版社.

Mcleod J，Fisher J，Hoover G. 2006. 课堂管理要素. 赵丽译. 北京：中国轻工业出版社.

第十一章　教育科学研究

本章概述

本章首先厘定了教育科学研究的概念，接着探讨了教育科学研究的分类及特点；其次，探讨了教育科学研究的意义；最后，介绍了几种常用的教育科学研究的具体方法，如观察法、调查法、实验研究法等。

结构图

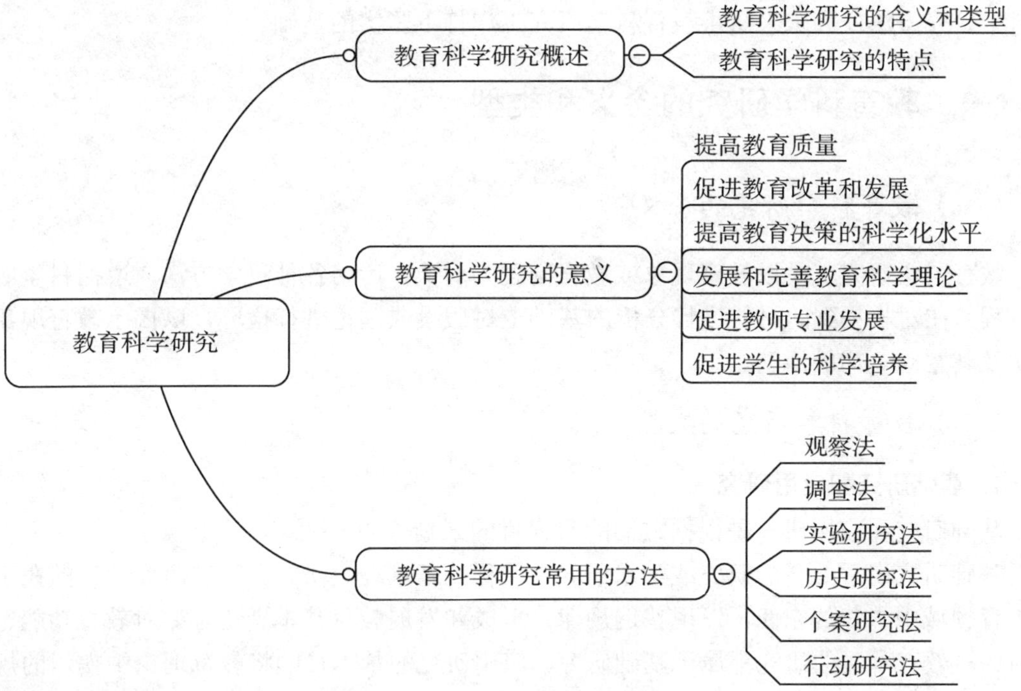

学习目标

1. 理解教育科学研究的定义和特点，能根据不同的分类标准区分教育科学研究的类型。

2. 能从多角度理解教育科学研究的意义。

3. 掌握观察法、调查法、实验研究法、历史研究法、个案研究法、教育行动研究法的定义及基本的研究步骤，并能尝试性地去开展研究。

读前思考

1. 你能想出一些自己感兴趣的具有研究价值的课题吗？
2. 如果让你做一项“大学生上课使用手机情况”的调查，你如何去进行呢？
3. 你自己曾经参加过哪些教育科学研究课题？你所做的研究属于哪种类型的研究？

第一节　教育科学研究概述

教育是人类文明进步的阶梯，寻找科学的方法对教育进行深入研究，以发现蕴含于其中的教育规律来指导和改进教育实践，促进人才培养的科学化和高效化，可以说是每一位教育实践和理论工作者的使命所在。作为未来的教师，我们需要了解和掌握一些基本的教育科学研究方法，为未来从事教育科学研究工作打下坚实的基础。

一、教育科学研究的含义和类型

（一）教育科学研究的含义

教育科学研究就是以教育现象或教育问题为对象，运用各种科学方法，遵循科学的认识过程，在对收集到的材料进行分析的基础上对假设或理论进行检验，以揭示教育现象的本质及其客观规律的活动。

（二）教育科学研究的类型

1. 基础研究和应用研究

基础研究和应用研究是根据它们的研究目的来划分的。

基础研究属于纯科学研究或学术研究，又称为基本理论研究。基础研究的目的在于探索教育领域中未知的东西，发现普遍规律，形成和发展教育基本理论，如对教育功能、教育目的、教育本质的研究都属于基础研究。应用研究的基本目的将教育理论中揭示的规律或者法则运用于教育实践，据此来指导或改进教育实践活动，提高教育实践活动的科学性和合理性。基础研究和应用研究只是相对而言，两者可以互为补充。有的研究课题往往兼具基础研究和应用研究的双重目的，因而被称为应用基础研究。

2. 定性研究和定量研究

定性研究和定量研究是根据研究的范式来划分的。

定性研究指的是在自然环境下，以研究者本人作为主要研究工具，综合运用多种研究方法，从质的角度对研究资料进行归纳、解释等思维加工，以达到认识和理解事物的一种研究活动。定性研究的主要特征有：①定性研究一般基于解释主义的理论，强调对事物进行深入细致的调查研究，再现当事人的视角，以及他们看待世界和描述世界的方式，从研究者自己收集的第一手资料中构建理论；②定性研究的研究情境是自然情境，研究者是最重要的研究工具；③定性研究以描述和解释为主；④定性研究关注研究过程，必须对研究过程予以详细记载和报道，关注研究者本人对研究过程和结果的影响；⑤定性研究倾向于对资料进行归纳分析；⑥定性研究关心的最基本的事情是当事人如何理解他们行为的意义，以及他们对事物的看法。

定量研究是指研究者事先建立假设并确定具有因果关系的各种变量，然后使用某些经过检测的工具对这些变量进行测量和分析，从而验证预定的假设的一种研究。定量研究的主要特征有：①理论基础是实证主义哲学，主要采用实证主义看法，认为社会现象是客观实在，主体可以通过理性的工具认识客体；②定量研究的研究情景一般是经过严密控制的情境，需要研究者预先对研究环境进行控制与安排；③强调事物本身具有内在固定的、可以重复发生的规律，事物的量化维度可以用来计算事物的“质”；④研究者事先建立假设并确定具有因果关系的各种变量，然后使用某些经过检测的工具对这些变量进行测量和分析，从而验证研究者预定的假设；⑤强调采用实验、调查、访谈、观察等方法获取资料，企图使研究的结果对同类问题做广泛推论。

3. 宏观研究、中观研究、微观研究

宏观研究、中观研究、微观研究是根据教育研究的范围来划分的。

宏观研究是指把教育视为社会系统中的构成要素，并对教育与其他要素，如经济、政治、文化、科技之间的关系进行深入研究，这种研究就是宏观研究。它是在教育与社会关系最一般的意义上所做的全面论述。由宏观研究得出来的结论具有抽象性、普遍性、可重复性的特点。

中观层面研究把教育活动看作是在某种机构（如学校）进行的活动，在这些机构里进行的所有有关教育、教学、管理方面的活动，成为中观研究的内容。

微观层面研究把教育活动看成是人与人交往的一种特殊形式，有关这方面的研究属于微观研究。

4. 书斋式研究和现场研究

书斋式研究和现场研究是根据研究开展的地点、资料搜集的主要方式来划分的。

书斋式研究是指研究主要通过查阅文献获得资料，并通过自己的思维加工而取得研究成果，又称为文献研究。这种研究适合于教育基本理论问题的研究。在书斋式研究中，研究者与教育实践活动不是直接接触的，研究者是实践的旁观者和思考者。

现场研究是指在实践活动发生的现场进行的研究活动。在现场研究中，研究者要亲临活动现场，通过直接的观察、访谈等，对和教育实践直接相关的人、事件、活动进行记录、分析和研究。现场研究适合于了解和解决教育实践问题方面的课题研究。在现场研究中，研究者与实践的接触是直接的，可以看到事物发生、发展的真相。

5. 个案研究和成组研究

个案研究和成组研究是根据研究对象的数量来划分的。

个案研究是对一个或少数几个对象一个一个地进行研究，研究对象可以是个别学校、个别学生，也可以是一节课……此类研究可对对象进行全面、深入的研究，取得翔实可靠的资料，针对性强，但其代表性较小。个案研究的目的不是追求研究的普遍价值和能否推广，而是通过研究发现研究对象的问题，并分析出现问题的原因，以便采取针对性措施加以改进。个案研究关注个案的具体情况和发展的动态过程。它有助于教师通过鲜活案例将教育理论与教育实际结合起来，很适合教师运用。

成组研究是对多数的对象（又分为大样本和小样本）进行研究。研究对象数量多，可进行定性、定量分析处理，易得出科学结论，但不便对个别对象深入研究。这两类研究常结合使用。

二、教育科学研究的特点

（一）人文性

教育科学研究的人文性体现在以下方面：第一，教育科学研究的研究对象是鲜活灵动的人，以人作为研究对象的科学研究活动必须满足一定的伦理道德要求，尤其是研究者以少年儿童作为研究对象时更要注意在整个的研究过程中要保证研究方式的人文化，要使我们的研究对象免于伤害；第二，教育科学研究和纯粹的自然科学研究不同，教育科学研究重视人的意志和价值标准，教育科学研究的目的是要发现规律以指导和改进教育实践来促进人的全面发展，研究目的旨在“为了人”；第三，虽然提倡教育研究中研究者要尽量保持客观中立，但是教育研究过程的始终仍然会深深地打上“人”的烙印，研究者的个人经历、感悟体验、生命哲学等都会对研究的结果和解释产生影响，从而使得教育研究是“人化”后的研究，不同的教育家的教育研究过程和研究结果虽然有共性，但是更多地呈现出来的是带有研究者个人专属气质的个性特征。

（二）复杂性

教育科学研究的复杂性体现在以下方面。第一，教育系统是社会大系统中的一个子系统，它和社会的其他子系统，如政治、经济、文化、科技、人口等系统之间存在着复杂的关系。在进行教育研究时，必须要考虑到这种复杂关系。第二，教育系统内部存在着多因素、多结构、多层级的子系统，这些子系统之间相互作用，存在着复杂的关系。第三，教育科学研究的对象——教育现象和教育问题是复杂的，教育现象横亘古今，囊括中外。教育问题更是弊病丛生。我国著名教育专家叶澜教授认为，从某种意义上说教育可能是问题之最。

（三）教育性

教育科学研究具有鲜明的教育性。这主要反映在教育科学的研究领域上。教育科学研究作为一种揭示教育现象的本质及其规律的研究活动，它被深深地打上了“教育”的烙印。具体表现在：第一，教育科学研究的范围往往是参与教学过程中的教师或者学生的某些属性，或者是教育过程和总的某些教育方法、教育手段、教育环境等，这些都是教育的要素；第二，教育科学研究的过程通常是在自然、真实的情境中实施，以使教育科学研究具有较好的生态效度；第三，教育科学研究的目标通常是揭示教育活动的某些规律，这使我们的教育科学研究活动紧紧围绕教育而展开。

（四）实践性

教育科学研究的源泉和动力来自教育实践，教育研究的结果大都是产生教育理论，但这些理论也必须指向实践，要提高实践的效率，改善实践的质量。在进行研究设计时，研究者必须思考自己的理论基础是否适应于实践，在进行数据收集时，研究者需要充分深入教育实践收集真实的数据，在思考研究结论时，也要考虑理论的实践适用性。教育科学研究的实践性使教育科学研究人员必须正确对待某一特定条件下的研究成果与普遍性原理的关系。如果将特殊条件下取得的应用性研究成果概括为普遍性原理，表面上看，似乎提高了结论的确定性和概括度，实质上是削弱了应用研究的科学性。正确的做法应当是说明获得这一结论所依赖的条件，说明它可以推及的范围。此外，应用性研究还应注意避免研究结果停留在一般性的定性分析上，而缺少使它进一步的操作性，因为应用性成果重在应用，重在推动教育实践。

（五）系统性

教育科学研究的系统性表现在两个方面。一是教育科学研究的层次性，这是由教育活动层次性所决定的。二是每一研究过程的系统性，即每一研究过程大约都要经过如下过程：确定研究问题—进行文献检索—整理资料—分析资料—得出结论。整个研究过程是系统地、有序地进行的。教育科学研究的系统性要求教育科学研究人员在研究过程中必须认清自己所研究的课题在教育科研中的位置、作用，并依此认识，不断拓展自己课题的深度，提高课题研究的层次。同时，它还要求教育科学研究人员在每一课题研究过程中的每一环节，都必须坚持实事求是、严谨的科研精神，这是通过科研活动得出科学结论的必要保证。

（六）复合性

教育科学研究的复合性主要指的是教育科学研究主体是由来自不同群体的人员构成的。教育科学研究的主体有两部分，一部分是专业研究人员，一部分是来自一线的教师（管理人员）。这两部分研究者相互依赖，相互促进。专业研究人员无论从事基础研究还是从事应用研究，都需要接触实践、了解实践；来自实践一线的教师（管理人员），也有从事教育科学研究的必要性和可能性。“教育实践人员不像生产线上的工人，只要能读懂图纸，掌握操作工序和技能就能完成生产任务，因为再具体的教育理论，也不能代替教师对进行中的教育活动的主动判断和策略选择。正是教育实践的生成性，要求教师工作富有创造性。成功教师的实践和其中所包含的对教育的理解与创造，是教育理论的重要资源。”[①]当代社会对教育实践者参与教育研究给予了高度认可，这既是提高教师职业专业化水平的内在要求，也是教师享有职业的专业声望的客观依据。

① 叶澜. 教育研究方法论初探. 上海：上海教育出版社，1999：335.

第二节　教育科学研究的意义

教育科学研究对探索教育规律、解决教育问题、促进教育改革、提高教育质量、推动教育事业的发展具有重要意义。从某种意义上说，教育领域中的任何进步都应归功于教育科学研究。没有研究便无所谓进步。研究为教育的发展提供方向、依据，是教育发展的基础。教育科学研究的重要意义具体体现在以下几个方面。

一、提高教育质量

要全面提高教育教学质量就必须按教育规律进行教育教学与管理，而人们对教育规律的认识和教育实践水平的提高，都来自教育科学研究。事实表明，离开教育研究去抓教育质量往往是徒劳无功的，甚至是事与愿违的。教育研究是揭示教育规律的有力武器，有了对教育规律的认识就可以更好地改善我们的教育实践，避免教育工作违背教育规律的现象发生，减少盲目性，增强教育工作的有效性，从而全面地提高教育教学质量。

二、促进教育改革和发展

人类已经迈入了知识经济时代。在知识经济时代，能够反映客观规律的知识成为人类宝贵的财富，也是推动人类前进的动力。知识经济时代，人们将越来越关注知识的生产和传播，也会聚焦于教育发展和教育改革。教育改革是一种按照预期的要求来改进教育实践，促进教育发展的有意识的、有计划的尝试，是面向未来的创造性活动，是一项教育变革的系统工程。教育改革需要理论指导，需要对教育现状做准确的分析，对改革措施进行周密论证。没有分析研究的改革只是一种非理性的盲目冲动。[①]

教育改革的目的是使教育事业更符合教育发展的规律，适应我国经济和社会发展的需要。而教育改革不是凭空进行的，教育改革需要以科学的教育科研成果为指导。换言之，教育科学研究是推动教育改革和发展的直接动力。教育科学研究可以为教育提供有价值的、反映教育规律的、可供人们应用的知识，从而改变旧的应试教育下的知识观、人才观、评价观，树立现代的、科学的教育价值观、人才质量观、教育评价观，构建现代的教育观、课程观、学生观、评价观，以及相应的行为模式和操作方式等，从而能够有效地推动教育改革合理、有序、科学地进行，更好地促进教育发展。

三、提高教育决策的科学化水平

从教育管理的角度来看，教育研究是教育决策的基础，它为教育决策的科学化、民主化提供信息、理论和依据。正所谓“没有调查就没有发言权”。在教育实践中，特别是处

① 王守恒，龙文祥，查晓虎. 教育科学研究方法基础. 合肥：安徽大学出版社，2002：5.

于教育改革阶段，需要解决和探讨的问题很多，要对这些问题做出科学的判断，提出合理有效的解决措施，光凭经验显然是不行的，必须依靠教育研究的成果。正常的顺序应是研究在先，决策在后，而不是先做决策，再为决策的合理性寻找依据。

四、发展和完善教育科学理论

巴甫洛夫曾指出："科学是随着方法学上获得的成就不断跃进，方法学每前进一步，我们便仿佛上升了一级阶梯，于是我们就展开了更广阔的眼界，看见从未见过的事物。"[①]教育科学理论也是随着教育科学研究的进程而逐步完善和发展的。对教育现象和教育问题进行研究不仅有助于解决教育的实际问题，提高教育教学活动的质量，而且可以对教育学的研究范式、学科价值、研究伦理、研究规范、理论的概括性等方面进行探究和思考，进而丰富、发展和完善教育理论。

知识窗：试论教育理论研究的意义

五、促进教师专业发展

教师专业发展是世界教师教育改革和发展的趋势和潮流，也是我国教育改革的现实需要和前进方向。教师进行教育研究的过程就是教师专业发展的过程。教师参与教育研究，可以提升教师发现问题和解决问题的能力；教师在研究过程中需要进行文献检索，文献检索可以帮助教师更好地把握自己研究领域的发展趋势和研究动态，帮助其更好地认识和把握教育规律和特点，确立正确的教育观，以教育规律来指导自己的教育教学行为，降低教育过程中的盲目性，减少低效和无效教学。在教育研究的过程中，教师可以拓展教育知识，学习教育理论，使自己的知识结构更完善；教师可以提升自我批判、自我反思的能力，理论联系实践，运用理论解决实际问题的能力；教师可以提升人际交往、协作交流的能力及语言表达的能力。

六、促进学生的科学培养

开展教育科学研究可以更全面地认识教育现象和教育本质，发现其中蕴含的教育规律。教师在教育研究的过程中可以将所学的和所发现的科学理论运用于自己的教育教学实践中，在教育实践中能够更好地遵循教育规律，能够考虑到学生的身心发展特点，更好地开展启发式教学，培养学生进行独立自主探究体验学习，培养学生的创新精神和实践能力。

第三节　教育科学研究常用的方法

教育科学研究是运用一定的方法、技术手段去探索教育规律的过程，其方法是实现目

① 杨治良. 记忆研究新方法——间接测量评介. 心理科学，1999，(5)：43.

标的桥梁和手段，没有正确的研究方法，就不可能有研究目标的实现。因此，要从事教育科学研究就必须掌握一定的教育科学研究方法。下面介绍几种常用的教育科学研究方法。

一、观察法

观察法在教育研究中有着极为重要的作用，是一种重要的研究方法。历史上许多著名的教育家、心理学家都曾使用观察法研究儿童教育与发展的问题，并运用通过观察法得到的原始素材建立了自己教育或心理理论的根基。例如，苏联教育家苏霍姆林斯基写的大部分著作，其资料来源于对学生的观察记录；瑞士著名心理学家皮亚杰则通过详细的观察和记录，认识到儿童认知发展规律的大量事实，可以说，其认知发展理论亦奠基于对儿童的观察；还有我国著名学前教育家陈鹤琴也曾用观察法记录其儿子从出生起的发展状况，由此写出《儿童心理之研究》一书。可见，观察法在教育研究中有特殊地位。随着科学技术的发展，观察法吸取了情报学、管理学、系统论、信息论等现代科学思想，采用录音、录像等现代技术手段，观察技术和策略都在不断提高，从而使得观察范围扩大，观察结果更加有效可靠。

（一）观察法的含义

观察法是研究者依据一定的目的和计划，在自然条件下，对研究对象进行系统的、连续的观察，并做出准确、具体和详尽的记录，从而获取经验事实的研究方法。它是教育科学研究中使用广泛的基本的研究方法。

（二）观察法的分类

1. 正式观察法和非正式观察法

正式观察法即指观察者在教育研究中按照预定计划，对被观察者的活动范围、条件和方法作明确选择，有目的地直接观察处于自然条件下的被观察者的言语、行为等外部表现，搜集事实材料加以分析研究从而获取对问题的较为深入的认识的一种研究方法。正式观察是有明确目的、有计划安排、有一定控制、有严格记录的观察。

非正式观察法是一种广义的观察法，多为日常生活中通过亲身感受或体验获取被观察者的感性材料的一种研究方法。非正式观察是对自然存在现象的随机的、自发的感知，目的性不强，也不要求有严格的计划，早期教育中应用的观察法多为非正式观察法。

2. 自然观察法和实验观察法

根据对观察的环境条件是否进行控制和改变，可以将观察法分为自然观察法和实验观察法。

自然观察法是指在自然发生条件下，在对观察对象不加干预和控制的状态下，考察人的各种心理活动和行为表现，收集资料的一种方法。主要特点是能搜集到观察对象在日常教育环境中真实、典型的行为表现。不足之处是观察者难以发现观察对象在非自然状态下表现出来的行为。

实验观察法是研究者根据研究的目的在对观察对象发生的环境和条件加以控制或改

变的条件下进行观察，以便收集到有关研究资料的一种方法。这种观察能够借助于观察仪器大大提高人们观察的深度和广度；有严密的计划，有利于探讨事物内在的因果联系。不足之处是开支较大，此外使用仪器可能影响到观察对象的正常状态等。

3. 直接观察法与间接观察法

根据观察时是否借助仪器设备，可以把观察分为直接观察法和间接观察法。

直接观察是凭借人的感官，在现场直接对观察对象进行的感知和描述，直接观察生动、具体、直观，避免中间环节引起的差错。局限是观察者的感官只能接受一定范围的信息，感官的灵敏度有限，容易发生错觉；此外，观察者在场一定会导致观察对象的行为表现有别于平时的典型行为。

间接观察法是利用一定的仪器或其他技术手段作为中介对观察对象进行考察的一种方法。这类观察突破了直接观察受到人的主观能力的局限，扩展了观察的深度和广度。

4. 参与观察法与非参与观察法

根据观察者是否直接参与被观察者所从事的活动，可以将观察法分为参与观察法和非参与观察法。参与观察是研究者直接参与到所观察的群体和活动中去，不暴露研究者的真正身份。在参与活动中进行隐蔽性的研究观察，它的好处是不破坏和影响研究对象的原有结构和内部关系，因而能够获得有关深层结构和关系的材料。但由于受研究者主观因素的影响，处理不当易影响观察的客观性。

非参与观察法不要求研究人员站到与被观察对象同一地位，而是以旁观者身份，可采取公开的，也可以采取秘密的方式进行。每当其一种行为发生时，观察者及时进行观察记录。非参与观察法观察到的结论可能比较客观，但易限于表面化，难于获得深层次的材料。

5. 结构式观察法与非结构式观察法

按观察内容是否有统一设计的、有一定结构的观察项目和要求，可以将观察法分为结构式观察法和非结构式观察法。

结构式观察法指观察者事先设计好详细的观察计划和明确的观察指标体系，是有系统的、可控性的观察。一般而言，结构式观察法能获得真实的材料，并能对观察资料进行定量分析和对比研究，常用于对研究对象有较充分了解的情况下的观察。但是缺乏弹性，且比较费时。

非结构式观察法则是对研究问题的范围目标采取弹性态度。观察内容项目与观察步骤没有预先确定，亦无具体记录要求的非控制性观察。这一方法比较灵活，但获取材料不系统完整，多用于探索性研究或对观察对象不甚了解的情况下。

6. 封闭式观察法与开放式观察法

依据观察记录方式能否将原始资料信息保留下来，分为封闭式观察法与开放式观察法。

封闭式观察法即使用表格进行记录的观察方式。观察时，应预先选择观察的行为或项目类别，将注意力集中于对所选内容的观察上，并依据观察时的判断在观察表格上做出相应的记号。

开放式观察法是使用实况描述的方法对观察状况进行记录的观察方式。开放式观察随事件的自然进程而展开，其特点在于能保留较多的事物细节或事件行为的顺序，并可在事后通过文字记录重现所观察的事物及现象的现场情景。

（三）观察法的基本程序和要求

1. 确定观察的问题

从某种意义上来说，观察的问题是研究问题之下的次级问题。观察的问题是研究者在确定研究的问题后认为必须使用观察法来获得结论的问题部分，可以和研究的问题重叠，也可以仅仅是研究问题的很小一部分，视研究问题原始素材获得的需要而定。

2. 做好观察准备

观察准备工作是观察法运用成功与否非常关键的环节。研究者要做好一些准备工作。

1）制订观察计划

观察计划是对观察的要求和步骤事先做出的周密、系统的设计与安排。观察计划的主要内容包括观察目的与任务、观察的对象、观察的重点和观察指标、观察的步骤、观察的条件与方式、观察记录。必要的话可以设计好观察提纲。观察提纲即将观察计划中确定的观察内容进一步具体化，是一个观察时依据的操作蓝本。对于研究中可通过观察得到的、具有实质意义和价值的现象，可以用观察提纲的方式将它们分类，以便操作。

2）做好基础准备工作

第一，与和观察工作有关的机构及个人取得联系，争取获得机构及个人的支持与配合。

第二，尽可能多地熟悉或了解观察对象的基本情况，如生活经历、个人特点、身心发展水平等，了解越全面越好。

第三，如果观察者是多个人的话，需要对观察人员进行观察目的、方法和记录方式等方面的培训，事先还要进行观察实习，提高观察人员的观察技术。

第四，调试、校验观察仪器，印刷各种观察提纲或者观察记录表等。

3. 进行实际观察

在观察过程中原则上要严格按计划进行，必要时也可随机应变、灵活处理。观察时要选择最适宜的位置，集中注意力，分工明确，各司其职，及时做记录。

4. 及时整理材料

对大量分散材料进行汇总加工，删去错误材料，然后对典型材料进行分析，如有遗漏，及时纠正，对反映特殊情况的材料另作处理。

在观察法的实施过程中要注意以下几点：一是努力减少观察活动对被观察者的影响；二是观察与思维相结合；三是灵活安排观察程序；四是努力减少观察误差。

（四）观察法的优缺点

观察法的主要优点是：一是可以在自然条件下了解事物的发展过程，不妨碍被观察者的日常学习、生活和正常发展；二是可以直接向被观察者了解情况，获得许多可靠的第一手资料；三是根据研究内容具有一定的时间弹性，可以对同一个观察对象进行较长时间或较短时间的跟踪研究。

观察法也有一定的局限性：一是，观察法难以控制可能影响观察对象的外部因素，观察到的现象可能具有偶然性；二是，不能判断因果关系，只能研究外在行为；三是，观察研究往往取样少，观察到的资料不易系统化，普遍性不高；四是，观察结果往往受主观因素的影响。

二、调查法

（一）调查法的定义

调查法是研究者通过问卷、访谈等方式，有目的、有计划地搜集研究对象的有关资料，对取得的第一手资料进行整理和分析，从而揭示事物本质和规律，寻求解决实际问题的方案的研究方法。

（二）调查法的分类

1. 普遍调查法、抽样调查法和个案调查法

按调查对象的选择范围，可以分为普遍调查法、抽样调查法和个案调查法。

普遍调查法也称全面调查法，是对某一范围内所有研究对象进行调查的一种方法。这种类型的调查的优点是具有普遍性，能全面地反映教育的许多现象及其变化发展情况，搜集的资料比较全面。但是调查所得到的材料往往比较肤浅和简单，有些问题无法深入了解。同时，由于调查范围广，往往耗资大、费时长。

抽样调查法，即从被调查对象的全体范围（总体）中，抽取一部分单位（样本），对样本进行调查，并以样本特征值推断总体特征值的一种调查方法。

个案调查法，即在对被调查的教育现象或教育对象进行具体分析的基础上有意识地从其中选择某个教育现象或教育对象进行调查与描述的一种方法。

2. 现状调查法、相关调查法、发展调查法和预测调查法

现状调查法，即对某一教育现象或教育对象的现状进行调查的一种方法，如当前学生厌学情绪的情况调查。这种类型的调查的时间特征是“现在”或“当前”，进行“现在状况”“当前情况”的调查。

相关调查法主要调查两种或两种以上教育现象的性质和程度，分析与考察它们是否存在相关关系，是否互为变量，目的是寻找某一教育现象的相关因素，以探索解决问题的办法的一种方法。

发展调查法，即对教育现象在一个较长时间内的特征变化进行调查，以找出其前后的变化与差异的一种方法。

预测调查法主要揭示某一教育现象随时间变化而表现出的特征和规律，从而推断未来某一时期的教育发展趋势与动向。这类调查难度较大，其结果相对来说准确性不是很高。

3. 问卷调查法、访谈调查法、测量调查法和调查表法

依据调查的方法和手段，可以将调查法分为问卷调查法、访谈调查法、测量调查法和调查表法。

问卷调查法指以书面提出问题的方式搜集资料的一种研究方法。研究者将所要研究的问题以选择、填空、问答等形式编制成问题表格，以邮寄方式（传统邮寄或者电子邮件）、当面作答或网络填答方式填答，从而了解被试对某一现象或问题的看法和意见。问卷调查

能否取得成功的关键在于问卷编制的质量。

访谈调查法指研究者通过与研究对象进行面对面的交谈，以口头问答的形式搜集资料的一种调查研究方法。

测量调查法指用测验或者量表去测定某种教育现象的实际情况，从而搜集数据资料进行量化研究的一种方法。

调查表法指通过向相关的调查对象发放根据研究要求设计好的各种调查表格来搜集有关事实或数据资料的一种调查方法。调查表主要用于搜集各种形式的事实资料，尤其偏重于搜集数据资料。

（三）调查法的实施步骤

调查法一般都遵循以下几个步骤。

（1）根据研究课题的性质、目的、任务，确定调查对象、调查地点，选择相应的调查类型和调查方法。

（2）拟订调查计划。调查计划的制订可以使调查研究顺利有序地进行。在正式开展调查前，需要对有关的问题做详细的说明和科学的规划。拟订调查计划要考虑三方面问题：一是调查项目能否有效地反映所要研究的问题，项目的构成是否合理简便；二是对调查项目如何进行比较科学的分类，大项目如何分解成若干具体的小项目并形成比较完善的可操作的调查提纲；三是如何制定与分类标准相适应的评价标准，以便对获得的资料能进行统计处理。

（3）培训调查人员，做好前期准备。选择有责任心和一定科研能力的人员参与调查，研究者通过培训使他们明了调查计划，了解调查的目的、意义及操作的方法步骤。同时做好各种技术、事务和组织准备，包括资料及有关的调查器材的准备和调查工具的设计，如准备好问卷、调查表、测验量表、访谈提纲和记录卡片等。

（4）试调查。任何的准备可能都有自己不完善的地方，因此，需要进行试探性调查，得到被调查对象的一般认识，修改调查提纲、调查问卷及工作方案。这是调查研究必不可少的一个步骤。如果忽略它，在实际调查中必将走弯路。

（5）实施调查。在前四个步骤的基础上，运用各种调查方式了解情况，占有资料。在实施调查过程中，要有开放的心态，面临实际调查的新情况、新问题，随时调整调查计划。

（6）整理分析材料，得出调查结果。在详细占有调查资料后，对庞大而零乱的资料进行整理分析。整理就是对资料进行鉴别、核查，以保证资料的真实性、准确性和完整性。同时，对鉴别过的资料分类编号、登记，以便查阅研究。分析就是对全部有效资料进行统计整合，从中得出结论。

（7）撰写调查报告。调查报告是以文字的形式反映课题的研究结果。调查报告的主要内容包括以下几个方面：①研究背景及选题价值说明；②调查的对象、工具、方法及调查过程的简要说明；③调查结果说明；④对调查过程的结果进行分析、讨论；⑤研究结论及有关对策。

（四）调查法的优缺点

调查法的主要优点有：第一，调查法能搜集到难以从直接观察中获得的资料，有可能深入了解教育的实际情况；第二，调查法的应用不受时间、空间的限制，可以在事情发生过程中，也可以在事发之后从当事人或其他人那里获得有关已经过去的事情的资料；第三，调查法可以在较短的时间内获得大量的资料，效率较高。

调查法的主要缺点就是它只能揭示事物之间的某种关联，而不能可靠地揭示事物之间的因果关系，而且调查结果的可靠性受被调查者的影响较大。

三、实验研究法

（一）实验研究法的概念和类型

实验研究法是教育研究的一个重要的方法。它是指研究者按照研究目的，合理地控制和创设一定条件，人为地干预研究对象的发生、发展过程，从而验证探讨教育现象因果关系的一种研究方法。

教育实验中有三种变量，即自变量、因变量和无关变量。自变量就是通常所说的实验变量，又称为实验因子或者刺激变量，它是指实验者操作的假定的原因变量。因变量又称实验结果的反应变量，是自变量作用于实验对象后出现的结果。无关变量是指除自变量和因变量之外的一切变量。实验研究法的主要目的是揭示变量间的因果关系，科学地判断自变量与因变量之间存在因果关系，必须同时满足以下三个条件：①共变关系，即自变量与因变量同一方向变化；②时间顺序，即自变量变化先于因变量变化；③控制无关变量，即使试验中除了实验变量外的所有变量尽可能保持相同。这三个条件是实验成功的重要因素。

（二）实验研究法的基本类型

1. 根据实验进行的场所，可分为实验室实验和自然实验

实验室实验指研究者根据研究的需要于经过专门设计的、人工高度控制的环境中进行的实验。这类实验的优点是能把实验中的各种变量严格分离出来，并给予确切的操作与控制，提高研究结论的准确性和可靠性。

自然实验也叫现场实验，是在实际的教育情境中进行的实验。大部分的教育实验都是在自然的情境中进行的。

2. 根据实验的目的，可以分为确认性实验、探索性实验和验证性实验

确认性实验的目标主要在于借助实验搜集事实材料，确认所研究的对象是否具有研究假说内容的基本特征，并推动教育实践的发展，也叫试探性实验。

探索性实验是以认识某种教育现象或受教育者个性发展规律为目标。通过揭示与研究对象有关的因果关系及问题的解决，来尝试创建某种理论体系。

验证性实验是以验证已取得的实验成果为目标，对已经取得的认识成果用再实践的经验来检验、修正和完善。这类实验具有明显的重复性。

3. 根据实验中自变量因素的多少，可分为单因素实验和多因素实验

单因素实验是指同一实验中研究者只操纵一个自变量的实验，也叫单一变量实验。由于单因素实验的自变量单一、明确，操纵相对比较容易，实验难度相对较小。

多因素实验是指在同一实验中需要操纵两个或两个以上的自变量的实验，也叫组合变量实验。这类实验要操纵的实验因素较多，实验的过程比较复杂。变量的观测内容也随之增多，因而在研究整体上难度较大。

4. 前实验、准实验与真实验

前实验指最原始的一种实验类型，它既不随机抽取被试，也不对任何无关变量进行控制。

准实验指在实验中未按随机原则来选择和分配被试，只把已有的研究对象作为被试，且只对无关变量做尽可能控制的实验。

真实验指严格按照实验法的科学性要求，随机地选择和分配被试，系统地操纵自变量，全面地控制无关变量的实验。

（三）实验研究法的一般程序

教育实验研究的全过程一般可分为准备—实施—总结三个基本阶段。这是一个相对稳定的、有序的结构序列。

1. 实验的准备阶段

教育实验成功与否，很大程度上取决于实验前的准备工作，具体包括以下内容。①选定实验研究的课题，形成研究假说。课题可来源于理论需要与实际需要，以及个人经验和文献资料，课题要具有社会价值、教育价值，要有可行性。在概述假设的陈述句中，要清楚地表明自变量和因变量的关系。②明确实验目的，确定指导实验的理论框架。这种指导性理论启发研究者按照研究目的对实验的方向、范围，以及如何搜集和解释数据资料做出明确的具体规定。③确定实验的自变量。选择被试和形成被试组，决定每组进行什么样的实验处理，并确定操作定义。④选择适合的测量工具并决定采用什么样的统计方法，从而明确评价因变量的指标。⑤选择实验设计类型，确定控制无关因素的措施，以最大限度地提高实验的内部效度和外部效度。

2. 实验的实施阶段

按照实验设计进行教育实验，采取一定的变革措施（实验处理），观测由此而产生的效应，并记录实验所获得的资料数据等。

3. 实验的总结阶段

要对实验中取得的数据资料进行处理分析，确定误差的范围，从而对研究假设进行检验，最后得出科学结论。在实验研究结果分析的基础上，写出实验报告，并认真做好实验的推广工作，使之为提高教育教学质量服务。

（四）实验研究法的优缺点

实验研究法的优点：能确立因果关系，认识事物的本质和规律；研究结果客观、准确、可靠；能对变量进行控制，提高研究的信度；严密的逻辑性能为理论的构建提供佐证和说明，能将实验变量和其他变量的影响分离开来。

实验研究法的缺点：应用范围有限，有些问题难以用实验的方法来解决；可能会有人为造作的痕迹，实验的结果不一定就是现实的结果，缺乏生态效度等。

四、历史研究法

（一）历史研究法的概念及其适用范围

任何事物的发展都有自己的历史，并且作为一个过程展开，要认识现实就必须了解历史，因此，历史研究方法早就成为人们进行科学认识的一种方法。历史研究方法是借助于对相关社会历史过程的史料进行分析、破译和整理，以认识研究对象的过去，从而研究现在和预测未来的一种研究方法。这种方法的实质在于探究研究对象本身的发展过程和人类认识该事物的历史发展过程。

历史研究法在教育研究领域的适用范围主要集中在以下几个方面：①对各个时期教育发展情况的研究；②对历史上教育家们的教育思想理论观点的研究；③对一个时期教育流派、教育思潮的分析研究，以及对不同教育流派理论的比较研究；④对一定时期教育制度，如法令、计划、政策等的评判分析；⑤对外国教育发展状况的分析；⑥开拓新的研究领域。

（二）历史研究法的一般步骤及注意事项

1. 历史研究法的一般程序

一般来说，教育的历史研究分为以下三步。第一步，分析研究课题的性质、所要实现的目标，以及有关的资料条件。第二步，史料的搜集与鉴别。要用多种方法尽可能地搜集、研究与问题有关的史料，并用各种方式对所收集到的史料鉴别真伪。通过史料再现与教育问题历史发展本来面目的反映，为下一步研究提供确凿可信的历史事实。第三步，对史料的分析研究。要用历史唯物主义观点对史料进行分析探讨，以深入考察教育演进的内在成因和机理，弄清不同时期具体发展的“所以然”和“为什么”，从而发现和揭示教育演变的规律。

2. 运用历史研究法时的注意事项

历史研究要求保证它的客观性，因为历史本身是客观的，不允许对它进行任意增删和改变。因此，要科学合理地运用历史研究法必须注意以下几个问题。首先，要注意历史研究中资料的来源及分析鉴别。资料来源有两种，一是第一手资料或原始资料，包括原始文件、真正参加者或直接观察者的报告、调查报告，被研究的教育家的专著、手稿、日记等。二是第二手信息资料或间接资料，包括各类参考书、他人传抄的记事、传闻、各类编辑物等。第一、第二手资料的划分是相对的，要针对具体的研究问题来加以确定。对历史资料进行分析鉴别一般分为两种，即外在评价和内在评价。历史研究中的外在评价是指评价文献的有效性，即文献在哪里产生的？什么时候产生的？谁记录的？主要确定文献的真伪，包括确定作者、成书年代、地点、背景及版本等是否可靠。内在评价是历史研究中评价文献内容的意义、精确度和值得信任的程度，强调的重点从材料作为一种资源转到材料内容本身，即确定文献的客观性和可靠性。教育史料的鉴别考证内容和基本方式有辨伪考证、年代考证、地点考证、作者考证和文献原型考证等几种。其次，坚持唯物史观，正确处理历史研究中的古今关系、史与论关系、批判、继承与创新关系。最后，研究者应具有历史感和现实感。研究者要本着以尊重历史的价值为基础，以历史主义精神为指导，自觉表现出对反映时代发展要求的重大课题的高度敏感性，以及对发展变化特点及趋势的深刻认识和洞察，表现出高度的社会责任感。如果缺乏历史感和现实感是不可能搞好历史研究的。因此，作为教育工作者要有意识地借鉴吸收有关哲学、社会科学、自然科学、历史学、人类学、考古学、民俗学等领域的最新成果，开阔自己的理论思维视野，借助科学合理的认识工具，在现实与历史的双向考察中深入研究教育的历史现象和历史过程，同时不断提高自己的认识能力。

五、个案研究法

（一）个案研究法的概念及意义

个案研究就是以一个人、一个团体或一个事件为研究对象，广泛搜集各种资料，运用各种方法（包括质的方法和量的方法）和分析技术，对复杂情境中的现象进行深入探究的研究方法。[①]

研究者进行个案研究具有较高的便利性和操作性。个案研究的研究对象少，研究规模较小，一般在自然情景中进行，教师可以就典型的学生、教学事件、班级管理事件进行研究。个案包括一系列过程、事件，以及研究者感兴趣的事情，如教学计划、培养方案、课程、教师角色、学校关键事件等，教师可以随时搜集这些研究资料。此外，个案研究中可以采用观察、调查、访谈、作品分析等手段进行研究，从而使得个案研究具有较强的实践性和便于操作性，可以增加研究者的研究信心。研究者在进行个案研究时需要确定研究问题，并对问题进行思考、探究，力求解决问题，在这个过程中，研究者的研究能力得到了提升。在个案研究中，教师可以选取典型事例写成案例，通过案例的形式学习运用理论，有效地把理论学习与教学实践紧密结合起来，加深研究者对教育理论的理解，也有助于教育理论与教育实践的结合。

（二）个案研究法的实施步骤[②]

1. 确定要研究的问题

无论什么样的研究，确定所要研究的问题和选择合适的对象是进行研究的起点。研究者在一开始就要准确地确定所要研究问题的本质是什么。一般来说，进行个案研究的问题应该满足三个条件：问题要与当前在真实环境中发生的事件和行为有关，我们对此类问题几乎没有控制能力，以及关于“怎样”和“为什么”等解释性的问题。研究的问题可来自对理论的疑惑与追问、对相关文献的阅读反思，以及自己工作实践中遇到的具体问题。

确定了问题以后，个案研究一般采用目的性抽样的方法确定个案，即根据研究目的抽取那些能为研究提供最大信息量的样本。此外，研究者还要确定的一个问题是选择单一个案还是多个个案进行研究。

---

① 李长吉，金丹. 萍个案研究法研究述评. 常州工学院学报（社科版），2011，（6）：108.

② 徐冰鸥. 中小学教师怎样进行课题研究（五）——教育科研方法之个案研究法. 教育理论与实践，2008，（5）：42-44.

2. 搜集个案资料和数据

对个案资料的数据搜集可以分成两个阶段。第一阶段，可以通过文献检索的方法，搜集与研究问题和个案相关的各种资料，如相关的研究论文、研究报告、官方文件资料、个案所处的社会背景、环境等，从而为实地阶段的研究做好充分的准备。第二阶段是进入现场对个案进行全面深入的考察。此阶段对个案研究来说，并没有什么专有的搜集资料的方法，而是多种方法兼收并蓄。只要是有利于自己发现问题、解释问题的方法，都可以进入个案研究。

3. 个案资料的整理和分析

在整个研究的过程中，个案资料的整理和分析事实上是和资料的搜集工作同步进行的。研究者要遵循先进行资料搜集、整理分析，并根据分析的结果及时调整研究问题和方法，再进行资料搜集、整理分析，这样一个循环往复、逐步深入的原则。

4. 撰写个案研究报告

一般来说，无论研究者采用什么样的写作风格，研究报告通常包括以下几个部分。①背景介绍，包括问题的提出、研究的目的和意义。②研究方法的选择和运用。③个案研究结果分析，主要是针对个案的研究结果，包括对观察资料、访谈资料、实物资料的描述与概括分析。此部分是研究报告的主干部分，必须详细而具体。④结论及建议，即对研究中的关键元素及研究结果进行深入讨论，从个案研究的结果中推导出最终的结论，并且对结论的有效性和真实性做出解释，对个案研究问题提出建设性意见。⑤列出参考文献及附录。

六、行动研究法

教师专业发展要求教师成为研究者，需要掌握很多研究方法，在众多研究方法中，行动研究能够使一线教师和学术研究团体互为主体、共同建构理论；能够让一线教师通过自我反思、研究进而在实践中行动并改进教育教学工作；教育行动法研究被认为是最适合一线教师所使用的研究方法而越来越受到重视。

（一）行动研究法的概念

教育的行动研究是教育实践者为了改进工作质量，将研究者与实践者、研究过程与行动过程结合起来，在现实情境通过自主的反思和探究，解决教育实际问题的一种研究活动。它是为了行动、在行动中、由行动者进行的研究。教育行动研究关注研究的情境性和具体性，以实践者所面临的现实问题为主要研究对象，通过明确问题、分析问题、设计行动方案、运用行动策略解决问题、评价行动研究效果等不断进行的循环过程。教育行动研究把教育研究和实践问题的解决有机结合在一起，强化教育实践者在改进教育教学行为过程中的理性思考和批判性反思的能力。

知识窗：什么是教师行动研究？

（二）行动研究法的特点

教育的行动研究主要有以下特点。

（1）研究的目的——以解决教育实际问题为主。教育行动研究的目的是为行动而研究，它以解决教育实际问题为主要任务，为改进教育实践而展开研究。通过行动与研究的结合，通过实践行动来改善教育工作情境中所面临的问题，关注问题的圆满解决，进而改善教育实践工作情境。

（2）研究的情境——行动者实践工作情境。教育研究旨在解决教师实际工作情境中所遇到的问题，它以教师及学校管理者的实践情境为依据进行研究。教育行动研究合适的范围较小，与行动研究者工作无关之情境通常不在行动研究范围之内。由于每位研究者所处情境千差万别，使得教育行动研究情境有其独特性，所得研究结论很难推广至其他情境。

（3）研究的主体——教师即研究者。在教育领域中，一般教师是被研究者，是研究的客体和对象。而在教育行动研究中，教师成了研究的主体，不是被动地接受专家学者的研究成果，而是对自己所从事的教育教学实践进行研究，通过研究与行动的密切配合，提高专业能力和教育教学质量，改进教育实践。

（4）研究的过程——重视协同合作。由于受到个人的专业素养、研究水平、研究技术等方面的限制，一线教师单独进行研究往往存在着很多困难，因此，教育行动研究需要教师与专家学者、同事、家长等共同来参与研究。教育行动研究注重研究参与者的分工合作、经验分享、脑力激荡、共同做决定与成果分享，从而使研究的成果更能够解决实际问题。

（5）研究的效益——解决问题与促进教师专业发展。解决教育教学实践中的问题是教育行动研究的宗旨和出发点，因此，获得解决问题的研究效益是不言自明的。行动研究鼓励教师扮演研究者角色从事教育教学研究，从中发掘问题，通过批判反思探究，提出解决问题的行动方案。在行动研究过程中，教师不但需要掌握一定的研究技能，还需要在实践中提出问题，设计研究方案，还要求教师具备良好的应变能力，需要根据情境的变化对行动进行诊断、修改和调整。在行动研究的过程中，教师的教育研究能力、交往合作能力、反思与批判等能力都得到了提升。所以，研究的过程同时也是教师在职训练的一个过程，有利于提高教师的专业技能。

（6）研究的理论基础——人的发展、自我反思、自我教育。教育行动研究本质上是基于对现有教育教学实践的不满而寻求更合理的教育教学实践的过程，旨在使教师获得一种内在启蒙和解放的力量，打开新的思考维度和新的探询方向，增强实践能力和自我超越的能力。如此，教育行动研究就超越了传统意义上对“研究”功能的界定——真理知识的获得，而成为“人的发展”的一个过程，在这个过程中，教师需要借助于自我反思、自我批判、自我教育来实现自我的更新和内在的超越，走向自我发展。在行动研究过程中，教师需要根据面临的实际问题和教学情境不断地对原有的行动方案进行调整，而且旧的问题解决了，新问题就会成为行动研究的对象促使教师不断进行反思、行动。教师在行动中也实现了自我的超越和发展。

（三）行动研究法的实施步骤

教育的行动研究是通过日常观察和记录、开会讨论、录音录像、个案研究、个人报告、阶段报告等手段来搜集资料和分析资料的，它的科学性是建立在计划、行动反馈、调整基础上的自我调整的螺旋结构，以及对这一结构进行评价的及时性、准确性和各个程序步骤落实的具体技术上的，其实施步骤一般分为如下几个方面。

1. 发现和提出问题

研究始于问题，教师要善于从自己的教育过程中发现问题，教师可以通过反思自己的教育教学实践来发现问题，也可以从新的教学观念、思想与自己的教学实践对照发现问题，还可以通过自己的教学与名师专家的教学对比来发现问题，等等。

发现问题后，教师需要对问题进行分析，有些问题是有一定研究价值的，有些则是一般性的问题。这就需要教师经过认真的思考和分析，综合各方面的信息，确定一个当前急需解决并具有可操作性的问题。这一过程可以是教师个人的自我判断，也可以是教师群体、科研人员，以及学校行政领导等合作群体的共同推断。

教师应该在日常工作中养成积累问题的习惯，一旦发现问题之后需要认真分析这一问题是否是急需解决的、有研究价值的问题。

2. 初步研究

教师需要就发现的问题查阅相关资料，进行文献的搜集和检索工作，同时针对问题的背景对学校、班级和学生进行相关的调查研究，并邀请相关人员如同事、家长、研究人员、学校行政领导等对问题进行初步讨论，充分发表对问题的看法，或许这些看法是分散的、不全面的，但是都将成为制订行动计划的参考意见。

3. 制订行动计划

教师在确定研究问题后应该制订出行动计划。行动计划应包括研究目的、前期准备工作、研究的对象、研究的方法、行动的步骤及研究进程安排，还应包括预期成果及表现形式等。

4. 实施行动

实施行动是落实行动计划的重要一环，也是整个研究工作成效的关键。因为这里所说的行动并非对原有的教育教学行动的简单重复，而是在正确的教育观指导下，在有了基本的研究设想、具体的行动计划的指导下，在研究人员、行动人员、家长及教师的共同协作下，对原先行动加以干预，乃至代之以研究所要形成的行动过程。实施行动的过程中，行动者（一线教师）要亲身参与到行动中去，要全面搜集信息，做好研究记录，同时要边行动边研究边反思。在行动中要遵守研究伦理，不要干扰正常的教学，不要给学生带来额外的负担，不要对学生的身心造成伤害。在行动过程要结合研究目的评估行动的效果，如果发现行动不能达到预期的效果，就要根据实际情况进行相应的调整。

5. 研究结果的总体评价

研究结果的总体评价是对整个研究工作的总结，也是一个技术性很强的环节。除了要对研究中获得的数据、资料进行科学处理，得到所需要的结论外，还应对产生这一课题的实际问题做出解释。对研究成果的评价，并非以解释的完美与否为标准，而是以实际问题解决的程度为依据。

本章小结

教育质量的提高需要符合规律的教育活动、高素质的教师队伍、科学的教育决策，而这些都离不开教育科学研究。教育科学研究可以分成不同的类型，并具有人文性、复杂性、教育性、实践性、系统性、复合性的特点。教育科学研究有利于促进教育理论的完善、教育决策的科学化、教育实践的改进；有利于促进科学人才的培养和教师的专业发展。在教育科学研究中，研究者应该根据研究目的和研究对象，以及研究情境选择适切的教育研究方法。

学以致用

1. 结合下面的材料，分析教育科学研究的特点及意义。

在高中物理教学中，我发现总有不少学习刻苦但成绩不佳的“笨学生”，其中，以女生居多。他们究竟“笨”在哪里？帮助他们的着力点在哪里？没想到，这些让我百思不解的教学问题，竟在我倾心带儿子疯玩的过程中得到破解。

我鼓动孩子爬杆（划船），在大喊加油之际，问孩子：“谁在顶着你的脚（桨面）？”（为孩子认识反作用力埋下伏笔）；我站在用水炮射击的儿子身边，鼓励他动脑筋想一想，怎么才能射得更远？（为他种下“世界上有‘极值’这回事儿”的种子）；在北京玉渊潭公园，我入座短摆秋千，与长摆秋千上的儿子比赛“三分钟内看谁摆的次数多”（让他发现，单摆的周期与摆长有关，与振幅、体重无关）；我拿着一根草棍和孩子玩“见面折半”游戏（让“微分无穷尽”概念深入孩子的内心）……让高中学生吃力的教学难点，竟然可以在嬉戏玩耍中不露痕迹地攻克！沿着这一思路，我先是完成了对个人教学实践的经验性反思梳理：《物理 · 悟理——高中物理难教难学的思考与实践》；接着，运用认知心理学“口语报告”技术，进行了“高中生解决陌生物理问题的即时思维研究”；随后，在科学出版社的资助和鞭策下，出版了科普著作《献给不喜欢物理的中学生 · 物理世界漫游》。

2012 年，我完成了在一所高中学校为期三年的作业量干预研究，以及三年、六年后的追踪研究。它以学生个体对作业难度、数量、形式等方面的总体感受来界定作业量，以在“作业量反馈不佳”问题情境下教师有尊严地自主转变为内部动力，以缄默少为、侧重协助的行政管理和专家指导为基础条件，建立包括干预标准、干预时段、干预方式及个性化教师专业支持的作业量干预系统。结果显示：该干预系统实现了对中学生作业量持续、有效、便捷的管理；在非行政干预条件下，教师的自主转变成功率达到 89.1%。

作为一名中学教师，我通过独特的研究设计与实施操作，破解了这一复杂系统中的种种难题。而将这一持续八年、定量与定性相结合、参与者与观察者身份重叠的研究，客观、全面、透彻地以研究论文的形式表达出来，发表在教育领域最权威的核心期刊上，其难度并不亚于实践过程本身。在本人工作室主管领导的“逼迫”下，受已往表达个人实践智慧经验的启迪，我开始关注隐藏在“表达”背后的更为本质的“凝练”，跳出了“寻磨一个版”的论文写作的局限，撰写了《中学生作业量干预研究》一文，被《教育研究》刊用。

——刘晓晴. 我的专业发展节点事件与观察析理——探寻中小学教师专业成长的捷径.

中小学管理，2015，（3）：26，28-29.

2. 自己选择一个课题到中小学课堂进行观察，写出观察计划并实施观察。

补充读物

陈向明. 2013. 教育研究方法. 北京：教育科学出版社.

李秉德. 2001. 教育科学研究方法. 北京：人民教育出版社.

卢家楣. 2012. 教育科学研究方法. 上海：上海教育出版社.

南纪稳. 2010. 教育科学研究方法从理论到实践. 西安：陕西师范大学出版总社有限公司.

裴娣娜. 1999. 教育科学研究方法. 沈阳：辽宁大学出版社.

温忠麟. 2015. 教育研究方法基础. 北京：高等教育出版社.